Birsen Kahraman
Die kultursensible Therapiebeziehung

Forschung Psychosozial

Birsen Kahraman

Die kultursensible Therapiebeziehung

Störungen und Lösungsansätze
am Beispiel türkischer Klienten

Mit einem Vorwort von Heiner Keupp

Psychosozial-Verlag

Die vorliegende Arbeit wurde als Dissertation angenommen am Department Psychologie der LMU München. Sie wurde für die Publikation im Einvernehmen mit den Gutachtern im Promotionsverfahren gekürzt und überarbeitet.

Bibliografische Information der Deutschen Nationalbibliothek
Die Deutsche Nationalbibliothek verzeichnet diese Publikation in der Deutschen Nationalbibliografie; detaillierte bibliografische Daten sind im Internet über <http://dnb.d-nb.de> abrufbar.

Originalausgabe
© 2008 Psychosozial-Verlag
E-Mail: info@psychosozial-verlag.de
www.psychosozial-verlag.de
Alle Rechte vorbehalten. Kein Teil des Werkes darf in irgendeiner Form (durch Fotografie, Mikrofilm oder andere Verfahren) ohne schriftliche Genehmigung des Verlages reproduziert oder unter Verwendung elektronischer Systeme verarbeitet, vervielfältigt oder verbreitet werden.
Coverfoto: HansJürgen Wirth, Skulptur am Strand von Rügen
Covergestaltung: Hanspeter Ludwig, Gießen
Satz: Tanovski & Partners Verlagsdienstleistungen, Leipzig
Printed in Germany
ISBN 978-3-89806-767-6

Inhalt

Danksagung   11

Vorwort   13

1 Einführung   17
    1.1 Aufbau der Arbeit 23

2 Kulturelle Faktoren in der psychosozialen Versorgung   25
    2.1 Versorgungsdefizit bei erhöhter Belastung 26
    2.2 Spezifische Zugangsbarrieren zur Gesundheitsversorgung für Migranten   30
       2.2.1 Strukturelle Zugangsbarrieren 31
       2.2.2 Zugangsbarrieren in der Person der TherapeutIn 38
       2.2.3 Zugangsbarrieren in der Person der KlientIn 43

3 Die Beziehung in der Psychotherapie   49
    3.1 Therapeutische Beziehung als Wirkfaktor 49
    3.2 Therapiebeziehung in verschiedenen Ansätzen 52
    3.3 Beziehungs- und Vertrauensaufbau als Prozess 55

4 Therapeutische Beziehung und Kultur   59
    4.1 Der Kulturbegriff in der Psychotherapie 60
    4.2 Störungen der Beziehung bei Kulturverschiedenheit 62
       4.2.1 Zugangsbarriere interkulturelles Therapiebündnis 62
       4.2.2 Krankheitsverständnis: Psyche versus Soma 69
       4.2.3 Kulturelle Pathologisierung 72
       4.2.4 Machtdifferenz 76

5 Methodik   79
    5.1 Formulierung der Forschungsfragen 79
    5.2 Das qualitative Forschungsparadigma 82
    5.3 Die Forschungsstrategie 83
       5.3.1 Das halbstrukturierte Interview 83
       5.3.2 Das Repertory Grid 84
       5.3.3 Auswahl der ProbandInnen 87
       5.3.4 Durchführung der Untersuchung 88

5.4 Die Auswertungsstrategie 90
   5.4.1 Analyse des Interviews 90
   5.4.2 Auswertung der Repertory Grids 92

6 Darstellung einzelner Dyaden   95
6.1 Dyaden mit muttersprachlichen TherapeutInnen 95
   6.1.1 »Was wichtig war, habe ich herausgepickt« – »Es ist halt 'ne ganz andere Mentalität« 96
   6.1.2 »Sie versteht, was es heißt, als Ausländer aufzuwachsen« – »Man gibt viel, aber man bekommt auch viel« 100
   6.1.3 »Ohne die gleichen Erfahrungen versteht sie mich nicht« – »Die Werte des Einzelnen in seinem System verstehen« 102
   6.1.4 »Ich kann gemütlich halb Deutsch, halb Türkisch reden« – »Ich weiß auch nicht, wie's funktioniert, aber es macht Spaß!« 105
   6.1.5 »Ich möchte erst Probleme richtig erklären können« – »Es ist schwieriger, die Distanz zu wahren« 109
6.2 Dyaden mit TherapeutInnen mit wenig interkultureller Erfahrung 111
   6.2.1 »Wozu blamier' ich mich, wenn sie mich nicht versteht?!« – »Migrantinnen bringen sich persönlicher ein« 112
   6.2.2 »Die Frau Doktor weiß schon, worum's geht« – »Die Patienten beschallen von allen Seiten« 115
   6.2.3 »Es gibt Dinge, die nimmt man mit ins Grab« – »Da hab' ich mich gefühlt wie ein Analphabet« 119
   6.2.4 »Der Therapeut – mein Freund mit den Taktiken« – »Einfühlen muss ich mich schließlich in jeden« 123
6.3 Dyaden mit TherapeutInnen mit viel interkultureller Erfahrung 125
   6.3.1 »Meine Therapeutin hört zu mit vier Augen und vier Ohren« – »Alternativen anbieten statt mitagieren« 126
   6.3.2 »Es ist 'ne Mischung aus meinem Wissen und seinem Weltbild« . 128
   6.3.3 »Eigentlich seh' ich da gar keine Unterschiede« – »Da ist Temperament statt Topfen« 132
   6.3.4 »Kulturelle Unterschiede sind wie die Äste eines Baumes: der Stamm ist bei allen derselbe« – »Offenheit für die zwischenmenschliche Dimension« 134
6.4 Vorläufige Schlussfolgerungen aus den Dyaden 137

7 Zusammenfassung der Repertory Grids   139
7.1 Kategorien aus den Grid-Interviews 139
   7.1.1 Vorläufige Kategorien aus Klientensicht 139
   7.1.2 Vorläufige Kategorien aus Therapeutensicht 142
   7.1.3 Diskussion vorläufiger Kategorien 145

8	**Strukturelle Rahmenbedingungen**	**147**
	8.1 Problemhintergründe	147
	8.2 Behandlungsdauer	148
	8.3 Sprachkenntnisse der PatientInnen	148
	8.4 Kulturelle und institutionelle Kontexte der Therapeuten	149
	8.5 Zugangswege	151
9	**Aspekte der interkulturellen Therapiebeziehung**	**159**
	9.1 Erwartungen an die Therapiebeziehung	160
	9.1.1 Erwartungen & Befürchtungen der KlientInnen	162
	9.1.2 Klienten-Erwartungen aus Therapeutenperspektive	182
	9.1.3 Zusammenfassung	192
	9.2 Affektive Beziehungsebene	194
	9.2.1 Positiver Affekt und wahrgenommene Hilfsbereitschaft	195
	9.2.2 Emotionale Erfahrungen auf Therapeutenseite	202
	9.2.3 Sorge um Grenzverlust	205
	9.2.4 Affektive Distanz durch Norm- und Wertunterschiede	211
	9.2.5 Zusammenfassung	216
	9.3 Kommunikation	218
	9.3.1 Sprache und Verständigungsprobleme	218
	9.3.2 Nonverbal und indirekt: »Türken schweigen beredt«	237
	9.3.3 Symptomausdruck: »Somatisieren statt kommunizieren?«	248
	9.3.4 Diagnose- bzw. Behandlungsunsicherheit	259
	9.3.5 Zusammenfassung	267
	9.4 Kulturelle Stereotype und Machtasymmetrie	268
	9.4.1 Soziale und migrationsbedingte Differenz	269
	9.4.2 Überbewerten und Ignorieren kultureller Unterschiede	272
	9.4.3 Konstruktion von Gemeinsamkeit als Beziehungsressource	277
	9.4.4 Anerkennung als Beziehungsressource	281
	9.4.5 Umkehr von Machtgefällen	288
	9.4.6 Therapeuten als Experten oder Autoritäten?	290
	9.4.7 Zusammenfassung	293
10	**Die kultursensible Therapiebeziehung**	**295**
	10.1 Reflexion von Erwartungen	298
	10.2 Emotionale Feinabstimmung	300
	10.3 Kommunikative Feinabstimmung	304
	10.4 Reflexion kultureller Zuschreibungen	309
	10.5 Limitationen des Modells	312
	10.6 Reflexion des Forschungsprozesses	313
	10.7 Ausblick	315
Literatur		**319**

Tabellenverzeichnis

5.1 Elemente im Repertory Grid 85
6.1 Dyade Patientin Frau A. und Therapeutin Frau C. 96
6.2 Dyade Patientin Frau B. und Therapeutin Frau C. 100
6.3 Dyade Patientin Frau E. und Therapeutin Frau F. 103
6.4 Dyade Patientin Frau G. und Therapeutin Frau H. 105
6.5 Dyade Patient Herr I. und Therapeutin Frau J. 109
6.6 Dyade Patientin Frau K. und Therapeutin Frau L. 112
6.7 Dyade Patientin Frau M. und Therapeutin Frau N. 116
6.8 Dyade Patientin Frau O. und Therapeutin Frau P. 119
6.9 Dyade Patient Herr Ö. und Therapeut Herr R. 123
6.10 Dyade Patientin Frau S. und Therapeutin Frau T. 126
6.11 Dyade Therapeutin Frau U. ohne Patienteninterview 129
6.12 Dyade Patientin Frau V. und Therapeutin Frau W. 132
6.13 Dyade Patientin Frau Y. und Therapeut Herr Z. 135
7.1 Vorläufige Kategorien aus Klientensicht 140
7.2 Vorläufige Kategorien aus Therapeutensicht 142
9.1 Konstrukte zu Ideale-TherapeutIn bzw. Schlechte-TherapeutIn aus Klienten-Grids 162
9.2 Merkmale direkter bzw. indirekter Kommunikation 238
10.1 Vorläufige Kategorien für KlientInnen und TherapeutInnen aus den Repertory Grids 296

Abbildungsverzeichnis

6.1 Grid-Grafik Therapeutin Frau C. 98
6.2 Grid-Grafik Therapeutin Frau H. 108
6.3 Grid-Grafik Therapeutin Frau L. 114
6.4 Grid-Grafik Therapeutin Frau N. 118
6.5 Grid-Grafik Therapeutin Frau P. 121
6.6 Grid-Grafik Therapeutin Frau U. 131
10.1 Modell der kultursensiblen Therapiebeziehung 297

Für Hüseyin, Hüsniye, Engin, Deniz und Barış

Danksagung

Zweifellos gebührt mein größter Dank an erster Stelle den teilnehmenden KlientInnen und TherapeutInnen. Sie gewährten mir vertrauensvoll Einblick in die sensible therapeutische Zusammenarbeit, was außergewöhnlich ist.

Meinen Betreuern Prof. Dr. Siegfried Höfling und Prof. Dr. Heiner Keupp bin ich dankbar für ihr sachliches Interesse und ihre stets wohlwollende und sehr persönliche Unterstützung. Prof. Dr. Hans-Peter Kapfhammer danke ich für die freundliche Begutachtung meines frühen Forschungsvorhabens. Meine Arbeit in dieser Form zu gestalten, haben auch Karla Baran und Konstanze Grumbach-Mathiessen ermöglicht, die mir die notwendige institutionelle Freiheit, und die Friedrich-Ebert-Stiftung, die mir die materielle und ideele Freiheit gewährten.

Dr. Sabine Skutta war es, die mich auf ihre bekannt enthusiastische Weise während meines Studiums in Hamburg in die therapeutische Arbeit mit türkischen Migranten und in ein kreatives kollegiales Netzwerk (Arbeitskreis Türkischsprachiger PsychotherapeutInnen) einführte. Barbara Abdallah-Steinkopff bei Refugio München, Karla Baran und Dr. Reyhan Kalaçlar-Hehnen beim Psychologischen Dienst für Migranten AWO München setzten dieses Vorhaben durch ihre unerschöpfliche Reflexionsbereitschaft und Kollegialität fort. Ihr habt mich in meiner klinischen und wissenschaftlichen Arbeit sehr inspiriert und geprägt – Danke!

Prof. Dr. Anja Weiß, deren analytischer Sachverstand und freundschaftlicher Rat sehr zum Vorantreiben meines Forschungsvorhabens beitrugen, möchte ich besonders danken für ihre anregenden Fragen und die gemeinsamen Diskussionen. Den TeilnehmerInnen des interdisziplinären Kolloquiums bei Anja Weiß und des Doktorandenseminars bei Heiner Keupp danke ich für Austausch und wertvolle Motivationshilfen. Dr. Angela Kühner war mir eine wertvolle Gleichgesinnte während der Dissertation und Veröffentlichung.

Dr. Otto Walter brachte mich der Repertory-Grid-Technik wieder näher und steuerte wertvolle Ideen bei. Sibylle Gmeinwieser korrigierte nicht nur das Manuskript, sie sorgte auch für die Rezeption tröstender Arien während der gesamten Anfertigungszeit. Jana Kreuter und Simone Holz vom Psychosozial-Verlag danke ich für das sorgfältige Lektorat.

Last but not least gebührt mein besonderer Dank meinen Eltern Hüseyin und Hüsniye Kahraman, die mit ihren grenzüberschreitenden Visionen und Taten meinen Brüdern und mir Vorbild waren, unsere Wege »jenseits des Euphrat« zu suchen.

Von Herzen dankbar bin ich ebenso meinen Freunden Barbara Abdallah-Steinkopff, Dr. Ilhami Atabay, Susanne Schölzel, Britta Loebell, Petra Schmidt, Yılmaz Erduran, Johannes Lauer, Erdal, Aysel und Metin Kahraman für ihre Bereitschaft, Einsichten über das Persönliche, Kulturelle und Universelle zwischenmenschlicher Beziehung mit mir zu teilen, zu mehren und zu leben. Sie haben mich in starren und bewegten Phasen dieses Projekts mit Humor, Tiefgang, Zuneigung und Zerstreuung unterstützt. Ohne Euch würde ich diese Arbeit nun nicht in Händen halten.

Birsen Kahraman
München, im Juli 2008

Vorwort

Es wird soviel über die Bedeutung des kulturellen Hintergrundes für Identität und Gesundheit diskutiert, und gleichzeitig ist die empirische Basis solcher Diskurse nicht besonders fundiert. Auch die Gruppe der Psychotherapeuten, die sich intensiv mit interkulturellen Therapie- und Beratungssituationen auseinandersetzt hat, ist sehr überschaubar. Birsen Kahraman gehört zu dieser Gruppe. Sie arbeitete mehrere Jahre in einer psychologischen Beratungsstelle für MigrantInnen (mit überwiegend türkischen KlientInnen) und hat selbst einen Migrationshintergrund. Auf dieser Basis lag es nahe, einmal genauer die Bedingungen erfolgreicher psychotherapeutischer Arbeit mit MigrantInnen zu untersuchen und zwar aus der Sicht von beiden beteiligten Seiten – der KlientInnen und der TherapeutInnen. Die Autorin hat sich dafür einen umfangreichen Fragenkatalog vorgenommen: Sie wollte wissen, welche Faktoren in einer therapeutischen Beziehung wichtig sind, in der Therapeut und Klient unterschiedliche kulturelle Hintergründe mitbringen. Was nehmen sie wahr, fühlen sie, bewerten sie, und was folgt daraus für ihr Handeln? Was bedeutet es, wenn die sprachliche Verständigung eingeschränkt ist oder TherapeutInnen wenige Informationen über Herkunft und Lebenswelt ihrer KlientInnen haben? Welche Anliegen und Erwartungen werden formuliert, wenn KlientInnen auf deutsche bzw. muttersprachliche TherapeutInnen treffen? Was wird von beiden Interaktionspartnern als hilfreich wahrgenommen und was als störend?

Zunächst konstruiert Birsen Kahraman einen Rahmen, in dem die gewählten Fragestellungen ihre spezifische Relevanz gewinnen. In einem kompetenten Literaturüberblick wird aufgezeigt, dass die psychosozialen Hilfsangebote für MigrantInnen in der Bundesrepublik völlig unzureichend sind. Diese Situation wird dadurch noch prekärer, dass einerseits der Anteil der MigrantInnen an der Bevölkerung ständig wächst und andererseits MigrantInnen ein nachgewiesen höheres Gesundheitsrisiko aufweisen. Die Autorin kommt zu dem gut nachvollziehbaren Schluss, dass die Zugangsbarrieren für MigrantInnen zu einer adäquaten psychosozialen Hilfe besonders schwer zu überwinden sind. Auf diesem Hintergrund stellt sich die Frage, wie die Versorgungssituation für MigrantInnen strukturell verbessert werden könnte. Eine Antwort besteht darin, für MigrantInnen spezielle Angebote mit muttersprachlichen BeraterInnen und TherapeutInnen aufzubauen. Letztlich geht es um die Frage, wie Psychotherapie kultursensibler durchgeführt werden kann und so KlientInnen mit Migrationshintergrund und TherapeutInnen – ob selbst migrationserfahren oder nicht – eine gute Passung in der therapeutischen Beziehung finden können.

Es ist Birsen Kahraman wichtig, sich ganz eindeutig von einem essentialistischen Kulturbegriff abzugrenzen. Sie begreift Kultur vielmehr »als ein dynamisches, meist implizites Symbol-, Bewertungs-, Kommunikations- und Handlungssystem, das sinnstiftende Funktion hat und individuell in der kontextbezogenen Auseinandersetzung mit der Umwelt entwickelt wird.« Neben der kulturellen Dimension rückt Birsen Kahraman vor allem den Beziehungsaspekt in den Mittelpunkt ihrer Überlegungen. Speziell in der Verbindung mit kulturellen Differenzerfahrungen dürfte die Vertrauen begründende Beziehungsdimension einen besonderen Stellenwert haben.

Bei ihrer empirischen Studie hat Birsen Kahraman einen Weg gewählt, der in der Psychotherapie- und Beratungsforschung noch immer Seltenheitswert besitzt und auch besonders anspruchsvoll ist: Sie hat sowohl zwölf KlientInnen als auch zwölf TherapeutInnen befragt und so zwölf Dyaden gewonnen, an denen die Passungsfrage in einer interkulturell geprägten therapeutischen Beziehung im Detail und in ihrer Reziprozität analysiert werden kann. Alle KlientInnen hatten einen türkischen »background« und lebten seit mehreren Jahren bzw. Jahrzehnten in Deutschland. Von den TherapeutInnen hatte nur ein kleinerer Teil einen türkischen Hintergrund, sodass nur von jenen ein muttersprachliches Therapieangebot erwartet werden konnte. Behandlungsorte reichten von Beratungsstellen über klinische Kontexte bis hin zu psychotherapeutischen Praxen.

Birsen Kahraman verdichtet ihre empirischen Befunde in einem Modell der kultursensiblen Therapiebeziehung, das vier Ebenen aufweist: Erwartungen an eine Therapie, die affektive Beziehungsebene, die nonverbale und sprachliche Kommunikation und schließlich die kulturellen Wertungen. Auf allen vier Ebenen können kulturspezifische Differenzen eine Rolle spielen. Die Kultur bildet keinen abgesteckten Block, der Grenzen zieht, Kommunikation ermöglicht und Vertrauen sichert. Die interkulturelle Dimension kommt also nicht als weiteres Faktorenbündel zu den therapeutischen Techniken hinzu, die man je nach Schulrichtung zu erwerben hat, sondern sie durchdringt den gesamten Beziehungsbereich. Eine kultursensible Psychotherapie setzt somit bei den TherapeutInnen die Bereitschaft voraus, sich für eine oft fremde Lebenswelt zu öffnen, sich diese von den KlientInnen auch erschließen zu lassen und nicht auf fertigen Schablonen von der jeweils fremden Kultur zu beharren. Hier findet ein kulturspezifischer Übertragungs- und Gegenübertragungsprozess statt, der durch Erfahrung, aber auch durch systematische Fort- und Weiterbildungsmaßnahmen als ein wichtiges professionelles Handwerkszeug begriffen und weiterentwickelt werden kann.

Mit ihrem Buch leistet Birsen Kahraman einen eindrucksvollen Beitrag zur Entwicklung einer kultursensiblen psychosozialen Arbeit, die unser bisheriges Wissen in diesem Bereich erheblich erweitert. Die Autorin verfügt selbst über eine hohe reflexive Fähigkeit, die einfache Polaritäten auflöst und damit den LeserInnen in eindrucksvoller Weise vorlebt, wie man durch genaues Hinsehen und Wahrnehmen Verstehensprozesse voranbringen kann.

Heiner Keupp
München, im Februar 2008

1 Einführung

Der therapeutischen Beziehung kommt seit den Anfängen der Psychotherapieforschung ein besonderer Stellenwert zu. Die Beziehung, wie sie von KlientInnen[1] wahrgenommen wird, ist mit Abstand der wichtigste prognostische Faktor für Therapieerfolg (Orlinsky/Howard 1986; Orlinsky et al. 2004). Zugleich bleibt sie häufig schwer zu beschreiben, zu untersuchen und theoretisch zu vermitteln. Entsprechend kommt der Therapiebeziehung eine ambivalente Position im wissenschaftlichen Diskurs zu. Zum einen ist sie Voraussetzung bzw. Inhalt jeder psychotherapeutischen Intervention und wird in verschiedenen Therapieansätzen zunehmend gleichwertig gewichtet. Andererseits wird sie in Forschung und Literatur teils als selbstverständlich, teils als schwer objektivierbar vernachlässigt zugunsten einfacher operationalisierbarer Interventionen.

MigrantInnen, die in der vorliegenden Arbeit in den Fokus gerückt werden, nehmen ebenfalls eine ambivalente Stellung als Bevölkerungsbestandteil der deutschen Gesellschaft ein. Spätestens seit der gezielten Anwerbung ab den 1950er Jahren, als sie aus ökonomisch schwachen Regionen Südeuropas und der Türkei als Arbeitskräfte kamen, sind sie nicht mehr aus dem Bild der deutschen Gesellschaft wegzudenken. Dabei handelt es sich nicht um eine homogene Gruppe. MigrantInnen aus weit mehr als 100 Ländern leben in Deutschland, wo sie sich im Zuge von Arbeit, Familienzusammenführung, Krieg und Vertreibung, zu Bildungszwecken oder aus anderen Gründen niedergelassen haben. Die meisten Migranten sind als junge Erwachsene oder Kinder zugewandert, ein erheblicher Teil, die sogenannte »zweite und dritte Generation«, ist in Deutschland zur Welt gekommen; etwa ein Fünftel aller Personen mit anderer Nationalität ist in Deutschland geboren, bei türkischen Staatsangehörigen sind es sogar ein Drittel (Bundesamt für Migration und Flüchtlinge 2007). Im Zuge von EU-Erweiterungen und Globalisierung, so nimmt man an, wird sich der Migrantenanteil an der Gesamtbevölkerung noch erheblich erhöhen. In süddeutschen Großstädten wie München, Stuttgart oder Frankfurt liegt er heute bereits zwischen 20 %

---

1 Im Sinne einer beide Geschlechter einschließenden Sprache wird entweder abwechselnd die männliche und weibliche Schreibweise oder die Endung »-Innen« für beide Geschlechter verwendet.

und 25 %. Wenn Migrationshintergrund statt Staatsangehörigkeit berücksichtigt wird, haben ca. 20 % der Gesamtbevölkerung Deutschlands mindestens einen zugewanderten Elternteil (Diefenbach/Weiß 2006).

Dennoch werden Migranten bzw. Menschen mit Migrationshintergrund in der Regel politisch ausgegrenzt und nicht als gleichwertiger Bevölkerungsbestandteil betrachtet, sodass sie weiterhin häufig Randpositionen einnehmen. Hinzu kommt, dass MigrantInnen sich häufiger in sozialen Notlagen befinden, objektiv über weniger Ressourcen verfügen und zunehmend unter Armut leiden (Keupp 2006). Soziale Armut ist zum einen Risikofaktor für erhöhte psychische Vulnerabilität. Zum anderen ist bekannt, dass Klienten aus unteren sozialen Schichten von Psychotherapie erheblich weniger profitieren als mittlere oder gehobene Schichten (Geyer 2000; Hollingshead/Redlich 1958; Lorion/Felner 1986).

Es wird angenommen, dass MigrantInnen – von ihrer sozialen Schicht einmal abgesehen – auch wegen kultureller Differenzen seltener in Therapien überwiesen bzw. aufgenommen werden (Collatz 2001). Außerdem partizipieren sie seltener an erforderlichen Wissensnetzwerken, sodass sie Behandlungsmöglichkeiten nicht ohne weiteres befriedigend ausschöpfen können. Kadushin (1966) zeigte in den USA am Beispiel von Psychoanalyse-PatientInnen, wie wichtig informelle Netzwerke für die Vermittlung in die Therapie sind. Therapieklienten verfügten häufig über Freunde und Bekannte, durch die sie gezielte und ungezielte Informationen über Therapeuten und Behandlungsmöglichkeiten erhalten hatten. Demgegenüber gelangten Klienten, die keine »Therapie-Freunde« (ebd., S. 786) hatten, seltener und über zufällige Informationen oder unter familiärem Druck in Therapie. Wenn sich MigrantInnen selten in Therapie befinden, ist die Bildung informeller Netzwerke erschwert, sodass eine wichtige Informationsquelle bzw. Vermittlungsinstanz in die Psychotherapie entfällt. Dass es dennoch möglich ist, dass binnen kurzer Zeit solche Strukturen entstehen, wenn sich professionelle Stellen mit kultursensiblem Angebot etablieren, zeigt der Jahresbericht einer psychologischen Beratungsstelle für MigrantInnen in München. In diesem Dienst, der vor ca. 30 Jahren gegründet wurde, stellen sich mittlerweile etwa 40 % der KlientInnen auf Empfehlung ihrer Freunde und Bekannten vor (Baran 2002). Das bedeutet, dass an diesen Dienst mehr »Überweisungen« durch informelle Netzwerke wie vormals behandelte Freunde, Familie und Bekannte stattfinden als durch alle professionellen Stellen zusammengenommen.

Der psychosoziale Gesundheitssektor ist ein gutes Beispiel dafür, dass MigrantInnen in Deutschland längst »angekommen« sind, aber dennoch nicht dazugehören. Sie finden nur in wenigen Einrichtungen eine gezielt professionelle Versorgung, die Sprachfähigkeit, Migrations- und Kulturkontext bei Bedarf berücksichtigt. Dies geht einerseits zu Lasten der betroffenen Patienten und ihrer Familien, andererseits zu Lasten der Ärzte und Therapeuten und nicht zuletzt der Gesellschaft, die die materiellen und immateriellen Folgekosten von Mangelversorgung, Arbeitsunfähigkeit und chronischer Krankheit zu tragen hat.

Obwohl in der therapeutischen Beziehung KlientInnen mit ihren spezifischen, sie voneinander unterscheidenden Eigenschaften und Merkmalen im Fokus stehen, werden MigrantInnen bzw. Menschen mit einer anderen Sprache, Kultur oder Religionszugehörigkeit bisher selten als untersuchungswürdige Gruppe in der Forschung wahrgenommen. Orlinksy (2003), einer der bedeutendsten Psychotherapieforscher, kritisiert, dass in der Psychotherapie überwiegend störungs- bzw. personbezogene Ansätze verfolgt werden. Kulturelle Besonderheiten der Klienten wie ihre traditionellen Überzeugungen über Krankheit und Behandlung, ihre Vorstellungen über Gefühle, Beziehungen und Kommunikation, ihre Spiritualität etc. würden immer noch weitgehend ausgeklammert. Er weist darauf hin, dass in westlichen Gesellschaften eine »hyperindividualisierte« (ebd., S. 408) Auffassung von Psyche und Seele bzw. ihren Störungen existiert, obwohl deren Bedeutungen immer unter dem Einfluss kultureller Faktoren entstanden sind.

Nach Orlinsky (2003) und einer Reihe anderer Autoren zeigt sich die Übermacht westlicher Konzepte in der Psychotherapie z. B. in der Bewertung des Individuums als wichtigster Instanz im Gegensatz zum Familienverband, oder in der angenommenen Überlegenheit von individuellen Werten wie Vernunft und Selbstbestimmung im Gegensatz zu tradierten Werten wie soziale Anpassung und Unterordnung. Die unreflektierte Verfolgung westlicher Therapieprinzipien gegenüber kulturverschiedenen Patienten komme daher einer »kulturellen Missionierung« gleich (Gone 2002, zit. n. Orlinsky 2003, S. 408). Für die Zukunft fordert Orlinsky, kulturelle Spezifitäten stärker in der psychotherapeutischen Behandlung anzuerkennen:

> »Da wir heutzutage i. Allg. in multiethnischen Klassengesellschaften leben und arbeiten, deren ökonomische, politische und Gesundheitsversorgungs-Institutionen verschiedene Subkulturen verkörpern, – und sogar in einem in wachsendem Maße ›globalisierten‹ Weltsystem –, müssen sich Psychiatrie und Psychotherapie auf kulturelle Spezifitäten einstellen. Wir müssen erkennen, dass die modernen

Psychotherapien – die historisch gesehen zum großen Teil in der in Wien erfundenen berühmten ›Gesprächskur‹ wurzeln – selbst Produkte einer spezifischen Kultur und einer bestimmten historischen Epoche sind, deren Grundannahmen und Wertordnungen sie implizit widerspiegeln« (Orlinsky 2003, S. 408).

Notwendig für die Anerkennung kultureller Werte der Klienten ist also in erster Linie die Einsicht, dass die vorhandenen Konzepte nicht universell gültig sind, sondern einer (bzw. wenigen) von vielen bestehenden Kulturen entstammen. Meist wurden sie nur in wenigen Kulturen langfristig angewendet, evaluiert und für wirksam befunden. Das bedeutet, dass sie nicht ohne weiteres auf alle Menschen einer Kultur und noch weniger auf Menschen anderer Kulturen übertragbar sind.

Doch wie kann man angesichts kultureller Differenz und Heterogenität MigrantInnen, die in psychischen Notlagen potenziert von Stigmatisierung und Ausgrenzung betroffen sind, fair und ihren Bedürfnissen angemessen behandeln? Im Gegensatz zu Orlinksy (2003), der bei Bedarf die Erfindung neuer Therapieformen vorschlägt, gehe ich nicht davon aus, dass es notwendig ist, bisherige Therapiekonzepte aufzugeben bzw. vollkommen neue therapeutische Beziehungsformen für MigrantInnen zu entwickeln. Zum einen erbringen MigrantInnen im alltäglichen Leben weit mehr Anpassungsleistungen als in der Regel wahrgenommen wird bzw. sie sind mit den Gesetzmäßigkeiten der Mehrheitskultur dem Wissen nach wesentlich vertrauter als umgekehrt; dies ist im Therapiealltag eine häufig übersehene Ressource. Zum anderen stellen alle psychotherapeutischen Verfahren eine Fülle an Konzepten und Handlungsmöglichkeiten zur Verfügung, die vollständiger wahrgenommen und flexibler in der Therapie mit MigrantInnen angewendet werden können, wenn parallel dazu eine reguläre kultursensible Selbstreflexion geleistet ist.

An dieser Stelle möchte ich kurz die Entwicklung meiner Fragestellung aus meiner persönlichen Erfahrung als Therapeutin mit türkeistämmigem Migrationshintergrund darstellen. Der Ausgangspunkt meiner Überlegungen zum Thema waren mehrere, zum Teil widersprüchliche Schlüsselerlebnisse. Als ich mein erstes Berufspraktikum in einer psychologischen Beratungsstelle für MigrantInnen in Hamburg absolvierte, wurde ich angeleitet von einer »deutschen« Therapeutin, die die Türkei bzw. die Vielfalt ihrer Bevölkerung offensichtlich besser kannte als ich, die ich in Deutschland in der sogenannten zweiten Generation aufgewachsen war. Zwar war ich wie sie der türkischen Sprache mächtig und im Gegensatz zu ihr nach halbwegs traditionellen Normen und Werten eines türkischen Elternhauses erzogen worden, dennoch war meine akademische und berufliche Bildung, mit Ausnahme eines Auslandsjahres in den USA, überwiegend nach deutschen Maßstäben und Inhalten erfolgt. Das bedeutete, dass meine »gemeinsame« Herkunft mit türkischen Klienten nichts weiter als eine trügerische Annahme war, und ich von meiner erfahrenen Anleiterin viel Neues über meine angeblichen »Landsleute«, die mir immer unbekannter erschienen, lernen konnte.

Die größte Triebfeder dieser Arbeit bildete meine Tätigkeit an einer Münchner Beratungsstelle mit überwiegend türkischem Klientel, an der sich ähnliche Erfahrungen fortsetzten. Hinzu kam, dass obwohl ein Teil meiner KlientInnen gut bis fast ausschließlich Deutsch spricht, ich häufig erlebte, dass sie es in Kauf nahmen, bis zu einem knappen Jahr auf einen Platz bei einer Therapeutin türkischer Herkunft zu warten, statt sich zu einer deutschen TherapeutIn vermitteln zu lassen. Häufig berichten diese Klienten, dass sie bereits bei TherapeutInnen deutscher Herkunft waren und sich dort nicht verstanden fühlten. Klienten, die weniger gut Deutsch sprechen, sagen zunächst, dass sie Türkisch als Therapiesprache bevorzugen, um sich sicherer im Ausdruck zu fühlen. Im gleichen Atemzug nennen sie jedoch die Erwartung, von einer »Türkin« besser verstanden zu werden, da diese ihre Kultur kenne. Häufiger fühlen sie sich bei anderen Behandlungsversuchen zurückgesetzt, unverstanden oder benachteiligt bzw. haben den Eindruck, sich nicht ausreichend mitteilen zu können; zum Teil beruht diese Sorge auf Erfahrungen aus anderen Lebensbereichen (Schule, Arbeitsplatz) oder auf Therapieerfahrungen von Bekannten.

Auf Therapeutenseite erlebe ich ebenfalls Widersprüchliches. Teilweise wird unterstellt, dass Klienten mit Migrationshintergrund nicht veränderungsmotiviert bzw. therapiefähig seien. Häufig sind dieser Auffassung für beide Seiten zermürbende Therapieversuche vorausgegangen. Dabei wird jedoch selten hinterfragt, ob die unternommene Therapie möglicherweise nicht »klientenfähig«, d. h. überfordernd war oder Lebenswelt und Auftrag des Klienten verfehlt wurden. Andererseits fühlen sich TherapeutInnen häufig selbst überfordert bzw. sind ohne nennenswerte institutionelle Anerkennung oder Unterstützung mit komplexen Problemlagen konfrontiert, was Verunsicherung bzw. pauschale Ablehnung von Klienten mit Migrationshintergrund begünstigt. Das bedeutet, dass Ausgangsbedingungen in der Arbeit mit MigrantInnen schon so erschwert sind, dass die Therapiebeziehung von vornherein belastet ist, was sich auch ohne weiteres Zutun der Beteiligten ungünstig auswirkt. Bemerkenswert vor diesem Hintergrund ist, wie es vielen TherapeutInnen dennoch gelingt, mit viel Kreativität, persönlichem und sozialpolitischem Engagement erfolgreiche Therapien bei Sprach-, Macht- und Kulturverschiedenheit zu realisieren, was sich auch in den Ergebnissen dieser Arbeit widerspiegelt. Dennoch bleiben sie zum Teil unsicher, ob sie einfach »nur freundlich und offen« waren oder »tatsächlich Therapie« gemacht haben. Unumstritten ist, dass eine gute Therapiebeziehung allein selten ausreicht bzw. nicht allein das Ziel kultursensibler oder anderweitiger Therapien sein kann, um langfristig Leiden zu lindern und Veränderung und Selbstständigkeit zu unterstützen (siehe auch Grawe 2000; Schulte 1996; Kanfer et al. 2000). Jedoch ist eine gute Beziehung notwendige Voraussetzung bzw. Bestandteil einer hilfreichen Therapie.

Duncan und Mitarbeiter (1998) gehen davon aus, dass viele Wege ungewollt in den therapeutischen Misserfolg führen, jedoch nur einer herausführt – nämlich der Weg über die therapeutische Beziehung. Die Therapiebeziehung ist zum einen Quelle von Bestätigung und Aufwertung für Klienten (siehe auch Frank 1982; Orlinsky/Howard 1988; Grawe 2000). Zum anderen ist die Therapiebeziehung die wertvollste Informationsquelle für die therapeutische Arbeit. Gerade bei KlientInnen, die von außen häufig verletzende Zuschreibungen aufgrund ihrer vermeintlichen »Andersartigkeit« erfahren, ist es bedeutsam, dass sich TherapeutInnen gezielt auf ihr Bezugssystem, d. h. ihre Welt- und Selbstsicht ausrichten. Dies geschieht, indem Störungs- und Änderungstheorien der Klienten exploriert werden, die gleichzeitig als Grundlage zukünftiger Veränderungen genutzt werden können. Außerdem wird die Bereitschaft des Therapeuten, gezielt nachzufragen und auf die Bedürfnisse und das Denken des Klienten einzugehen, als positive Beziehungserfahrung wahrgenommen, die Vertrauen schafft, aufwertet und motiviert. Zwar haben Duncan und Mitarbeiter (1998) ihren Ansatz nicht aus der Arbeit mit Migranten, sondern mit sogenannten »Therapie-Veteranen« entwickelt – also Klienten, die als untherapierbar aufgegeben wurden. Jedoch scheinen mir ihre Schlussfolgerungen für die Arbeit mit MigrantInnen besonders wertvoll. Die bewusste Ausrichtung auf das Bezugssystem der Klienten ermöglicht es, in der kultursensiblen Beziehung wertvolle Informationen darüber einzuholen, wie sich Klienten ihre eigene Person, ihre Umwelt, die Störung und eine hilfreiche Therapie vorstellen. Gleichzeitig wird es möglich, über authentisches Interesse und Offenheit, eine tragfähige und wertschätzende Beziehung aufzubauen, die in der interkulturellen Begegnung angesichts öffentlicher Debatten um eine »Leitkultur«, »Parallelgesellschaften« und »Einbürgerungstests« keine Selbstverständlichkeit ist.

Tatsächlich gibt es bisher wenige Arbeiten, in denen Besonderheiten der interkulturellen Therapiebeziehung empirisch untersucht wurden (z. B. bei Pope-Davis et al. 2002; Gün 2006). Für die vorliegende Arbeit ist in erster Linie von Interesse, welche Faktoren in der therapeutischen Begegnung für die Beteiligten von Bedeutung sind, wenn TherapeutIn und KlientIn von potenziell unterschiedlichen sprachlichen, kulturellen, ethnischen, religiösen, sozialen und gesellschaftlichen Hintergründen aus wahrnehmen, fühlen, bewerten und handeln. Welche Probleme stellen sich ein, wenn sprachliche Verständigung im Beziehungsaufbau eingeschränkt sind oder TherapeutInnen wenige Informationen über die Herkunft und Lebenswelt ihrer KlientInnen haben? Welche Anliegen und Erwartungen werden wie formuliert, wenn KlientInnen auf deutsche bzw. muttersprachliche TherapeutInnen treffen? Was nehmen beide Seiten als hilfreich wahr, was als störend? Diese und ähnliche Fragestellungen leiten die vorliegende Untersuchung. Dabei sollen nicht vermeintliche Defizite von interkulturellen Therapiebeziehungen überbewertet werden, vielmehr gehe ich davon aus, dass die sorgfältige Wahrnehmung von potenziellen Störungen bei Kulturverschiedenheit notwendig ist, um daraus adäquate Handlungsperspektiven, z. B. für die Weiterbildung von TherapeutInnen, abzuleiten.

Als ProbandInnen gehen Klienten türkischer Herkunft und ihre TherapeutInnen in die Untersuchung ein. Zum einen stellen MigrantInnen aus der Türkei mit ca. 25 % aller Migranten den größten nicht-deutschen Bevölkerungsanteil (Bundesamt für Migration und Flüchtlinge 2007). Zum anderen eröffnet sich für mich als bilinguale Forscherin dadurch die Möglichkeit, KlientInnen und TherapeutInnen gleichwertig jeweils in ihrer bevorzugten Mutter- bzw. Erstsprache zu untersuchen.

1.1 Aufbau der Arbeit

Diese Arbeit beschäftigt sich im theoretischen Teil zunächst mit der psychosozialen Versorgung von MigrantInnen, die die gesellschaftlichen Rahmenbedingungen für Psychotherapie bildet. Es werden Annahmen dargestellt, weshalb MigrantInnen, die nach Collatz (2002) eine erhöhte Gesundheitsbelastung aufweisen, unterproportional in stationären, teilstationären und ambulanten Einrichtungen bzw. niedergelassenen Praxen anzutreffen sind. Als Ausgangspunkt wird das Barrierenkonzept von Geyer (2000) zugrunde gelegt, das ursprünglich einen Erklärungsansatz für den geringen Zugang von deutschen Klienten aus niedrigen sozialen Schichten in die psychotherapeutische Versorgung lieferte.

Der zweite Theorieabschnitt behandelt die therapeutische Beziehung. Es werden sowohl Befunde aus der Wirkfaktorenforschung als auch exemplarisch Konzepte der therapeutischen Beziehung und Faktoren der Therapiebeziehung, die aus dem Generischen Modell von Orlinsky und Howard (1988) hervorgehen, dargestellt (Rapport, Kommunikation, gegenseitige Bestätigung, Rollenbeteiligung). Anschließend werden Grundzüge psychoanalytischer bzw. verhaltenstherapeutischer Beziehungsmodelle aufgegriffen und verglichen. Im letzten Abschnitt werden die Themenbereiche Kultur und therapeutische Beziehung zusammengeführt und der Forschungsstand zur interkulturellen Therapiebeziehung vorgestellt.

Der methodische Teil beginnt mit der Formulierung der Forschungsfragen, es folgt eine Einführung in das zugrunde liegende qualitative Forschungsparadigma. Der qualitative Forschungsansatz gilt als besonders geeignet, wenn ein wenig untersuchter Gegenstand bzw. prozessuale Abläufe im Fokus stehen, wie es bei der interkulturellen Therapiebeziehung der Fall ist. Es folgt die Darstellung der Forschungsstrategie mit dem halbstrukturierten Interview (Hopf 2004) und der Repertory Grid Methode nach George Kelly (1955/1983).

Im Ergebnisteil folgt zunächst die Darstellung einzelner Dyaden geordnet nach drei Gruppen: a) Therapien bei muttersprachlichen TherapeutInnen mit Migrationserfahrung und interkultureller Expertise, b) Therapien bei deutschsprachigen TherapeutInnen ohne interkulturelle Expertise und c) Therapien bei deutschsprachigen TherapeutInnen mit interkultureller Expertise. Diese einzelfallbezogenen Analysen der untersuchten Dyaden können später beim Lesen des fallübergreifenden zweiten Ergebnisteils zur Vertiefung von Hintergrundinformationen herangezogen werden. Auf der Einzelfallebene gehen auch ergänzend Ergebnisse der Repertory Grid-Befragung ein. Nach der Einzeldarstellung der Dyaden schließt sich eine zusammenfassende Analyse von Hintergründen bzw. Zugangswegen an. Anschließend werden alle Kernergebnisse in der fallübergreifenden Analyse von Dyaden anhand eines Modells der kultursensiblen Therapiebeziehung vorgestellt und diskutiert.

2 Kulturelle Faktoren in der psychosozialen Versorgung

Die Begegnung mit Menschen unterschiedlichster Sprachen und Herkünfte gehört bereits in vielen psychosozialen, psychiatrischen und psychotherapeutischen Einrichtungen in Deutschland zum Alltag und wird im Zuge der gesellschaftlichen Globalisierung zu weiteren Veränderungen in der Patienten- und Klientenstruktur führen. Ende 2002 lebten nach offiziellen Angaben ca. 7,3 Mio. Menschen ohne deutsche Staatsangehörigkeit in Deutschland, dies entsprach einem Bevölkerungsanteil von 8,9 % (Dallinger 2004). Nach Erhebungen des Statistischen Bundesamtes (Dallinger 2004) waren 59 % der MigrantInnen seit mindestens 10 Jahren, mehr als ein Drittel aller MigrantInnen seit mindestens 20 Jahren in der Bundesrepublik Deutschland ansässig. Diese Zahlen spiegeln wider, dass sich Deutschland – lange bevor diese Realität politisch anerkannt wurde – wie die meisten seiner mitteleuropäischen Nachbarstaaten zum Einwanderungsland entwickelt hat und dass es sich bei den MigrantInnen, die wir in unseren Gesundheitseinrichtungen behandeln, größtenteils nicht um »Ausländer«, sondern um Einheimische mit ausländischem Pass handelt (Brucks 2001).

In aktuellen ausländerpolitischen Debatten ist zunehmend von »Menschen mit Migrationshintergrund« die Rede, d. h. neben Menschen mit ausländischem Pass werden eingebürgerte Deutsche bzw. sogenannte »Optionskinder« mit doppelter Staatsbürgerschaft bis zum 23. Lebensjahr berücksichtigt. Dennoch bereitet die andere kulturelle, ethnische, sprachliche oder religiöse Herkunft bzw. Zugehörigkeit von KlientInnen in Regeleinrichtungen der Gesundheitsversorgung noch häufig Probleme und stellt MitarbeiterInnen und Betroffene bzw. deren Familien zum Teil vor große Herausforderungen. Probleme mit der Sprachfertigkeit oder »der anderen Mentalität« werden manchmal als so hinderlich wahrgenommen, dass KlientInnen von vorneherein nicht aufgenommen werden bzw. keine ihren Bedürfnissen entsprechende Behandlung finden. KlientInnen ziehen ihrerseits die muttersprachliche bzw. kulturkompetente Behandlung durch TherapeutInnen gleicher Herkunft vor und nehmen dafür belastende Wartezeiten oder lange Anfahrtswege in Kauf. Diese Umstände sind besonders kritisch zu würdigen, da es Hinweise darauf gibt, dass die Gesundheit von MigrantInnen im Vergleich zur deutschen Bevölkerung stärker belastet ist:

> »Die Vorgeschichte und akuten Lebensbedingungen von Migrantinnen und Migranten ist gegenüber der autochthonen Bevölkerung von dramatisch erhöhten Risiken für die Entstehung psychischer Störungen und Erkrankungen geprägt« (Collatz 2001, S. 53).

In diesem Kapitel werden zunächst Faktoren dargestellt, die u. a. die Rahmenbedingungen für die Aufnahme einer interkulturellen Therapiebeziehung bilden wie z. B. die reale Gesundheitsbelastung von MigrantInnen, die psychosoziale/psychiatrische Versorgungssituation bzw. spezifische Zugangsbarrieren für migrantische PatientInnen.

2.1 Versorgungsdefizit bei erhöhter Belastung

Zum Gesundheitszustand von MigrantInnen finden sich insbesondere bezüglich psychischer Störungen widersprüchliche Angaben, was nicht zuletzt aus einer uneinheitlichen sowie unzureichenden Befundlage resultiert, die zunehmend kritisiert wird (Riedesser/Kitzing 1986; Collatz 1992; Haasen et al. 2000; Krones 2001 etc.). Zwar ist bekannt, dass EinwohnerInnen der Europäischen Union im Ländervergleich etwa gleich häufig an depressiven, phobischen und somatoformen Störungen erkranken (Wittchen/Jacobi 2005)[1], jedoch ist auch in dieser neueren, international vergleichend angelegten Studie die migrantische Bevölkerung der jeweiligen Länder nicht berücksichtigt. Die Prävalenz und Versorgungslage für psychische Störungen wird jeweils für die autochthone Bevölkerung Europas festgestellt und beträgt in der gesamten Lebenszeit ca. 50 %. Etwa 40 % dieser PatientInnen sind chronisch psychisch krank, d. h. sie sind über einen Zeitraum von mehreren Monaten oder bis an ihr Lebensende beeinträchtigt. Die Autoren betonen daher, dass psychische Störungen keine seltenen Erkrankungen sind, sondern großes Leid und hohe gesundheitsökonomische Kosten verursachen, die überwiegend indirekt, d. h. durch krankheitsbedingte Ausfälle, Vorruhestand etc. entstehen. Solange keine spezifischen Daten für Patienten mit Migrationshintergrund vorliegen, sollte von vergleichbaren bzw.

---

1 Durchgeführt im Auftrag des European College of Neuropsychopharmacology (ECNP); beteiligt waren 26 EU-Länder mit Daten von ca. 150 000 Betroffenen.

aufgrund höherer Belastungen von potenziell höheren Prävalenzen ausgegangen werden (vgl. Collatz 2001; Sluzki 2001).

Sluzki (2001) geht davon aus, dass trotz unterschiedlichster Beweggründe und Rahmenbedingungen von Migration mehrere Phasen im typischen Migrationsprozess unterscheidbar sind, die fortschreitend zu Belastungen und psychologisch relevanten Beschwerden führen können. Dazu zählt er zunächst die Vorbereitungsphase, anschließend den Migrationsvorgang selbst, in denen überwiegend bewährte kollektive und persönliche Bewältigungsmuster erfolgreich genutzt werden. In diesen Phasen werden Abweichungen von eigenen Erwartungen bzw. extreme Belastungen kaum angemessen wahrgenommen, sodass nach der unmittelbaren Migration selten Anzeichen von Desorientierung bzw. psychischen Krisen gezeigt werden. Er postuliert, dass zu Beginn der Migration die Fähigkeit zu extremen Bewältigungs- und Anpassungsleistungen am stärksten ist. Anschließend kumulieren Belastungen zunehmend und können sich in Form von psychischen Störungen manifestieren (Phase der Dekompensation). Wenn Konflikte der Elterngeneration ungelöst bleiben, schließt Sluzki (2001), ist die Wahrscheinlichkeit hoch, dass Belastungen bei nachfolgenden Generationen in ähnlicher Weise oder sogar verstärkt auftreten, auch wenn diese keine unmittelbaren Migrationserfahrungen gemacht haben (Phase generationenübergreifender Anpassungsprozesse).

Obwohl Sluzkis Modell eine starke Vereinfachung des Migrationsprozesses darstellt und beispielsweise nicht auf unterschiedliche Ausgangsbedingungen für Betroffene im Herkunfts- bzw. Aufnahmeland eingeht, bietet es eine orientierende Darstellung migrationsbedingter Stressoren. Es wird außerdem angenommen, dass aufgrund überproportional häufiger Live-Events bzw. chronischer Belastungen, wie z. B. multiple Anpassungsanforderungen, benachteiligende Machtstrukturen im Aufnahmeland (Rommelspacher 2000), Bildungsbenachteiligung, erschwerte Arbeits- und Lebensbedingungen (Vahedi 1996) das Risiko für psychische Krisen und Störungen bei MigrantInnen höher liegt. Verschiedene Autoren stellen dabei unterschiedliche Personengruppen als mehrfach belastet heraus: z. B. Frauen (Boos-Nünning 1998), männliche Jugendliche und Heranwachsende (Atabay 1994), ältere MigrantInnen (Weber 1995). Collatz (2001) fasst zusammen, dass bei MigrantInnen psychosomatische, depressive, substanzgebundene, posttraumatische und psychotische Störungen überproportional häufig auftreten. Da ganzheitliche bzw. körperbezogene Klagen im Vordergrund stünden, vermutet er, dass Schmerz-

und Somatisierungsstörungen besonders häufig diagnostiziert werden müssten, wofür jedoch empirische Belege ausstehen. Keupp (2002) dagegen belegt, dass sich Gesundheitswerte von BerufsschülerInnen mit und ohne Migrationshintergrund ähneln, jedoch unterscheiden sie sich im Grad der Demoralisierung und der negativen Zukunftssicht, z. B. keine Chancen auf einen Ausbildungsplatz zu haben.

Zarifoğlu und Zeiler (1995) beschreiben exemplarisch Kasuistiken, die ihre Annahme stützen, dass chronischer sozio-kultureller Stress wie Anpassungs- und Veränderungsdruck sowie Diskriminierungserfahrungen persönlichkeitsverändernde Wirkungen haben und psychische Störungen verursachen können. Bei den beschriebenen PatientInnen fallen ihnen zu Beginn bzw. im Verlauf der depressiven Störung wiederholte Erfahrungen der Verunsicherung, Demütigung und Zurücksetzung am Arbeitsplatz, in der Wohngegend und durch Amtsträger auf. Bei den Betroffenen entsteht der Eindruck, aufgrund sichtbarer oder unterstellter Andersartigkeit von Angehörigen der Mehrheitsgesellschaft überzufällig häufig benachteiligt, übergangen oder in anderer Weise negativ behandelt zu werden. Die damit einhergehende Erschütterung des Selbstwerts, so die Autoren, verursacht bzw. verstärkt Gefühle der Insuffizienz und Depressivität, sodass die Betroffenen hinter ihren eigenen Erwartungen zurückbleiben. Zarifoğlu und Zeiler (1995) vermuten, dass die Problematisierung der sozialen Identität den Ausgangspunkt einer Unterform von depressiven Störungen bildet, die insbesondere bei MigrantInnen auftritt. Im Gegensatz zu unmittelbar nach der Migration beobachtbaren reaktiven depressiven Störungen (Häfner et al. 1977) manifestiert sich diese Form der Depression schleichend und mutet endoform an, ohne pharmakologisch günstig beeinflussbar zu sein. Inhaltlich werden überwiegend Themen der Benachteiligung und migrationsbedingte Verlusterfahrungen (Gesundheit, Vitalität, Familie, Freunde) präsentiert. Bleiben diese unbehandelt, können sie sich als chronische bzw. somatisierte Störungen manifestieren.

Stress- bzw. Risikomodelle thematisieren zwar migrationsbedingte Verluste und Belastungen, was sich andernorts auch in Konzepten wie »Kulturschock«, »innerfamiliärer Kulturkonflikt« und »Entwurzelungs-Depression« widerspiegelt, jedoch bleiben real erschwerte Lebens- und Arbeitsbedingungen, gesellschaftliche Marginalisierung, Ressourcenknappheit etc. darin ebenso häufig unerwähnt wie positive Bewältigungsleistungen der überwiegenden Mehrheit der MigrantInnen (Ausnahmen sind Arbeiten von Koch et al. 1998; Salman 1995; Schepker et al. 2005). Schepker und Mitarbeiter (2005) stellen im Rahmen einer Langzeitstudie mit türkischen Migrantenfamilien fest:

»Eine alle Kapitel durchdringende Erkenntnis aus der vorliegenden Studie ist das Ausmaß an positiven Bewältigungsstrategien, psychischer Widerstandsfähigkeit und seelischer Gesundheit, das in den untersuchten Familien trotz deren unterschichtlastiger Selektion und trotz teilweise erheblicher sozialer Probleme zu finden war. Damit widerlegen die Ergebnisse der Studie [...] immer noch vertretene Risikohypothesen bezüglich psychischer Störungen für Jugendliche in Migrantenfamilien [...]« (Schepker et al. 2005, S. 198).

Die AutorInnen weisen darauf hin, dass »nicht-westliche« Bewältigungsstile (u. a. Familienkohäsion, Lösungspragmatismus), die im Rahmen eines Modernitäts-Paradigmas häufig abgewertet werden, ebenso erfolgreich und funktional sind wie jene als »westlich« zusammengefasste Bewältigungsstile (u. a. Spezialistenorientierung, Kausalattribution). Sie weisen pauschale Annahmen über eine erhöhte psychiatrische Risikobelastung von Migrantenjugendlichen zurück und stellen fest, dass diese im Vergleich zu deutschen Jugendlichen nicht häufiger unter psychischen Störungen leiden (türkische Jugendliche 24,8 % vs. deutsche Jugendliche 26 %). Es sollte also unterschieden werden zwischen erhöhter Stressbelastung bzw. Ressourcenarmut und tatsächlicher Prävalenz psychischer Störungen, was v. a. die Verstärkung präventiver Maßnahmen bzw. frühe Zugänge zur psychotherapeutisch-psychosozialen Versorgung sinnvoll erscheinen lässt.

Zwar sind Versorgungsdefizite in der gesamten Wohnbevölkerung Deutschlands anzutreffen, z. B. wird in epidemiologischen Erhebungen wie dem deutschen Gesundheitssurvey geschätzt, dass nur 10 % der betroffenen PatientInnen eine adäquate Therapie aufnehmen können (Wittchen/Jacobi 2002). Jedoch wird vermutet, dass noch ein geringerer Anteil von PatientInnen mit Migrationshintergrund einen Therapieplatz findet, da diese bedingt durch Sprachbarrieren oder kulturelle Unterschiede häufiger Abweisungen erleben. Beispielsweise liegt die Inanspruchnahme von Erziehungsberatungsstellen (ohne Personal mit Migrationshintergrund) durch MigrantInnen deutlich niedriger bzw. Abbruchquoten liegen höher als bei deutschen Vergleichsfamilien (Friese 2000).

2.2 Spezifische Zugangsbarrieren zur Gesundheitsversorgung für Migranten

Da in frühen Untersuchungen Morbiditätsraten unter Migranten stark unterrepräsentiert waren (Häfner 1977, 1980), wurde angenommen, dass MigrantInnen eine geringere Vulnerabilität für psychische Störungen aufweisen als die deutsche Bevölkerung. Dies schien u. a. aufgrund der hohen geforderten Gesundheitsbestimmungen für die Anwerbung als Arbeitskraft nach Deutschland plausibel. Diese Selektions-Hypothese wurde allerdings rasch kritisiert, da die geringe Inanspruchnahme medizinischer oder psychosozialer Dienste keine direkten Rückschlüsse auf den Gesundheitsstatus zulässt bzw. Restriktionen des Ausländerrechts (z. B. drohende Ausweisung bei Arbeitsunfähigkeit oder Sozialhilfeabhängigkeit) nicht ausreichend berücksichtigt. Ergänzend bzw. konkurrierend zum Selektions-Anstaz wird vermehrt argumentiert, dass hohe Zugangsbarrieren zu den Regeldiensten die unterproportionale Inanspruchnahme durch Migranten zu verantworten hätten (Arslan et al. 1998; Collatz 2001; Leyer 1991a; Pfeiffer 1994; Zimmermann 1994 etc.).

Geyer (2000) geht von drei Erklärungsmöglichkeiten für den geringen Zugang zur psychotherapeutischen Versorgung bei sozialen Unterschichtspatienten aus, wobei er MigrantInnen nicht gesondert berücksichtigt. An erster Stelle werden strukturelle Bedingungen identifiziert wie die schlechte Erreichbarkeit von PsychotherapeutInnen, lange Wartezeiten sowie eine zögerliche Überweisungspraxis durch Ärzte. An nächster Stelle stehen Hindernisse, die in der Person des Patienten begründet sind, wie z. B. die Furcht vor Stigmatisierung, die zu einer Ablehnung bzw. verzögerten Inanspruchnahme in Krisen führen kann. Bedingt durch ein überwiegend somatisches Krankheitsverständnis werden psychische Beschwerden bevorzugt als körperliche Symptome erlebt und dargestellt (Somatisierung), was zu Fehlbehandlungen und Chronifizierung führt. Entschließen sich die Betroffenen psychotherapeutische Hilfe aufzusuchen, können auf Therapeutenseite weitere Zugangsbarrieren auftreten. Dabei wird v. a. auf das sprachliche Gefälle zwischen UnterschichtsklientInnen und TherapeutInnen hingewiesen, weshalb häufig keine Psychotherapie-Indikation gestellt wird (Bautz 1985 zit. n. Geyer 2000). Bei bereits begonnenen Therapien vermutet Geyer (2000, S. 216) geringere Erfolgschancen für die Weiterbehandlung von »weniger qualifizierten« PatientInnen und: »bei Ausländern mit Sprachschwierigkeiten [...] sollte das Problem nochmals verschärft auftreten«.

2.2.1 Strukturelle Zugangsbarrieren

Ähnliche Zugangsbarrieren wie sie Geyer (2000) für UnterschichtsklientInnen anführt, können verstärkt für die Gesundheitsversorgung von MigrantInnen gelten, da neben sozialen sprachliche, kulturelle und machtspezifische Gefälle zwischen BehandlerIn, Institution und Betroffenen hinzukommen. Beispielsweise sind Überlastung, schlechte Erreichbarkeit von PsychotherapeutInnen mit Muttersprachenkenntnissen, lange Wartezeiten etc. bekannt, da Zulassungsrichtlinien der Kassenärztlichen Vereinigungen muttersprachliche und interkulturelle Kompetenzen nicht berücksichtigen. In Ein Fall aus meiner eigenen Praxis soll exemplarisch die Folgen der Benachteiligung von PatientInnen mit Migrationshintergrund in der Gesundheitsversorgung illustrieren:

Fallbeispiel 1

Frau A. ist 34 Jahre alt, in Deutschland geboren und türkischer Herkunft. Sie ist verheiratet und Mutter eines zehnjährigen Sohnes. Frau A. berichtet, dass sie seit der Entbindung ihres Sohnes unter Depressionen und phobischen Ängsten leide, sodass sie seither innerhalb und außerhalb der Familie sehr isoliert lebe und insbesondere sexuelle Kontakte mit ihrem Mann meide. Da er sie trotzdem unterstütze und nicht verlassen habe, habe sie in den vergangenen Jahren enorme Schuldgefühle bis zu Suizidgedanken entwickelt. Besonders belaste sie, dass unter ihrer Störung die gesamte Familie leide: Die Lehrerin habe wegen Depressivität des Sohnes die kinderpsychiatrische Vorstellung empfohlen; der Mann sei ebenfalls depressiv geworden und wende sich übermäßig religiösen Ideen zu. Die Patientin berichtet weiter, dass sie seit zwei Jahren erfolglos nach einem Therapieplatz suche: Zwei deutsche TherapeutInnen, die sie an ihrem Wohnort für mehrere Sitzungen konsultiert habe, hätten sie nach einigen Sitzungen abgewiesen mit der Begründung, ihr Mann spreche nicht ausreichend Deutsch für Paarsitzungen. Beide TherapeutInnen hätten ihr weiterhin empfohlen, wegen »Mentalitätsunterschieden« eine türkische Therapeutin aufzusuchen. Frau A. habe sich bei ihrer Krankenkasse nach türkischen TherapeutInnen erkundigt und zwei Adressen in einer ca. 50 Kilometer entfernten Stadt erhalten. Dort sei sie erneut abwiesen worden, da die Wartezeiten über ein Jahr betrugen. Sie habe Adressen von zwei Beratungsstellen mit türkischen MitarbeiterInnen erhalten, die sie wiederum nicht aufnahmen, da sie außerhalb des Einzugsgebiets wohne. Aufgrund der zunehmenden Verschlechterung ihres Gesundheitszustands hatte sich der Mann von Frau A. mehrmals zusätzlich an meine Privatpraxis gewandt.

Da eine Depression von Störungswert festgestellt wird (u. a. BDI = 34), veranlasse ich eine psychiatrische Untersuchung, die den Befund bestätigt und dringende Therapieaufnahme empfiehlt. Gemeinsam stellen wie einen Antrag auf Kostenerstattung bei der Krankenkasse, unterstützt durch Befunde und Stellungnahmen des Psychiaters und eines früheren Therapeuten. Der Antrag wird abgelehnt mit der Begründung: »Ein Anspruch eines *ausländischen sprachunkundigen Versicherten auf muttersprachliche Psychotherapie* ist nach dem Leistungsrecht der GKV *ausgeschlossen*. [...] Etwaige, im Rahmen der Psychotherapie auftretende Verständigungsschwierigkeiten sind insoweit ausschließlich durch die besonderen Lebensumstände des sprachunkundigen Versicherten begründet« (Schreiben der AOK vom 26.10.2005; Hervorhebungen im Original).

Ein Widerspruch mit detaillierter Darlegung der miserablen Versorgungssituation für türkische PatientInnen wird erneut abgelehnt, stattdessen erhält die Patientin die Adresse einer Therapeutin mit Türkischkenntnissen an einem 75 Kilometer entfernten Ort. Diese sieht sich trotz Eintragung türkischer Sprachkenntnisse im Ärzteverzeichnis nicht in der Lage, die Behandlung auf Türkisch anzubieten, sodass sie die Patientin nach einem Gespräch ablehnt und einen entsprechenden Brief an die Krankenkasse verfasst. Erst nach wiederholten schriftlichen Widersprüchen gelingt die Aufnahme der muttersprachlichen Therapie im Kostenerstattungsverfahren. Inzwischen sind weitere sechs Monate intensiver Bemühungen vergangen und der Zustand der Patientin hat sich so verschlechtert, dass sie sich die regelmäßige einstündige Anfahrt nicht mehr zutraut und nach wenigen Sitzungen abbricht, um bald darauf eine stationäre Maßnahme wahrzunehmen.

Bei diesem Beispiel handelt es sich nicht um ein Einzelschicksal oder um einen bürokratischen Irrtum. Tatsächlich haben PatientInnen mit Migrationshintergrund nach der aktuellen deutschen Rechtslage kein Recht auf eine kulturkompetente, muttersprachliche oder dolmetschervermittelte Behandlung, ebenso wenig wie PatientInnen mit körperlichen Einschränkungen. So entschied das Bundessozialgericht im Fall eines gehörlosen Patienten, dass das Hinzuziehen eines Gebärdendolmetschers zur ärztlichen Behandlung nicht von der Krankenkasse erstattet werden muss, da es sich nicht um eine fachkundlich ärztliche Tätigkeit handle, für die die Krankenkasse einzustehen habe (Urteil

2.2 Spezifische Zugangsbarrieren zur Gesundheitsversorgung für Migranten

vom 10.05.1999 – 1 RK 20/94). Ähnlich argumentieren die Kassenärztliche Vereinigung bzw. Vertreter der Krankenkassen, wenn sie bei Ermächtigungsanfragen entscheiden, dass Fremdsprachenkenntnisse nicht unter die Fachkunde des Arztes bzw. Psychotherapeuten fallen, da Sprache kein Kriterium für Psychotherapie sei, womit Anträge auf bedarfsorientierte Sonderzulassungen für muttersprachliche TherapeutInnen angelehnt werden.

Als weitere Ursache für die unterproportionale Nutzung von psychosozialen, psychiatrischen und psychosomatischen Einrichtungen durch MigrantInnen werden häufig die geringeren Kenntnisse über Versorgungsstrukturen des Gesundheitssystems bzw. eigener Versicherungsansprüche berichtet. Schepker und Mitarbeiter (2005) stellen bei türkischen Migrantenfamilien mit auffälligen Kindern überwiegend eine »polypragmatische Haltung« (ebd., S. 202) mit Bereitschaft, lösungsorientierte Hilfen anzunehmen, fest. Dennoch verfügten diese über wenig Wissen, z.B. über spezifische Behandlungsangebote wie Kinder- oder Familientherapie. Andererseits fühlen sich Regeleinrichtungen z.T. hilflos und überfordert, wenn sie mit KlientInnen aus anderen Kulturen konfrontiert sind. Da nur einzelne Dienste auf die kultursensible Arbeit mit MigrantInnen ausgerichtet sind, können arbeitsintensive Klienten nicht ausreichend in Fachnetzwerken aufgefangen oder vermittelt werden, was die Belastung der einzelnen Mitarbeiter erhöht. Arslan und Kollegen (1998) beschreiben am Beispiel Sozialpsychiatrischer Dienste in Berlin, dass Aufnahmen von MigrantInnen vermieden bzw. begrenzt werden, um institutionelle Bewältigungsrahmen nicht zu überfordern.

In einer Befragung des Gesundheitsreferats der Stadt München aus dem Jahre 1999 (Referat für Gesundheit und Umwelt 2005) wird festgestellt, dass der Zugang zu niedergelassenen Ärztinnen und Ärzten für Naturheilkunde, Psychiatrie und Psychotherapie für PatientInnen mit Migrationshintergrund besonders erschwert ist. In einer schriftlichen Befragung wurden 3400 von der Kassenärztlichen Vereinigung Bayern zugelassene ÄrztInnen aller Fachrichtungen angeschrieben, worauf ca. 1100 ÄrztInnen (32%) antworteten. 49% der antwortenden Ärzte gaben an, »fast keine« oder »überhaupt keine« MigrantInnen zu behandeln, demgegenüber betreuten 46% der ÄrztInnen bis zu maximal 25% MigrantInnen unter ihren PatientInnen. Da der Bevölkerungsanteil von Menschen mit Migrationshintergrund in München zu diesem Zeitpunkt bei ca. 28% lag (ebd.), weisen diese Ergebnisse auf eine deutliche Unterversorgung hin. Zwar sind keine Untersuchungen bekannt, in denen spezifisch die psychotherapeutische Versorgung durch niedergelassene Therapeuten berücksichtigt wird, jedoch liegt nahe, dass aufgrund der höheren Bedeutsamkeit des Sprach- und Kulturverständnisses in der Psychotherapie MigrantInnen in Psychotherapien bzw. Beratungen noch viel geringer repräsentiert sind.[2]

Als Folge mangelnder Zugangsmöglichkeiten zur Gesundheitsversorgung kann die häufige Nutzung von medizinischen Notfalldiensten betrachtet werden. Borde und Mitarbeiter (2002, 2003) stellen fest, dass insbesondere MigrantInnen aus niedrigeren Sozial- und Bildungsschichten bei psychosozialen Problemen Notfalldienste überproportional häufig nutzen. Aus amerikanischen Studien ist bekannt, dass AfroamerikanerInnen und z. T. andere Minderheiten in der Statistik von Notfalldiensten überproportional häufig vorkommen, wofür Ursachen wie spezifisches Hilfesuch-Verhalten, diagnostische Ungenauigkeit, vermehrte Zwangseinweisungen, fehlende Kenntnis über Regeleinrichtungen, mangelnde Präsenz von bilingualem Personal etc. angeführt werden (Wu/Windle 1980, zit. n. Sue et al. 1994). Ein Nutzungsrückgang von Notfalldiensten wird dann berichtet, wenn Fachpersonal derselben Ethnie dort oder in der Nähe verfügbar ist.

Als weiteres Indiz für ein Versorgungsdefizit in Regelinstitutionen wird die häufige Nutzung migrantenspezifischer Dienste bewertet. Obwohl diese aufgrund von Überlastung häufig nur ein limitiertes Angebot machen können und beispielsweise Wartezeiten bis zu einem Jahr bzw. viele Ausschlussdiagnosen haben, werden sie von Klienten ungebremst nachgefragt (vgl. Baran 2002). Da muttersprachliche Angebote von Betroffenen meist als persönliche Erfahrung an andere Betroffene im Bekanntenkreis bzw. in der Familie weitergegeben werden (Baran/Kalaçlar 1993), nehmen viele – bei fehlenden Alternativen – diese Einschränkungen in Kauf. Um Behandlungsangebote angemessen gestalten zu können und eine interkulturelle Öffnung der Regeldienste zu erzielen, ist die Einstellung von MitarbeiterInnen mit Migrationshintergrund notwendig. Diese haben häufig eine Öffnungs- bzw. Brückenfunktion für den Zugang von MigrantInnen, aber auch beim Vertrauensaufbau zwischen betroffenen MigrantInnen und deutschen MitarbeiterInnen (Pavkovic 2001).

EXKURS: INTERKULTURELLE ÖFFNUNG VON EINRICHTUNGEN

In der Fachliteratur gibt es zunehmend Hinweise auf Einrichtungen, die die Veränderung struktureller Rahmenbedingungen anstreben (siehe Heise 1998,

---

2 Eine entsprechende Befragung für niedergelassene PsychotherapeutInnen in Zusammenarbeit mit der Psychotherapeutenkammer Bayern befindet sich am Gesundheitsreferat München, Fachstelle Migration, unter Leitung von Dr. Maria Gavranidou in Vorbereitung.

2.2 Spezifische Zugangsbarrieren zur Gesundheitsversorgung für Migranten

2000; Cranach 2005; Erim-Frodermann et al. 2000; Rodewig 2000; Schmeling-Kludas 2005; Koch et al. 1995, 1998, 2000 etc.). Die Notwendigkeit einer interkulturellen Öffnung der Gesundheitsversorgung bzw. die Schaffung eines gleichberechtigten Angebots wird sowohl fachspezifisch als auch auf kommunalpolitischer Ebene inzwischen anerkannt:

> »Die Besonderheiten hinsichtlich der kulturellen Herkunft von Ausländerinnen und Ausländern sollen bei den medizinischen Versorgungsangeboten bestmöglich berücksichtigt werden. Ausländerinnen und Ausländer sollen bei der Gesundheitsversorgung die gleichen Möglichkeiten haben wie Deutsche und diese auch effektiv wahrnehmen können« (Bayrisches Staatsministerium für Arbeit und Sozialordnung, Familie, Frauen und Gesundheit 1999, S. 203).

Hinz-Rommel (1994) stellt bei der Untersuchung von sozialen Diensten fest, dass bei deren interkultureller Öffnung das Angebot den ethnischen Bevölkerungsanteilen entsprechend genutzt wird, sodass Inanspruchnahmebarrieren behoben werden können. Dennoch sei die stationäre und ambulante Behandlung psychisch erkrankter MigrantInnen weiterhin unzureichend, denn nur wenige Versorgungseinrichtungen würden den Einfluss kultureller Faktoren auf den Krankheits- bzw. Behandlungsverlauf anerkennen, indem sie kulturelle Besonderheiten in ihrer eigenen Arbeit reflektieren und interkulturelle Standards als Qualitätsmerkmal in ihr Behandlungsangebot integrieren. Collatz (1995) fordert für den Abbau struktureller Benachteiligung von MigrantInnen in der psychosozialen Versorgung:

> »1. Sicherung einer flächendeckenden dezentralen multikulturellen Sozialberatung von MigrantInnen, 2. Einrichtung von ethnomedizinischen Zentren in Ballungsräumen, die versuchen, ethnozentrische Verkrustungen aufzubrechen und Vernetzung zu fördern, 3. Schaffung regional organisierter, dezentraler hoch qualifizierter Dolmetscherdienste, um der Diversifizierung begegnen zu können, 4. Ausbau der sozialpsychiatrischen, psychosomatischen und multikulturellen ambulanten Versorgung und ihre Qualitätssicherung, 5. Aufbau und Unterstützung multikulturell orientierter klinischer psychiatrischer Dienste« (Collatz 1995, S. 45).

Ähnlich fordern Razum und Mitarbeiter (2004) als vorrangiges Ziel, Benachteiligungen für psychisch kranke MigrantInnen auszugleichen, indem individuelle und kulturell bedingte Krankheitskonzepte bzw. Ressourcen der Betroffenen anerkannt und flexible Therapien angeboten werden. Wo die sprachlichen Voraussetzungen bei BehandlerIn und PatientIn nicht ausreichend übereinstimmen, sollen speziell ausgebildete DolmetscherInnen die professionelle Sprachvermittlung übernehmen. Von der Behandlung in spezifischen Diensten raten die Autoren ab und weisen auf die Gefahr ihres Missbrauchs hin, d. h. MigrantInnen könnten weiterhin ohne nennenswerte Veränderung des Gesundheitssystems dorthin abgeschoben werden. Spezifische Dienste und ethnomedizinische Zentren, schlagen die Autoren vor, sollen als Unterstützung herangezogen werden, wenn kultursensible Supervision und Weiterbildung von MitarbeiterInnen der Regeldienste erforderlich ist.

Im deutschen Sprachraum gibt es inzwischen eine erwähnenswerte Anzahl kultursensibler bzw. migrantenspezifischer Behandlungsansätze, die institutionell umgesetzt werden (Attia et al. 1995; Erim/Senf 2002; Hegemann/ Salman 2001; Heise 1998; Kiesel et al. 1994; Koch et al. 1995, 1998, 2000; Leyer 1991a; Nestmann/Niepel 1993; Pfeiffer 1994; Machleidt/Callies 2004 etc.). Zwar wird häufig beschrieben, dass die kultursensible Ausrichtung zu einem kontinuierlichen Anstieg in der Patientenpopulation binnen weniger Jahre führt (Erim-Frodermann et al. 2000; Schepker et al. 2005 etc.), jedoch liegen kaum Erkenntnisse darüber vor, inwieweit tatsächlich eine anhaltende Besserung des Gesundheitszustands erzielt wird. Koch (2005) berichtet über die Befragung von überweisenden ÄrztInnen, deren PatientInnen auf einer psychiatrischen Station mit spezifischem Konzept für türkeistämmige PatientInnen behandelt wurden. Obwohl die befragten ÄrztInnen nach der Rückkehr ihrer PatientInnen angaben, dass sich die psychosomatischen Symptome, die Anlass zur Überweisung waren, nicht wesentlich oder dauerhaft gebessert hätten, berichteten sie überwiegend von verringerter Medikamenteneinnahme, weniger Facharztbesuchen und weniger Inanspruchnahme von Notfalleinrichtungen. Außerdem erklärten die befragten Ärzte, dass die Arzt-Patient-Beziehung von der Maßnahme profitiert habe, was Koch darauf zurückführt, dass PatientInnen eine bis dahin ungekannte sprach- und kulturspezifische Zuwendung erfuhren, die nach der Rückkehr dem überweisenden Arzt angerechnet wurde.

Als Schwierigkeit bleibt, unter welchen Bedingungen PatientInnen mit Migrationshintergrund von den Regeldiensten am besten erreicht werden können. Befürwortet wird die Nutzung bestehender Informations- und Kommunikationsstrukturen, indem beispielsweise in community-nahen Begegnungszentren offene Sprechstunden angeboten und pädagogische, präventive und soziale Maßnahmen hervorgehoben werden (Fişek 1998). Dass aufsuchende Angebote keine zusätzlich bedarfsweckende Wirkung haben, wie mancherorts befürchtet, konnten Schepker und Mitarbeiter (2005) zeigen. Als zentral werden die Einstellung

2.2 Spezifische Zugangsbarrieren zur Gesundheitsversorgung für Migranten

von muttersprachlichen TherapeutInnen und die kultursensible Schulung autochthoner MitarbeiterInnen erachtet. Insbesondere muttersprachliche Mitarbeiter können in der Aufbauphase kultursensibler Angebote als Vermittler wirken (Pavkovic 2001). Die kontinuierliche Konzentration auf Teamprozesse durch kulturfokussierte Selbsterfahrung, supervisorengestütze Reflexion in der konkreten Fallarbeit etc. soll mit der Umstellung ausgelöste belastende Prozesse wie fachliche Verunsicherung auffangen, indem z. B. geklärt wird, ob Störungen in der Beratungsarbeit aus kulturellen Unterschieden entstehen oder störungsspezifisch sind. Erim-Frodermann und Mitarbeiter (2000) konnten zeigen, dass durch die Einstellung nur weniger muttersprachlicher MitarbeiterInnen, regelmäßige Beratungsangebote, muttersprachliche Einzeltherapie und Schaffung bedarfsgerechter Gruppen (z. B. offene ambulante Gruppen für türkische MigrantInnen) die Inanspruchnahme einer universitären Klinikambulanz innerhalb von fünf Jahren um ein Vielfaches anstieg bis sie dem Bevölkerungsanteil der MigrantInnen entsprach. Die beschriebene Migranten-Stichprobe glich sich in diesem Zeitraum hinsichtlich Geschlechterverteilung, Diagnosen, Alter und Erwerbsstatus den deutschen PatientInnen weitgehend an (siehe auch Schepker et al. 1998, die einen Anstieg von 1 % auf 12 % Migrantenanteil in einer Kinder- und Jugendpsychiatrie feststellen).

Die genannten Beispiele zeigen, dass die Reflexion sprachlicher und interkultureller Zugangsbarrieren und die Ebnung spezieller Zugangswege bestehende Versorgungsnachteile erfolgreich mindern kann (siehe auch Rodewig 2000; Koch et al. 1995, 1998; Heilbronn 1995). Vielfach warnen Autoren vor sogenannten »Insellösungen« und fordern, die gesetzlich verankerte flächendeckende Versorgung auch für MigrantInnen zu gewährleisten (Neuber 2005; Razum et al. 2004). Dazu müssen viele Ebenen einbezogen werden. Zimmermann (1994) führt die schlechte medizinische Versorgungslage von MigrantInnen u. a. darauf zurück, dass sich die Bundesregierung lange weigerte, Deutschland als Einwanderungsland anzuerkennen. Statt aktiv eine Migrations- und Minderheitenpolitik zu betreiben, sei in der Gesundheitsversorgung vornehmlich nach vorübergehenden Lösungen gesucht worden. Collatz (1995) vermutet, dass dies auch an der fehlenden politischen Kraft bzw. Lobbybildung von psychisch kranken MigrantInnen liegt. Um eine interkulturelle Öffnung voranzutreiben, fordern Razum und Mitarbeiter (2004), die gesundheitspolitischen Rahmenbedingungen zu verändern. Repräsentative Studien zur Versorgung von Migranten und eine systematische Gesundheitsberichterstattung stellen dabei eine wichtige

Voraussetzung für die fundierte interkulturelle Öffnung der Gesundheitsdienste dar.

Dass ein wachsendes Problembewusstsein unter praktisch tätigen Fachleuten längst vorhanden ist, zeigt sich z. B. in der zunehmenden Anzahl von Fachtagungen und Veröffentlichungen, die sich mit dem Thema Migration und Interkulturalität in der psychotherapeutischen Versorgung auseinandersetzen. Es haben sich Arbeitskreise und Gesellschaften gebildet, die sich für psychosoziale und psychotherapeutische Belange von MigrantInnen einsetzen (z. B. Arbeitskreis Türkischsprachiger PsychotherapeutInnen; Deutsch-Türkische Gesellschaft für Psychiatrie, Psychotherapie und psychosoziale Gesundheit etc.; Tagungsbände: Koch 1995, 1998, 2000). Unter Mitwirkung verschiedener Fachgesellschaften (u. a. Deutsche Gesellschaft für Psychiatrie, Psychotherapie und Nervenheilkunde) wurden die »12 Sonnenberger Leitlinien« (Machleidt/Salman/Callies 2002) herausgegeben, die Vorschläge für eine interkulturelle Qualifizierung von Gesundheitseinrichtungen machen.

2.2.2 Zugangsbarrieren in der Person der TherapeutIn

Zugangsbarrieren, die in der Person der Therapeutin liegen, wird in dieser Arbeit ein wichtiger Stellenwert zugeordnet, da hier beziehungsspezifische Ansatzpunkte liegen können, um die therapeutische Zusammenarbeit mit Migranten zu verbessern. In der Praxis wird häufig ein gemeinsamer kultureller bzw. ethnischer Hintergrund von TherapeutIn und KlientIn als günstig eingeschätzt (»culture-matching«). Demnach sollen gemeinsame Sprache und Herkunft den Beziehungsaufbau erleichtern und bessere Therapieerfolge ermöglichen. Jedoch gibt es in der Literatur widersprüchliche Ergebnisse über den Nutzen von Kulturübereinstimmung für Therapieerfolg (siehe z. B. die Metaanalyse von Zane et al. 2004). In manchen Studien werden keine oder geringfügige Vorteile bei der Symptomreduktion festgestellt, wenn AfroamerikanerInnen von schwarzen TherapeutInnen behandelt werden. Im Vergleich dazu stellen Beutler und Mitarbeiter (2004) fest, dass es große Unterschiede gibt, wenn die Abbruchraten berücksichtigt werden: Schwarze KlientInnen brechen wesentlich häufiger die Behandlung bei weißen als bei schwarzen TherapeutInnen ab. Außerdem belegen Studien mit differenzierten Erfolgseinschätzungen, dass schwarze KlientInnen bei weißen TherapeutInnen in weniger Bereichen profitieren als deren weiße KlientInnen (Sue et al. 1994). Betrachtet man Studien über die Behandlung anderer ethnischer Gruppen wie AmerikanerInnen mit asiatischer oder mexikanischer Herkunft, sind ebenfalls Therapievorteile bei übereinstimmender Herkunft festzustellen. Diese Faktoren bleiben in herkömmlichen Untersuchungsdesigns häufig verschleiert und können besser in indirekten Maßen wie z. B. Therapiedauer und Abbruchquoten sichtbar werden.

Es bleibt zwar ungeklärt, ob schwarze KlientInnen, die vorzeitig – nämlich meist schon nach der ersten Sitzung – die Behandlung bei weißen TherapeutInnen beenden, da sie keinen Nutzen von der angebotenen Hilfe erhoffen oder außerhalb der Therapie liegende Gründe eine Fortsetzung verhindern. Der Umstand, dass Minoritäten-KlientInnen nicht grundsätzlich früher die Therapie abbrechen, sondern länger bei TherapeutInnen derselben Ethnie verbleiben, kann als Hinweis dafür gewertet werden, dass bei kultureller Verschiedenheit vermehrt Hindernisse in der Therapiebeziehung wahrgenommen werden, die zum Abbruch führen. Folgt man dem Befund, dass Therapieerfolge v. a. dort erzielt werden können, wo eine lange kontinuierliche therapeutische Arbeit stattfindet, ist die hohe Zahl vorzeitiger Therapieabbrüche besonders nachteilig zu bewerten (zum robusten Zusammenhang zwischen Therapiedauer und Therapieerfolg siehe Beutler et al. 2004; Grawe et al. 1994; Orlinsky et al. 1994; Orlinsky/Howard 1986; Sue et al. 1994 etc.).

In klinischen Analogie-Studien, in denen therapeutische Sitzungen mit StudentInnen oder AusbildungskandidatInnen simuliert werden, finden sich weitere Hinweise für Barrieren, die in der Person der Therapeutin liegen können. Abhängig von der Herkunft bzw. dem Sozialstatus der KlientInnen werden signifikante Unterschiede in Diagnosevergabe, Interaktion (z. B. therapeutische Selbstöffnung) und Prognose beobachtet. AusbildungsteilnehmerInnen, die vornehmlich mittleren Einkommensklassen der weißen Mehrheit entstammen, geben an, die Zusammenarbeit mit KlientInnen aus mittleren und hohen Einkommensklassen zu bevorzugen und gehen pauschal von geringeren Erfolgschancen bei KlientInnen aus Minderheiten und niederen Sozialschichten aus (alle Ergebnisse entnommen der Metaanalyse von Lorion/Felner 1986). Diese Befunde sprechen dafür, dass Therapeuten aus der gesellschaftlichen Mehrheit geneigt sind, diskriminierte Klienten nach bestehenden gesellschaftlichen Stereotypen zu beurteilen.

In Anlehnung an ein sozialpsychologisches Konzept unterscheiden Fişek und Kağıtçıbaşı (1998) zwei Vorurteilstypen bei TherapeutInnen: Alpha-bias liegt vor, wenn Therapeuten kulturelle Unterschiede zwischen sich und ihren KlientInnen überbewerten. Dabei werden individuelle Merkmale der Klienten ausgeblendet und ihnen unbewusst Austauschbarkeit mit anderen Mitgliedern derselben Gruppe unterstellt. Die Kultur des Therapeuten wird in dieser Betrachtungsweise als normativ betrachtet und die Kultur des Klienten automatisch abgewertet. Als Gegenstück wird die Verleugnung von kulturellen Unterschieden angeführt: Beta-bias liegt vor, wenn TherapeutInnen unterstellen, dass für alle Menschen universelle Merkmale und Kriterien gelten. Das führt dazu, dass existierende Kultur-, Macht-, Status- und Bildungsunterschiede vernachlässigt werden. Stattdessen wird betroffenen KlientInnen Überempfindlichkeit, persönliche Schwäche (Hügel-Marschall 1998) oder Pech unterstellt. Dabei können identitätsstiftende Faktoren und kulturelle Ressourcen nicht angemessen gewürdigt werden und ausbleibender Therapieerfolg wird KlientInnen angelastet.

Zwar sind keine systematischen Untersuchungen zu kulturellen Stereotypen unter praktizierenden TherapeutInnen bekannt. Erim-Frodermann und Mitarbeiter (2000) stellen in einer Befragung unter deutschem Klinikpersonal jedoch fest, dass KollegInnen ausländischen PatientInnen v. a. Unpünktlichkeit, Passivität, Männerdominanz (z. B. Frauen gehen hinter Männern) unterstellen, was gängigen Vorurteilen gegenüber Türken entspricht. Aus der sozialpsychologischen Forschung ist bekannt, dass negative kulturelle Stereotype automatisch und unbewusst aktiviert werden (Kahraman/Knoblich 2000). Wenn ProbandInnen versuchen, diese willentlich zu unterdrücken und dabei unter Zeitdruck, kognitiver oder emotionaler Belastung stehen, bleiben Stereotype wirksam bzw. sie verstärken sich paradoxerweise sogar (Wegner 1994) – unabhängig von den politischen Einstellungen der Probanden (siehe auch Weiß 2001).

In der klinischen Literatur finden sich Beispiele, in denen »kulturelle Barrieren« als unüberwindbare Hindernisse für eine interkulturelle Zusammenarbeit dargestellt werden. In der Folge wird ein Fallbeispiel aus einem Lehrbuch geschildert:

»Ein türkisches Mädchen kommt mit ihren Eltern und ihrem älteren Bruder in die psychotherapeutische Ambulanz. Das Mädchen wirkt teils eingeschüchtert, teils untergründig ärgerlich, schweigt aber zunächst. Der Vater berichtet dem Therapeuten, daß die Tochter einen deutschen Freund habe, obwohl sie schon einem türkischen Mann versprochen worden sei. Die Familie wolle, daß sie auf den Freund verzichte und zur Heirat in die Türkei fahre. Die Tochter habe auf diesen Konflikt mit Verweigerung von Nahrung reagiert und sich überhaupt zurückgezogen. Eine Therapie kommt deswegen nicht zustande, weil die Parteien unterschiedliche Ziele verfolgen: Nach den Moralvorstellungen der Familie wird vom Therapeuten erwartet, daß er die Tochter dazu bewegt, auf den deutschen Freund zu verzichten. Das Mädchen erwartet vom Therapeuten, daß er die Familie dazu bringt, von ihrer Forderung nach Heirat Abstand zu nehmen. Der Therapeut kann sich weder mit dem einen noch mit dem anderen Therapieziel identifizieren, sie erscheinen ihm unvereinbar. Es kommt kein Therapievertrag zustande« (Eckert et al. 1996, S. 534f.).

In der Reflexion dieses Falls werden unterschiedliche Norm- und Moralvorstellungen zwischen dem Therapeuten, der Patientin und ihrer Familie als limitierende Faktoren der psychotherapeutischen Einflussnahme benannt. Kulturelle Unterschiede werden implizit als unveränderbar und überwiegend als Eigenschaften der Hilfe suchenden Familie dargestellt; daher muss/darf diese vom Therapeuten zurückgewiesen werden. Diese Bewertung wirft grundlegende Fragen nach den Möglichkeiten und Zielen von Psychotherapie bzw. dem Selbstverständnis von PsychotherapeutInnen auf. Als Begründung für die Ablehnung ist genannt, dass der Therapeut sich nicht mit den verschiedenen Zielen der Familie identifizieren kann, was für eine Therapievereinbarung unhinterfragt vorausgesetzt wird. Die Möglichkeit, dass Therapeuten eine neutrale Position zugunsten beider Parteien einnehmen, ohne eigene bzw. die Ziele einer Seite zu favorisieren, wird außer Acht gelassen. Statt sich mit einer Seite zu identifizieren oder selbst Lösungen anzubieten, besteht die therapeutisch wirksamere Möglichkeit darin, eine zielneutrale Vermittlerposition einzunehmen, was den Konfliktparteien ermöglicht, ihre Bedürfnisse und Befürchtungen unbefangen zu artikulieren und selbst eine gemeinsame Lösung zu finden (Baran/ Kalaçlar 1993; Köse 1995). Es wird nicht explizit reflektiert, mit welchen Erwartungen des Therapeuten die Ziele der Familie in Konflikt stehen. Unumstritten ist, dass TherapeutInnen persönliche und fachliche Grenzen haben, die sie achtsam wahrnehmen müssen, um verantwortlich und authentisch zu handeln. In diesem Beispiel werden jedoch unerwähnte Ziele und Erwartungen des Therapeuten als Norm vorangestellt und die der Familie durch Ablehnung abgewertet. Beutler und Mitarbeiter (1983, zit. n. Beutler et al. 2004) stellen fest, dass sich KlientInnen im Verlauf der Therapie an Werte und Einstellungen ihrer Therapeuten annähern, obwohl angestrebt werden sollte, sich als Therapeut der Lebenswelt bzw. dem Bezugsrahmen von KlientInnen anzunähern (Duncan et al. 1998) bzw. möglichst minimal zu intervenieren (Kanfer et al. 2000). Die Gründe, die von den Autoren (Eckert et al., 1996) zum Abbruch angeführt werden, erscheinen dagegen fraglich: Im konkreten Beispiel wird von den zerstrittenen Mitgliedern einer Familie bereits zu Beginn des Beratungsprozesses erwartet, dass sie in ihren Zielen übereinstimmen, obwohl soziale bzw. Bedürfniskonflikte häufig Anlass von Therapien sind und erst im Verlauf zu einer gemeinsamen Lösung gebracht werden können (Grawe 2000). Unbeachtet bleibt ebenfalls, dass die beschriebene Familie im Bewusstsein kultureller Unterschiede, die nicht zuletzt Inhalt des Familienkonflikts sind, eine Beratung aufsucht. Mit ihrer Anfrage nach Therapie zeigt die Familie ihre derzeit größtmögliche Offenheit, was vom Therapeuten fälschlicherweise nicht als bestehende Anpassungsleistung wahrgenommen wird. Ungeachtet dieser Motivation und des Leidensdrucks (Rückzug, Essensverweigerung des Mädchens) wird die Anfrage abgelehnt. Dabei wird nicht erwähnt, ob eine Weitervermittlung stattfindet. Besonders kritikwürdig erscheint, dass die Autoren in ihrem Lehrbuch keine anderen Beispiele für die Therapie mit MigrantInnen anführen, die geeignet wären, dieses Beispiel zu relativieren. So entsteht der Eindruck, dass besagte kulturelle Barrieren generell nicht überwunden werden können. Durch das pauschale Urteil, wonach verschiedene Ziele der Familienmitglieder bzw. des Therapeuten nicht kompatibel sind, wird außerdem suggeriert, dass die Familie selbst »schuld« daran ist, wenn ihnen keine angemessene Therapie angeboten werden kann; schließlich wird das Verhalten des Therapeuten nicht kritisch reflektiert. Damit wird die Kultur der betroffenen Familie einseitig problematisiert und abgewertet. Die Notwendigkeit, eigene Wertvorstellungen bei kulturverschiedenen Klienten zu relativieren und eine offene therapeutische Haltung einzunehmen, wird nicht erörtert.

Wie schwerwiegend die Vernachlässigung kontextueller Faktoren auch in der somatischen Gesundheitsversorgung für Betroffene sein kann, illustriert ein weiterer Fall einer türkischen Patientin, der ein Wartelistenplatz für die Transplantation eines Spenderherzens verweigert wurde (Klinkhammer 2000a). Sie wurde mit der Begründung abgelehnt, dass sie für die nachfolgende Therapie nicht ausreichend Deutsch spreche und ein Dolmetscher nicht immer zur Verfügung gestellt werden könne; dies gefährde die notwenige Compliance. Zwar ist verständlich, dass Fachleute insbesondere angesichts kostenintensiver und knapper Ressourcen wie Spendeorgane die individuellen Behandlungschancen von Patienten sorgfältig reflektieren müssen. Jedoch ist es kritisch zu sehen, wenn mangelnde Übereinstimmung in Sprache oder Kultur einseitig KlientInnen angelastet wird. Wie subjektiv prognostische Einschätzungen ausfallen können, zeigt in diesem Beispiel der Umstand, dass die herzkranke Patientin in einem anderen Transplantations-Zentrum einen Wartelistenplatz erhielt (Klinkhammer 2000b).

2.2.3 Zugangsbarrieren in der Person der KlientIn

Häufig werden in der Person der KlientIn liegende Zugangsbarrieren als Ursache für geringe Inanspruchnahme unterstellt. Mangelnde Sprachfertigkeiten trotz langer Aufenthaltsdauer werden kritisiert und dienen in der Praxis z. T. als Rechtfertigung für Zurückweisung. Sprachkenntnisse sind eine wesentliche Voraussetzung für effektive Kommunikation und zweckgebundene Zusammenarbeit. Kommunikationsbarrieren zwischen TherapeutIn und KlientIn sind häufig lebensweltlich bzw. situationsspezifisch begründet. Insbesondere bei älteren MigrantInnen der ersten Zuwanderergeneration ist häufig zu beobachten, dass Deutschkenntnisse ausreichen, um Alltagsaufgaben wahrzunehmen, sich am Arbeitsplatz oder in bekannten Kontexten zu verständigen. Jedoch erfordert die Verständigung über Therapieinhalte ein differenziertes Sprachverständnis, das auch bei autochthonen Unterschichtspatienten als Therapiehindernis wahrgenommen wird (Lorion/Felner 1986; Geyer 2000).

Dolmetschergestützte Behandlungsangebote erfordern nicht nur einen zeitlichen und ökonomischen Mehraufwand, sondern auch die Schulung beider Seiten – von Dolmetscher und Therapeut – (Abdallah-Steinkopff 1999), sodass sie trotz Errichtung klinikinterner (Wesselmann et al. 2004) bzw. selbstständiger Dienste (Salman 2001) im psychiatrisch-psychotherapeutischen Bereich wenig wahrgenommen werden. Beschwerden, die das psychische Befinden betreffen, sind für Außenstehende meist wenig sichtbar, sodass sie von der betroffenen Person in besonderer Weise kommuniziert werden müssen. Kommunikation selbst wiederum geschieht nicht nach universellen Regeln unabhängig von Teilnehmern oder Inhalten, sondern findet stets in einem kulturellen Bezugsrahmen statt (Hall 1973). Der kulturelle Bezugsrahmen legt nicht nur verbale Ausdrucksformen fest, sondern verleiht auch nonverbalem Verhalten eine spezifische Bedeutung. Insbesondere der Ausdruck von Gefühlen kann dabei zu Fehlern in der psychopathologischen Diagnostik führen.

Marcos (1976, zit. n. Haasen et al. 2000) stellt fest, dass Affekte bei bilingualen PatientInnen häufig als flach und emotionslos eingeschätzt werden, wenn die Befragung in der amerikanischen Zweitsprache stattfindet. Dieses Phänomen wird damit erklärt, dass der Ausdruck von Emotionen überwiegend mit der Erstsprache assoziiert ist und in einer Zweitsprache weniger adäquat kommuniziert werden kann. Hinzu kommt, dass bestehende Zweitsprachenkenntnisse besonders in psychischen Krisen durch Insuffizienzgefühle gemindert werden. Vor diesem Hintergrund können die Ergebnisse einer Studie des Zentralinstituts der Kassenärztlichen Vereinigung (Schach 1989) dahin gehend interpretiert werden, dass bei Patienten mit einer anderen Muttersprache der Leidensdruck von medizinischer Seite häufig unterschätzt wird. In dieser Studie bewertete der behandelnde Arzt in einem Viertel der Fälle, in denen sein Patient mit Migrationshintergrund sein Anliegen als »gravierend« bezeichnete, das Anliegen seines Patienten als »gering«.

Die Bedeutung der Muttersprache in der Psychotherapie wird häufig als überlegen beschrieben (Koray 1991; Toker 1998). Beobachtet werden kann jedoch auch, dass auch junge PatientInnen mit guten deutschen Sprachkenntnissen TherapeutInnen derselben Ethnie bevorzugen, um kulturelles, soziales und minderheitenspezifisches Wissen anzutreffen (Erim-Frodermann 2000). In US-amerikanischen Studien bevorzugen bis zu 60 % der befragten Schwarzen, die eine gemeindepsychiatrische Einrichtung besuchen, einen schwarzen Berater oder Therapeuten (Tien/Johnson 1985, zit. n. Sue et al. 1994). Zunächst unterstellte Abgrenzungswünsche der Klienten im Sinne autonomer Identitätsfindung konnten jedoch nicht bestätigt werden. Aus einer anderen Untersuchung (Atkinson et al. 1986) ging folgende Kriterien-Rangfolge unter schwarzen KlientInnen bei der Auswahl eines Psychotherapeuten hervor: 1. Höhere Bildung des Therapeuten als man selbst, 2. Ähnlichkeit in persönlichen Überzeugungen und Werten, 3. Höheres Lebensalter, 4. Ähnliche Persönlichkeit, 5. Gleiche Rassenzugehörigkeit. Demgegenüber finden sich bei weißen PatientInnen unter den ersten drei Kriterien bei der Wahl eines Therapeuten Rassen-, Geschlechter- bzw. Schichtpräferenzen. Hinter dem Faktor »Ethnische Übereinstimmung zwischen Therapeut und Klient« verbirgt sich also ein komplexeres Konzept als Hautfarbe oder Nationalität. Sue (1998) nimmt an, dass Übereinstimmung in Herkunft und Sprache eine tiefere Bedeutung für Klienten haben, da damit Ähnlichkeiten in Einstellungen, Überzeugungen und Erfahrungen im Sinne einer kognitiven Übereinstimmung (»cognitive match«) verbunden sind.

Niedrige Inanspruchnahme von psychotherapeutischer Beratung seitens MigrantInnen wird z. T. auch mit stärkerem Familienzusammenhalt begründet. Akgün (1991) stellt fest, dass bei türkischen MigrantInnen eine größere Bereitschaft besteht, die Versorgung kranker Familienangehöriger möglichst lange in der Familie zu leisten. Betroffene können tradierte Bewältigungsstile vorziehen, wenn sie in kohäsiven Familienverbänden leben. Andererseits kann der Verbleib in familiären Bewältigungsmustern auch eine Folge mangelnder Zugangsmöglichkeiten sein, wie zuvor dargestellt, denn neuere Ergebnisse weisen darauf hin, dass psychotherapeutische Hilfen im Zuge eines polypragmatischen Verständnisses (Schepker et al. 2005) von Migranten bereitwillig genutzt und nahezu gleichwertig mit medizinischer Versorgung beurteilt werden. Dennoch bestehen auch Sorgen vor Stigmatisierung bzw. vor institutionellen Eingriffen, z. B. im Sinne des Ausländerrechts oder Kinderschutzes, die den Zugang erschweren können.

EXKURS: ERHÖHTE SCHIZOPHRENIE-PÄVALENZ

Institutionelle Benachteiligung wegen Vernachlässigung des kulturellen Kontexts der Betroffenen kann sich in unterschiedlichen Stadien des Erkrankungs- und Behandlungsprozesses manifestieren. Zum einen wird immer wieder auf die subproportionale Inanspruchnahme von psychosozialen bzw. psychiatrischen Einrichtungen der Regelversorgung durch MigrantInnen hingewiesen, obwohl sie ein höheres Erkrankungsrisiko aufweisen (Collatz 2001). Zum anderen werden höhere Prävalenzen von psychotischen Erkrankungen als Artefakt geringerer Inanspruchnahme bewertet: Da MigrantInnen aufgrund genannter Zugangsbarrieren kranke Familienangehörige länger in ihrer Obhut behalten bzw. erst in akuten Krisen institutionelle Hilfen aufsuchen, werde das Vorkommen schwerer Störungen überschätzt. Jedoch können auch Fehldiagnosen die Ursache für hohe Prävalenzen sein. Haasen und Mitarbeiter (2000) schildern den Fall einer jungen türkischen Frau, die sich in einer akuten Familienkrise selbst der Misshandlung ihrer Kinder bezichtigt, um ihren gewalttätigen Mann zu schützen. Als sie sich bei den anschließenden Befragungen in der Psychiatrie trotz zuvor guter Deutschkenntnisse verwirrend äußert und befürchtet, vom bösen Blick verfolgt zu werden, werden die Symptome als Anzeichen einer schizophrenen Störung gewertet. Um wieder zu ihren Kindern zu dürfen, kooperiert die Patientin bei der neuroleptischen Behandlung widerspruchslos. Erst als sie erfährt, dass ihr der endgültige Entzug des Sorgerechts droht, kann sie sich überwinden, die tatsächlichen Ereignisse offenzulegen, womit der eigentliche Therapieprozess beginnen kann. Die Autoren führen mehrere Ursachen für die Begünstigung einer Fehldiagnose an. Zum einen wurde das geschlechtstypische Deckungsverhalten der Frau hinsichtlich der Gewalttätigkeit des Mannes durch die gesellschaftliche Minderheitenposition der Familie verstärkt. Auch andere, vermeintlich kulturelle Werte wie der Erhalt der Familie bzw. Loyalität gegenüber dem Ehepartner können durch die Migrationssituation alternativlos und zugespitzt erlebt werden, sodass ausschließlich negative Erwartungen mit einer Offenbarung verbunden sind. Auf professioneller Seite wurden kulturelle Erklärungen wie der »böse Blick«, der in psychischen Krisen wie andere magische, spirituelle oder religiöse Bewältigungsmuster vorübergehend übermäßige Bedeutung gewinnen kann, ohne kulturspezifische Reflexion als paranoides Symptom gedeutet. Vermeintlich weitere unterstützende Symptome waren der zeitweise Verlust der deutschen Sprache bzw. Insuffizienzgefühle der Klientin, die ohne den Einbezug eines geschulten Sprachvermittlers als formale Denkstörungen beurteilt wurden.

Überproportional hohe Prävalenzen für Schizophrenie lassen sich in der Minderheitenbevölkerung verschiedener Länder finden. Mehrere Erhebungen belegen, dass schizophrene Störungen bei der schwarzen Minderheitenbevölkerung in den USA und bei afro-karibischen EinwanderInnen in Großbritannien und in den Niederlanden überzufällig häufig diagnostiziert werden (für einen Überblick siehe Haasen et al. 2000). Dabei liegt die Prävalenz von Schizophrenie-Diagnosen unter hospitalisierten Migranten meist mehr als doppelt so hoch (Holzmann et al. 1994). Bei der Überrepräsentanz schizophrener Diagnosen in Migrantenpopulationen überrascht, dass diese z. T. mit zunehmender Aufenthaltsdauer assoziiert sind und in der sogenannten zweiten Generation häufiger auftreten als in der ersten Einwanderergeneration. Bei Kindern aus Familien mit Migrationshintergrund werden häufiger Psychosen diagnostiziert als bei deutschen Kindern, wobei sie etwa gleich häufig wie deutsche Kinder an psychischen Störungen leiden (Taneli et al. 1995). Dafür werden bei türkischen Jungen z. B. seltener depressive Störungen festgestellt, was die Frage nach transkultureller Validität von psychischen Klassifikationssystemen aufwirft (für eine kritische Diskussion siehe de Jong 2001).

Haasen und Mitarbeiter (2001) stellen in einer Untersuchung fest, dass es bei der Beurteilung psychischer Beschwerden durch einen deutschen und einen bilingualen Psychiater bei MigrantInnen signifikant häufiger zu diskonkordanten Diagnosen kommt als bei deutschen PatientInnen (19 % versus 4 %). Diese Abweichungen können als potenzielle Fehldiagnosen gewertet werden. Dabei scheint ein junges Migrationsalter bei der Ankunft in Deutschland günstig, da die Wahrscheinlichkeit übereinstimmender Diagnosen dann höher ist. Als Hauptursachen für Fehldiagnosen im Zusammenhang mit psychotischen Störungen werden häufig die Missdeutung atypischer psychotischer Symptome (z. B. magisches Denken, untypischer Verfolgungswahn, Zoenästhesien) genannt. Insbesondere bei MigrantInnen und Minderheiten aus nicht-europäischen bzw. afrikanischen Ländern scheinen Fehldiagnosen häufig auf kulturell bedingte magische und spirituelle Gedankeninhalte zurückzuführen zu sein (Haasen et al. 2000). Gleichzeitig scheinen affektive Störungen mit psychotischen Symptomen oder bipolarem Verlauf in Migranten- bzw. Minderheitenpopulationen zugunsten schizophrener Störungen unterschätzt zu werden, denn Erstere werden bei Migranten seltener festgestellt als bei der autochthonen Bevölkerung. Ein weiterer Hinweis auf Fehleinschätzungen ist, dass bei der Überprüfung von Diagnosen durch muttersprachliche und kulturkompetente Professionelle häufig Diagnosewechsel vorgenommen werden (Mukherjee et al. 1983; Özek 1988; Yildrim-Fahlbusch 2003). Die Autoren empfehlen, auch bei psychotischen Symptomen die Diagnose einer schizophrenen Störung genau zu prüfen, denn: »In vielen Kulturen werden psychotische Störungen auch häufig bei Angststörungen, Depressionen, posttraumatischen Störungen und anderen beobachtet« (Haasen et al. 2000, S. 101). Wahngedanken, die meist mit kulturspezifischem Inhalt gefüllt sind, dürfen nicht vernachlässigt werden, sondern müssen unter Einbeziehung differentialdiagnostischer Informationen sorgfältig überprüft werden. Es ist empfehlenswert, bei Sprachschwierigkeiten zeitnah eine muttersprachliche Diagnostik oder professionelle Übersetzung zu veranlassen, da Kompetenzen in der Zweitsprache stress- oder störungsbedingt beeinträchtigt sein können. Außerdem kann eine Sprach- und ggf. Kulturvermittlung die Voraussetzungen für eine vertrauensvolle Beziehung zwischen Patient und Therapeut unterstützen. Wenn der Beziehungsaufbau nicht gelingt, können Beschwerden nicht richtig gewichtet werden, was Fehldiagnosen begünstigt. Insbesondere der Ausdruck von Emotionen und kognitiven Phänomenen unterliegt kulturellen Konventionen, die bei Zweifeln nur unter Berücksichtigung der Erstsprache und des Herkunftskontextes von Patienten angemessen beurteilt werden können.

3 Die Beziehung in der Psychotherapie

3.1 Therapeutische Beziehung als Wirkfaktor

Stabilität und Zufriedenheit in zwischenmenschlichen Beziehungen gelten allgemein als protektive Faktoren für psychische Gesundheit und korrelieren positiv mit Lebenserwartung bzw. negativ mit Morbidität und Suizidalität (Streek 2004). Demgegenüber entstehen aus gestörten Beziehungen mit höherer Wahrscheinlichkeit psychische Störungen bzw. werden sie durch diese aufrechterhalten (vgl. z. B. High-Expressed-Emotions-Konzept in der Schizophrenieforschung). Je früher bzw. hilfloser maladaptive Beziehungsmuster erlebt werden, umso komplexer und überdauernder sind entstehende Störungen, wie z. B. Persönlichkeitsstörungen, bei deren Therapie die Veränderung von Beziehungsschemata innerhalb der Therapiebeziehung eine zentrale Rolle einnimmt (Beck et al. 2004, Fiedler 2003).

Der Zusammenhang zwischen der therapeutischen Beziehung und dem späteren Therapieerfolg gehört zu der am häufigsten untersuchten Fragestellung in der Psychotherapieforschung (Orlinsky/Howard 1986; Orlinsky et al. 2004; Grawe 2000 etc.). Streeck (2004) charakterisiert die Therapiebeziehung als Kontext gebenden Rahmen des therapeutischen Geschehens, als nonverbales Kommunikationsmedium und als therapeutisches Mittel selbst. Diese Aufstellung spricht verschiedene Ebenen und Funktionen der therapeutischen Beziehung an, die nicht gegeneinander abgrenzbar sind, sondern in Wechselwirkung zueinander stehen. Somit wird die häufig gestellte Frage, ob Interventionen oder Beziehung wichtiger für Therapieerfolg ist, inzwischen dahin gehend beantwortet, dass diese Unterscheidung irreführend ist, da beide untrennbar miteinander verbunden sind (Zimmer/Zimmer 1992; Safran/Muran 2000 etc.).

Insbesondere zwei Eigenschaften der therapeutischen Beziehung werden als günstig erachtet. Zum einen ist von Bedeutung, dass Klienten eine Bindung mit der TherapeutIn eingehen, in der sie Wohlwollen und Engagement für ihr Wohlergehen erfahren. Luborsky (1988) hat hierfür den Begriff der »helping alliance« geprägt. Zum anderen werden in der therapeutischen Beziehung spezifische Lernprozesse ermöglicht. In Anlehnung an die Bindungstheorie wird angenommen, dass die Therapiebeziehung, wenn sie eine sichere Basis bietet, Selbstexploration des Klienten unterstützt, da eine sichere Beziehung interpersonale Ängste verringert und die Aufmerksamkeit auf internale Prozesse gerichtet werden kann. Empathie, unbedingte Wertschätzung und Kongruenz sind Therapeutenmerkmale aus der klientenzentrierten Therapie (Rogers/Pfeiffer 1994), die inzwischen einen zentralen Stellenwert in den meisten Beziehungsmodellen einnehmen.[1]

Im Generischen Modell der Psychotherapie von Orlinsky und Howard (1988; Orlinsky et al. 1994, 2004) wurden aus einer Metaanalyse aller verfügbaren Psychotherapiestudien der vergangenen 50 Jahren die wichtigsten Prozessfaktoren (Kontrakt, Interventionen, Beziehung, Selbstbezogenheit, unmittelbare Auswirkungen, Zeit) zusammengeführt und in ihren Wirkweisen differenziert. Demnach sind Bestandteile einer förderlichen therapeutischen Beziehung, dass Therapeuten und Klienten ihre Rollen aktiv wahrnehmen (personal role investment), beide aufeinander abgestimmt handeln (interactive coordination) und ein guter Rapport durch abgestimmte Kommunikation (communicative attunement) bzw. gegenseitige Bestätigung (mutual affirmation) entsteht (Orlinsky et al. 1994). Es wird angenommen, dass die Therapiebeziehung in mehrfacher Weise den Therapieerfolg beeinflusst. Die Beziehung zwischen KlientIn und TherapeutIn ist zum einen direkt mit Therapieerfolg assoziiert, da eine gute Therapiebeziehung das Befinden des Patienten unmittelbar verbessert und zu erwünschten Veränderungen in seinem Verhalten führt. Die Therapiebeziehung ist also von Anfang an eine wichtige emotionale Ressource für Klienten, wenn der Therapeut positive, Selbstwert erhöhende Erfahrungen vermitteln kann (Grawe 2000). Dabei handelt es sich um wertvolle reale Beziehungserfahrungen.

Zum anderen wird Selbstbezogenheit bzw. Selbstöffnung (self-relatedness) des Klienten durch eine gute therapeutische Beziehung begünstigt und Klienten zeigen sich umso offener und motivierter gegenüber therapeutischen Interventionen, je positiver und unterstützender sie die Therapiebeziehung erleben. Umgekehrt können KlientInnen positive affektive Qualitäten der therapeutischen Beziehung besser für sich nutzen, je aufgeschlossener sie sind. Ein besonders günstiger Kommunikationsstil liegt dann vor, wenn Patienten aus-

---

[1] Zur Kritik instrumenteller Übernahme klientenzentrierter Konzepte wie Empathie und Akzeptanz in der Verhaltenstherapie siehe Auckenthaler und Bischkopf (2004).

reichend Gelegenheit haben, sich auszudrücken, und der Therapeut emotional beteiligt und empathisch reagiert. Dazu passt, dass Therapieerfolg häufiger erzielt wird, wenn TherapeutInnen eine aktiv-zugewandte statt passiv-rezeptive Rolle einnehmen (Orlinsky et al. 2004).

Eine positive Beziehung hängt ebenfalls mit dem bereits erzielten Therapieerfolg zusammen. Patientenvertrauen bzw. Glaubwürdigkeit des Therapeuten nehmen zu, wenn hilfreiche Interventionen realisiert und Verbesserungen in bzw. zwischen den Sitzungen erlebt werden (Orlinsky/Howard 1986; Orlinsky et al. 2004). Umgekehrt wird die therapeutische Beziehung als gestört erlebt und Distanz aufgebaut, wenn Interventionen als schädigend wahrgenommen werden: »Abwehr wird allgemein durch ein Gefühl innerer Schwäche hervorgerufen im Kontakt mit etwas, das sich wie ein bedrohliches oder feindliches interpersonales Milieu anfühlt« (Orlinsky/Howard 1988, S. 293). Dennoch wird in der Praxis der Widerstand des Klienten häufig seiner mangelnden Motivation (Incompliance) zugeschrieben, sodass ausbleibender Therapieerfolg oftmals der Person des Klienten angelastet wird. Dabei stehen Therapiebeziehung, Motivation und Erfolgserwartungen des Patienten in engem Zusammenhang zueinander und beeinflussen sein sogenanntes Basisverhalten (Schulte 1996). Vorbehalte des Patienten gegenüber dem Therapeuten oder seinem Vorgehen müssen demnach eher als selbstwertschützend und autonomieerhaltend verstanden werden, wenn er Überforderung oder Abwertung erlebt. Holm-Hadulla (2004) schlägt daher vor, eine abwehrende Haltung gegenüber der Psychotherapie als kritische Mitarbeit des Patienten umzudeuten und diese aktiv in den Arbeitsprozess aufzunehmen.

Emotionale Bestätigung durch den Therapeuten und unmittelbare Verbesserungen sind also wichtige Bestandteile von Therapie. Sie korrelieren insbesondere dann stark mit Therapieerfolg, wenn sie aus der Perspektive des Klienten erfasst werden. Aber auch die Bestätigung des Therapeuten durch den Patienten ist ein zuverlässiger Indikator für Therapieerfolg. Zum einen spiegelt sie den bisherigen Therapieerfolg wider, gleichzeitig bringt ein sich bestätigt fühlender Therapeut mehr Engagement und Zuversicht auf, was den Verlauf der Therapie begünstigt (Grawe 2000).

3.2 Therapiebeziehung in verschiedenen Ansätzen

In der psychoanalytischen Therapie ist die Beziehung zwischen TherapeutIn und KlientIn bereits seit ihren Anfängen im Konzept der Übertragungsneurose verankert. Freud suchte nach Bedingungen, die es dem Patienten ermöglichen, möglichst unverfälscht eigene Verhaltens- und Beziehungsmuster in der Analyse wieder zu erleben. Ungelöste Konflikte sollten mithilfe der psychoanalytischen Beziehung zu einer neuen Lösung gebracht werden. Zwar wird angenommen, dass Übertragungsprozesse sich in jeder zwischenmenschlichen Beziehung einstellen, jedoch wird ihre Wiederbelebung in der psychoanalytischen Beziehung bewusst gefördert und durch Reflexion dem Bewusstsein zugänglich gemacht (Hekele 2004). Dabei werden nicht unbedingt alte Beziehungen wiederbelebt, sondern der Patient externalisiert abgewehrte Persönlichkeitsanteile und projiziert sie in die TherapeutIn, sodass sie in der therapeutischen Beziehung wirksam werden (Mertens 2005).

Parallel zur Übertragung gibt es das Konzept der Gegenübertragung auf Therapeutenseite, was zunächst als konflikthaftes Beziehungsmuster in Reaktion auf den Klienten bzw. seine Übertragung bezeichnet und als störende Subjektivität des Therapeuten betrachtet wurde (Mertens 2005). Inzwischen wird die Gegenübertragung als wichtiges diagnostisches Mittel bewertet. Jedoch wird kritisch darauf hingewiesen, dass sich darin auch Rechtfertigungsmöglichkeiten für mögliche primäre Übertragungen des Therapeuten verbergen können.

Die therapeutische Beziehung ist in der Psychoanalyse nach Freud »Träger der therapeutischen Beeinflussung« (1910, zit. n. Streeck 2004). Der Therapeut nimmt dazu eine betont neutral begleitende Rolle ein, sodass sich unbewusste seelische Prozesse des Patienten möglichst ungehindert entfalten können. Um den Analysand nicht durch eigene Einstellungen, Erwartungen oder Bewertungen durch non-verbales Verhalten zu beeinflussen, nimmt die Analytikerin beispielsweise außerhalb dessen Blickfeldes Platz. Streeck (2005) weist darauf hin, dass die Persönlichkeit des Analytikers dennoch in die therapeutische Beziehung hineinwirkt und eine Übertragungsbeziehung stets vor dem Hintergrund des realen Geschehens stattfindet.

Neben der Übertragungsbeziehung werden zwei weitere Formen der therapeutischen Beziehung in den analytisch begründeten Therapien differenziert, die schon bei Freud beschrieben sind, jedoch von Greenson (1981, zit. n. Hekele 2004) überarbeitet wurden. Es wird angenommen, dass es eine nicht durch Übertragung verzerrte Beziehung gibt, die durch den Begriff der

»realen Beziehung« beschrieben wird. Allerdings ist sie nur in Abgrenzung zur Übertragungsbeziehung zu erkennen, da alles erwartungsgemäß und realistisch Erlebte als reale Beziehung definiert wird. Nichtsdestotrotz wird die Realbeziehung als Fundament der therapeutischen Arbeit aufgefasst, da in ihr der Therapeut als Mensch mit Reaktionen erlebt wird, demgegenüber der Patient Vertrauen entwickeln kann (Hekele 2004). Als dritte Form wird das therapeutische Arbeitsbündnis definiert, das die Voraussetzungen der Zusammenarbeit zwischen PatientIn und TherapeutIn bzw. die Einhaltung bestimmter Regeln beschreibt. Der Patient muss beispielsweise in der Lage sein, seine psychische Erfahrung zu reflektieren bzw. verbal mitzuteilen bzw. eine zweckgerichtete Beziehung einzugehen (Hekele 2004). Eine Synthese dieser drei Beziehungsformen findet bei Luborsky (1988) statt, der das empirisch validierte Konzept der »helping alliance« einführte, welches heute überwiegend Beachtung in der psychoanalytischen Auffassung der Therapiebeziehung findet (Hekele 2004).

Während in der psychoanalytischen Theorie die Beziehung zwischen TherapeutIn und KlientIn von Anfang an eine zentrale Stellung einnahm, wurde sie in der behavioralen Theorie, die historisch begründet eine Abgrenzung zur Psychoanalyse bilden sollte, vernachlässigt. Zwar wird darauf hingewiesen, dass wissenschaftlich und praktisch tätige VerhaltenstherapeutInnen wie Wolpe und Lazarus die Gestaltung einer guten Beziehung zwischen TherapeutIn und KlientIn stets betonten bzw. unabhängige Rater die Beziehungsgestaltung von VerhaltenstherapeutInnen im Vergleich zu tiefenpsychologischen TherapeutInnen besser bewerten (Sloane et al. 1975, zit. n. Reinecker 2005). Jedoch ist zu bedenken, dass es bis in die 1980er Jahre kaum konzeptionelle Überlegungen zur Therapiebeziehung in der Verhaltenstherapie gab (Seiderer-Hartig 1980; Margraf/Brengelmann 1992). Die Aufspaltung von Intervention und Beziehung wurde abgelehnt und der Fokus auf die Entwicklung von störungsspezifischen Interventionen unabhängig von der Güte der Therapiebeziehung gerichtet. Dies förderte u. a. einen »Uniformitätsmythos«, nämlich die Annahme, dass empirisch belegte Interventionen von verschiedenen Therapeuten immer gleich wirksam durchgeführt werden könnten, was in der Verhaltenstherapie inzwischen kritisch reflektiert wird (Margraf/Brengelmann 1992).

Zahlreiche VertreterInnen der kognitiven Verhaltenstherapie beziehen sich mittlerweile auf duale Modelle, wonach Interventionen untrennbar mit der Beziehungsebene verknüpft sind (Schulte 1996) bzw. unterscheiden zwischen inhaltlichen und prozessualen Ebenen der therapeutischen Arbeit (Grawe 2000; Beck et al. 2004; Fiedler 2003). Entgegen früherer Auffassungen wird die Therapiebeziehung in der Verhaltenstherapie nun auch konzeptionell als unbedingte Voraussetzung für erwünschte Lernprozesse (Kanfer et al. 2000; Schindler 1996), als eigenständige Intervention (Grawe 1992, 2000: komplementäre Beziehungsgestaltung) bzw. als unveräußerlicher Bestandteil von Interventionen (Hoffmann 2000; Zimmer/Zimmer 1992) bewertet. Hoffmann (2000) führt an, dass Prinzipien der Transparenz und Plausibilität in der Verhaltenstherapie eine möglichst hierarchiearme Beziehung zwischen TherapeutIn und PatientIn herstellen, da TherapeutInnen darin bemüht sind, auf Formen ritualisierter Distanz zu verzichten. Stattdessen werden das Störungsverständnis und die Sprache des Patienten aufgegriffen und beantwortet, um eigenes Fachwissen zur Verfügung zu stellen. Aufgabe von TherapeutInnen ist es demnach, Leiden ernst zu nehmen und empathisch zu validieren bzw. die mögliche Funktionalität von Symptomen aufzuklären und Alternativen anzubieten. Erfragen der Therapieerwartungen, Strukturierung, Vertiefung, Erklärung von Therapierationalen, Disputation irrationaler Annahmen etc. fördern intensiven Kontakt zwischen TherapeutIn und KlientIn und stellen eine Beziehung her. Insbesondere bei in-vivo-Interventionen, bei denen sich TherapeutInnen in den Lebensraum des Patienten begeben, unterstützen sie ihn in z. T. extremen Gefühlszuständen, was geeignet ist, die Therapiebeziehung zusätzlich zu vertiefen.

Die Fokussierung auf Beziehungskonflikte in der Verhaltenstherapie und in der Gesprächspsychotherapie förderte eine Annäherung an psychoanalytische Beziehungsmodelle (Grawe 2000). In der psychoanalytischen Therapie erfolgte umgekehrt die Adaptation von Beziehungsschema- bzw. klientenzentrierten Modellen (Safran/Muran 2000). Allerdings gibt es in der Schwerpunktsetzung der genannten Verfahren weiterhin große Unterschiede, z. B. stellt Znoj (2005) fest, dass die therapeutische Beziehung in der Verhaltenstherapie im Vergleich zu psychodynamischen Ansätzen seltener explizit thematisiert wird. Es liegt nahe, anzunehmen, dass die Fokussierung des Übertragungsgeschehens in der Psychoanalyse die Ausbildung therapeutischer Beziehungskompetenz begünstigt. Dennoch wird beim Vergleich verschiedener Therapieansätze keine Überlegenheit psychoanalytischer Therapien festgestellt (Lambert/Ogles 2004). In der Verhaltenstherapie wird der therapeutischen Beziehung implizit ein hoher Stellenwert eingeräumt, indem z. B. neben dem Symptomgeschehen soziale Lernbedingungen, Lebenswelt und übergeordnete Kognitionen der Klientin fokussiert werden. Das Fokussieren potenziell abweichender Lebensumstände bei Patienten mit Migrationshintergrund wird günstig für die Gestaltung von interkulturellen Therapiebeziehungen gewertet (Sermet-Kneile 1995).

Es sind keine Untersuchungen bekannt, in denen die besondere Eignung bestimmter Therapieansätze bzw. Beziehungsmodelle für MigrantInnen festgestellt wird. Dennoch ist die erfolgreiche Anwendung systemischer Familientherapie in der Arbeit mit MigrantInnen vergleichsweise häufig dokumentiert (Akgün 1991; Güç 1991; Leyer 1994; Schepker et al. 2005; Skutta 1998; Schlippe et al. 2003). Möglicherweise bietet der explizite Einbezug des Werte- und Familiensystems eine besonders günstige Grundlage für Beziehungsaufbau bei Migranten, die sich häufiger mit kollektivistischen Kulturstandards identifizieren. Angesichts der Heterogenität von MigrantInnen und TherapeutInnen bzw. der Binnendifferenzen innerhalb von Kulturen und Therapieverfahren scheint die Reduktion auf ein »ideales« Beziehungsmodell für interkulturelle Therapien jedoch wenig angebracht.

3.3 Beziehungs- und Vertrauensaufbau als Prozess

Der Beziehungsaufbau zu Beginn des Therapieprozesses wird in allen Therapieansätzen als wichtiges Element hervorgehoben (Orlinsky/Howard 1988). Jedoch wird auf die Entwicklung der Therapiebeziehung im weiteren Therapieverlauf selten eingegangen. Im Prozessmodell von Kanfer und Mitarbeitern (2000) steht die Bildung einer therapeutischen Beziehung zentral am Beginn des Arbeitsprozesses, später sieht das Modell Rückkopplungsschleifen vor, die eine Überprüfung und Modifikation in späteren Phasen des Therapieprozesses vorschlagen. Hekele (2004) beschreibt ähnlich Aufgaben der Beziehungsarbeit in einem dreistufigen Phasenmodell. In der Anfangsphase wird der Aufbau einer tragfähigen Beziehung als zentral erachtet, da sie die Basis für die therapeutische Arbeit ist. Interesse, einfühlendes Verständnis, Respekt, Akzeptanz, Therapieziele formulieren und erarbeiten sind förderliche Einstellungen bzw. Verhaltensweisen des Therapeuten. Bei Krisen ist eine stärker unterstützende, steuernde, strukturierende oder ermutigende Haltung angebracht. Entlastend kann es sein, den aktuellen Anlass oder die Entstehung einer Krise nachzuvollziehen, wogegen psychogenetische Ursachensuche zu Beginn überfordert. Aufgaben der therapeutischen Beziehung sind in dieser Phase u. a. aktives Halten, Aufnehmen, Ertragen, In-sich-wirken-lassen (holding and containing) und Stabilisieren. In der mittleren Phase ist die Beziehung v. a. durch Widerstände geprägt, sodass der Therapeut Klärungen, Konfrontationen und Deutungen zur Vertiefung anbietet. Spannungen und Störungen in der Therapiebeziehung können bei fehlender Vertrauensbasis zum Abbruch der Therapie führen bzw. bei erfolgreicher Problembearbeitung die therapeutische Beziehung emotional vertiefen und entscheidende Fortschritte in der Therapie fördern (siehe auch Safran/Muran 2000). In der Beendigungsphase steht bei einem günstigen Therapieverlauf die Trennung aus einer emotionalen, vertrauensvollen und akzeptierenden Beziehung bevor, sodass eine rechtzeitige Bilanzierung und Vereinbarungen für die Zeit nach Abschluss der Therapie Sicherheit vermitteln können. Je nach Bindungsmuster der PatientInnen kann die Loslösung vom Therapeuten als Schritt in Richtung Autonomie begrüßt oder vermieden werden (Hekele 2004). Die Aufgaben in verschiedenen Stadien der Beziehungsarbeit dienen vorrangig dazu, Vertrauen zum Therapeuten aufzubauen bzw. trotz Belastungen zu erhalten.

Straus und Mitarbeiter (1988) gehen darauf ein, dass Vertrauen kein statischer Bestandteil von Beziehung ist, sondern Prozesscharakter hat und Veränderungen unterliegt. Sie beschreiben drei Phasen bzw. Qualitäten von Vertrauen, in denen Vertrauensaufbau schrittweise, jedoch nicht notwendigerweise kontinuierlich hergestellt wird: Vertrauensvorschuss in der Vor-Kontakt-Phase, Anfangsvertrauen in der anfänglichen Kontaktphase und Prozessvertrauen im Beratungsverlauf. Um eine Beratung bzw. Therapie aufzusuchen, ist ein gewisser Vertrauensvorschuss notwendig (Straus et al. 1988). Vertrauen reduziert Angst bzw. erhöht Selbstöffnung und die Bereitschaft, sich auf unbekannte Situationen einzulassen. In dieser Phase wird Vertrauen von Vorwissen, Vorerfahrungen, Vorbehalten, Motivation, Erreichbarkeit etc. beeinflusst. BeraterInnen und TherapeutInnen müssen davon ausgehen, dass ihnen neben Vertrauen Vorbehalte entgegengebracht werden, da in der Therapie Themen angesprochen werden, die Sorge vor Abwertung bzw. Zurückweisung hervorrufen. Im ersten Kontakt wird überwiegend schrittweise Anfangsvertrauen aufgebaut, das im Verlauf durch Vorbehalte und Ängste infrage gestellt werden kann, wenn z. B. Unsicherheit erlebt wird bzw. wichtige Entscheidungen anstehen. Prozessvertrauen erfordert daher die kontinuierliche Überprüfung und Neuverhandlung von Vertrauen zwischen Therapeut und Klient.

In interkulturellen Therapiebeziehungen muss mehrheitlich davon ausgegangen werden, dass in der Vorphase wenig Vertrauensvorschuss vorhanden ist, v. a. wenn potenziell belastende Vorerfahrungen gemacht wurden bzw. wenn KlientInnen davon ausgehen müssen, dass TherapeutInnen wenig interkulturelle Erfahrung haben. Auch wenn TherapeutInnen durch ihre professionelle Rolle von vornherein eine gewisse Kompetenz zugesprochen wird, werden im anfänglichen Kontakt zusätzlich persönliche Voraussetzungen der TherapeutIn überprüft. Straus und Kollegen (1988) weisen darauf hin, dass fehlender Vertrauensvorschuss durch spontanes Anfangsvertrauen paradoxerweise besonders schnell kompensiert werden kann, wenn negative Erwartungen im Erstkontakt ausgeräumt und eine Sympathiebeziehung hergestellt werden kann. Begünstigt wird Vertrauen durch angemessene Kommunikation, Informationsvermittlung, Hoffnungsinduktion und Respektieren von Klientenwünschen. Darüber hinaus kann Vertrauen segmentiert für bestimmte Themen gewährt werden (Straus et al. 1988), während es nicht auf alle Themen generalisiert wird. Dafür sprechen Befunde, wonach bestimmte Themen wie Sexualität, Geschlechterrolle etc. bei Geschlechterdifferenz zwischen TherapeutIn und KlientIn erst später im Verlauf eingebracht werden als bei Gleichgeschlechtlichkeit. Dies spricht dafür, dass sensible Themen zurückgehalten werden, bis ein gewisses Vertrauensverhältnis aufgebaut ist (Beutler et al. 2004).

Deutlich wird, dass die therapeutische Beziehung nicht ohne Grund als unspezifischer Wirkfaktor bezeichnet wird, da es schwierig ist, ihre Bestandteile konkret zu erfassen. Auch wird sie in den Therapieverfahren unterschiedlich konzeptualisiert, dennoch ist über Kulturen und traditionelle bis moderne Heilformen hinweg entscheidend, dass eine emotional-vertrauensvolle Basis gewährleistet ist (Frank 1982). Das Modell von Bordin (1979) definiert als allgemeine Komponenten von Therapiebeziehungen neben affektiver Bindung (bond) zusätzlich Ziele und Aufgaben, (task, goal). Bordin (1979) geht davon aus, dass »technische« und affektive Beziehungsfaktoren zum einen voneinander differenzierbar sind, zum anderen jedoch so eng zusammenhängen, dass sie nicht ohne einander denkbar sind. Demnach können Interventionen nur dann wirksam werden, wenn sie in einer zwischenmenschlichen Beziehung, die durch Vertrauen gekennzeichnet ist, angesiedelt sind. Umgekehrt ist davon auszugehen, dass jede Intervention sich positiv oder negativ auf die affektive Therapiebeziehung auswirkt bzw. Interventionen in Abhängigkeit von der bestehenden Therapiebeziehung auf mehr oder weniger Aufnahmebereitschaft bei Patienten stoßen. Dass Aufgaben und Ziele in diesem Modell als Beziehungsparameter bewertet werden, unterstreicht die Bedeutung der Abstimmung zwischen TherapeutIn und KlientIn hinsichtlich des Problem- und Lösungsverständnisses für den Aufbau einer tragfähigen Beziehung. Der Einfluss von Bordins Konzept der Therapiebeziehung findet sich in verschiedenen Modellen bzw. in Skalen, die zur Messung der Güte von Therapiebeziehungen entwickelt wurden, wieder (z. B. Helping Alliance Questionnaire, Luborsky et al. 1996). Zwar legen empirische Untersuchungen eine ein- bis zweifaktorielle Struktur (Technik,

Bindung) nahe, dennoch hat sich Bordins dreigliedriges Konzept als befruchtend bei der Systematisierung von Beziehungsstörungen bzw. Interventionen in Therapiebeziehungen erwiesen (siehe Safran/Muran 2000).

4 Therapeutische Beziehung und Kultur

Die therapeutische Beziehung stellt eine besondere Form der Hilfebeziehung dar, die Lern- und Veränderungsprozesse beim Klienten fördern soll. Es wird zunehmend anerkannt, dass dabei kulturelle Prägungen von KlientIn und TherapeutIn die Hilfebeziehung maßgeblich beeinflussen, sodass die Rolle kultureller Faktoren in einschlägigen Forschungsarbeiten zunehmend herausgestellt wird (Erim/Senf 2002; Erim 2004; Machleidt/Callies 2004; Pfeiffer 1994; Tuna 1998 etc.). Der Einfluss kultureller und religiöser Werte auf die Hilfebeziehung wird auch im generischen Therapiemodell auf der Ebene gesellschaftlicher Rahmenbedingungen (Kontextvariablen) thematisiert: »Das innerste Kernstück des therapeutischen Kontrakts ist eine Konzeption der idealen helfenden Beziehung, die von den Mitgliedern einer Kulturgemeinschaft geteilt wird – ein allgemeines Ideal, das auf alle Formen helfender Beziehung in einer Kultur anwendbar ist, auch die Psychotherapie« (Orlinsky/Howard 1988, S. 284). Die Behandlungsvereinbarung und das damit verbundene Hilfsangebot unterliegt nicht ausschließlich störungs- oder personenspezifischen, sondern v. a. kulturell festgelegten Kriterien, die berücksichtigt werden müssen, wenn TherapeutIn und KlientIn verschiedenen Kulturen mit möglicherweise unterschiedlichen Bedeutungen von helfenden Beziehungen entstammen. Erim und Senf (2002) nennen als Aspekte einer hilfreichen Haltung im interkulturellen Therapie-Setting Joining und interkulturelle Offenheit, um sich auf die Lebenswelt und das Wertesystem des Klienten einzulassen, sowie Akzeptanz des »Fremden«, Klärung des interkulturellen Beziehungsaspekts und Prüfung der Therapieziele auf Tragbarkeit in der ethnischen Gruppe. Zur Annäherung an ein besseres gegenseitiges Verständnis können interkulturelle Trainings für TherapeutInnen bzw. vorbereitende Orientierungskurse für KlientInnen dienen (für eine Übersicht siehe Sue et al. 1994; Zane et al. 2004). In Orientierungsprogrammen für Klienten aus einkommensschwachen Milieus und mit wenig psychotherapeutischem Vorwissen wird die Therapiesituation anhand von Bildmaterial veranschaulicht und Formen der Selbstöffnung vermittelt, sodass die therapeutische Situation von Patienten besser eingeschätzt werden kann, was nachweislich eine günstigere Einstellung gegenüber Psychotherapie bewirkt (Acosta et al. 1982).

In einer kultursensiblen bzw. interkulturellen Therapiebeziehung geht es v. a. darum, zu berücksichtigen, dass wegen unterschiedlichen Wertvorstellungen von TherapeutIn und KlientIn Störungsmodelle, erwartete Hilfen, emotionales Erleben, Symptomausdruck und Bewältigungsmöglichkeiten unbemerkt voneinander abweichen können. Beispielsweise kommen KlientInnen z. T. mit der Vorstellung in die Therapie, wie bei somatischen Anliegen schnelle Abhilfe für ihr Leiden zu finden, während in der Psychotherapie fast ausnahmslos davon ausgegangen wird, dass Veränderung eines kontinuierlichen und langen Behandlungsprozesses bedarf. Diese Erwartung von KlientInnen wird verständlicher, wenn man sich vergegenwärtigt, dass wirksame Heilungsrituale in ihrer Herkunftskultur in einer bzw. wenigen Sitzungen vollzogen werden (z. B. »Verschreibungen« durch religiöse Heiler in der türkischen Kultur in Gün 2003 bzw. Assion 2004). Folglich schwindet mit zunehmender Kulturdistanz die gemeinsame Verständigungsbasis. Selbst wenn Migranten seit Jahrzehnten unter dem kulturellen Einfluss des Aufnahmelandes leben und Werte, Sprache und Verhaltensgewohnheiten angenommen haben, kann nicht davon ausgegangen werden, dass Übereinkunft hinsichtlich Störungsverständnis und Heilungsmodellen besteht. Vielmehr gibt es Hinweise darauf, dass tradiertes Wissen, das in frühen Entwicklungsphasen angenommen wurde, in Krisen und Krankheitssituationen wieder in den Vordergrund tritt.

4.1 Der Kulturbegriff in der Psychotherapie

Bisher wurde der Kulturbegriff verwendet, ohne ausreichend differenziert zu werden. D'Ardenne und Mahtani (1999) stellen fest, dass in den helfenden Professionen eine explizite, v. a. emotionale Auseinandersetzung mit dem Kulturbegriff umgangen wird. Sie nehmen an, dass Mehrheitsangehörige dadurch vermeiden, sich mit unbewussten kulturellen Prägungen bzw. unangenehmen Stereotypen und Vorbehalten gegenüber Patientenkulturen zu beschäftigen. Ohne Reflexion eigener kultureller Werte kann jedoch keine faire Auseinandersetzung bzw. Anerkennung von anderen Werten stattfinden. Die Komplexität und schwierige Fassbarkeit des Kulturbegriffs spiegelt sich in der Vielfalt der Definitionen wider (z. B. Krause 2000). In der Psychotherapie ist Kulturkenntnis eine wichtige Voraussetzung für das Verstehen, das Einfühlen und das Suchen nach Lösungen. Pfeiffer (1994) bezieht sich auf Kultur als einen Komplex von überlieferten Erfahrungen, Vorstellungen, Werten, gesellschaftlichen Ordnungsprinzipien, Kategorien und Verhaltensregeln, nach denen Menschen innerhalb derselben Kultur ihr Handeln automatisch ausrichten. Unerlässlich ist in der interkulturellen Therapiebeziehung daher, zunächst den eigenen Kulturkontext zu reflektieren. Dieser bildet automatisch den wichtigsten Bezugsrahmen für das eigene Verständnis von Krankheit und Gesundheit und damit verbundenen Therapiekonzepten bis hin zur Gestaltung der therapeutischen Beziehung.

Um Klientenkulturen kennen zu lernen, schlägt Oesterreich (2001) vor, PatientInnen als ExpertInnen ihrer Kultur wahrzunehmen und als solche zu befragen. Ähnliche Vorgehensweisen lassen sich bei Schlippe und Mitarbeitern (2003) finden. Damit sollen eigene Wissensdefizite behoben werden, andererseits können fälschliche Übertragungen stereotyper Vorannahmen auf einzelne Klienten überprüft werden. Bedeutsam ist dabei, kulturelle Werte der Klienten nicht infrage zu stellen, sondern ihnen die Möglichkeit zu bieten, sich von einer ressourcenreichen Seite zu zeigen. Obwohl gut nachvollziehbar, birgt die Überbeanspruchung dieser Herangehensweise die Gefahr, Patienten als Informationsquelle für eigene Wissensdefizite zu missbrauchen. Diese Gratwanderung erweist sich als besonders schwierig, wenn sich Patienten in akuten Krisen in die Therapie begeben und derartige Fragen leicht zur weiteren Verunsicherung bzw. Überforderung beitragen können. Sensibel abgewogen werden muss, ob Klienten mit Migrationshintergrund durch vermehrtes Fragen nach kulturellen oder religiösen Besonderheiten erneut in die ihnen bekannte Außenseiter- bzw. »Exoten«rolle gedrängt werden, was den Aufbau einer tragfähigen Vertrauensbeziehung erschweren würde. Außerdem wird in Fragen nach »der Kultur« der Patienten häufig implizit unterstellt, dass diese statisch sei.

Von Clarke (1979, zit. n. Kalpaka/Räthzel 1990) stammt die Metapher »Landkarte der Bedeutungen«, die Beziehungen, Gesellschaftsstrukturen und Wertungen abbildet. Menschen werden zum einen von Kultur geformt, gleichzeitig formen sie selbst aktiv ihre Kulturen und reproduzieren diese in ihren unterschiedlichen Handlungen. Clarke geht also von einem dynamischen Kulturbegriff aus, den Kalpaka und Räthzel (1990) aufgreifen, um einen meist unterstellten statischen Kulturbegriff zu kritisieren. Statische Kulturbegriffe bemühen meist stereotype Erklärungsansätze, um aktuelles (meist negativ/unterlegen bewertetes) Verhalten von MigrantInnen ursächlich mit angenommenen Lebensformen oder Werten ihrer Herkunftsländer zu verbinden. Stattdessen schlagen Kalpaka und Räthzel (1990) einen erweiterten Kulturbegriff vor, der den Einfluss von migrationsspezifischen Lebensbedingungen im Aufnahmeland auf die Herausbildung heterogener kultureller Identitäten berücksichtigt. Demnach erweitern MigrantInnen ihre kulturelle Identität in einer fortwährenden Auseinandersetzung mit mitgebrachten und angetroffenen Werten.

Der erweiterte, dynamische Kulturbegriff von Kalpaka und Räthzel (1990) bietet sich für die interkulturelle therapeutische Zusammenarbeit besonders an, da er sowohl Gruppen- als auch subjektive Faktoren berücksichtigt und eine fortlaufende Veränderbarkeit unterstellt, sodass die Kultur jedes einzelnen Klienten aufmerksam exploriert werden muss. Damit kann vermieden werden, dass stereotype Annahmen bzw. spezifisches Kulturwissen verallgemeinert wird, wie es z. T. bei der unkritischen Verwendung von Kulturleitfäden, Typologien oder Kulturkategorien geschieht. Diese können zwar zur Orientierung dienen und erste Hilfestellungen für die Reflexion bieten. Gleichzeitig muss jedoch beachtet werden, dass solche Leitfäden immer Reduzierungen auf wenige, meist besonders »fremd« angenommene Eigenschaften und Merkmale darstellen, sodass sie in der praktischen Arbeit nur bedingt von Nutzen sind. In diesem Zusammenhang scheint Bennetts Ansatz (1998) nützlich, der darauf eingeht, dass kulturelle Typologien als Orientierungshilfen genutzt werden können, jedoch nur eingeschränkt gültig sind, da fast zu jeder Zeit in fast allen menschlichen Kulturen fast alle potenziellen Merkmale bzw. Werteinstellungen – nur mit unterschiedlicher Häufigkeit – zu finden sind.

4.2 Störungen der Beziehung bei Kulturverschiedenheit

4.2.1 Zugangsbarriere interkulturelles Therapiebündnis

Die therapeutische Beziehung unterliegt wie alle vergleichbaren Hilfebeziehungen Beschränkungen. So wird häufig die Frage gestellt, inwieweit die Therapiebeziehung durch den Therapeuten gestaltet werden kann bzw. wieweit sie überwiegend durch den Interaktionsstil des Patienten bestimmt wird. Aus einer sozialkonstruktivistischen Perspektive muss davon ausgegangen werden, dass das gesamte therapeutische Geschehen stets durch das Zusammenwirken von TherapeutIn und KlientIn hervorgebracht wird (Safran/Muran 2000). Die Frage nach Gestaltung der Beziehung durch den Therapeuten stellt sich insbesondere dann, wenn sich bei ihm aufgrund kultureller oder sprachlicher Differenz Unsicherheit, Hilflosigkeit oder Frustration einstellen. Reimer (2004) weist darauf hin, dass TherapeutInnen dauerhaft hohen Belastun-

4.2 Störungen der Beziehung bei Kulturverschiedenheit

gen in der Beziehung zu KlientInnen ausgesetzt sind, wenn a) ihre Integrität durch Grenzstörungen der KlientInnen verletzt wird, b) sie zu Anerkennung und Empathie verpflichtet sind, c) sie mit eigenen Schwächen oder Misserfolgen konfrontiert werden und d) wenn sie wenige Erfolgserlebnisse haben. Dies kann bei KlientInnen mit anderem kulturellen bzw. migrationsspezifischem Hintergrund leicht dazu führen, Schwierigkeiten in der Arbeitsbeziehung den PatientInnen zuzuschreiben, beispielsweise indem unterstellt wird, dass Sprachdefizite, »intellektuelle Undifferenziertheit« etc. Therapiefähigkeit herabsetzen, wie das folgende Beispiel einer Begutachtung zeigt:

Fallbeispiel 2

Herr S. ist bei Vorstellung zur psychologischen Begutachtung in der Muttersprache 58 Jahre alt, in der Türkei geboren und lebt seit knapp 30 Jahren mit seiner Familie in Deutschland, wo er in mehreren Betrieben als Hilfsarbeiter beschäftigt war. Vor ca. drei Jahren hatte Herr S. einen Pkw-Unfall auf dem Weg zur Arbeit, bei dem der Wagen auf die Seite kippte und er trotz leichter Verletzungen nicht selbstständig das Wrack verlassen konnte. In der Folge entwickelte er starke Angstsymptome und depressive Zustände, sodass mehrere Arbeitsversuche scheiterten und er arbeitsunfähig blieb. Innerhalb von drei Jahren fanden vier psychiatrische Begutachtungen statt, außerdem zwei mehrwöchige Klinikaufenthalte und eine regelmäßige ambulant-psychiatrische Betreuung. Obwohl in allen Gutachten stets mangelnde Sprachverständigung dokumentiert ist, wurde nie ein geschulter Dolmetscher beauftragt; zur Verständigung wurden ausschließlich und spontan Begleitpersonen wie die Ehefrau, die Kinder und in einem Fall der knapp zehnjährige Enkel herangezogen, wie in dem jeweiligen Gutachten vermerkt ist. Herr S. erhielt wechselnde Diagnosen, die u. a. von Anpassungsstörungen über rezidivierende Depression bis zu einer paranoiden Psychose reichten und mit entsprechender Medikamentierung einhergingen. Da die Behandlungen wirkungslos blieben, gab die Berufsgenossenschaft nach drei Jahren ein fünftes Gutachten in der Muttersprache in Auftrag. Beim Aktenstudium fällt auf, dass im ersten Gutachten das Problem der Verständigung neutral beschrieben, in den folgenden jedoch zunehmend zu Ungunsten des Patienten ausgelegt wird:

»Psychisch war Herr S. stark depressiv gestimmt, affektstarr, rat- und hilflos, ängstlich, Bewusstsein und Orientierung intakt, insgesamt psychopa-

thologisch bei geringer Beherrschung der deutschen Sprache zu beurteilen«
(1. Gutachten Herr S., 19. 07. 02).

»Aufgrund der schlechten Deutschkenntnisse, auch der eher niedrigen intellektuellen Fähigkeiten mit geringem Introspektionsvermögen kann eine psychosomatische Reha-Maßnahme nicht empfohlen werden. Stattdessen wird eine Reha-Maßnahme in einer Einrichtung für vegetative und Erschöpfungszustände empfohlen« (2. Gutachten Herr S., 18. 12. 02).

»Das Problem liegt hier in der Schwierigkeit der psychopathologischen Beurteilung bei dem sehr verschlossenen und sehr schlecht Deutsch sprechenden Patienten. Häufig zeigte er sich ausgesprochen begriffsstutzig, wobei nicht immer klar war, ob er Sachverhalte wirklich nicht begriffen hatte oder er es vorzog aus unerfindlichen Gründen sich lieber unwissend zu stellen« (4. Gutachten Herr S., 15. 01. 04).

Aus der muttersprachlichen Begutachtung von Herrn S. geht rasch hervor, dass er sich angesichts ständiger Begutachtungen ohne Besserung zunehmend hoffnungsloser fühlte und ernsthafte Suizidgedanken hegte. Im dritten Gutachten geht zu seinen Behandlungschancen hervor, dass die Aussicht auf einen notwendigen muttersprachlichen Therapieplatz so gering sei, dass auf einen wenig wahrscheinlichen spontanen Heilungsverlauf zu setzen bzw. auf weitere Hilfemaßnahmen zu verzichten sei. Herr S. berichtet zeitweise unter Tränen, dass er sich seit dem Unfall bei keiner Begutachtung bzw. Behandlung habe ausreichend verständlich machen können und keine Möglichkeit gesehen habe, z. T. fehlerhafte Schilderungen seiner Angehörigen zu korrigieren; diese seien häufig an seiner Stelle befragt worden. Nach der psychotischen Symptomatik befragt (in einem Bericht angegeben als Verfolgung durch den Nachbarn und Angst vor Krankheit dessen Hundes), schildert er, dass er schon immer Angst vor Hunden gehabt habe, was sich nach einem Streit mit dem Nachbarn intensiviert habe. Da dieser Nachbar mit seinem großen Hund gedroht habe, habe Herr S. sich nicht mehr getraut, alleine vor die Tür zu gehen. Dies habe er seinem Arzt berichten wollen, um seine zunehmende Ängstlichkeit im Alltag bzw. die Verzweiflung über seinen zunehmenden »psychischen Verfall« zu verdeutlichen. Er habe aber rasch aufgegeben, da ihn der Arzt ohnehin nicht verstanden habe. Bei Überprüfung in der Muttersprache bieten sich keine weiteren Hinweise auf eine psychotische Störung, sodass diese verworfen wird. Herr S. erhält stattdessen die Diagnose einer Depression und Posttraumatischen Belastungsstörung. Letztere war beim ersten stationären Aufenthalt aufgrund der Zeitnähe zum Unfall als Verdachts-

4.2 Störungen der Beziehung bei Kulturverschiedenheit

diagnose gestellt worden, wegen Verständnisschwierigkeiten jedoch nicht weiter berücksichtigt worden, wie aus dem Entlassungsbrief hervorgeht. Zur endgültigen Abklärung wurde eine muttersprachliche Begutachtung vorgeschlagen, die erst drei Jahre später stattfindet.

In der muttersprachlichen Begutachtung zeigt sich Herr S. anfänglich zögerlich und misstrauisch. Erst nach der ausführlichen Anamnese und Validierung seiner bisherigen Odyssee, zeigt er sich zunehmend zugewandt und offen. Er klagt zwar viel über Beschwerden, zwecklose Befragungen und Fehlbehandlungen, bezeichnet sich am Ende jedoch auch als »erleichtert« über das erste Gespräch, das er über seine Gesundheit selbstständig verstehen und führen konnte. Nach dem zweiten Begutachtungstermin bittet er selbstständig um weitere Therapiegespräche, die er in den folgenden Monaten trotz einer Stunde Anfahrtszeit regelmäßig in Anspruch nimmt. In der Folge bilden sich Intrusionen und Ängste zurück, der Patient nimmt zunehmend Aktivitäten wie das Autofahren, Gärtnern etc. wieder auf und fühlt sich belastbarer, sodass er u. a. ausgedehnte Reisen in seine Heimat unternimmt, von denen er affektiv sehr profitiert.

Dieses Beispiel veranschaulicht, wie nachhaltig anfängliche Missverständnisse zwischen Patient und Gutachter die Diagnosestellung, aber auch die Behandlungsmotivation und den Behandlungserfolg beeinträchtigen können, selbst wenn Behandlerwechsel stattfinden. Durch ausbleibende Besserung trotz aufwändiger Untersuchungen festigt sich beim Patienten die Krankheitsvorstellung: »Ich werde nie wieder gesund, der Unfall hat mir für immer meine Gesundheit genommen.« Vorstellbar ist, dass er auf die Fortführung von Begutachtungen ohne Aussicht auf Besserung zunehmend resigniert reagierte, was ihm den Vorwurf der minderen Reflexionsfähigkeit bzw. Incompliance einbrachte und seine Chancen auf angemessene Behandlung weiter minderte. Bemerkenswert dabei ist, dass die vier Gutachten von drei verschiedenen Ärzten stammen, aber dennoch die Abwertung des Patienten bei den nachfolgenden Gutachten zunimmt. Möglicherweise führte das Aktenstudium dazu, dass eine schwierige Begutachtungssituation bzw. ungünstige Prognose antizipiert und zunehmend dem Patienten angelastet wurde, ohne dass an Abhilfe durch die Bestellung eines Dolmetschers gedacht wurde (für Hinweise zur transkulturellen Begutachtung siehe Collatz 1999; Ebner 2001). Das Beispiel von Herrn S. zeigt zwar auch, dass selbst nach langjähriger Fehlbehandlung Patienten die Hoffnung auf Besserung wiederfinden und eine erfolgreiche Therapie machen können. Dennoch darf der günstige Ausgang nicht darüber hinwegtäuschen, welchen Leidensdruck der Patient und seine Familie bis dahin zu ertragen hatten.

Da es sich bei dem Beispiel von Herrn S. um eine Begutachtung durch verschiedene Nervenärzte handelt, können daraus teilweise Hinweise für therapeutische Erst- bzw. Anamnesegespräche abgeleitet werden. Die bisherige Aufstellung von Zugangsbarrieren, die einer angemessenen psychosozialen Versorgung von MigrantInnen entgegenstehen, bezog sich v. a. auf strukturelle Faktoren bzw. Voraussetzungen bei den einzelnen Beteiligten. Dieses Beispiel zeigt, dass in einem negativen Rückkopplungsprozess Barrieren auf der interpersonalen Ebene, nämlich im Arzt-Patient- bzw. Therapeut-Patient-Erstkontakt, entstehen können, was die geringe Nutzung von Psychotherapie durch Patienten mit Migrationshintergrund z. T. erklären kann: »Die einschneidendsten Barrieren, die die Inanspruchnahme psychotherapeutischer Maßnahmen regulieren, liegen in der Therapeut-Klient-Rollenkonstellation« (Collatz 2001, S. 58).

Wie können Ärzte oder Therapeuten MigrantInnen im therapeutischen Kontakt erfolgreich begegnen? Pfeiffer (1995) kontrastiert Einstellungen und Rollenerwartungen bei türkischen MigrantInnen und deutschen TherapeutInnen, wobei er im Sinne einer Polarisierung moderierende Variablen wie Bildungsstand, sozioökonomischer Status etc. vernachlässigt. Demnach bedürfen insbesondere MigrantInnen aus ursprünglich ländlichen, kollektivistischen Gesellschaften im Gegensatz zu individualistischen Kulturen »eines familiär gefärbten Autoritätsverhältnisses« (Pfeiffer 1995, S. 26), das durch emotionale Zugewandtheit und persönliches Engagement charakterisiert ist. So wenig das sachlich-distanzierte Dienstleistungsverhältnis angemessen sei, so wenig nützlich bewertet Pfeiffer eine egalitär-kameradschaftliche Haltung, um die therapeutische Kompetenz erfahrbar zu machen, denn in der Therapie werde häufig umgehende, kompetente Hilfe erwartet. Diese Polarisierung birgt, wie Pfeiffer (1995) selbst anmerkt, die Gefahr stereotypen Verhaltens gegenüber KlientInnen, sodass ihr Nutzen begrenzt ist. Es mutet unangebracht an, KlientInnen, insbesondere wenn sie älter als die Therapeuten sind, autoritär zu behandeln, um vermutete Beziehungserwartungen zu erfüllen oder die eigene Kompetenz unter Beweis zu stellen. Tatsächlich ist das Risiko groß, die Bevormundung, die MigrantInnen in wichtigen Lebensbereichen alltäglich erfahren, zu reproduzieren. Wichtiger scheint es, mithilfe solcher Typisierungen die eigenen bzw. die Beziehungserwartungen auf Klientenseite zu reflektieren, um in der gegebenen Situation flexibel und angemessen reagieren zu können.

4.2 Störungen der Beziehung bei Kulturverschiedenheit

Die repräsentative EVaS-Studie des Zentralinstituts der Kassenärztlichen Vereinigung über die ambulante medizinische Versorgung (Schach 1989) zeigt, dass ausländische PatientInnen doppelt so häufig wie deutsche PatientInnen Schmerzzustände als Hauptanlass für den Arztbesuch angeben (33 % versus 16 %). In der Folge erhalten MigrantInnen häufiger diffuse Diagnosen bzw. seltener als deutsche Patienten psychische oder psychosomatische Diagnosen. Daraus resultieren wieder seltener psychotherapeutische oder rehabilitative Maßnahmen, dafür erhöhte Medikamentenverschreibungen. Bezeichnend für den Arzt-Patient-Kontakt ist in dieser Studie weiterhin, dass bei Patienten mit Migrationshintergrund, die ihr Anliegen als gravierend einstufen, ein Viertel der Ärzte dieses als gering bewertet. Aus dieser Diskrepanz geht hervor, dass die Kommunikation über (mit der Krankheit verbundene) Emotionen bzw. Leidensdruck beeinträchtigt ist, was möglicherweise redundante Arztbesuche und Symptomschilderungen erklärt.

Dass der Aufbau einer therapeutischen Beziehung zwischen weißen BehandlerInnen und schwarzen KlientInnen in den USA häufig misslingt, wird auf Unterschiede in den Beziehungserwartungen bzw. in der Beziehungsgestaltung zurückgeführt (Sue et al. 1994; Zane et al. 2004). Während AfroamerikanerInnen Wert auf die Betonung zwischenmenschlicher und emotionaler Qualitäten legten, seien weiße BeraterInnen meist sachlich und zielorientiert. Schwarze KlientInnen verhielten sich beim Erstkontakt zurückhaltend (»cool«) und zeigten weder besondere Erwartungen noch Misstrauen. Jedoch würden sich KlientInnen aus Minderheiten erst auf die angebotene Beziehung einlassen, wenn es TherapeutInnen gelingt, aktiv eine positive Beziehung zu erzeugen. KlientInnen, die ihren TherapeutInnen misstrauen, zweifeln an deren fachlicher Kompetenz und an der Akzeptanz ihrer Person, sodass sie keine positive Erfolgserwartung aufbauen können. Gleichzeitig gibt es Hinweise darauf, dass Misstrauen auf Klientenseite das Therapeutenverhalten ungünstig beeinflusst, womit ein Teufelskreis von negativen Erwartungen und Frustrationen in Bewegung gerät (für die Folgen von »stereotype threat« siehe Terrell/Terrell 1984; Steele/Aronson 1995).

Erim (2004) geht von kollektiven Gegenübertragungsphänomenen aus, die die Beziehungsdynamik in interkulturellen Therapien prägen. Dabei werden in der Begegnung zwischen autochthonen TherapeutInnen und MigrantInnen spezifische Beziehungskonflikte aktualisiert. Dies seien v. a. Dominanz-Unterwerfungs-Konflikte: TherapeutInnen erleben zum einen Ohnmachtsgefühle, wenn Sprach- bzw. Kulturunterschiede deutlich werden. Zum anderen nimmt

Erim an, dass bei deutschen TherapeutInnen angesichts mehrfach benachteiligter KlientInnen, die z. B. ihre Heimat verlassen mussten und hier Minoritätenstatus haben, eigene Überlegenheitsgefühle bzw. abgewehrte kollektive Schuldgefühle – verbunden mit dem Holocaust – ausgelöst werden. Bei TherapeutInnen, die Machtgefälle sensibel wahrnehmen, könne dauerhaft Unsicherheit und Sorge entstehen, eigene kulturelle Maßstäbe überzuberwerten, sodass eine überprotektive bzw. schonende Haltung gegenüber Klienten mit Migrationshintergrund eingenommen werde (Erim 2004). Durch die Begegnung mit »Fremden« würden vermehrt abgewehrte psychische Konflikte aktualisiert bzw. eigene Wertvorstellungen infrage gestellt, was dazu führen könne, dass diese PatientInnen langfristig abgelehnt werden.

Umgekehrt wird bei PatientInnen mit Migrationshintergrund angenommen, dass sie eigene Autonomie-Abhängigkeits-Konflikte auf ihre deutschen TherapeutInnen projizieren (Erim 2004). In der Interaktion wird dadurch eine Konkurrenz zwischen der Herkunftskultur und der Kultur des Aufnahmelandes bzw. der Kultur der TherapeutIn forciert, die entsprechend der jeweiligen Herkunft von Klient und Therapeut auf der Ebene kollektivistischer bzw. individualistischer Ziele ausgetragen wird. Dieser Konkurrenz ist der Umstand geschuldet, dass MigrantInnen ihre deutschen TherapeutInnen häufig als zu egoistisch wahrnehmen, wogegen TherapeutInnen ihren KlientInnen mangelnde Selbstständigkeit unterstellen und in unangemessener Weise auf die Loslösung von der Familie drängen. Bei Überforderung distanzieren sich KlientInnen von der Therapie zugunsten ihrer Familie. TherapeutInnen distanzieren sich ebenfalls emotional, indem sie Authentizität oder Veränderungsmotivation der KlientInnen infrage stellen, sodass es häufig zum Beziehungsabbruch kommt.

Die angeführten Befunde zeigen, dass das interkulturelle Therapiebündnis Belastungen ausgesetzt sein kann, die nicht einseitig in der Person der TherapeutIn oder der KlientIn zu lokalisieren sind, sondern im gemeinsamen Kontakt entstehen. Es genügt nicht, kulturelle Unterschiede oder Mentalitätsunterschiede allein für einen Therapieabbruch verantwortlich zu machen bzw. pauschale Verhaltensrichtlinien aufzustellen. Vielmehr scheint die kognitiv-emotionale Passung zwischen Therapeut und Patient ein wesentliches Kriterium dafür zu sein, ob belastende Faktoren verschärft oder überwunden werden.

4.2.2 Krankheitsverständnis: Psyche versus Soma

MigrantInnen wird häufig unterstellt, über ein ausschließlich somatisches Krankheitsverständnis zu verfügen und daher psychische Leiden bevorzugt auf der Körperebene zu artikulieren. Yıldırım-Fahlbusch (2003) hingegen vermutet, dass PatientInnen nicht zuletzt aufgrund der Zunahme somatisch orientierter Apparatemedizin und der Abnahme von Gesprächsangeboten auf ärztlicher Seite körperliche Leiden bevorzugt präsentieren. Psychische Störungen bleiben dagegen lange unerkannt (Schach 1989). Hausärzte übersehen psychische Störungen häufig, wenn sie sich gleichzeitig körperlich manifestieren, sodass sowohl psychische Störungen als auch Somatisierungen chronifizieren. Dabei ist bekannt, dass PatientInnen körperliche Klagen häufig als »Eintrittskarte« beim Arztbesuch nutzen und Somatisierung teilweise als soziales bzw. medizinisches Artefakt verstanden werden kann, das aus gegenseitigen Rollenerwartungen entsteht (Balint 1980; Hoffmann/Hochapfel 1999; Klußmann 1998).

Andererseits können gerade bei sprachlicher Unsicherheit oder bei Unkenntnis kultureller Hintergründe und Sprachcodes verstärkte Ausdrucksformen beispielsweise von Schmerzen irreführend bzw. nicht eindeutig interpretierbar sein. Missverständnisse werden nicht zuletzt durch unterschiedlichen Sprachaufbau begünstigt. So stehen z. B. im Türkischen zahlreiche Ausdrücke zur Verfügung, die »Schmerz« bedeuten und unterschiedliche Qualitäten beschreiben: Während die Ausdrücke »ağrı, acı, sancı, sızı« v. a. körperliche Schmerzen verschiedener Intensität und Qualität benennen, können sie auch benutzt werden, um seelisches Leiden auszudrücken. Für seelischen Schmerz gibt es zusätzlich weitere Begriffe wie z. B. »dert, elem, gam, ıstırap«. Außerdem kann das Fallen, Verrutschen, Überlaufen und Reißen bestimmter Organe wie des Herzens (»yürek«), der Leber bzw. Lunge (»ciğer«) als körperlicher, aber auch seelischer Schmerzausdruck verstanden werden. Irreführend kann auch das Benutzen von häufig genutzten, jedoch sehr verschieden auslegbaren Ausdrücken zur Befindlichkeitsbeschreibung wie »sıkıntı« sein, was von Unbehagen, inneren Spannungszuständen, Verlegenheit bis leichten körperlichen Schmerzen verschiedenste Bedeutungen annehmen kann.

Da alle Begriffe zusätzlich im subjektiven, regionalen, geschlechts- oder und bildungsspezifischen Bedeutungsgehalt variieren können, ist die sorgfältige Exploration im Einzelfall unumgänglich und möglicherweise wiederholt indiziert, was den Austausch von Bedeutungen, die Kommunikation und indirekt die Therapiebeziehung fördert. Die Vielfalt von Schmerzbegriffen in

Sprachen vermittelt einen ungefähren Eindruck von der Bedeutung verbaler Mitteilungen über subjektive Leidenszustände an die soziale Umwelt. Zimmermann (1994) verweist darauf, dass die kulturell vermittelte Auffassung, Krankheit sei gefährlich und könne nur mithilfe der Umwelt bewältigt werden, das wiederholte Klagen verständlich macht, das viele BehandlerInnen als übertrieben wehleidiges Jammern abtun. Klagen kann also als soziale Bewältigungsstrategie verstanden werden, die die Anteilnahme und Hilfe der Umwelt mobilisieren soll. Damit wird die Frage nach objektiven Maßen für Schmerzintensitäten, wie sie im interkulturellen Vergleich z. T. gestellt wird, überflüssig. Wichtiger ist, dass Betroffene im Rahmen der Behandlung Anteilnahme als heilungsfördernd erleben, was die Bedeutung der validierenden therapeutischen Beziehung auch bei somatisch geäußerten Beschwerden hervorhebt. Vor dem Hintergrund eines externalen Krankheitsverständnisses ist es auch naheliegend, dass das problemfokussierte Gespräch über soziale bzw. psychische Krankheitsursachen als »Herbeireden« von Problemen empfunden wird, was Hilflosigkeit verstärken kann und daher gemieden wird. Auch die Konzentration auf somatische Symptome, die in der modernen Medizin in der Regel besser kommunizier- und behandelbar gelten als psychische Leiden, kann als bewältigungsorientiert aufgefasst werden. Eine ganzheitliche versus in den westlichen Kulturen dominierende duale Betrachtungsweise von Psyche und Soma bzw. die berechtigte Sorge vor Stigmatisierung bei seelischen Leiden macht den Fokus der Betroffenen auf Körperbeschwerden ebenfalls nachvollziehbar.

Während der somatische Ausdruck von Gefühlen bzw. psychischem Leid z. T. immer noch als primitiv bzw. pathologisch beurteilt wird (vgl. auch das Alexithymie-Konzept über fehlenden Gefühlsausdruck nach Sifneos 1975, zit. n. Klußmann 1998), wird der verbale Ausdruck von Gefühlen als Introspektionsfähigkeit bzw. emotionale Intelligenz bewertet. Diese Einschätzung beruht u. a. auf der impliziten Annahme, dass die gesunde bzw. reife Verarbeitung von problematischen Gefühlen v. a. eine intellektuelle Leistung ist. Die Konzentration auf den Körper symbolisiert dagegen psychische Verdrängung, geringes Differenzierungsvermögen oder fehlende Veränderungsmotivation. Wie kultur- und zeitgeistabhängig diese Auffassung ist, zeigt nicht zuletzt die vermehrte Integration körperfokussierter Entspannungs- und Behandlungsverfahren (z. B. Gendlin 1978; Siems 1990) in die klassischen gesprächsbasierten Therapien bzw. die Hinwendung von dualistischen zu ganzheitlichen Erklärungsmodellen.

Diese Aspekte verdeutlichen die besondere Relevanz subjektiver, kulturell bzw. kontextuell geformter Krankheits- und Heilungsmodelle in Diagnostik und Therapie. Domening (2003) macht auf die Gefahr von Kulturalisierung aufmerksam. Sie konzeptualisiert Krankheitskonzepte bei MigrantInnen nicht in erster Linie kulturspezifisch, sondern im Zusammenhang mit Übergängen von traditionellen, familienorientierten Gemeinschaften zu industrialisierten, individuumszentrierten Gesellschaften. Kulturelles Hintergrundwissen kann dabei erste Hinweise geben, jedoch nicht das Verständnis für individuelle Bewertungsmuster ersetzen.

Von der Unterstellung eines statischen Krankheitsverständnisses bei MigrantInnen raten auch Machleidt und Callies (2004) ab. Sie beschreiben das parallele Bestehen von medizinisch-naturwissenschaftlichen Krankheitsmodellen neben traditionell-religiösen bzw. magischen Erklärungen, die nach Bedarf herangezogen und individuell interpretiert werden können, z. B. wenn naturwissenschaftliche Modelle bei chronischen Störungen eingeschränkt erfolgreich sind. Dabei beinhalten magische Krankheitsvorstellungen nicht selten Hinweise auf soziale Interaktionsstörungen, die für eine psychotherapeutische Behandlung genutzt werden können, beispielsweise wenn das negative Einwirken von Verstorbenen oder Mitmenschen als Krankheitsursache unterstellt wird (Beispiele finden sich auch in Kiesel et al. 1994; Koch et al. 1995, 1998; Haasen/Yağdıran 2000).

In jedem Fall beeinflussen Vorstellungen über Krankheitsursachen die Behandlungserwartungen der Betroffenen bzw. ihrer Angehörigen, was wiederum über den Erfolg von Therapien entscheidet. Grawe (2000) formuliert, dass Veränderungen beim Menschen sowohl von Wünschen, Befürchtungen als auch Realisierbarkeitserwartungen abhängen. Nicht selten fehlen bei demoralisierten PatientInnen positive bzw. konkrete Erwartungen, sodass ein verändertes Selbst bzw. »die andere Seite des Rubikon« (Grawe 2000, S. 60f) nur mit professioneller Hilfe wahrgenommen werden kann. Dabei ist davon auszugehen, dass dies umso erfolgreicher gelingt, je feiner individuelle, aber auch kontextuelle Prämissen wie kulturelle Idealvorstellungen, Lebensziele, Tabus etc. berücksichtigt werden und der Therapeut selbst eine positive Veränderungserwartung aufbaut.

Oben genannte Befunde zeigen auch, dass bei der überwiegenden Schilderung somatischer Leiden die Kommunikation über Emotionen zu kurz kommen und Verunsicherungen in der Arbeitsbeziehung verursachen kann, was sich auf die Diagnose, die Aufgaben- und Zielbestimmung in der therapeutischen Zusammenarbeit auswirkt. Obwohl in der Emotionsforschung die Allgemeingültigkeit von Gefühlen und des nonverbalen emotionalen Gesichtsausdrucks empirisch belegt ist (Ekman et al. 1974), gibt es viele Hinweise dafür, dass Emotionen bei hoher Kulturdistanz fehlerhaft beurteilt werden. So unterschätzen beispielsweise TherapeutInnen nicht-asiatischer Herkunft in den USA im Vergleich zu asiatischen TherapeutInnen emotionale Labilität von japanischen PatientInnen (Tseng/McDermott 1981). Dieses Ergebnis scheint gerade deshalb interessant, da JapanerInnen in der westlichen Welt häufig als emotionslos bzw. ausdruckslos beschrieben werden.

Es sind keine Untersuchungen bekannt zu der Frage, wie KlientInnen Affekte von kulturverschiedenen TherapeutInnen wahrnehmen bzw. welche Auswirkungen dies auf Vertrauensaufbau, Selbstöffnung etc. hat. Angenommen wird, dass KlientInnen gerade bei Sprachschwierigkeiten und kultureller Distanz vermehrt auf nonverbale emotionale Signale angewiesen sind. Elfenbein und Ambady (2003) konnten zeigen, dass mit zunehmender Kulturexposition die Fähigkeit, den emotionalen Gesichtsausdruck bei Personen einer anderen Kultur zu erkennen, wächst. Sie untersuchten Chinesen, die als Erwachsene in die USA übergesiedelt bzw. solche, die dort aufgewachsen waren. Beide Gruppen konnten Emotionen von AmerikanerInnen zutreffender und schneller beurteilen als ChinesInnen, die keinen Kontakt zu AmerikanerInnen hatten. Dies spricht dafür, dass MigrantInnen, die Kontakt mit der Aufnahmekultur haben, automatisch den emotionalen Ausdruck ihrer TherapeutInnen besser beurteilen können als TherapeutInnen den Ausdruck von KlientInnen, wenn sie keine Erfahrung mit MigrantInnen haben, was eventuell die teilweise Umkehr emotionaler Kompetenz in der Therapiebeziehung begünstigt.

4.2.3 Kulturelle Pathologisierung

Die Trennlinie zwischen Normalität und Pathologie verläuft selten eindeutig, v. a. wird sie stets bestimmt durch implizite Wertmaßstäbe der Beteiligten. Universalistische Annahmen in Medizin und Psychologie begünstigen jedoch bis in die heutige Zeit die Vernachlässigung von Kultur- bzw. Kontext-Faktoren. Kulturen von PatientInnen werden, sofern sie deutlich von einem naturwissenschaftlichen Verständnis abweichen, z. T. exotisiert und in psychologisch-psychiatrischen Zusammenhängen häufig leichtfertig pathologisiert. Fernando (2001) verweist darauf, dass in der Psychiatrie eine Vermischung rassistischer und kultureller Zuschreibungen stattfindet. Der Kulturbegriff habe zunehmend den Begriff der Rasse abgelöst und werde als »starrer, unveränderlicher Merkmalskomplex sozialer Gruppen« (Fernando 2001, S. 79) verstanden. In der Diskussion über Kulturen verbirgt sich demnach ein moderner, verdeckter Rassismus, der für Außenstehende ohne genaue Reflexion kaum wahrnehmbar ist. Dass Psychiatrie und Psychologie anfällig dafür sind, Rassismen zu reproduzieren, leitet er aus einer Reihe historischer Belege ab, in denen insbesondere kulturelle und strukturelle Unterschiede zwischen Menschen dazu genutzt wurden, diese als minderwertig zu klassifizieren, um die angeblich naturgegebene Überlegenheit und die Vorherrschaft von Weißen zu rechtfertigen (z. B. Kraepelin: Javaner sind ein psychisch unterentwickeltes Volk, da sie keine Depression kennen; C. G. Jung: »Negern« fehlt die psycho-historische Sicht; sie bedrohen durch enges Zusammenleben die Zivilisation der Weißen. Alle Beispiele sind aus Fernando 2001).

Fernando (2001) schließt, dass als Folge von institutionellem Rassismus Minderheitenangehörige häufig stereotyp und voreingenommen beurteilt werden, was sich nicht zuletzt in überproportionalen Zwangseinweisungen schwarzer Männer in den USA und Großbritannien bzw. türkischer Männer in Deutschland (Lazaridis 1989) zeigt. Männer mit Migrationshintergrund werden z. B. als wütender und gefährlicher wahrgenommen (siehe auch Kahraman/Knoblich 2000). In der Versorgung erhalten sie zudem häufig hohe Medikamentenverabreichungen zu Ungunsten von Psychotherapie (Erim 2004). In der Psychotherapie spielt die Einschätzung der Kooperationsfähigkeit durch die BehandlerIn bzw. die Beurteilung der Prognose eine entscheidende Rolle bei der Auswahl und Bereitstellung notwendiger therapeutischer Maßnahmen. Unbeachtet bleibt dabei häufig, dass die Beurteilung von PatientInnen, ihrer Leiden bzw. Fähigkeiten in erster Linie davon abhängt, wie BehandlerInnen diese aus ihrer eigenen Erwartungsperspektive wahrnehmen. Keupp (1988) verweist darauf, dass Handlungen erst im Zusammenhang mit einem Sinn gebenden Rahmen als abweichend bzw. passend bewertet werden können, sodass für jedes Verhalten ein bestätigender bzw. Regel verletzender (kultureller) Rahmen konstruiert werden kann.

Die Beurteilung psychischer Störungen nach universell ausgerichteten Kategorien, die in der Psychiatrie und Psychotherapie v. a. auf mitteleuropäischen bzw. angloamerikanischen Nosologien basieren, führt ohne kontextuelle Modifikationen zwangsläufig zu Fehlbeurteilungen bzw. zur Verfremdung. Littlewood und Lipsedge (1989) arbeiten in ihren kulturreflexiven Analysen heraus, dass innerhalb dominierender Psychiatriesysteme Symptomabweichungen dazu benutzt werden, Minderheiten zu Fremden (»aliens«) zu stigmatisieren.

Wenn unverstandene psychische Syndrome bei Minoritäten als ausschließlich kulturbedingt bewertet werden und unbehandelt bleiben, besteht die Gefahr der Verharmlosung, während umgekehrt eine Überbewertung kultureller Phänomene eine ungerechtfertigte Pathologisierung bewirken kann. Dambacher (1986)[1] beschreibt in einem Fachbuch für Orthopädie die Gefahr der Fehlattribution generalisierter Schmerzen bei Migranten, da die ausländische, insbesondere türkische Wohnbevölkerung in Deutschland aufgrund eines genetisch bedingten Vitamin-D-Mangels in Kombination mit fehlender intensiver Sonneneinstrahlung überdurchschnittlich oft an Osteomalazie erkranke. Diese rufe generalisierte Skelettschmerzen, informell gern als »Mamma-Mia-Syndrom« (ebd., S. 407) bezeichnet, hervor: »Fehlinterpretationen der geschilderten klinischen Symptomatologie sind nicht selten: Die generalisierten Schmerzen werden häufig als ›psychogen‹ deklariert, besonders dann, wenn es sich um südländische Gastarbeiter handelt, bei denen ja (s. o.en) die Osteomalazie besonders häufig ist« (Dambacher 1986, S. 407). Da beschriebene Symptome selten in der gleichaltrigen deutschen Bevölkerung angetroffen werden, sei es für die Diagnostik entscheidend, »überhaupt an die Möglichkeit einer Osteomalazie zu denken, und zwar vor allem bei generalisierten Schmerzen und Gehstörungen bei Senioren und ausländischen Gastarbeitern« (ebd., S. 407). Damit macht der Autor auf die Schwierigkeit aufmerksam, trotz Hypothesen über die angebliche Somatisierungsneigung ausländischer PatientInnen eine unvoreingenommene und individuelle statt stereotype Diagnostik zu gewährleisten.

Anzunehmen ist, dass neben Verharmlosungen mindestens ebenso häufig kultur- bzw. kontextbedingtes Verhalten vorschnell als abweichend und gestört klassifiziert wird, wenn es nicht mit Verhaltensnormen bzw. Symptomen der Mehrheitskultur in Einklang steht. Fernando (2001) stellt fest, dass in der westlichen Psychiatrie die »abweichende« Kultur des Patienten überwiegend problematisiert wird, beispielsweise wenn er ein psychiatrie- oder psychotherapiefernes Verständnis hat (siehe auch d'Ardenne/Mahtani 1999). Die Kultur des Patienten wird als Erklärung für »abnormes« Verhalten herangezogen, womit er zum einen abgewertet und zum anderen keiner adäquaten Behandlung zugeführt wird. Oftmals geschieht dies ohne besondere Absicht, dennoch erfolgt die Benachteiligung von Migranten im Gesundheitssystem nicht zufällig. Fernando (2001) postuliert, dass institutionelle Diskriminierung immer dann

---

[1] Für diesen Hinweis danke ich Dr. med. Michael Bingmann, Orthopäde.

stattfindet, wenn spezifische Belange von Minderheiten nicht berücksichtigt werden.

Eine Pathologisierung der Herkunftskultur der MigrantInnen findet statt, wenn PatientInnen mit Diagnosen wie »Italienischer Magen«, »Türkische Kopfschmerzen«, »Morbus Bosporus«, »Balkan-Syndrom«, »Mamma-Mia-Syndrom«, »Morbus Mediteraneus«, »anatolische Krankheit« etc. belegt werden (für Beispiele und Kritik siehe z. B. auch Zimmermann 1994; Leyer 1991b; Domening 2003; Dambacher 1986). Diese Pseudo-Diagnosen werden vornehmlich dann gestellt, wenn BehandlerInnen somatische Symptome als übertrieben dargestellt empfinden oder keine rechtfertigenden somatischen Korrelate erkennen können. Mit der Verwendung kulturstereotyper Diagnosen übergehen Behandler ihre Hilflosigkeit und versuchen, sich durch die Stigmatisierung von ihren Patienten zu distanzieren. Die Folgen dieser Stigmatisierung für die PatientInnen werden dabei selten bedacht bzw. erheblich unterschätzt. Betroffene PatientInnen werden pauschal zu »unheilbaren« Fällen oder Simulanten abgestempelt, denen angesichts abschreckender Diagnosen auch in Folgebehandlungen kaum bessere Chancen gegeben sind.

Grawe (2000) weist darauf hin, dass nicht allein die Erwartung der PatientInnen, sondern auch die Erfolgserwartung von TherapeutInnen maßgeblich therapeutische Veränderungen begünstigen oder hemmen. Durch Diagnosen werden PatientInnen »etikettiert« (Duncan et al. 1998), sodass in der Folge v. a. bestätigende, selten aber falsifizierende Informationen wahrgenommen werden. Dadurch wird eine entindividualisierte, stereotype Wahrnehmung von PatientInnen begünstigt, die v. a. ökonomischen und machtpolitischen Motiven geschuldet ist. Minderheiten werden in mehrfacher Weise, nämlich im Sinne psychischer Belastetheit als auch als kulturelle Minderheit, stereotypisiert und diskriminiert, wenn sie Herkunfts-Diagnosen wie »Morbus Bosporus« erhalten.

Duncan und Mitarbeiter (1998) unterstreichen in ihrem Behandlungsansatz für überwiesene, unbehandelbar eingeschätzte »Psychotherapie-Veteranen« die negative Rolle stigmatisierender Diagnosen und anderer Merkmalszuschreibungen. Dass Eingangsdiagnosen schwerer gewichtet werden als die tatsächliche Performanz von PatientInnen, belegt eine experimentelle Studie, in der gesunde ProbandInnen lediglich bei der Vorstellung in einer psychiatrischen Klinik Stimmenhören als Symptom angaben. Nach der Aufnahme verhielten sie sich normal und antworteten wahrheitsgemäß, ohne dieses Symptom weiter anzugeben. Dennoch wurden sieben von acht PatienInnen als schizophren diagnostiziert und bis zu mehreren Wochen stationär behandelt (Rosenhan 1973 zit. n. Duncan et al. 1998). Die Bedeutung der Eingangsdiagnose geht aus einer weiteren Studie hervor, in der StudentInnen und ExpertInnen Aufnahmen von PatientInnen vorgespielt wurden. Die meisten ProbandInnen hielten sich trotz der Diskrepanzen zu den aktuellen Schilderungen der Patienten an die eingangs erwähnte Diagnose. Überraschend ist dabei, dass v. a. ExpertInnen in ihrer Beurteilung die zuvor angegebene Vordiagnose übernahmen und damit schlechter urteilten als NovizInnen (Termerlin 1962 zit. n. Duncan et al. 1998).

Angesichts der Tatsache, dass Diagnosen nicht nur Informationen über die Beschwerden der PatientInnen liefern, sondern auch Hinweise auf die Veränderbarkeit (z. B. chronifizierte, generalisierte Störung) geben und Aussagen über die angenommene Compliance der Betroffenen enthalten (z. B. Persönlichkeitsstörungen oder stigmatisierende Diagnosen wie »Mamma-Mia-Syndrom«), kommt der sorgfältigen Diagnosestellung eine entscheidende Bedeutung in der erfolgreichen Behandlung von MigrantInnen zu. Problemerwartung, Motivation und der erwartete Behandlungserfolg hängen auf Therapeutenseite ebenso wie auf Patientenseite von Diagnosen ab. Dabei werden bei der Diagnosestellung stets beziehungsdynamische und interaktionelle Informationen einbezogen, beispielsweise demnach, ob das Verhalten des Betroffenen als adäquat oder übertrieben erlebt wird. Bei KlientInnen aus anderen Kulturen, die in der Darstellung von Symptomen von den Erwartungen der TherapeutInnen abweichen, kann das dazu führen, dass vermehrt Fehldiagnosen gestellt werden. Dies ist insbesondere deshalb kritisch zu bewerten, da einmal gestellte Diagnosen Klienten lange anhaften, häufig ohne dass sie diese kennen oder beeinflussen können.

4.2.4 Machtdifferenz

Die therapeutische Beziehung unterscheidet sich von privaten Beziehungen in Zweckgebundenheit und Asymmetrie (Holm-Hadulla 2005). Kulturbedingte Missverständnisse bzw. kulturelle Attribution können bereits vorhandene Machtasymmetrie potenzieren, wie zuvor an verschiedenen Beispielen der Diagnosevergabe gezeigt wurde. Unterschiedliche Handlungsvoraussetzungen von TherapeutIn und KlientIn werden auch durch sozioökonomische oder bildungsspezifische Distanz intensiviert, sodass benachteiligte KlientInnen weniger und seltener von Therapie profitieren (Lorion/Felner 1986). PsychotherapeutInnen wird qua Aufgabe und Rolle Wissens- und Entscheidungsmacht zugestanden, die KlientInnen auch bei Transparenz und Mitbestimmung bei Therapieentscheidungen kaum im selben Ausmaß erreichen können.

4.2 Störungen der Beziehung bei Kulturverschiedenheit

Hinzu kommt, dass Machtvorteile von PsychotherapeutInnen in der Regel verleugnet werden und ihre Neutralität qua Profession als gegeben angenommen wird, sodass Misserfolge häufig KlientInnen angelastet werden (Streeck 2004). Anzunehmen ist, dass dies begünstigt wird durch den Umstand, dass PsychotherapeutInnen in erster Linie bestrebt sind, ihre Kompetenzen zugunsten ihrer KlientInnen einzusetzen und dadurch eigenen Machtmissbrauch ausschließen. Nichtsdestotrotz birgt die Arbeit mit KlientInnen aus benachteiligten bzw. marginalisierten Gruppen die Gefahr, unbemerkt an gesellschaftlichen Stereotypisierungs- und Benachteiligungsprozessen zu partizipieren, gerade wenn in der Therapiebeziehung bestehende Machtgefälle nicht reflektiert werden (Pinderhughes 1998). Rommelspacher (2000) stellt in ihrer Analyse der interkulturellen Therapiebeziehung das Fortwirken einer ungleichen gesellschaftlichen Machtverteilung heraus: »Das Therapiezimmer ist keineswegs ein neutraler Ort, an dem sich alle Beteiligten unvoreingenommen begegnen, sondern im Gegenteil, auch dies ist ein Feld, das vorab mit Projektionen, Erwartungen und Fantasien besetzt ist« (Rommelspacher 2000, S. 167).

Die therapeutische Beziehung wird auf verschiedenen intrapsychischen und interaktionalen Ebenen von TherapeutIn und KlientIn beeinflusst. Entscheidend ist, wie diese sich und ihre Kulturen gegenseitig einschätzen bzw. wie sie sich von ihrem Gegenüber wahrgenommen fühlen. Auf therapeutischer Seite sind die kritische Auseinandersetzung mit eigenen kulturellen Maßstäben und die Bewusstmachung von Stereotypen, die die Beurteilung des Klienten meist unbewusst leiten, besonders bedeutsam. Rommelspacher (2000) nimmt an, dass MehrheitstherapeutInnen häufig reale Rassismuserfahrungen zugunsten einer pauschalen Anwendung der Kulturkonflikt-Hypothese übersehen, da damit psychische Symptome bei MigrantInnen erklärt werden können, ohne die privilegierte Position von Mehrheitsangehörigen infrage zu stellen. Dagegen beschreiben MigrantInnen rassistische Diskriminierungen häufig als belastender als vermeintliche Konflikte aufgrund ihrer doppelten Kulturzugehörigkeit, die häufig unterstellt werden (z. B. Heitmeyer et al. 1997). Güç (1991) weist darauf hin, dass sich MigrantInnen ohnehin mit den Werten ihrer neuen Umwelt bzw. ihrer alten Heimat ständig auseinandersetzen müssen, sodass sie in der alltäglichen konstruktiven Überbrückung kultureller Konflikte geübt sind.

Die umgekehrte Strategie, nämlich KlientInnen ausschließlich auf ihre Individualität zu reduzieren, kann dazu führen, bestehende kulturelle Identitäten und Selbstidentifikationen zu übergehen und eine ungerechtfertigte universalistische Position einzunehmen, in der spezifische Lebensumstände und kulturelle

Gruppeneinflüsse negiert werden (Beta-bias, Fişek/Kağıtcıbaşı 1998). Meist wird in diesem Fall unbewusst die Kultur des Therapeuten bzw. seiner Profession als Norm betrachtet, da menschliche Interaktion nicht im kulturfreien Raum stattfinden kann. Migrations- und minderheitenbedingte Belastungen werden dabei verharmlost und ein wichtiger Erfahrungsbereich von Klienten mit Migrationshintergrund für die Therapie unzugänglich gemacht.

5 Methodik

5.1 Formulierung der Forschungsfragen

Die bisherige Bestandsaufnahme zeigt, dass MigrantInnen in psychosozialen bzw. therapeutischen Einrichtungen unterproportional zu ihrem Bevölkerungsanteil repräsentiert sind, während sie gleichzeitig höheren Gesundheitsrisiken ausgesetzt sind (Collatz 2001). In der Praxis werden bereits seit vielen Jahren interkulturelle Öffnungsversuche sowohl in stationären (Cranach 2005; Erim et al. 2000; Schepker et al. 2005) als auch ambulanten Einrichtungen (in Heise 1998) unternommen. Deren Evaluation zeigt, dass zielgruppenspezifische Angebote rasch akzeptiert werden, ohne bedarfsweckend zu wirken. Zugangsbarrieren werden v. a. auf institutioneller als auch auf personeller Ebene wahrgenommen, wobei Probleme in der therapeutischen Arbeitsbeziehung zunehmend in den Fokus rücken.

In nächster Zeit wird erwartet, dass der Bevölkerungsanteil von Personen mit Migrationshintergrund weiter zunimmt, sodass mehr gesteuerte Veränderungen erforderlich sein werden, wenn eine gleichberechtigte Teilnahme an der Regelversorgung gewährleistet sein soll. Beispielsweise bedarf es der Ausdifferenzierung therapeutischer Konzepte zur Gestaltung interkultureller Zusammenarbeit. Ein besonderer Stellenwert wird hierbei der Therapiebeziehung unterstellt, die, wie aufgezeigt, schulen- bzw. kulturübergreifend der wichtigste Wirkfaktor bei Heilbehandlungen wie der Psychotherapie ist (Frank 1982; Orlinsky/Howard 1988).

Gegenstand dieser Arbeit ist, zunächst zu untersuchen, wie interkulturelle Therapiebeziehungen unter den gegebenen Voraussetzungen gestaltet werden. Ziel ist es, sowohl Schwierigkeiten und Störungen, als auch positive Beispiele erfolgreicher Zusammenarbeit aufzuzeigen, um daraus Hinweise für die kultursensible Therapiearbeit zu erhalten. Es wird davon ausgegangen, dass es trotz der beschriebenen Einschränkungen funktionale Aspekte in bestehenden Therapiebeziehungen mit kulturverschiedenen Beteiligten gibt, an denen modellhaft spezifische interpersonelle Verhandlungsprozesse zwischen Therapeut und Klient aufgezeigt werden können. Dazu sollen gezielt KlientInnen und TherapeutInnen, letztere mit wenig und viel interkultureller Erfahrung, mit und ohne Muttersprachenkenntnis, befragt werden.

Therapie wird aufgefasst als geplante Zusammenarbeit unter stationären bzw. ambulanten Rahmenbedingungen (Klinik, Ambulanz, Beratungsstelle, therapeutische Praxis etc.), die von ausgebildeten PsychotherapeutInnen zur Beeinflussung von Verhaltensstörungen und Leidenszuständen mit Behandlungswert durchgeführt wird (Strotzka 1975 zit. n. Senf/Broda 2005). Die therapeutische Beziehung wird dabei als kommunikative, emotionale und aktionale Basis in der Zusammenarbeit von KlientIn und TherapeutIn verstanden. Da Therapiebeziehungen in unterschiedlichen Verfahren zum Teil sehr verschieden aufgefasst und eingesetzt werden, liegt der Fokus auf allgemeinen Faktoren wie Aufgaben, Ziele und affektive Bindung (Bordin 1979). Von besonderem Interesse sind dabei u. a. die gegenseitigen Erwartungen, die Kommunikation und das Rollenverständnis.

Angelehnt an die vorgestellten Konzepte wird in der vorliegenden Arbeit Kultur als ein dynamisches, meist implizites Symbol-, Bewertungs-, Kommunikations- und Handlungssystem aufgefasst, das sinnstiftende Funktion hat und individuell in der kontextbezogenen Auseinandersetzung mit der Umwelt entwickelt wird. Ein individueller, dynamischer Kulturbegriff schließt die kategoriale Unterteilung in Kulturen entlang von Nation, Ethnizität, Religion etc. im Grunde aus und erfordert stets eine individuelle Spezifizierung, ohne kollektive Bezüge zu verleugnen. In der vorliegenden Arbeit wird dennoch ein nationaler Kulturbegriff (z. B. »deutsche, autochthone Kultur« bzw. »türkische, allochthone Kultur«) bemüht, der funktional begründet ist, um eine sozial konstruierte Gruppe von KlientInnen einzubeziehen. Das bedeutet, dass den befragten TherapeutInnen bzw. KlientInnen keine essenzielle gemeinsame Kultur unterstellt wird, auch wenn sie z. B. als »türkische« Klienten zusammengefasst werden. Vielmehr wird angenommen, dass diese KlientInnen bedingt durch subjektive bzw. gesellschaftliche Zuschreibungsprozesse als Gruppe mit ähnlichen Eigenschaften und Merkmalen wahrgenommen werden, sodass es sinnvoll erscheint, in einer Untersuchung, die reale Patient-Therapeut-Dyaden enthält, diese Einteilung zunächst beizubehalten. Hierzu ist es notwendig, dass TherapeutInnen bzw. KlientInnen sich durch den Untersuchungsgegenstand angesprochen fühlen und sich selbstständig für die Untersuchung anmelden. Der Untersucherin ist bewusst, dass durch die Vorgabe kategorialer Einteilungen stereotype Aussagen begünstigt werden, was zu Informationsverlust führt. Dennoch bietet die kritische Reflexion verwendeter Begriffe und Fragen im Rahmen

5.1 Formulierung der Forschungsfragen

eines qualitativen Untersuchungsverfahrens die Möglichkeit, Aussagen zu konkretisieren bzw. sie im Auswertungsprozess mithilfe verschiedener Lesarten zu vertiefen.

Die Diskussion um verschiedene Kulturen beinhaltet immer den Aspekt der Unterschiedlichkeit und Distanz. Eingangsfragen über gegenseitig wahrgenommene Eigenschaften, Ressourcen, Gemeinsamkeiten und Unterschiede sollen einer von den Probanden möglicherweise gewollt kulturalisierend wahrgenommenen Haltung bzw. Fragestellung entgegenwirken und Gesprächsanstöße zur subjektiven Wahrnehmung der Therapiebeziehung geben. Forschungsfragen, die sich aus dem bisher Dargestellten ergeben, sind:

1. Welche Anlässe nennen KlientInnen mit türkischem Migrationshintergrund, wenn sie eine Therapie aufsuchen und auf welchem Weg gelangen sie dorthin?
2. Mit welchen Erwartungen wird die Therapie aufgesucht bzw. welche Erwartungen sind an die Person des Therapeuten geknüpft?
3. Inwieweit werden innerhalb der Therapiebeziehung unterschiedliche Sprach- bzw. Kommunikationsrahmen festgestellt bzw. wie gelingt Verständigung?
4. Inwieweit stimmen KlientInnen und TherapeutInnen in der Wahrnehmung von Gemeinsamkeiten bzw. Unterschieden überein bzw. auf welchen Ebenen (kulturell, religiös, geschlechtsspezifisch, sozial, individuell etc.) werden Gemeinsamkeiten bzw. Unterschiede verortet?
5. Wenn Schwierigkeiten in der Therapiebeziehung auftreten, welcher Art sind diese, wie werden sie von TherapeutInnen bzw. KlientInnen gelöst?
6. Welche Rolle spielt eine ggf. wahrgenommene kulturelle Distanz beim Beziehungsaufbau bzw. inwieweit ist eine übereinstimmende kulturelle Herkunft von Bedeutung für die Therapiebeziehung?
7. Welche Vorteile und Nachteile schreiben TherapeutInnen und KlientInnen einer interkulturellen bzw. gleichkulturellen Zusammenarbeit zu?

Diesen Forschungsfragen, die z. T. aus bisher dargestellten Befunden abgeleitet wurden, dienen v. a. zur thematischen Vorstrukturierung des eigenen Erkenntnisinteresses. Da es bisher kaum Untersuchungen gibt, in denen TherapeutInnen und KlientInnen zur gemeinsamen interkulturellen Therapiearbeit befragt wurden, wird besonderes Augenmerk darauf gerichtet, Spontanäußerungen beider Seiten zu vertiefen. Subjektive Ansichten und Theorien zur Therapiebeziehung werden in den Gesprächsfokus gerückt.

5.2 Das qualitative Forschungsparadigma

In der vorliegenden Untersuchung wurde ein qualitativer Forschungszugang gewählt. Qualitative Methoden sind in der Psychotherapieforschung geeignet, Prozessvariablen wie die therapeutische Beziehung zu untersuchen (Grawe 2000), insbesondere wenn komplexe, kontextuelle Faktoren wie kulturelle Zugehörigkeit einbezogen werden. Der in der Effektivitäts-Forschung häufig genutzte nomothetische Zugang versucht, über die Kontrolle und systematische Variation von Bedingungen kausale Ursachen für den Erfolg bestimmter Therapieformen oder Interventionen zu bestimmen, mit dem Ziel, allgemeingültige Gesetzesmäßigkeiten aufzustellen.

Im Vergleich dazu versucht eine qualitative Forschungsperspektive, das Prinzip der Offenheit zu bewahren, um bisher wenig bekannte bzw. unbekannte Positionen zu erschließen. Als Grundannahme unterstellt die qualitative Forschung, dass soziale Wirklichkeit in der gemeinsamen Zuschreibung von Bedeutungen entsteht, sodass der Kommunikation sowohl als Untersuchungsgegenstand und Methode als auch bei der weiteren Datenverarbeitung und Theoriebildung ein besonderer Stellenwert zukommt (vgl. z. B. Flick et al. 2004; Glaser/Strauss 1967; Lamnek 2005; Strauss/Corbin 1990 etc.). Damit eignet sich die qualitative Forschung besonders, psychotherapeutische Phänomene, die selbst überwiegend im kommunikativen Akt über die Verhandlung subjektiver Bedeutungen hergestellt werden, zu untersuchen.

Gütekriterien qualitativer Forschung werden zum einen angelehnt an quantitative Vorgaben formuliert (Bortz/Döring 2002), zum anderen werden sie innerhalb der qualitativen Sozialforschung debattiert (Froschauer/Lueger 2003; Lamnek 2005; Mayring 1996; Matt 2004; Steinke 2004 etc.). Neben einer Reihe von speziell auf qualitative Forschungsanforderungen bezogenen Kriterien wie ökologische und kommunikative Gültigkeit, Praxisrelevanz, Reflexivität, Kohärenz etc. wurde die Triangulation als besondere Validierungsstrategie (Denzin 1978 zit. n. Flick 2004) vorgeschlagen. Triangulation meint die Verknüpfung verschiedener Methoden bei der Untersuchung eines Forschungsgegenstands, um ihn in seiner Vielseitigkeit zu erfassen. In der vorliegenden Untersuchung wird neben dem halbstrukturierten Interview ergänzend die Repertory Grid-Technik nach George Kelly (1950) verwendet, um die Gewinnung möglichst weit gefächerter Erkenntnisse über die therapeutische Beziehung mit Augenmerk auf interkulturelle Einflussgrößen zu gewinnen. Außerdem eignet sich die Repertory Grid Technik als idiografisches Verfahren, Bedeutungsdimensionen zu generieren, um ein vertiefendes Verständnis für den subjektiven Bedeutungsgehalt im halbstrukturierten Interview auftauchender Konzepte zu erarbeiten.

5.3 Die Forschungsstrategie

5.3.1 Das halbstrukturierte Interview

Das Interview gilt als wichtigstes Erhebungsverfahren in der qualitativen Forschung. Entsprechend gibt es eine Vielfalt von qualitativen Interviewtechniken, die sich überwiegend im Grad der Vorstrukturierung in der Durchführungs- bzw. Auswertungsphase unterscheiden. Lamnek (1993) grenzt anhand einer Reihe von Kriterien wie Offenheit, Flexibilität etc. fünf einschlägige Interviewtypen voneinander ab: Narratives Interview (Schütze 1977), Problemzentriertes Interview (Witzel 1985), Fokussiertes Interview (Merton/Kendall 1956), Tiefeninterview (Scheuch 1970) und Rezeptives Interview (Kleining 1988). Bortz und Döring (2002) listen knapp 20 Varianten qualitativer Einzelbefragung auf, wie z. B. Assoziatives Interview, Dilemma-Interview und Experteninterview. In der praktischen Durchführung lassen sich genannte Idealtypen nur eingeschränkt verwirklichen und dienen v. a. als Orientierungsgrundlage. Häufig werden Zwischenformen genutzt, die unter die Oberbegriffe »halbstrukturiertes« (Hopf 2004), »teilstandardisiertes« oder »Leitfaden-Interview« (Flick 2002) gefasst werden.

Die halbstrukturierte Interviewform verwendet einen Leitfaden mit vorbereiteten Fragen, die unter Berücksichtigung des gesamten Gesprächverlaufs flexibel in Formulierung und Abfolge gehandhabt werden. Diese Form der Teilstandardisierung bietet sich überall dort an, wo das Ziel der Befragung konkrete Aussagen über einen Gegenstand sind. Ein besonderer Fall des Leitfaden-Interviews ist das Experten-Interview (Meuser/Nagel 1991), bei dem die befragten Personen nicht in der Gesamtheit ihrer biografischen Besonderheiten, sondern als Experten für ein bestimmtes Handlungsfeld befragt werden.

In der vorliegenden Untersuchung wird der Frage nachgegangen, in welcher Weise die gemeinsame bzw. unterschiedliche kulturelle Herkunft von Patient und Psychotherapeut die therapeutische Beziehung beeinflusst. Dazu werden die TeilnehmerInnen in ihrer Eigenschaft als Psychotherapie-PatientInnen türkischer Herkunft bzw. als PsychotherapeutInnen von türkeistämmigen PatientInnen befragt. Zugleich richten sich die Fragen auch an die Befragten als Personen in ihrer Ganzheit, da der Untersuchungsgegenstand bei allen Patienten und z. T. auch bei den Therapeuten eng verwoben ist mit biografischen Merkmalen wie Herkunft, Migration und kulturelle Identität. Es ist beabsichtigt, im Interview für die Fragestellung relevante Bereiche anzusprechen. Darüber hinaus ist angestrebt, durch die flexible Gesprächsführung eine offene Atmosphäre zu gewährleisten, in der die Interviewpartner subjektiv wichtige Aspekte aus ihrer Biografie, Problemsicht etc. selbstständig einbringen können.

5.3.2 Das Repertory Grid

Die Repertory Grid Methode geht auf George Kellys Theorie der persönlichen Konstrukte (Personal Construct Theory, 1955, 1963) zurück, in der er davon ausgeht, dass sich Menschen, ähnlich wie Wissenschaftler, aktiv und erkundend mit ihrer Umwelt auseinandersetzen. Als Orientierungshilfe entwickeln sie dazu ein individuelles Konstruktsystem, mit dessen Hilfe Wahrnehmungen sinnvoll organisiert und Handlungen antizipiert werden. Dieses System besteht aus einzelnen Konstrukten, die aus persönlichen Erfahrungen in Auseinandersetzung mit der Umwelt bzw. in familiären, sozialen oder kulturellen Kontexten gewonnen werden.

Das Repertory Grid dient dazu, individuelle Konstrukte zu erfassen und zu veranschaulichen, in welcher Weise darin Elemente wie bedeutsame Personen, Ereignisse und Situationen repräsentiert sind. Dazu wird zunächst ein dichotomes Konstruktmodell benutzt, da angenommen wird, dass begriffliche Konzepte in ihrer Mehrheit auf einem Kontinuum abgebildet sind, dessen Enden jeweils mit entgegengesetzten Eigenschaften repräsentiert sind, z. B. »hell – dunkel«, »hoch – tief«. Diese können mit zunehmender Komplexität, innewohnender Bewertung, subjektiver oder sozialer Relevanz etc. unterschiedlich zwischen Individuen ausfallen (z. B. »gut – schlecht«, »gut – böse«, »gut – unfreundlich« etc.). Das Problem der ursprünglich reduktionistischen Polarisierung wird später behoben, indem so viele Konstrukte wie möglich erhoben werden, die gemeinsam einen subjektiven Bedeutungsraum des Probanden (= Konstruktsystem) bilden. Die untersuchten Elemente werden innerhalb dieses Raums auf alle verfügbaren Konstrukte bezogen.

Die Repertory Grid Methode, unter der inzwischen eine Vielzahl verschiedener Verfahren zusammengefasst werden, wird für ein breites Anwendungs- und Forschungsspektrum genutzt (klinische Verfahren z. B. in Bartolomew 1990;

Kirsch 2000; Mendoza 1985; Ryle 1985 etc.). Für die vorliegende Fragestellung ist das Grid in zweifacher Hinsicht geeignet: Zum einen bietet die idiografische Erhebung von individuellen Konstrukten die Möglichkeit, subjektive Kriterien der Teilnehmer zu explorieren, die die therapeutische Beziehung weitgehend unabhängig von der Fragestellung der Forscherin beschreiben. Ziel ist es, möglichst wenige Vorannahmen über die Beschaffenheit der therapeutischen Beziehung und Bewertungskriterien einfließen zu lassen und anhand der generierten Konstrukte ggf. neue Kriterien zu gewinnen. Zum zweiten ermöglicht das Grid, zu ermitteln, wie sich PatientIn bzw. TherapeutIn innerhalb subjektiver Kriterien in Beziehung zueinander setzen. Dazu werden rechnerische Distanzen zwischen den einzelnen Elementen ermittelt bzw. ihre Anordnung innerhalb des Konstruktsystems analysiert (Walter 1998).

BESTIMMUNG DER ELEMENTE

Für die vorliegende Untersuchung wird ein Repertory Grid mit vorgegebenen Elementen als sinnvoll erachtet. Folgenden Elemente wurden im Rahmen einer Voruntersuchung[1] ermittelt.

	Grid-Elemente der Therapeutenversion	Grid-Elemente der Patientenversion
a	Selbst	Selbst
a	Ideal-Selbst	Ideal-Selbst
b	Ich als TherapeutIn	Ich als PatientIn
c	Ideale PatientIn	Ideale TherapeutIn
d	Schwierige PatientIn	Schlechte TherapeutIn
a	Meine türkische PatientIn	Meine aktuelle TherapeutIn
e	Typisch türkischer Patient	Typisch deutscher Therapeut
e	Typisch türkische Patientin	Typisch deutsche Therapeutin
e	Ideale TherapeutIn aus türkischer Patientensicht	*leer*

Tabelle 5.1: Elemente im Repertory Grid

---

[1] An dieser Stelle möchte ich Karla Baran, Bettina Brunßen, Sibylle Gmeinwieser, Barbara Heldmann, Eva Hoch, Reyhan Kalaclar-Hehnen und einer anonymen Patientin für die Teilnahme an der Voruntersuchung und wertvolle Rückmeldungen danken.

Elemente für Patienten und Therapeuten werden möglichst parallel gehalten, um die Vergleichbarkeit zu erhöhen. Enthalten sind:
a) Konkrete Elemente wie »Selbst«, »Meine aktuelle TherapeutIn[2]«, »Mein türkischer Patient« bzw. »Meine türkische Patientin«. Diese Elemente beinhalten, mit welchen Eigenschaften Befragte sich selbst bzw. ihr Gegenüber wahrnehmen.
b) Rollenelemente wie »Ich als TherapeutIn«, »Ich als PatientIn«, die mögliche Rollenzuschreibungen in die Untersuchung einbringen.
c) Idealisierte Elemente wie »Selbst-Ideal«, »Ideale PatientIn«, »Ideale TherapeutIn«. Diese Elemente erfassen v. a. positive Erwartungen der Befragten. Zusätzlich wird TherapeutInnen das Rollenelement »Ideale TherapeutIn aus türkischer Patientensicht« vorgegeben, um herauszufinden, welche Erwartungen türkischer Klienten sie antizipieren.
d) Negative Elemente wie »Schlechte TherapeutIn«, »Schwierige PatientIn« bilden den Gegenpol, sie explorieren die negative Erwartung.
e) Bei den Stereotyp-Elementen wie »Typisch türkischer Patient«, »Typisch deutsche Patientin« bzw. »Typisch deutscher Therapeut« und »Typisch deutsche Therapeutin« werden die Teilnehmer aufgefordert, möglichst uneingeschränkt ihr Wissen, ihre Eigen- und Fremderfahrungen bzw. allgemeine Stereotype einzubringen. Diese Items sind nicht geeignet, die subjektive Voreingenommenheit der Befragten zu messen, vielmehr wird nach diskursivem Wissen gefragt, das lediglich ein Indikator dafür ist, welche allgemeinen Vorannahmen über türkische Klienten bekannt sind.

KONSTRUKTGEWINNUNG

Da angenommen wird, dass Konstrukte dichotom als Gegensatzpaare organisiert sind, wird zu ihrer Erhebung häufig der Triadenvergleich genutzt (Fromm 1995; Riemann 1991; Scheer 1993). Dazu ziehen Probanden aus einem Stapel verdeckter Karten, auf denen die einzelnen Elemente stehen, drei Karten und legen sie nebeneinander. Als nächstes sollen sie entscheiden, welche beiden Elemente eine Eigenschaft gemeinsam haben, die sie vom dritten Element unterscheidet. Diese Eigenschaft wird möglichst in den Worten der ProbandIn notiert (Konstruktpol). Anschließend wird gefragt, was das Gegenteil dieser Eigenschaft ist

---

[2] In der Untersuchung wurden Materialien verwendet, die stets beide Geschlechterformen enthielten, wenn sie nicht als separate Elemente dargestellt waren. Aus Darstellungsgründen wird im Text darauf verzichtet, stets beide Geschlechterformen auszuschreiben.

(Gegenpol). Danach werden die Elementkarten wieder in den Stapel zurückgelegt, gemischt und ein weiteres Mal gezogen bis die erwünschte Anzahl von Konstrukten generiert ist.

Einschätzung der Elemente (Rating)

Im letzten Schritt werden Probanden aufgefordert, die Elemente anhand der Konstrukte zu bewerten. Dazu erhalten sie eine 7-stufige Skala, deren beide Enden jeweils Konstruktpol (1) und Gegenpol (7) darstellen; der Wert 4 liegt in der Mitte und soll nur genutzt werden, wenn keine Zuordnung zu einer Konstruktseite möglich ist. Die Einordnung erfolgt in ganzen Stufen, sodass für jede Konstruktseite 3 Intensitätsstufen vorhanden sind. Die Zahlenwerte werden in einer Tabelle (Grid) notiert, in den Spalten sind die Elemente und in den Reihen die Konstrukte abgetragen. Die Erhebung ist abgeschlossen, wenn jedes Element auf allen Konstrukten eingeschätzt wurde.

5.3.3 Auswahl der ProbandInnen

In die Untersuchung wurden Psychotherapeutinnen und -therapeuten bzw. deren Patientinnen und Patienten türkischer Herkunft aufgenommen. Bei der Probandenauswahl war beabsichtigt, Heterogenität durch unterschiedliche kulturelle Herkunft bzw. Sprachkenntnisse der TherapeutInnen zu schaffen, um die Bandbreite möglicher interkultureller Therapiebeziehungen zu erweitern. Therapeutische Beziehungen, die durch übereinstimmende Herkunft bzw. muttersprachliche Ressourcen gekennzeichnet sind, wurden zu einem geringeren Anteil berücksichtigt als solche, bei denen TherapeutIn und KlientIn vor unterschiedlichen kulturelleren bzw. sprachlichen Hintergründen interagieren, da der Schwerpunkt dieser Arbeit auf interkulturellen bzw. kulturverschiedenen Therapiebeziehungen liegt.

PatientInnen wurden ausschließlich über ihre TherapeutInnen für die Studie gewonnen. Es wurden Beratungsstellen, Bezirkskrankenhäuser, teilstationäre Einrichtungen, niedergelassene Praxen etc. im Raum München per Anschreiben und telefonisch kontaktiert. Auf einem Fachtag zur psychosozialen Versorgung von Migrantinnen und Migranten wurde das Forschungsvorhaben vorgestellt und ein zweisprachig abgefasstes Informationsschreiben für Therapeuten und Patienten an die TeilnehmerInnen ausgehändigt. Über die Verteilerlisten in zwei psychotherapeutischen Ausbildungsinstituten wurden DozentInnen und SupervisorInnen angeschrieben. Über eigene berufliche Kontakte wurden weitere Therapeuten in mehreren Erhebungswellen kontaktiert[3].

TherapeutInnen türkischer Herkunft bzw. mit türkischen Sprachkenntnissen wurden über den Arbeitskreis Türkischsprachiger PsychotherapeutInnen (AKTPT) Bayern am einfachsten erreicht, wogegen sich die Akquise von TherapeutInnen aus der Regelversorgung trotz eines mehrmonatigen Erhebungszeitraumes als schwierig erwies. Antworten ergaben häufig, dass türkische Patienten selten in niedergelassenen Praxen bzw. Einrichtungen mit psychotherapeutischem Schwerpunkt behandelt werden. Türkische PatientInnen, die sich in stationärer Behandlung befanden, nahmen häufig an gruppentherapeutischen Verfahren, aber nicht psychotherapeutischen Einzelsitzungen teil, sodass sie nicht in die Studie aufgenommen werden konnten.[4]

Bei der Zusammenstellung der Stichprobe verdichteten sich Hinweise auf eine wenig beachtete Gruppe von TherapeutInnen, die zum Teil durch die häufige Zusammenarbeit sehr erfahren in der Beratung und Therapie von türkischen bzw. anderen MigrantInnen sind, ohne jedoch selbst türkischer Herkunft zu sein bzw. über türkische Sprachkenntnisse zu verfügen.

Es nahmen insgesamt zwölf TherapeutInnen und zwölf PatientInnen an der Untersuchung teil. Eine Therapeutin aus der muttersprachlichen Gruppe brachte zwei PatientInnen in der frühen Phase der Studie ein, die beide aufgenommen wurden. Ein anderer Patient verweigerte die Befragung im Nachhinein, sodass hier nur die Daten für die Therapeutin vorliegen.

5.3.4 Durchführung der Untersuchung

GESAMTUNTERSUCHUNG

Die Untersuchung wurde in der Regel in den Räumen der Einrichtung durchgeführt, aus denen die Klienten bzw. Therapeuten stammten. Den Klienten wurde die Befragung alternativ zu Hause oder in meinem Büro, das an eine Beratungsstelle angegliedert ist, angeboten. In der Regel erfolgte erst die Patientenbefragung und am selben oder innerhalb weniger Tage das Therapeuteninterview.

---

[3] Aus Datenschutzgründen war es nicht möglich, Mitgliederlisten der Psychotherapeutenkammer Bayern für eine systematische Akquise zu erhalten.
[4] Bei der Probandensuche spiegelte sich der Umstand, dass Patienten türkischer Herkunft gemessen an ihrem Bevölkerungsanteil selten in der psychotherapeutischen Regelversorgung behandelt werden, möglicherweise wider (z. B. Collatz 2001).

Die Sprachpräferenz wurde zu Beginn der Untersuchung erfragt und Materialen dementsprechend auf Deutsch bzw. Türkisch ausgegeben. Insbesondere PatientInnen wurden ermutigt, zu jedem Zeitpunkt die Sprache zu nutzen, in der sie sich am sichersten fühlten, die Untersucherin folgte bei einem Sprachwechsel automatisch.

Die Untersuchung dauerte im Durchschnitt eineinhalb bis zwei Stunden und wurde in der Regel an einem Termin durchgeführt. Nachdem die ProbandInnen eine kurze Einführung in das Thema der Untersuchung erhalten hatten, unterzeichneten sie eine Einverständniserklärung. Es folgte die mündliche Erhebung von demografischen Daten. Das anschließende Leitfaden-Interview und das Grid-Interview wurden mittels eines digitalen Aufnahmegeräts aufgezeichnet.[5]

ANMERKUNGEN ZUM LEITFADEN-INTERVIEW

Um eine möglichst hohe Vergleichbarkeit in der Befragungssituation zu gewährleisten, wurden die Fragen zu Beginn der Untersuchung nach Möglichkeit in derselben Reihenfolge gestellt. Im Verlauf des Interviews wurde zunehmend einer freien Gesprächsführung der Vorzug gegeben, um dem natürlichen Gesprächsverhalten entgegenzukommen. Das probandengeleitete Vorgehen traf insbesondere für die Interviews mit Therapeuten zu. Patienten bevorzugten in der Regel eine strukturierte Gesprächsführung und baten häufig um Fragen, wenn Pausen entstanden. Helfferich (2004) bietet für zurückhaltendes bzw. »karges« Antwortverhalten die Erklärung, dass offene Fragen z. T. hohe Abstraktionsleistungen verlangen bzw. Hemmschwellen bestehen können, über Alltägliches oder stark selbstbezogene Inhalte lange und frei zu sprechen.

Der Leitfaden wurde im Sinne einer reflexiven Forschungsstrategie (Strauss/Corbin 1990) stetig erweitert, sodass im Verlauf bestimmte Themen hinzukamen wie die Frage nach therapeutischen Tabus (»Was dürfte Ihrer Meinung nach in einer Therapie oder Beratung niemals passieren?«). Auch die Frage nach den Kriterien bei der Wahl eines Therapeuten wurde dahin gehend verändert, welche Empfehlung die ProbandInnen einem Freund bzw. einer Freundin geben würden (»Was würden Sie aus Ihrer Erfahrung einem Freund/einer Freundin raten, wonach soll er/sie einen Therapeuten aussuchen?«). Beide Modifikationen erwiesen sich als günstig, da sie sich nicht explizit auf den aktuellen Therapeuten bzw. die aktuelle Therapie bezogen.[6]

---

5   Eine systematische Variation der Reihenfolge von Repertory-Grid und Interview erwies sich als irrelevant, sodass diese Reihenfolge festgelegt wurde.
6   Für beide Anregungen danke ich Barbara Abdallah-Steinkopff.

5 Methodik

PROBLEME BEI DER DURCHFÜHRUNG DES REPERTORY GRID

Ein Teil der Befragten, insbesondere unter den PatienInnen, hatte Schwierigkeiten bei der Durchführung des Repertory Grid. PatientInnen stellten Nachfragen, um die vermeintlich erwartete »Lösung« besser zu antizipieren, grübelten, äußerten Unverständnis oder konnten sich nicht festlegen. Im Gegensatz zum Leitfaden-Interview und den Fragebögen schienen sie verunsichert oder fühlten sich unter Druck. Auffällig war, dass drei von vier PatientInnen, die ausschließlich auf Türkisch interviewt wurden, die Aufgabe unlösbar fanden und vorzeitig beendeten. Außerdem wurde das Repertory Grid meist als letztes Verfahren durchgeführt, was zu Ermüdungserscheinungen bei ProbandInnen geführt haben könnte. Allerdings traten dieselben Schwierigkeiten auf, als die Reihenfolge variiert wurde. Aus der direkten Beobachtung erwies sich folgende Erklärung naheliegend: Zum einen erschien es den ProbandInnen unplausibel, sich auf eine Befragungsstrategie einzulassen, die jenseits eines bekannten Fragebogen- bzw. Interviewansatzes liegt. Durch das zufällige Ziehen von Karten und freie Generieren von Konstrukten wirkte die Methode möglicherweise arbiträr und wenig wissenschaftlich. Als weitere Hürde wird das offene Verfahren bzw. selbstbestimmte Vorgehen bewertet, das durch eine einzelne abstrakte Fragestellung eingeleitet wird (Triadenvergleich) und ein hohes Strukturierungs- und Abstraktionsvermögen voraussetzt (vgl. Helfferichs Kritik an zu offen gehaltenen Interviewfragen, 2004).

Trotz der berichteten Schwierigkeiten konnten mit der Mehrheit der ProbandInnen die Repertory Grids durchgeführt werden, jedoch generierten Patienten häufig weniger Konstrukte als benötigt. TherapeutInnen erfassten das Repertory-Grid neugierig und bewerteten das Verfahren z. T. als hilfreiche, geleitete Introspektion. Wenn ProbandInnen große Schwierigkeiten hatten, wurde das Verfahren vorzeitig beendet. Eine zu geringe Anzahl an generierten Konstrukten verhinderte z. T. Einzelauswertungen.

5.4 Die Auswertungsstrategie

5.4.1 Analyse des Interviews

Zur Analyse qualitativer Interviews gibt es eine Reihe von Auswertungstechniken, die durch die Fragestellung, die Zielsetzung bzw. den gesamtmethodischen Ansatz bestimmt werden (Bortz/Dörning 2002; für einzelne Verfahren siehe

Jaeggi et al. 2004: Zirkuläres Dekonstruieren; Mayring 2000: Qualitative Inhaltsanalyse etc.).

Der in der qualitativen Sozialforschung wohl prominenteste Ansatz, die Grounded Theory, wurde von den amerikanischen Soziologen Barney Glaser und Anselm Strauss (1967) vor dem Hintergrund einer Studie zum Umgang von Klinikpersonal mit Sterbenden entwickelt und basiert auf einem umfassenden Forschungskonzept, das von der Formulierung der ersten vagen Idee zum Forschungsgegenstand über die Datensammlung und -analyse bis zur Entwicklung einer »gegenstandsbezogenen Theorie« reicht. Darin wird ein offenes, induktives Herangehen an den Text konzeptualisiert, das eng am vorgefundenen Material verläuft und der Methode ihren Namen (»Grounded Theory«) gibt. Die zentralen Vorgehensweisen in den verschiedenen Stadien des Forschungsprozesses sind das wiederholte Vergleichen und offene »Befragen« des Textes, um grundlegende Muster und Themen (sogenannte »Kernkategorien«, Strauss/Corbin 1996) herauszuarbeiten. Ähnlich beschreibt Bude (2004) das offene Vorgehen bei der Interpretation als »methodische Dummheit«, um sich von eigenen Wertungen und Affekten zu distanzieren und den Text an sich zum Sprechen zu bringen. Dazu sind alternierende Lesarten desselben Textes möglich, indem z. B. einzelne Bestandteile aus einer »kulturalisierenden«, also stets kulturelle Erklärungsmuster favorisierenden, Perspektive interpretiert werden. Im nächsten Schritt findet die Umkehr in eine »entkulturalisierende« Lesart statt, in der Bezüge zur Kultur der Betroffenen absichtlich ausgespart werden zugunsten universalistischer Erklärungsprinzipien.

Beide Ansätze beschreiben v. a. die Forschungshaltung. Jaeggi und Mitarbeiterinnen (1998) entwickelten vor dem Hintergrund der Grounded Theory (Glaser/Strauss 1967) konkrete Auswertungsschritte, die in der Methode »Zirkuläres Dekonstruieren« beschrieben sind. Der Begriff leitet sich aus dem Vorgehen bei der Auswertung ab, wobei ein Text rekursiv zerlegt und wieder zusammengefügt wird, sodass neue bzw. implizite Sinneinheiten sichtbar werden. Dafür empfehlen die Autorinnen eine Art »Wellenbewegung« zwischen dem Text, der intuitiven Idee und gegebenenfalls der Ausgangstheorie. Zu Beginn wird ein Motto formuliert, das den gesamten Text charakterisiert. Dies kann ein wörtliches Zitat oder eine eigene Formulierung der ForscherIn sein; wichtig ist, dass das Motto die Zuordnung des Textes zur interviewten Person erleichtert. Eine zusammenfassende Nacherzählung strafft das Material des Einzelinterviews und arbeitet erste Schwerpunkte heraus. Hier wird auch festgelegt, ob die Auswertung auf einer inhaltlichen Ebene erfolgt, indem Sinngehalte analysiert werden, oder ob sie sich auf die Interaktion bei der Entstehung des Interviews konzentriert. In der Folge wird ein Stichwort- bzw. Themenkatalog mit den charakteristischen Oberbegriffen des Interviews erstellt, auf deren Grundlage eine erste weiterführende Interpretation (Paraphrasierung) stattfindet. Zuletzt werden alle bisherigen Arbeitsschritte integriert, um die zentralen Kategorien des Textes festzulegen. Für einen systematischen Vergleich mit weiteren, zuvor auf die gleiche Weise analysierten Texten schlagen Jaeggi und ihre Mitarbeiterinnen (1998) drei weitere Auswertungsschritte vor. Dafür wird ähnlich wie bei Schmidt (2004) eine Übersicht mit allen Texten und Kategorien angefertigt. Anschließend werden die zentralen Kategorien erneut zu Konzepten verdichtet, damit sie die Qualität einer »psychologischen Gestalt« gewinnen.

Die genannten Verfahren gingen in verschiedenen Arbeitsschritten in die Auswertung ein. So entstanden zum einen Mottos und Portraits der einzelnen therapeutischen Beziehungen, die im ersten Ergebnisteil dargestellt werden, mit dem Ziel, die Befragung von Therapeut und Klient zusammenzufassen bzw. zunächst nur aufeinander zu beziehen. Im zweiten Schritt entstand aus den kodierten Interviews ein »Phasenmodell der interkulturellen therapeutischen Beziehung«, das später zugunsten einer thematischen Darstellung aufgegeben wurde, die einzelfallübergreifend Merkmale interkultureller bzw. kultursensibler Therapiebeziehungen vertieft.[7]

5.4.2 Auswertung der Repertory Grids

In der vorliegenden Untersuchung sind individuelle Konstrukte der TeilnehmerInnen von Interesse, um die therapeutische Beziehung zu beschreiben. Welche Merkmalsbereiche sprechen Patienten und Therapeuten besonders häufig an bzw. inwieweit stimmen ihre Konstrukte überein? Wie sind Elemente im Konstruktsystem repräsentiert und in welchem Verhältnis stehen sie zueinander?[8]

Wenn die Anzahl der generierten Konstrukte kleiner als sechs war, wurde auf eine Einzelauswertung verzichtet. Bei der Auswertung der Grid-Grafik wird v. a. darauf geachtet, wie sich Selbst-Elemente der PatientInnen zu Therapeuten-Elementen bzw. umgekehrt positionieren. Die übrigen Elemente gehen teilweise

---

7 Dieser Auswertungsschritt erfolgte mit der Software MaxQDA (2004), die speziell zur kategorienbasierten Analyse von Texten geeignet ist.
8 Für die Auswertung der Griddaten wurde die Software »GridLab« (Walter 1998) verwendet. »GridLab« ermöglicht mittels einer Hauptkomponentenanalyse die grafische Darstellung in einem Achsenkreuz.

zur Ergänzung mit ein. Alle Konstrukte gehen in eine spätere Gesamtauswertung ein, wo sie zu Kategorien zusammengefasst werden, um sie bei der Auswertung der Leitfaden-Interviews zu berücksichtigen.

6 Darstellung einzelner Dyaden

Im folgenden Abschnitt werden KlientInnen und ihre TherapeutInnen zunächst gemeinsam dargestellt. Diese Darstellung soll ersten Einblick in die Dyaden geben und ist ausführlich gehalten, damit beim Lesen der übrigen Ergebnisse ggf. darauf Bezug genommen werden kann. Die Dyaden sind entsprechend der Sprach- bzw. der interkulturellen Kompetenz der TherapeutInnen in drei Gruppen geordnet: »Dyaden mit muttersprachlichen TherapeutInnen«, »Dyaden mit TherapeutInnen mit wenig interkultureller Erfahrung« und »Dyaden mit TherapeutInnen mit viel interkultureller Erfahrung«.

Anonymisierte Namenskürzel sind für KlientInnen und TherapeutInnen in alphabetischer Reihenfolge vergeben worden. In einem einführenden tabellarischen Überblick sind jeweils demografische Daten enthalten. Es folgt die Beschreibung der Interviewumstände, des Therapieanlasses, und eine erste Analyse der Therapiebeziehung. Im Anschluss werden die Einzelergebnisse aus den Repertory-Grid-Befragungen (Kelly 1955) erläutert, sofern sie ausgewertet werden konnten.

6.1 Dyaden mit muttersprachlichen TherapeutInnen

Es wurden vier türkischsprachige Therapeutinnen (Frau C., Frau F., Frau H. und Frau J.) bzw. ihre KlientInnen (Frau A., Frau B., Frau E., Frau G. und Herr I.) untersucht. Die erste Therapeutin (Frau C.) hatte gleich zwei KlientInnen die Teilnahme angeboten, die beide zustimmten, sodass beide in die Untersuchung eingingen. Zwei der befragten Therapeutinnen arbeiteten in eigener Praxis, die beiden anderen in einer Beratungsstelle.

6.1.1 »Was wichtig war, habe ich herausgepickt« – »Es ist halt 'ne ganz andere Mentalität«[1]

	Patientin Frau A.	Therapeutin Frau C.
Institution / Setting	Psychotherapeutische Praxis / ambulant	
Behandlungsdauer	20 Sitzungen in 1 Jahr	
Therapiesprache(n)	Türkisch	
Anlass / Diagnose(n)	Ehekonflikte / Depression	
Alter (in Jahren)	43	54
Alter bei Migration (in Jahren)	14	20
Bildung / Beruf	türk. Grundschule, Arbeiterin, Hausfrau	Psych. Psychoth. Verhaltenstherapie
Anzahl Patienten mit Migrationshintergrund	–	> 1000
Repertory Grid: Anzahl Konstrukte	Ohne Abb.	6

Tabelle 6.1: Dyade Patientin Frau A. und Therapeutin Frau C.

Patientin Frau A. ist 43 Jahre alt und kam 14-jährig aus der Türkei nach Deutschland zu ihrem Vater, wo sie mit 16 Jahren erwerbstätig wurde. Mit 22 Jahren heiratete sie und bekam zwei Söhne, die mittlerweile 16 und 19 Jahre alt sind. Seit ca. einem Jahr ist sie bei einer türkisch sprechenden Therapeutin überwiegend wegen Eheproblemen in Behandlung.

Das Gespräch mit Frau A. wird auf Wunsch in ihrer Wohnung geführt. Es verläuft zunächst etwas karg und angespannt. Die Verständigung findet ausschließlich auf Türkisch statt, dennoch antwortet Frau A. eher kurz und verallgemeinernd. Sie hat zunächst Bedenken gegen eine Tonbandaufnahme, in die sie dann einwilligt. Bei mir entsteht der Eindruck, dass sie mit der Teilnahme ihrer Therapeutin einen Gefallen tun wollte und Probleme hat, einzuschätzen, zu welchem Zweck das Gespräch geführt wird. Kurz nach Beginn des Interviews werden wir durch das Klingeln der Nachbarin unterbrochen. Während dieser

---

[1] Die Überschriften geben jeweils ein zusammenfassendes Motto in der Reihenfolge »KlientIn« – »TherapeutIn« wieder.

6.1 Dyaden mit muttersprachlichen TherapeutInnen

Pause stelle ich fest, dass das Mikrofon nicht funktioniert, sodass ich Frau A. nach ihrer Rückkehr frage, ob sie bereit wäre, das Gespräch zu einem anderen Zeitpunkt fortzusetzen. Sie willigt erst ein, nachdem sie mich in ein scheinbar belangloses Gespräch über die neugierigen Nachbarn verwickelt. Wir sehen uns in der folgenden Woche wieder. Bei diesem Treffen ist die Atmosphäre ungleich gelöster und freundlicher: Frau A. empfängt mich zugewandt und ist aufgeschlossen. Als kleine Gesprächspausen entstehen, fordert sie mich rasch zu weiteren Fragen auf.

Frau A. berichtet, dass sie nicht auf direktem Weg zu ihrer Therapeutin gelangte, sondern durch die Überweisung ihres Hausarztes an einen Neurologen, der sie wiederum zu einer Krisenberatungsstelle schickte, von der sie nach einem Gespräch an Frau C. weitervermittelt wurde. Alle vorherigen Kontakte bewertet Frau C. als überflüssig, da wenig hilfreich. Sie habe immer nur zugestimmt und sich nicht tatsächlich einbringen können. Sie sei froh, bei einer türkischsprachigen Therapeutin angekommen zu sein. Ihre Therapeutin sei »ein guter Mensch«, sie verstehe sie sehr gut und helfe ihr, indem sie ihr z. B. Mut mache. Besonders schätzt sie die Parteinahme der Therapeutin: Recht und Unterstützung zu bekommen, habe ihr sehr geholfen. Sie betont, dass der Erstkontakt besonders wichtig war. Durch Wohlwollen, Geduld und Aufmerksamkeit der Therapeutin habe sie diese wahrgenommen wie »jemand aus der eigenen Familie« und sich ihr in der zweiten Begegnung öffnen können, womit sich Parallelen zum oben beschriebenen Verhalten im Erstkotakt zu mir zeigen. Andernfalls, betont sie, wäre sie nach dem Erstgespräch nicht mehr hingegangen. Während des Erstkontakts habe sie zunehmend Hoffnung geschöpft und Empfehlungen der Therapeutin, alles Belastende zu berichten, in der zweiten Sitzung befolgt. Zuspruch und konkrete Veränderungsvorschläge in ihrer Problembewertung hätten zu einer spürbaren Besserung geführt. Andere Aufgaben, wie sich in der Freizeit zu beschäftigen oder Frauentreffen zu besuchen, habe sie nicht ernst genommen, sondern sich »mit der Pinzette herausgepickt«, was für sie wichtig gewesen sei. Dass sie sich von ihrer Therapeutin auf Anhieb verstanden fühlte, schreibt sie in erster Linie deren Sozialisation in der Türkei und ihrer türkischen Sprachkompetenz zu. Der Umstand, dass die Therapeutin keine gebürtige Türkin ist, ist für sie unerheblich.

Am Ende möchte sie ihren Landsleuten, die Probleme haben, etwas mitteilen: Viele lehnten eine Psychotherapie ab, da sie befürchten, als »verrückt« zu gelten; ihr sei es ähnlich gegangen. Nun empfehle sie jedem, sich rechtzeitig Hilfe zu holen. Psychologen hätten ihren Beruf studiert und seien wie Ärzte; sie übten eine sinnvolle Tätigkeit aus und würden anderen Menschen helfen, wozu sie mich und meine KollegInnen beglückwünscht.

Für die Therapeutin, die eine weitere Patientin in die Studie einbrachte, liegt für die Arbeit mit dieser Patientin kein Leitfaden-Interview vor, dafür eine Repertory Grid-Untersuchung:

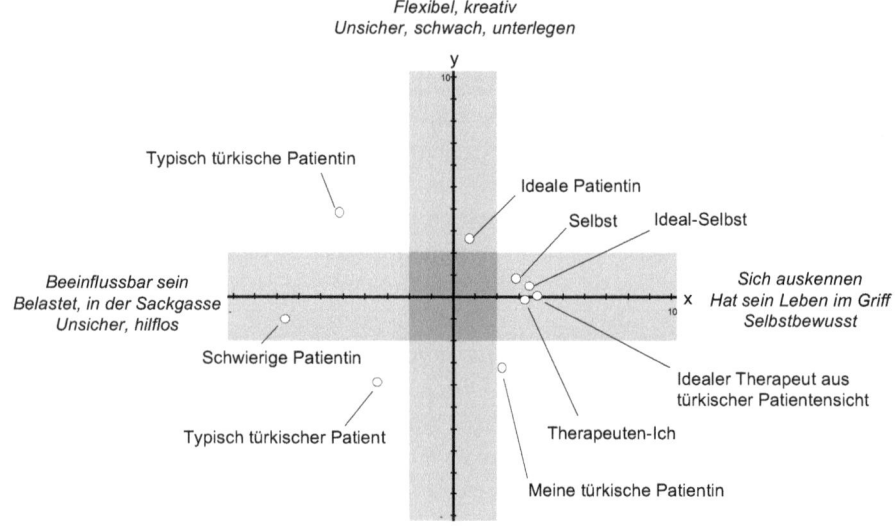

*Abbildung 6.1: Grid-Grafik Therapeutin Frau C.
x-Achse: 65 % Varianzaufklärung; y-Achse: 22 % Varianzaufklärung*

Die Grid-Grafik der Therapeutin weist mehrere weit gestreute Elemente und eine enge Gruppierung auf. Als Gruppe sind die vier Elemente »Selbst«, »Ideal-Selbst«, »Idealer-Therapeut-aus-türkischer-Patientensicht« und »Therapeuten-Ich« am Pol »Sich auskennen; Hat sein Leben im Griff; Selbstbewusst« auf der ersten Dimension angeordnet. Am Gegenpol liegen die Eigenschaften »Beeinflussbar sein; Belastet, in der Sackgasse; Unsicher, hilflos«. Am deutlichsten wird dieser Merkmalsseite das Element »Schwierige-Patientin«, mit etwas Abstand gefolgt von »Typisch-türkische-Patientin« und »Typisch-türkischer-Patient« zugeordnet.

6.1 Dyaden mit muttersprachlichen TherapeutInnen

Die beiden letztgenannten Elemente unterscheiden sich auf der zweiten Dimension: Während die »Typisch-türkische-Patientin« in Richtung des Pols »Flexibel, kreativ; Unsicher, schwach, unterlegen« ausgerichtet ist, liegt der »Typisch-türkische-Patient« in der Nähe des Pols »Rigide, geht nicht auf andere ein; Respektperson, Autorität, gefestigte Persönlichkeit«. Die Therapeutin nimmt also eine deutliche Geschlechterdifferenzierung vor.

»Meine-türkische-Patientin«, also Frau A., erhält im Grid der Therapeutin eine ambivalente Position auf beiden Dimensionen: »Sich auskennen; Hat sein Leben im Griff; Selbstbewusst« bzw. »Rigide, geht nicht auf andere ein; Respektperson, Autorität, gefestigte Persönlichkeit«. Die Therapeutin sieht Ähnlichkeiten zwischen sich und ihrer Patientin im Sinne von Orientiert-sein und Selbstbewusstsein. Andererseits ordnet sie ihr eher männlich bewertete Eigenschaften wie Rigidität und Autorität zu. Auffällig ist, dass Frau C. ihre Patientin gegenüber von der »Typisch-türkischen-Patientin« einordnet, die sie für beeinflussbar und unsicher hält. Damit ist Frau A. zwar isoliert von anderen Elementen abgebildet, aber ihre Eigenschaften weisen durchaus Kohärenz auf: Ihre Therapeutin nimmt sie selbstbewusst und souverän, gleichzeitig selbstbezogen und schwer veränderbar wahr, was im Gegensatz zur Selbsteinschätzung der Patientin steht, die sich durch die Therapie spürbar entlastet, also verändert fühlt.

Zusammenfassend zeigt sich, dass Therapeutin und Patientin affektive Beziehungsqualitäten gleichermaßen stabil und positiv einschätzen, auch wenn die Therapeutin ihre Patientin für bedingt veränderungsmotiviert hält. Für die Patientin entsteht die emotionale Nähe v. a. dadurch, dass die Therapeutin ihr von Anfang an sehr wohlwollend und einfühlsam begegnete. Die Gemeinsamkeit von Sprache und Kultur betont sie mehrfach. Es herrscht weiterhin hohe Übereinkunft über Problembereiche und Therapieziele. Lediglich in der Umsetzung von Aufgaben ergeben sich Abweichungen, denen die Patientin selbstständig begegnet, indem sie aus der Zusammenarbeit Inhalte selektiert, die für sie von subjektiver Relevanz sind. Die Therapeutin nimmt das Vorgehen der Patientin gespalten wahr. Zum einen erkennt sie darin eine widerstrebende, rigide Haltung, zum anderen legt sie es der Patientin als Selbstbewusstsein und Souveränität aus und nimmt eine unterstützende und ermutigende Haltung ein.

6.1.2 »Sie versteht, was es heißt, als Ausländer aufzuwachsen« – »Man gibt viel, aber man bekommt auch viel«

	Patientin Frau B.	Therapeutin Frau C.
Institution / Setting	Niedergelassene Praxis / ambulant	
Behandlungsdauer	3 Sitzungen in 2 Monaten	
Therapiesprache(n)	Deutsch und Türkisch	
Anlass / Diagnose(n)	Trennung, soziale Probleme / Depression	
Alter (in Jahren)	38	54
Alter bei Migration (in Jahren)	mit Unterbrechungen in Deutschland vom 6.-10., 14.–17. und ab d. 34. Lebensjahr	20
Bildung / Beruf	deut. Grundschule türk. Mittelschule Umschulung	Psych. Psychoth. Verhaltenstherapie
Anzahl Patienten mit Migrationshintergrund	–	> 1000 PatientInnen
Repertory Grid: Anzahl Konstrukte	Ohne Abb.	Ohne Abb.

Tabelle 6.2: Dyade Patientin Frau B. und Therapeutin Frau C.

Das Gespräch mit der Patientin Frau B. findet in meinem Büro statt. Frau B. spricht im Interview überwiegend Deutsch, hin und wieder wechselt sie von sich aus ins Türkische. Sie habe der Anfrage ihrer Therapeutin zugestimmt, weil sie das Thema »spannend« findet und meine Arbeit »unterstützen« wolle.

Frau B. ist 38 Jahre alt. Im Alter von sechs Jahren kam sie erstmals zu ihren Eltern nach Deutschland, wo sie die Grundschule absolvierte, bevor sie in die Türkei zurückgeschickt wurde. Nach dem Militärputsch von 1980 holten ihre Eltern sie wieder nach Deutschland, wo sie ihre Pubertät verbrachte. Mit 17 Jahren wurde sie von ihrer Familie erneut zur Rückkehr in die Türkei gezwungen und heiratete später dort. Sie bekam eine Tochter, mit der sie nach der Scheidung bei ihrer Familie in der Türkei lebte. Ein knappes Jahrzehnt nach der ersten Eheschließung heiratete sie ihren zweiten Mann und folgte ihm ohne ihre Tochter, die bei ihrem Vater verblieb, nach Deutschland. Ihre mittlerweile

18-jährige Tochter sei nun im vergangenen Jahr zum Studium in die USA gegangen, worauf Frau B. sehr stolz ist. Vor einem Jahr trennte sich Frau B. auch von ihrem zweiten Mann und wohnt aktuell im Frauenwohnheim. In der Therapie wolle sie »das viele Hin und Her« in ihrem Leben verarbeiten. Sie leide an Gedankenkreisen und hartnäckigen Schlafstörungen.

Frau B. suchte ihre Therapeutin auf Empfehlung einer türkischen Bekannten auf. Sie habe lange darauf gewartet, eine Therapeutin zu finden, die sich mit der türkischen Kultur auskenne. Eine ausschließlich »deutsch denkende« Therapeutin habe sie nicht gewollt. »Ein schöner Zufall« sei die eigene Migrationserfahrung der Therapeutin, die als »Deutsche« in der Türkei aufgewachsen sei. Sie vermutet, dass sie verstehe, was es bedeute, in einem anderen Land »stets Ausländer« zu sein. Außerdem freue sie sich über die türkischen Materialien und Kunstgegenstände in ihrer Praxis. Sie erwarte von der Therapie, Gehör zu finden, um sich ihrer Probleme bewusster zu werden. Sie beschreibt die Therapeutin als »mütterlich und vorsichtig«, »mit einem immer schönen Ton«. Sie habe sich auf Anhieb wohl gefühlt.

Frau C. ist seit über 25 Jahren praktizierende Therapeutin und arbeitet überwiegend mit PatientInnen aus der Türkei. Sie stammt aus der Schweiz, ist jedoch in der Türkei geboren und aufgewachsen, bis sie zum Studium in die Schweiz bzw. anschließend nach Deutschland übersiedelte. Frau C. brachte zwei Patientinnen (Frau A. und Frau B.) in die Untersuchung ein. Mit ihr wurde jedoch nur ein Leitfaden-Interview über Patientin Frau B. geführt.

Frau C. beschreibt ihre Patientin Frau B. als »offen, freundlich, natürlich« und »untypisch für eine Türkin«. Damit meint sie v. a. ihr »Auftreten« und ihren Lebensweg. Sie schätzt ihren Humor und ihre »enorme Liebesfähigkeit« der Familie gegenüber; diese Fähigkeit sei eine große Ressource. Da die Patientin durch Krankheit, Wohnheim und Umschulung zeitlich sehr beansprucht war, seien ungewöhnlich große Abstände entstanden. Daher habe sie das Anliegen der Patientin immer noch nicht ganz verstanden. Am Ende der letzten (3.) Sitzung habe sie erstmals für die Therapeutin vernehmbar erwähnt, dass sie z. B. Hilfe bei Schlafstörungen und beim Einstellen des Rauchens erwarte.

Frau C. vermutet, dass Frau B. sie in erster Linie als muttersprachliche Therapeutin aufsucht, um sich besser verstanden zu fühlen. Zwar sei der Therapieanlass die Belastung durch sozioökonomische Probleme gewesen, jedoch gebe es auch migrationsspezifische Ursachen wie mehrfacher Lebensortwechsel und eine auseinandergerissene Familie mit entsprechenden Narben und Konflikten. Die Therapeutin kritisiert ihre deutschen KollegInnen, die bei

Familienproblemen anstelle von Einfühlungsvermögen häufig vorschnell zu vermeintlichen Lösungsvorschlägen griffen wie: »Dann hau ab, dann geh doch weg«. Auch junge PatientInnen suchten deshalb bewusst nach TherapeutInnen der eigenen kulturellen Herkunft.

Besonderheiten in der Therapie mit türkischen PatientInnen führt sie v. a. auf deren Bildungs- und Schichtzugehörigkeit zurück. PatientInnen der ersten Generation, die wenig Deutsch können und isoliert in ihrer Herkunftskultur leben, erlebt sie als besonders hilflos und »ausgezehrt«. Ein geringer Anteil suche sie auf, um sich bei der »abla« (türkische Bezeichnung für »ältere Schwester«) etwas von der Seele zu reden oder »Dampf abzulassen«. Sie reagiere, indem sie zunächst überwiegend zuhöre. Im Lauf der Jahre habe sie gelernt, zu differenzieren, welche Veränderungsmöglichkeiten PatientInnen überhaupt hätten. Wenn sie Veränderungsmöglichkeiten gering einschätze, betrachte sie es als ihre Aufgabe, PatientInnen einen verständnisvollen Rahmen zu bieten, in dem sie »auftanken« könnten. Den anderen biete sie u. a. viele konkrete Orientierungshilfen z. B. in Form von Adressen von Selbsthilfegruppen.

Insgesamt fällt auf, dass die Patientin sehr große Hoffnungen in die Therapie hegt und der Therapeutin viel Vorschussvertrauen entgegenbringt, zum einen weil sie durch eine Bekannte empfohlen wurde, zum anderen aber auch, da ihre Erwartungen in den ersten Sitzungen bestätigt wurden. Die Therapeutin dagegen ist verunsichert durch den Umstand, dass die Patientin in zwei Monaten nur drei Sitzungen beansprucht; sie äußert sich wertschätzend, aber abwartend hinsichtlich des erwarteten Therapieerfolgs.

6.1.3 »Ohne die gleichen Erfahrungen versteht sie mich nicht« – »Die Werte des Einzelnen in seinem System verstehen«

Patientin Frau E. ist 37 Jahre alt und kam vor 12 Jahren im Rahmen des ehelichen Familiennachzugs nach Deutschland. In der Türkei machte sie Abitur und arbeitete in der Textilindustrie; in Deutschland kümmert sie sich überwiegend um Haushalt und Kinder (14 und 10 Jahre). Die Befragung findet in den Räumen der Beratungsstelle statt, in der sie behandelt wird. Im Gespräch wirkt sie sehr aufgeschlossen und bemüht um sorgfältige Antworten. Trotz der anfänglichen Auskunft, das Interview auf Deutsch führen zu können, bittet sie darum, Türkisch zu sprechen, was sie in der Folge ausschließlich tut. Sie erklärt, dass sie in der Lage ist, sich auch auf Deutsch zu verständigen, sich jedoch sicherer fühlt, wenn sie Türkisch spricht.

6.1 Dyaden mit muttersprachlichen TherapeutInnen

	Patientin Frau E.	Therapeutin Frau F.
Institution / Setting	Beratungsstelle / ambulant	
Behandlungsdauer	10 Sitzungen in 1,5 Jahren	
Therapiesprache(n)	Türkisch	
Anlass / Diagnose(n)	Ehekonflikte / leer	
Alter (in Jahren)	37	42
Alter bei Migration (in Jahren)	25	18
Bildung / Beruf	türk. Abitur, Hausfrau	Psych. Psychoth. Systemische Therapie
Anzahl Patienten mit Migrationshintergrund	–	> 1000 Klienten
Repertory Grid: Anzahl Konstrukte	Ohne Abb.	Ohne Abb.

Tabelle 6.3: Dyade Patientin Frau E. und Therapeutin Frau F.

Das erste Mal suchte Frau E. die Beratungsstelle auf Empfehlung der Schule ihrer Tochter auf, als Letztere Probleme hatte. Als sie erfuhr, dass auch Erwachsene behandelt werden, bat sie für sich selbst um Aufnahme, auf die sie nach einem Anmeldegespräch ca. ein halbes Jahr gewartet habe.

Frau E. berichtet, dass sie die Therapie aufgrund von Eheproblemen aufgesucht habe. Zu Beginn sei sie sehr unsicher gewesen, da sie nicht wusste, wie sie von ihren sexuellen Problemen berichten sollte. Ermutigt hätten sie Gedanken, die sie sich vorher zurechtgelegt habe, nämlich dass sie zu einer »Expertin« gehe. Da ihr Mann nicht teilnahm, sei ihr wichtig gewesen, dass die Therapeutin einfühlsam, aber im Gegensatz zu ihren Freundinnen »unparteiisch« sei. Durch die Therapie habe sie rasch eigene Veränderungsmöglichkeiten gesehen, statt die Schuld ständig bei ihrem Mann zu suchen. Das habe die Beziehung zu ihrem Mann sehr verändert. Sie fühle sich jetzt sogar glücklicher als zu Beginn ihrer Ehe und habe die Einrichtung vielen Bekannten weiterempfohlen.

Den Erfolg führt sie auf die wertschätzende Gesprächsatmosphäre, v. a. aber darauf zurück, dass die Therapeutin ebenfalls eine »verheiratete türkische Frau und Mutter« sei. Sie betont, dass »derselbe Kontext« Voraussetzung für das

Auffinden angemessener Lösungsmöglichkeiten war. Sie kann sich nicht vorstellen, dass Therapie vor unterschiedlichen kulturellen Hintergründen Erfolg versprechend sein kann. Als Beispiel erwähnt sie ein Seminar bei einer unverheirateten kinderlosen Dozentin, die zwar türkischer Herkunft gewesen sei, aber unpassende Beispiele gegeben habe, wie Frauen sich in der Familie abgrenzen könnten. Sie und andere Frauen hätten die Aussagen der Dozentin überhaupt nicht ernst nehmen können, ihre Vorschläge seien »viel zu deutsch« gewesen. Ihre Therapeutin dagegen habe auch ihrem Mann gegenüber eine respektvolle Position eingenommen, obwohl er nie dabei gewesen sei.

Frau F. arbeitet seit 18 Jahren als Therapeutin an einer Beratungsstelle für türkische MigrantInnen. Sie ist in der Türkei als Kind eines binationalen Ehepaares geboren und mit kurzen Unterbrechungen überwiegend in der Türkei aufgewachsen. Zu ihrem Studium siedelte sie nach Deutschland über.

Das Verhältnis zu ihrer Patientin beschreibt Frau F. als sehr angenehm und offen; ihre hohe Bereitschaft, »eigene Anteile« zu erkennen, habe rasche Veränderungen ermöglicht, sodass die Patientin schnell ihre anfängliche Hoffnung aufgab, dass der Mann sich ändere. Zu Beginn hätten sich zwar häufig »Schleifen« ergeben, aber das habe sie als Therapeutin nicht als besonders problematisch empfunden. Sie habe die Patientin dann freundlich »strukturiert oder gestoppt« bzw. ihr Aufschub angeboten, sodass die Patientin sich in der Regel auf die wesentlichen Themen zurückführen ließ.

Kulturspezifische Gemeinsamkeiten kann die Therapeutin nicht erkennen, vielmehr habe sie im Rollenverständnis zwischen sich und ihrer Patientin große Unterschiede gesehen. Deren geschlechtsspezifische Erziehung habe es begünstigt, dass sie als Frau Grenzüberschreitungen konfliktlos hingenommen habe. Es sei ihr als Therapeutin ein wichtiges Anliegen gewesen, Veränderungen bei der Patientin zu unterstützen, ohne sie dabei zu übergehen. Sie habe sorgfältig erarbeitet, ob die Klientin selbst Abgrenzungswünsche habe, um ihre eigene Sicht »nicht mit dem Prozess der Klientin« zu vermischen.

Die Therapeutin nimmt an, dass alle PatientInnen kulturübergreifend in der Hinsicht vergleichbar sind, dass sie in der Therapie »als Mensch mit eigenen Werten, Ängsten und Bedürfnissen« wahrgenommen werden wollen. Unterschiede gebe es die Inhalte der Werte und die erwarteten Lösungen betreffend, sodass sie empfiehlt, Person und System genau zu untersuchen. Verallgemeinernde Aussagen über Türken oder eine andere Gruppe von Menschen findet sie »unprofessionell«.

Bemerkenswert ist, dass die Patientin ihre Therapeutin als sehr ähnlich wahrnimmt und sowohl ihren kulturellen Hintergrund als »türkische Frau und Mutter« betont. Sie nimmt an, dass es der Therapeutin vor diesem Hintergrund besonders gut gelingt, sie zu verstehen und ihr hilfreiche Lösungen anzubieten. Dagegen kann die Therapeutin kaum Gemeinsamkeiten außer der gemeinsamen Sprache erkennen. Beide sind zwar in der Türkei aufgewachsen, jedoch hat die Therapeutin ein paritätisches Rollenverständnis, wogegen sie die Eheprobleme der Patientin darin begründet sieht, dass sie sich sehr unterordnend verhielt und daher zunehmend frustriert wurde.

6.1.4 »Ich kann gemütlich halb Deutsch, halb Türkisch reden« – »Ich weiß auch nicht, wie's funktioniert, aber es macht Spaß!«

	Patientin Frau G.	Therapeutin Frau H.
Institution / Setting	Beratungsstelle / ambulant	
Behandlungsdauer	7 Sitzungen in 6 Monaten	
Therapiesprache(n)	Türkisch und Deutsch	
Anlass / Diagnose(n)	Ehekonflikt / Anpassungsstörung	
Alter (in Jahren)	22	58
Alter bei Migration (in Jahren)	Seit Geburt	21
Bildung / Beruf	Hauptschule, Kinderpflegerin	Psych. Psychoth. Familientherapie
Anzahl Patienten mit Migrationshintergrund	–	> 1000 Patienten
Repertory Grid: Anzahl Konstrukte	Ohne Abb.	5

Tabelle 6.4: Dyade Patientin Frau G. und Therapeutin Frau H.

Das Interview mit Frau G. findet in den Räumen der behandelnden Beratungsstelle in deutscher Sprache statt. Frau G. wirkt zu Anfang etwas nervös, später rasch müde und ungeduldig. Sie ist 22 Jahre alt und als jüngstes Kind einer türkischen Familie in Deutschland geboren. Vor anderthalb Jahren heiratete sie nach zweijähriger Beziehung ihren gleichaltrigen Freund türkischer Herkunft. Im Zusammenleben ergaben sich rasch Probleme, die sie nicht mehr alleine bewältigen konnten, sodass ihr eine Freundin eine Beratungsstelle mit türkischen TherapeutInnen empfohlen habe.

Ihre Therapeutin beschreibt Frau G. auf Anhieb als »sehr nett« und zugewandt, insbesondere deren »Höflichkeit« habe es ihr erleichtert, sich zu öffnen. Damit unterscheide sie sich von anderen, vornehmlich deutschen Ärzten, die häufig eher »motzig« wirkten. In der Therapie spreche sie »gemütlich halb Türkisch, halb Deutsch«, die Therapeutin könne ihr in beiden Sprachen gut folgen, sodass sie sich sehr wohl fühle. Außerdem hat sie den Eindruck, dass die Therapeutin ihre Arbeit gerne mache. Sie lasse sich auch mal länger Zeit, wenn keiner vor der Tür stünde.

Die Klientin erklärt, dass sie in der Phase des »Frischverheiratetseins« v. a. Rat erwarte. Als jüngstes Kind ihrer Familie habe sie wenig Verantwortung übertragen bekommen und könne schlecht mit dem Haushalt oder Geld umgehen. In der Therapie habe sie auch gelernt, sich besser in die traditionellen Ansichten ihres Mannes hineinzuversetzen, denn auch zwischen ihnen bestünden »kulturelle Unterschiede«. Die Therapeutin sei dabei trotz des großen Altersunterschieds und ihrer »anderen Lebensweise« sehr hilfreich gewesen. Der Klientin sei aufgefallen, dass die Therapeutin ein »gleichberechtigteres« Geschlechterverhältnis als sie und ihr Mann gewohnt sei, da sie einmal erwähnt habe, dass ihr erwachsener Sohn auch häusliche Aufgaben übernehme. Trotzdem habe sie sich in der Therapie nie infrage gestellt oder überredet gefühlt. Daher ist sie der Auffassung, dass es sich »wegen der kulturellen Geschichte« immer lohne, eine türkische Therapeutin aufzusuchen. Eine deutsche Therapeutin hätte sie unmöglich so gut verstehen können, ohne sie korrgieren zu wollen. Im weiteren Gespräch ist Frau H. diese Verallgemeinerung plötzlich sehr unangenehm, sie korrigiert sich mehrfach und bekräftigt, dass sie keine Unterschiede zwischen Deutschen und Türken mache, zieht aber für sich eine türkische Therapeutin weiterhin vor.

Frau H. hat vor ca. 25 Jahren mit dem Aufbau einer Beratungsstelle für türkische MigrantInnen begonnen, die sie seither leitet. Sie ist in der Türkei aufgewachsen, wo sie die deutsche Schule besuchte, bis sie zum Studium nach Deutschland kam. Für das Interview, das in den Räumen der Beratungsstelle stattfindet, nimmt sie sich sehr viel Zeit, die Gesprächsatmosphäre ist gelöst und humorvoll.

Ihre Klientin beschreibt Frau H. in der Anfangsphase als überaus »unsicher, kontrollierend und fordernd«, was sich weniger der Therapeutin als dem Ehemann gegenüber gezeigt habe. Andererseits bewertet sie die Klientin als »frisch und offen«. Sie setze Vereinbarungen rasch um, was sie zu einer »guten Patientin« mache; dazu zwinkert sie verschmitzt. Anfangs habe die Patientin eine »globale Verbesserung all ihrer Probleme« erwartet und auf einer vorwurfsvollen Haltung dem Mann gegenüber beharrt; hilfreich sei ein späteres Paargespräch gewesen, bei dem der Mann auch sein Anliegen habe darstellen können. Außerdem schätzt die Therapeutin ihre Klientin als mindestens ebenso »traditionell« wie den Mann ein. Wichtig sei es ihr als Therapeutin gewesen, die traditionellen Rollenvorstellungen der Ehepartner nicht infrage zu stellen, sondern vorhandene Ambivalenzen in beider Haltung aufzuzeigen, die häufig Reibungspunkte bildeten. Rollenspezifische Konflikte bewerte die Therapeutin nicht als kulturell bedingt, vielmehr handle es sich um ein Kulturen und Generationen übergreifendes »Geschlechterproblem«, mit dem sie sich auch selbst als junge Frau viel auseinandergesetzt habe.

Besonders positiv an der Arbeit mit türkischen KlientInnen empfindet Frau H., dass sie trotz der Schwere der Probleme viel Sinn und Spaß mache. Türkische Patienten seien häufig sehr schnell zugänglich hinsichtlich ihrer Gefühle, wenn man »den richtigen Ton« treffe. Selbst tabuisierte Themen wie Sexualität würden in einem vertrauensvollen Rahmen schnell angesprochen und türkische Patienten bewahrten trotz aller Schwierigkeiten ihren Humor und nähmen sich nicht immer so »todernst« wie die Deutschen, was die Arbeit auflockere.

6 Darstellung einzelner Dyaden

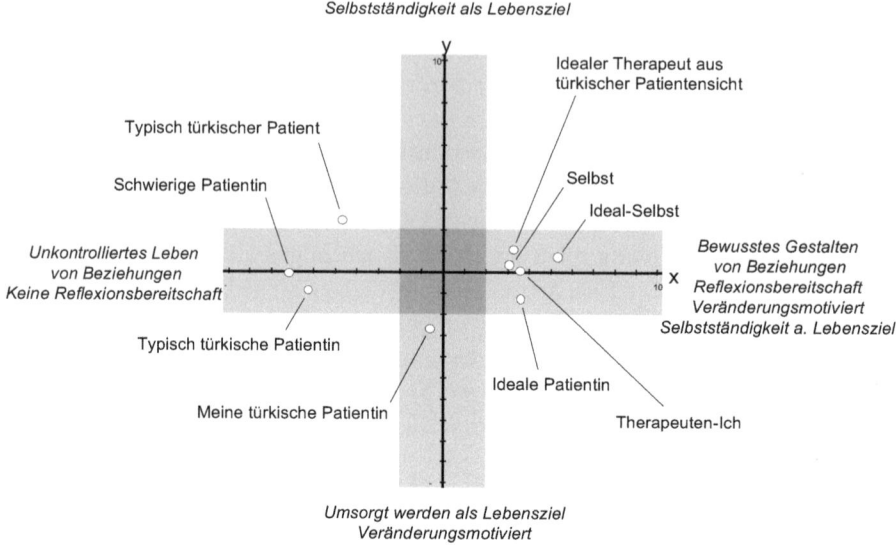

Abbildung 6.2: Grid-Grafik Therapeutin Frau H.
x-Achse: 87 % Varianzaufklärung; y-Achse: 8 % Varianzaufklärung

Im Repertory Grid der Therapeutin gehen vier Konstrukte in die erste Dimension ein. Am Eigenschaftspol »Bewusstes Gestalten von Beziehungen; Reflexionsbereitschaft; Veränderungsmotiviert; Selbstständigkeit als Lebensziel« liegen die Elemente »Idealer-Therapeut-aus-türkischer-Patientensicht«, »Selbst«, »Ideal-Selbst«, »Therapeuten-Ich« und »Ideale-Patientin«.

»Meine-türkische-Patientin« liegt isoliert davon auf der zweiten Dimension, die wenig Aussagekraft besitzt. Vorsichtig interpretiert erfährt die Patientin hier eine ambivalente Wertung durch ihre Therapeutin. Zum einen unterstellt die Therapeutin ihr mit dem Attribut »Umsorgt werden als Lebensziel« eine passive Erwartungshaltung. Damit distanziert sie sich von der Klientin, denn ihre eigenen Elemente liegen alle näher am Pol »Selbstständigkeit als Lebensziel«. Gleichzeitig nimmt sie den Veränderungswunsch ihrer Klientin wahr und bezeichnet sie als »Veränderungsmotiviert«. In der therapeutischen Arbeit stärkt sie diese Seite der Klientin, ohne sie allzu stark mit ihrer ebenfalls vorhandenen veränderungsresistenten (»traditionellen«) Seite zu konfrontieren. In der Folge sind beide Beteiligten trotz einer eher sachlich gehaltenen Arbeitsbeziehung und wenigen Gemeinsamkeiten bis auf die Bilingualität und Bikulturalität sehr zufrieden mit ihrer Beziehung und dem Ergebnis ihrer Arbeit.

6.1.5 »Ich möchte erst Probleme richtig erklären können« – »Es ist schwieriger, die Distanz zu wahren«

	Patient Herr I.	Therapeutin Frau J.
Institution / Setting	Psychotherapeutische Praxis / ambulant	
Behandlungsdauer	12 Sitzungen in 3 Monaten	
Therapiesprache(n)	Türkisch	
Anlass / Diagnose(n)	Arbeitskonflikt / Zwangsstörung	
Alter (in Jahren)	38	45
Alter bei Migration (in Jahren)	25	Seit Geburt
Bildung / Beruf	türkisches Abitur, Facharbeiter	Ärztl. Psychoth. Tiefenpsychologie
Anzahl Patienten mit Migrationshintergrund	–	> 400
Repertory Grid: Anzahl Konstrukte	Ohne Abb.	Ohne Abb.

Tabelle 6.5: Dyade Patient Herr I. und Therapeutin Frau J.

Herr I. ist 38 Jahre alt und kam nach der Heirat mit seiner Frau nach Deutschland. Er hat eine achtjährige Tochter und arbeitet als Metallfacharbeiter. Beim Gespräch, das in meinem Büro stattfindet, ist er sichtlich um Sorgfalt bemüht. Nachdem ich das Gespräch aufgrund einer missverständlichen Vorinformation auf Deutsch eröffne, macht er trotz wiederholter Angebote kaum Gebrauch davon, Türkisch zu sprechen, obwohl ihm die deutsche Sprache im Verlauf zunehmend schwerer fällt.

Anlass für die Therapie sei ein »Nervenzusammenbruch« am Arbeitsplatz gewesen aufgrund eines Problems, das er nicht näher beschreibt. Er sei zunächst von der Betriebs-, dann der Hausärztin und einem Psychiater behandelt worden, der ihn von sich aus an die türkischsprachige Therapeutin überwiesen habe.

Herr I. beschreibt seine Therapeutin als »ruhig«, »einverständnisvoll« und »locker so als Mensch«. Er könne ihr in Ruhe sein »Problem« erklären. Zu Beginn habe sie viel zugehört, bis sie »richtig angefangen« hätten, zu »diskutieren«. Für einen großen therapeutischen Fehler hält er, wenn Probleme verharmlost oder sofort mit Ratschlägen quittiert würden. Er habe sich mit seinen Problemen viel beschäftigt und sie hätten ihn jahrelang verfolgt, bis er »die Nerven verloren« habe, sodass er erwarte, ausführlich angehört zu werden, anders als dies z. B. bei der Betriebsärztin geschehen sei.

Herr I. hebt die emotionale Bedeutung seiner Muttersprache in der Therapie hervor: Dass die Therapie in seiner Muttersprache stattfinde, sei sehr »beruhigend« für ihn. Er spreche zwar gut Deutsch, stünde dabei aber ständig unter Druck, alles richtig zu sagen. Die Situation bei der Therapeutin mit der beim Psychiater vergleichend resümiert er, dass dieser zwar einiges verstehe, aber die Dinge nicht »richtig [ein]schätzen« könne, da er sich »emotional auf Deutsch« nicht so gut ausdrücken könne. Dies gelte auch für Bereiche wie zwischengeschlechtliche Beziehungen bzw. das »Sozialleben« in der Türkei. Für ihn seien Kulturkenntnisse der Therapeutin wichtig, weil er seine Probleme auch »von der Seite [der] Vergangenheit« lösen wolle. Auch seinen Kollegen habe er von der Therapie berichtet und dass man sich viel besser fühle, »wenn man sich in der Muttersprache ausdrückt«: Dann sei »manche Distanz« oder »unerklärliche Barriere« nicht da, er fühle sich in der Therapie »wie zu Hause«. Zur Veranschaulichung gibt er ein weiteres Beispiel: Es gebe zwar deutsche Witze, aber über die könne er oft nicht lachen; dagegen lache er »wie alle Türken« über türkische Witze.

Frau J. ist 45 Jahre alt und als Tochter eines türkischen Akademikerpaares in Deutschland geboren und aufgewachsen. Zum Nutzen des Interviews, das in ihrer Praxis stattfindet, äußert sie sich anfangs etwas skeptisch, verwendet aber dennoch viel Zeit und Sorgfalt dafür. Sie berichtet, dass sie seit 19 Jahren als Psychotherapeutin arbeitet und sich vor mehreren Jahren entschloss, aufgrund der schlechten Versorgungslage mit türkischen Patienten zu arbeiten.

Ihren Patienten beschreibt die Therapeutin als differenzierten, »sehr sportlichen« Mann, der unter großem Leidensdruck auf sein Problem fixiert sei. Auch die Therapeutin hebt die Muttersprache und die persönliche Kenntnis der kulturellen Herkunft als Arbeitsbasis hervor. Dabei bestünden Sprachprobleme eher von ihrer Seite: Sie bewertet ihre Türkischkenntnisse als »nicht so toll« und »umständlich«, aber inhaltlich könne sie gut folgen. PatientInnen bemerkten sofort, dass ihr Türkisch »nicht perfekt« sei, ohne dass dies negative Folgen habe. Sie gehe bei Bedarf auch selbst auf diesen Umstand ein. Sie vermutet, dass ein deutscher Therapeut, der selten mit Migranten arbeite, »leidvolle Lebensumstände wie Trennung von der Familie, Migration, Neubeginn« kaum nachvollziehen könne, wenn er sich in diese Themen nur einlese.

Im Gesprächsverlauf geht die Therapeutin auch auf allgemeine Probleme in ihrer Arbeit mit türkischen Patienten ein: Zunächst sei es ihr schwer gefallen, die »therapeutische Distanz« zu wahren, ohne die Sorge, arrogant zu wirken. Türkische Patienten seien mentalitätsbedingt »familiärer« und wollten mehr Privates über ihre Therapeuten erfahren als deutsche Klienten, was ihr anfangs widerstrebt habe. Sie habe sich dann darauf eingestellt, auf bestimmte Fragen, wie nach der Anzahl ihrer Kindern, zu antworten, um sie nicht zu kränken. Bei Geschenken sei sie weiterhin »etwas Deutsch«: Ihre türkischen Patienten machten viel persönlichere Geschenke wie selbstgekochtes Essen statt Blumen oder Pralinen, was sie stets mit einer Erklärung zurückweise.

Trotz dieser selbstkritischen Schilderung der Therapeutin ergeben sich im Interview mit dem Klienten keinerlei Hinweise auf Nähe-, Distanz- oder Verständigungsprobleme. Der Patient schätzt die geduldige Zuhörbereitschaft seiner Therapeutin und ihre aktive Haltung bei der Auseinandersetzung mit den Themen, die er aus seiner aktuellen und vergangenen Lebenssituation einbringt. Er vergleicht ihre Kompetenz mit der seiner anderen Ärzte und bewertet seine Therapeutin aufgrund ihrer Kultur- und Sprachkenntnis als eindeutig überlegen für eine erfolgreiche Behandlung seiner Probleme. Er ist sehr froh darüber, »zufällig« zu ihr überwiesen worden sein, sodass er ohne Scheu vor Etikettierung seinen Kollegen eine muttersprachliche Therapie nahelegt, wenn diese von Problemen berichten.

6.2 Dyaden mit TherapeutInnen mit wenig interkultureller Erfahrung

Es wurden drei Therapeutinnen (Frau L., Frau N., Frau P.) und ein Therapeut (Herr R.) befragt, die angaben, selten KlientInnen mit Migrationshintergrund zu behandeln. Drei der KlientInnen (Frau M., Frau O., Herr Ö.) waren (teil)stationär untergebracht, die vierte Klientin (Frau K.) befand sich während einer akuten Krise in ambulanter Beratung.

6.2.1 »Wozu blamier' ich mich, wenn sie mich nicht versteht?!« – »Migrantinnen bringen sich persönlicher ein«

	Patientin Frau K.	Therapeutin Frau L.
Institution / Setting	Beratungsstelle / ambulant	
Behandlungsdauer	8 Sitzungen in 6 Monaten	
Therapiesprache(n)	Deutsch	
Anlass / Diagnose(n)	Suizidale Krise, sexueller Missbrauch / leer	
Alter (in Jahren)	33	40
Alter bei Migration (in Jahren)	Geburt	–
Bildung / Beruf	Hauptschule, Krankenhelferin	Sozialpädagogin Traumatherapie
Anzahl Patienten mit Migrationshintergrund	–	< 5
Repertory Grid: Anzahl Konstrukte	Ohne Abb.	6

Tabelle 6.6: Dyade Patientin Frau K. und Therapeutin Frau L.

Die Patientin Frau K. hat der Mitarbeiterin einer Frauenberatungsstelle ihre Zustimmung zur Teilnahme an der Studie gegeben. Zum ersten Treffen in meinem Büro erscheint sie sehr verspätet und durcheinander. Sie hat akuten Gesprächsbedarf und berichtet aufgeregt, dass sie für die Probleme mit ihrem neunjährigen Sohn dringend einen Therapeuten mit türkischem Hintergrund suche. Der Sohn werde vom geschiedenen Vater beeinflusst und höre nicht mehr auf sie. Anschließend berichtet sie plötzlich, dass sie immer »Pech« gehabt habe und viele Jahre von ihrem Vater sexuell missbraucht worden sei. Aus dem Missbrauch habe sie einen weiteren, inzwischen 15-jährigen Jungen, den sie als ihren »Bruder« betrachte. Er lebe bei ihren Eltern, zu denen sie keinen Kontakt mehr habe. Dass dieser erste Sohn sie vor kurzem aufgesucht habe, habe sie sehr bestürzt. Die zeitnahe Trennung von ihrem Freund und ihrer besten Freundin sowie finanzielle Probleme seien Auslöser für eine schwere Krise gewesen, in der sie immer noch Hilfe brauche, weshalb sie sich an eine Frauenberatungsstelle gewandt habe.

6.2 Dyaden mit TherapeutInnen mit wenig interkultureller Erfahrung

Da Frau K. sehr aufgewühlt ist, wird bei dieser Begegnung auf eine Befragung verzichtet. Frau K. erhält Zuspruch und Zeit, um sich zu beruhigen. Wir vereinbaren, dass sie im Anschluss ihre Beraterin anruft. Außerdem erhält sie die Adresse einer Erziehungsberatungsstelle mit einem türkischen Therapeuten für ihren Sohn. Dennoch äußert sie beim Abschied, dass sie die Befragung gerne durchführen möchte und lädt mich mit Nachdruck zu sich nach Hause ein. Ich stimme vorläufig zu, vereinbare jedoch erst ein Telefonat mit ihr, bei dem sie ihre Einladung wiederholt, sodass ich hingehe. Im Gegensatz zur ersten Begegnung erscheint sie beim zweiten Treffen in ihrer Wohnung ausgesprochen ruhig und geordnet; ihr Sohn ist am Wochenende beim Vater, sodass wir ungestört sind.

Frau K. ist 33 Jahre alt und arbeitet in einem Krankenhaus. Sie kam als Kind eines türkischen Einwandererpaares zur Welt und wuchs in einer deutschen Kleinstadt auf. Als Achtzehnjährig habe sie das gemeinsame Kind mit dem Vater zur Welt gebracht und ihre Familie verlassen müssen, um in einer Jugendeinrichtung zu wohnen. Ihre Mutter habe den Missbrauch nicht geglaubt, auch die Geschwister hätten sie nicht unterstützen können. Als sie später einen türkeistämmigen Mann heiratete, bekam sie einen weiteren Sohn, mit dem sie seit der Scheidung allein lebe.

Die Patientin ist seit einem halben Jahr bei Frau L. in Beratung, wobei sich im Verlauf des Interviews überraschend herausstellt, dass sie seit ca. einem Jahr ebenfalls einen niedergelassenen Therapeuten aufsucht. Anlass der Aufnahme in der Beratungsstelle sei gewesen, dass sie an einem Wochenende Angst gehabt habe, »was Verrücktes« zu tun. Sie habe zwei Suizidversuche in der Vorgeschichte begangen und einen weiteren verhindern wollen, sodass sie ein Krisentelefon kontaktiert habe und anschließend zu persönlichen Gesprächen weitergeleitet worden sei.

Frau K. beschreibt ihre Beraterin als nett, bemüht und »keine Fremde«, die einfach ihren Job erledige. Sie mache sie auf ihre Selbstwertproblematik aufmerksam, die sie vorher »nicht so angeschaut« habe. Am wichtigsten sei ihr, von der Beraterin »innerlich« verstanden zu werden. Beraterin und Klientin hätten jede ihre eigene Welt, es verbinde sie in erster Linie eine gemeinsame Aufgabe. Dennoch frage sie sich häufig, wie die Beraterin ihre negativen Erfahrungen bewerte bzw. welche Erfahrungen sie selbst habe. Da der Kontakt zum Therapeuten, den sie eher als distanziert erlebt, ihr nicht ausreiche, will sie weiterhin zur Beraterin gehen, so lange sie dürfe.

Die Beraterin Frau L. ist 40 Jahre alt und arbeitet seit neun Jahren in einer Beratungsstelle, die ihr Angebot an Frauen in Notlagen richtet. Sie erwähnt bei der Anmeldung, dass sie einen Vater mit arabischem Hintergrund hat und dem Aussehen nach möglicherweise nicht als Deutsche wahrgenommen werde. Sie selbst empfinde sich nicht als Migrantin und sei noch nie von KlientInnen auf einen potenziellen Migrationshintergrund angesprochen worden, sodass sie mit dem Merkmal »ohne Migrationshintergrund« in die Stichprobe eingehen möchte. Obwohl der Anteil von MigrantInnen in der Beratungsstelle stetig zunehme, habe sie bisher wenig Erfahrung mit MigrantInnen v. a. aus dem muslimischen Raum. Frau K. sei ihre zweite türkische Klientin. Sie beschreibt sie als »erschöpft, überfordert, stark«. Die Beratung diene u. a. der endgültigen Therapievermittlung, dabei scheint sie nicht über die bestehende Therapie informiert zu sein. Die Beratungsbeziehung beschreibt sie überwiegend zielgerichtet, daneben versuche Frau K., wie manchmal andere Migrantinnen auch, eher einen »persönlicheren Bezug« herzustellen als deutsche Klientinnen. Sie habe z. B. Kuchen mitgebracht oder Fragen zur familiären Situation der Therapeutin gestellt. Innerhalb bestimmter Grenzen greife sie Beziehungsangebote auf und beantworte Fragen, da sie dies als »Bereicherung« empfinde.

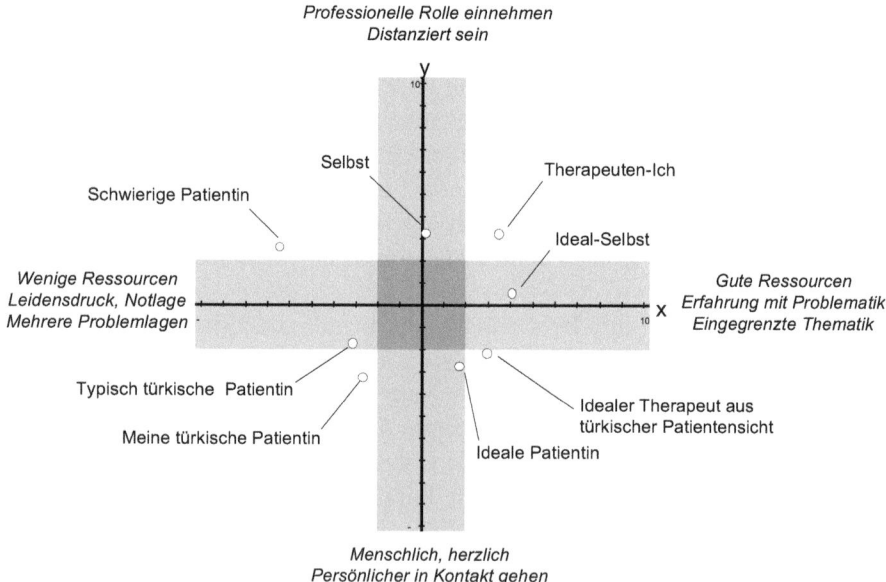

Abbildung 6.3: Grid-Grafik Therapeutin Frau L.
x-Achse: 56 % Varianzaufklärung; y-Achse: 31 % Varianzaufklärung

6.2 Dyaden mit TherapeutInnen mit wenig interkultureller Erfahrung

In der Repertory-Grid-Befragung beschreibt die Therapeutin sich »Selbst« mit »Professionelle Rolle einnehmen; Distanziert sein«, wogegen ihr »Therapeuten-Ich« und »Selbst-Ideal« zusätzlich die Merkmale »Gute Ressourcen; Erfahrung mit Problematik; Eingegrenzte Thematik« erhalten. Das Element »Meine-türkische-Patientin« erhält die Merkmale »Menschlich, herzlich; Persönlicher in Kontakt gehen«, was nahelegt, dass die Therapeutin ihre Klientin als aufgeschlossen und emotional positiv im Kontakt erlebt. Außerdem liegt »Meine-türkische-Patientin« in Richtung des Pols »Wenig Ressourcen; Leidensdruck, Notlage; Mehrere Problemlagen«, womit ihre komplexe, chronifizierte Problematik repräsentiert wird. Die Therapeutin sieht sich in deutlicher Distanz zu ihrer Klientin.

Interessant in dieser Dyade ist, dass beide Frauen den Distanz-Begriff mit mehreren Bedeutungen benutzen: Die Patientin formuliert in ihrem Grid (ohne Abb.) Distanz als Entwicklungsziel für sich, möglicherweise um fehlende Selbstschutzfunktionen angesichts des sexuellen Missbrauchs zu erlernen. Auch die Therapeutin wertet Distanz als bereits vorhandene Ressource ihrer selbst bzw. ihres »Therapeuten-Ichs«, wobei ihr »Ideal-Ich« weit weg davon liegt. Auffällig ist, dass sich beide in der Motivationseinschätzung der Patientin sehr unterscheiden: Während sich die Patientin für sehr motiviert hält, schätzt sie die Therapeutin als etwas motiviert ein. Die Patientin erwartet vor allem, angehört und verstanden zu werden, um selbst ihre Situation zu begreifen. Während die Patientin in ihrer Mitteilungsbereitschaft möglicherweise schon wesentliche Anforderungen an sich erfüllt sieht, erwartet die Beraterin möglicherweise ein aktiveres, veränderungsorientiertes Verhalten von ihrer Klientin. Dennoch scheint es der Beraterin zu gelingen, keinen Druck auf Frau K. auszuüben. Der Umstand, dass Frau K. trotz bestehender Therapie weiterhin die Beraterin aufsucht, spricht dafür, dass sie von dieser wesentliche Hilfen erhält, die in der Therapie ausbleiben. Denkbar ist, dass sie in einer frauenspezifischen Beratungsstelle bzw. gleichgeschlechtlichen Beziehung Hilfen erhält, die in einer durch sexuellen Missbrauch begründeten Krise bedarfsgerechter sind als in ihrer Psychotherapie.

6.2.2 »Die Frau Doktor weiß schon, worum's geht« – »Die Patienten beschallen von allen Seiten«

Frau M. ist 37 Jahre alt und als Schreibkraft angestellt. Sie lebte vom sechsten bis zehnten Lebensjahr in Deutschland, bevor sie die nächsten 13 Jahre in

	Patientin Frau M.	Therapeutin Frau N.
Institution / Setting	Tagesklinik / teilstationär	
Behandlungsdauer	4 Sitzungen in 8 Wochen	
Therapiesprache(n)	Deutsch	
Anlass / Diagnose(n)	Chronische Schmerzen / Angst, Depression	
Alter (in Jahren)	37	49
Alter bei Migration (in Jahren)	mit Unterbrechungen in Deutschland: 6.–10. und ab 23. Lj.	–
Bildung / Beruf	Deut. Grundschule türk. Mittelschule Bürohilfe	Psych. Psychoth. Tiefenpsychologie
Anzahl Patienten mit Migrationshintergrund	–	< 5
Repertory Grid: Anzahl Konstrukte	Ohne Abb.	4

Tabelle 6.7: Dyade Patientin Frau M. und Therapeutin Frau N.

der Türkei verbrachte. Mit 23 Jahren heiratete sie einen türkischen Mann aus Deutschland, emigrierte erneut und bekam zwei mittlerweile 8- und 16-jährige Kinder. Das Gespräch findet überwiegend auf Deutsch im Untersuchungsraum einer Tagesklinik für Schmerztherapie statt, in der Frau M. die vergangenen acht Wochen behandelt wurde. Aktuell steht sie kurz vor der Entlassung.

Die Patientin berichtet, dass sie auf Empfehlung einer türkischen Psychologin, bei der sie fünf probatorische Sitzungen absolviert habe, in die Schmerzklinik gelangte. Sie berichtet, dass sie seit der Geburt ihres zweiten Kindes an Schmerzen ungeklärter Ursache leide. Die medizinische Behandlung blieb mehrere Jahre erfolglos, während die Schmerzen zunahmen, sodass sie sich »wie einen Fernseher abschalten« wollte und aus Angst vor ihren Suizidgedanken psychiatrische Hilfe aufgesucht habe.

Als wichtigste Eigenschaften ihrer aktuellen Therapeutin bezeichnet Frau M. deren »warme Ausstrahlung« und ihren »netten Ton«, der Vertrauen wecke. Außerdem treffe die Therapeutin mit ihren Fragen die »richtigen Punkte« und gebe sich viel Mühe, sie zu verstehen, wenn sie beispielsweise über Probleme in ihrer Partnerschaft rede. Auch ohne viele Worte habe sie an der »Schauart« der

6.2 Dyaden mit TherapeutInnen mit wenig interkultureller Erfahrung

Therapeutin beim ersten Kontakt bemerkt, dass »da schon etwas funktioniere« und empfinde große Sympathie für sie. Sie vergleicht ihre aktuelle Therapeutin mit der ersten türkischen Therapeutin und fühlt sich bei Frau N. wesentlich wohler. Zurückhaltend, aber dennoch spürbar enttäuscht berichtet sie, dass die türkische Therapeutin sie viel, aber »sehr oberflächlich« befragt habe, sodass »kein Vertrauensgefühl« entstanden sei. Nach den probatorischen Sitzungen habe sie sie zudem abgewiesen, was sie zusätzlich sehr deprimiert habe. Bei der nächsten Therapie möchte sie wegen »der schlechten Erfahrung mit der Türkin« zu einer deutschen Therapeutin gehen. Die wenigen türkischen TherapeutInnen hätten ohnehin keinen Platz. »Die Kultursache« träfe auf ihre Probleme nicht zu und sie sei bereit, einer deutschen Therapeutin »das Kulturmäßige« soweit erforderlich zu erklären.

Die Therapeutin Frau N. ist 49 Jahre alt und arbeitet seit acht Jahren in der Tagesklinik als Psychotherapeutin; daneben ist sie in eigener Praxis tätig. Sie hat einzelne türkische PatientInnen behandelt, wobei sie kritisch feststellt, dass die Zahl der MigrantInnen in der Klinik sehr gering sei. Sie ist im Vorfeld der Untersuchung dem Thema gegenüber sehr aufgeschlossen und erklärt sich bereit, weitere PatientInnen zu finden. Ihre aktuelle Patientin beschreibt Frau N. als »willensstark, sehr lebhaft, humorvoll und ängstlich«. Sie räumt rasch Belastungen in der Therapiebeziehung ein: Frau M. habe sehr oft das Gespräch und Erklärungen für ihre Schmerzen gesucht, sie sei »sehr aufgeregt« gewesen, habe gedrängt und für »Aufruhr« auf der Station gesorgt. Sie glaubt dennoch, dass die Behandlung erfolgreich verlief, zum einen da die Patientin sich »gut aufgehoben, verstanden und sicher« gefühlt habe, und zum anderen vom Behandlungsteam stets untereinander abgestimmte Rückmeldungen erhalten habe.

6 Darstellung einzelner Dyaden

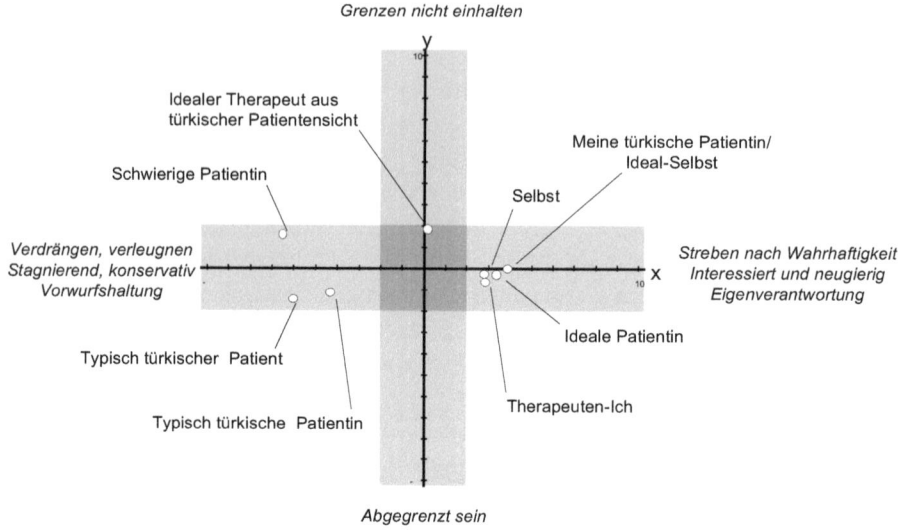

Abbildung 6.4: Grid-Grafik Therapeutin Frau N.
x-Achse: 91 % Varianzaufklärung; y-Achse: 6 % Varianzaufklärung

Im Grid der Therapeutin sind alle Elemente entlang der ersten Dimension angeordnet, die zweite Dimension hat kaum Aussagekraft. Die Elemente »Selbst«, »Ideal-Selbst«, »Meine-türkische-Patientin«, »Ideale-Patientin« und »Therapeuten-Ich« bilden eine dichte Gruppe mit den Merkmalen »Streben nach Wahrhaftigkeit; Interessiert und neugierig sein; Eigenverantwortung«. Gegenüber, am Pol »Verdrängen, verleugnen; Stagnierend und konservativ; Vorwurfshaltung« liegen »Schwierige-Patientin«, »Typisch-türkischer-Patient« und »Typisch-türkische-Patientin«.

Insgesamt fällt die hohe Identifikation der Therapeutin mit ihrer Patientin auf, die auch im Interview anklingt: Innerhalb der genannten Konstrukte ist die Patientin sogar deckungsgleich mit dem »Ideal-Selbst« der Therapeutin abgebildet. Gleichzeitig herrscht große Distanz zu den verallgemeinerten türkischen Patientenelementen, die genau entgegengesetzt bewertet werden. Möglich ist, dass allgemein empfundene Distanz zu türkischen Patienten durch die gelungene Zusammenarbeit mit Frau M. aufgehoben bzw. ins Gegenteil – nämlich hohe Identifikation – verkehrt wird. Zumindest wird die aktuelle Patientin in Abgrenzung zu prototypen türkischen PatientInnen bzw. zu den erfolglos behandelten Beispielen als deutliche Ausnahme erlebt. Dieser Effekt kann dadurch verstärkt worden sein, dass sich auch die Patientin sehr um Identifikation mit ihrer deutschen Therapeutin bemühte und diese in expliziter Abgrenzung zur ersten türkischen Therapeutin ebenfalls idealisiert.

6.2.3 »Es gibt Dinge, die nimmt man mit ins Grab« – »Da hab' ich mich gefühlt wie ein Analphabet«

	Patientin Frau O.	Therapeutin Frau P.
Institution / Setting	Psychiatrische Klinik / stationär	
Behandlungsdauer	3 Sitzungen in 3 Wochen	
Therapiesprache(n)	Deutsch	
Anlass / Diagnose(n)	Überweisung / Depression	
Alter (in Jahren)	55	30
Alter bei Migration (in Jahren)	22	–
Bildung / Beruf	türk. Grundschule Arbeiterin	Psych. im Praktikum Verhaltenstherapie
Anzahl Patienten mit Migrationshintergrund	–	< 5
Repertory Grid: Anzahl Konstrukte	Ohne Abb.	6

Tabelle 6.8: Dyade Patientin Frau O. und Therapeutin Frau P.

Patientin Frau O. ist 55 Jahre alt und wurde von ihrer Psychiaterin vor ca. acht Wochen wegen chronischer Depression in eine psychiatrische Klinik eingewiesen. Sie ist nach eigenen Angaben seit ca. 20 Jahren in ambulanter Behandlung und wurde nun zum zweiten Mal stationärer aufgenommen. Sie ist seit mehreren Jahren arbeitsunfähig und berichtet, berentet werden zu wollen, damit sie in die Türkei übersiedeln könne. Die Berentung wurde bisher abgelehnt, was sie nach ca. 30 Jahren schwerer Arbeit als große Ungerechtigkeit empfindet, da sie inzwischen »zu krank zum Arbeiten und zu gesund für die Rente« sei.

Das Gespräch mit der Patientin findet im Anschluss an das Interview mit der Therapeutin statt. Frau O. begrüßt zu Beginn explizit die Möglichkeit eines Gespräches mit einer türkischsprachigen Psychologin, sie ist jedoch sehr enttäuscht über ein »Interview«. Sie hatte erwartet, dass auf diesem Wege eine ambulante Therapie angebahnt werden kann und möchte den Rahmen für ein therapeutisches Gespräch nutzen, sodass sie immer wieder unter Tränen aus ihren Leiderfahrungen und ihrer aktuellen Lebenssituation berichtet.

Die Patientin habe sich zwar selbst einweisen lassen, sie äußert aber große Zweifel am Nutzen der aktuellen Behandlung. Sie glaubt, dass sie nur von einer Therapeutin ihrer eigenen kulturellen Herkunft bzw. in ihrer eigenen Muttersprache verstanden werden könne. Dennoch schätzt sie die persönlichen Eigenschaften der Therapeutin sehr positiv ein: Sie beschreibt ihre Therapeutin als kompetent, zugewandt und trotz des erheblichen Altersunterschieds als souverän und »erwachsen«, glaubt aber nicht, dass sie ihr »intime Dinge« mitteilen könne. Im Widerspruch zu vorherigen Äußerungen betont sie, dass das nicht an der Person oder Herkunft der Therapeutin liege, sondern daran, dass man durch Reden »Dinge nicht vergessen« könne und sie nicht alles erzählen wolle, was ihr im Leben widerfahren sei. Vielleicht liege das aber auch an der kurzen Dauer, die sie die Therapeutin kenne; sie bedauert, dass sie erst nach fünf Wochen Aufenthalt in eine Therapie überwiesen worden sei und nun bald entlassen werde, weshalb sie dringend nach einer ambulanten Therapie suche.

Frau P. ist eine junge Therapeutin im Alter von 30 Jahren, die im Rahmen ihrer fortgeschrittenen Verhaltenstherapieausbildung das sogenannte »Psychiatrische Jahr« an einer Klinik absolviert. Sie hat vor ca. einem Jahr in ihrer Ausbildung ein Seminar zur Kultursensibilität in der Therapie von MigrantInnen und Flüchtlingen besucht, behandelt jedoch erstmals selbst eine Patientin türkischer Herkunft. Frau P. berichtet, dass der Kontakt zur Patientin erst spät auf deren Drängen hin zustande gekommen sei. Es haben insgesamt drei Einzelgespräche stattgefunden, wobei die Entlassung der Patientin für die nächsten Tage geplant sei. Ein ambulantes Therapieangebot bestehe bisher nicht; in diesem Zusammenhang bittet sie mich im Auftrag der Stationsärztin, nicht auf Bitten der Patientin nach Aufnahme einzugehen, um die einweisende Psychiaterin nicht zu »übergehen«.

Die Therapeutin kennt die Vorbehalte ihrer Patientin ihr gegenüber und äußert Verständnis darüber, dass diese sich v. a. mit der Sprache schwer tue, auch wenn sie selbst den Eindruck habe, die Patientin gut zu verstehen. Sie habe großen Respekt vor der Patientin und verstehe, dass diese manchmal nur noch »jammern« wolle. Schließlich habe sie sich von ihrem Mann in der Türkei getrennt und sei selbstständig als Arbeiterin nach Deutschland gekommen, wo sie ihre beiden Kinder alleine großgezogen habe, was in dieser Zeit selbst für

6.2 Dyaden mit TherapeutInnen mit wenig interkultureller Erfahrung

deutsche Frauen schwer gewesen sei. Die Tochter sei verstorben, darüber wolle die Patientin jedoch gar nicht sprechen. Der Sohn lebe in Kanada, sodass sie in Deutschland vereinsamt sei. In der Türkei habe sie sich etwas von ihrem Ersparten aufgebaut und freue sich darauf, ihren Lebensabend dort zu verbringen, was ihr bisher verwehrt werde.

Trotz ihres Verständnisses und ihrer Sympathie für die Patientin berichtet die Therapeutin auch, dass sie sehr verunsichert sei, inwieweit sie der Patientin helfen konnte. Vor allem habe sie verunsichert, dass sie die Bedürfnisse der Patientin anfangs nicht habe »spüren« können und sich gefühlt habe wie ein »Analphabet«. Der Kontakt sei am besten gelungen, als sie »theoretische Vorgaben« beiseite geschoben und die Patientin aus ihrer eigenen Lebenserfahrung erzählen lassen habe. Inzwischen denkt sie, dass es v. a. wichtig ist, der Patientin das Gefühl zu vermitteln, dass sie sich jemandem anvertrauen könne und verstanden werde.

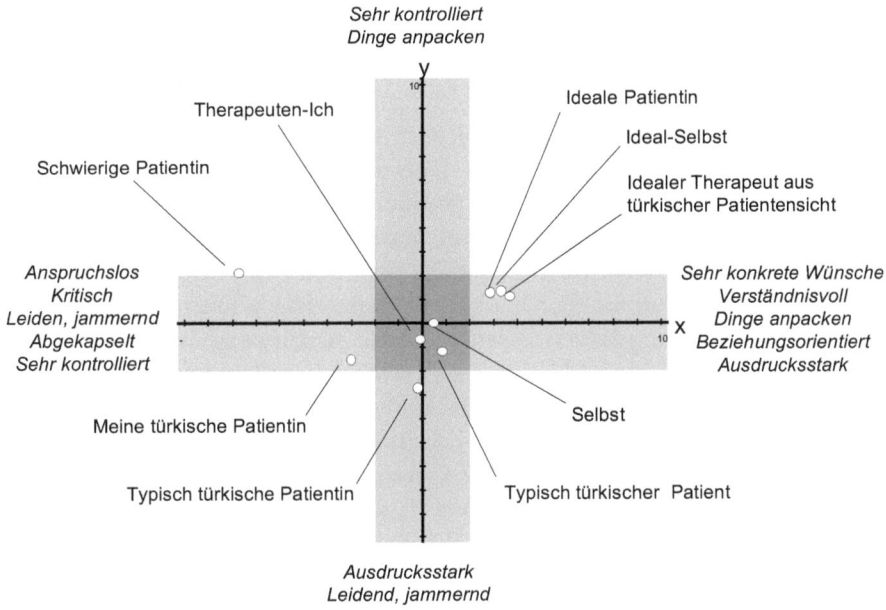

Abbildung 6.5: Grid-Grafik Therapeutin Frau P.
x-Achse: 75 % Varianzaufklärung; y-Achse: 15 % Varianzaufklärung

Bei Betrachtung der Grafik der Therapeutin fällt zunächst auf, dass drei Elemente im grau unterlegten Indifferenzbereich beider Achsen liegen, sodass sie nicht eindeutig interpretiert werden können. Am deutlichsten positioniert ist das Element »Schwierige-Patientin«, das sich am negativen Ende der ersten Dimension befindet. An diesem Ende liegt der Eigenschaftspol »Anspruchslos; Kritisch; Leidend, jammernd; Abgekapselt; Sehr kontrolliert, versteinert«. Ähnlich ungünstige Interaktions- und Bewältigungsstile stellt die Therapeutin mit geringerer Intensität bei ihrer türkischen Patientin fest. Der Eigenschaftspol »Sehr konkrete Wünsche; Verständnisvoll; Dinge anpacken; Beziehungsorientiert; Ausdrucksstark« repräsentiert dagegen positive bzw. erwünschte Eigenschaften, was aus der Positionierung der Elemente »Ideale-Patientin«, »Ideal-Selbst« und »Idealer-Therapeut-aus-türkischer-Patientensicht« hervorgeht.

Die Therapeutin differenziert insbesondere auf der Ebene von Interaktions- und Bewältigungsstilen. Auffällig ist dabei, dass sie sich selbst vage positioniert: Beide konkret auf sie bezogenen Elemente (»Selbst«, »Therapeuten-Ich«) sind nicht interpretierbar, was eine ambivalente Haltung bei der aktuellen Therapie nahelegt. Es handelt sich bei Frau P. um die jüngste Therapeutin der Stichprobe. Sie befindet sich im letzten Ausbildungsjahr und behandelt erstmals eine türkische Patientin, mit der nur drei Sitzungen stattgefunden haben. Zudem ist die Patientin sehr kritisch gegenüber deutschen Therapeuten eingestellt, was sie offen der Therapeutin gegenüber geäußert hat. Die Antworten der Therapeutin können als Indiz dafür gewertet werden, dass sie verunsichert ist bzw. keine ausreichende Bewertungsgrundlage sieht und Zuschreibungen bewusst zurückhält. Ebenso ist möglich, dass sie im Sinne einer offenen Grundhaltung versucht, Polarisierung zu vermeiden und dafür Ambivalenz in Kauf nimmt.

Obwohl Therapeutin und Klientin sich wertschätzend und differenziert über gegenseitige Stärken und Kompetenzen äußern, bleiben sie in ihrer Beziehung zueinander ambivalent. Widersprüchlich ist u. a., dass die Patientin mehrfach erwähnt, ihrer Therapeutin vieles nicht anvertrauen zu können, da sie eine Deutsche sei. Gleichzeitig ist bemerkenswert, dass sie ihr schon in drei Gesprächen viele intime Details über ihre Familie, ihre Scheidung und über eine Beziehung zu einem verheirateten Mann berichtet hat, die sie als sehr beschämend empfindet. Die Therapeutin spürt diese Ambivalenz und äußert sich weitgehend verständnisvoll, ohne die Patientin zu drängen. Dennoch fühlt sie sich persönlich und in ihrer professionellen Rolle so verunsichert, dass sie befürchtet, grundlegende Kompetenzen wie das Erkennen von Gefühlen einzubüßen (»wie ein Analphabet gefühlt«).

6.2.4 »Der Therapeut – mein Freund mit den Taktiken« – »Einfühlen muss ich mich schließlich in jeden«

	Patient Herr Ö.	Therapeut Herr R.
Institution / Setting	Psychiatrische Klinik / Hausbesuche	
Behandlungsdauer	ca. 60 Sitzungen in 5 Jahren	
Therapiesprache(n)	Deutsch	
Anlass / Diagnose(n)	Suizidversuche / Spielsucht	
Alter (in Jahren)	46	55
Alter bei Migration (in Jahren)	23	–
Bildung / Beruf	Türk. Grundschule Arbeiter	Psych. Psychoth. Familientherapie
Anzahl Patienten mit Migrationshintergrund	–	< 5
Repertory Grid: Anzahl Konstrukte	Ohne Abb.	Ohne Abb.

Tabelle 6.9: Dyade Patient Herr Ö. und Therapeut Herr R.

Herr Ö. ist 46 Jahre alt und kam vor 23 Jahren im Rahmen des Familiennachzugs zu seiner Frau nach Deutschland. In der Türkei arbeitete er als Händler und Verkäufer, in Deutschland war er 20 Jahre im Tiefbau und als Lagerarbeiter beschäftigt, bis er vor zwei Jahren wegen verschiedener Erkrankungen (u. a. Epilepsie) befristet berentet wurde. Er hat zwei erwachsene, verheiratete Kinder (23 und 22 Jahre) und lebt allein mit seiner erwerbstätigen Frau.

Das Interview findet auf Wunsch in der Wohnung von Herrn Ö. statt. Er ist allein zu Hause und hat sorgfältig den Tisch mit Gebäck und Getränken gedeckt. Er macht einen sehr bemühten, etwas nervösen Eindruck und raucht viel. Das Gespräch findet auf Türkisch statt, er nimmt sich viel Zeit, ausführlich zu antworten; es scheint ihm ein persönliches Anliegen zu sein, alles vollständig darzustellen.

Seinen Therapeuten lernte Herr Ö. nach einem Suizidversuch in der Psychiatrie kennen, wohin er nach der intensivmedizinischen Behandlung überstellt wurde. Als Ursachen für insgesamt fünf Suizidversuche schildert der Patient langjähriges pathologisches Spielen bzw. anhaltende familiäre Konflikte. Das Spielen habe er dann nach einem Suizidversuch mithilfe seines Glaubens bewältigt; er betont, dass dies kein Verdienst der Therapie sei, die damals erst angebahnt wurde. Obwohl der Therapeut ihm seine Handynummer für Krisen gegeben habe, habe er sich auch später bei Suizidgedanken nicht an ihn gewendet, was er nicht näher erklären kann. Dennoch wird an vielen Stellen deutlich, dass Herr Ö. sich seinem Therapeuten sehr verbunden fühlt: Er bezeichnet ihn als »Freund«, der viel mehr als erforderlich für ihn getan habe. Daher habe er ihm nach einiger Zeit, wie unter Nahestehenden in der Türkei üblich, zur Begrüßung das Küssen auf die Wange angeboten, was der Therapeut angenommen habe, worüber sich Herr Ö. immer noch sichtlich freut. Er denkt zwar, dass jeder Mensch durch seine lebenslangen Erfahrungen geformt werde und niemand einen anderen Menschen vollständig verstehen könne, aber über Unterschiede zwischen sich und dem Therapeuten könne er gut hinwegsehen. So könne sein sicher gut verdienender Therapeut seine finanziellen Sorgen nicht wirklich verstehen, er helfe ihm bei existenziellen Ängsten aber dennoch, wo er könne.

Das größte Problem in der Therapie würden seine deutschen Sprachkenntnisse bereiten, die er als unzureichend bewertet: Brauche er im Türkischen eine Minute, um etwas zu erklären, dauere es im Deutschen oft »zehn«. Dennoch sei durch Geduld, Nachfragen und das Erzählen lehrreicher Geschichten über Sprachbarrieren hinweg ein intensiver Austausch entstanden, für den er nach Jahren der Ausweglosigkeit sehr dankbar ist.

Herr R. ist 55 Jahre alt und arbeitet seit 28 Jahren als Therapeut. Nach einer Tätigkeit im sozialpsychiatrischen Bereich arbeitet er seit vielen Jahren in einer psychiatrischen Klinik, wo das Interview in betont lockerer und humorvoller Atmosphäre stattfindet. Herr Ö. sei sein vierter türkischer Patient in Einzeltherapie; er sei ihm zunächst nach einem Suizidversuch in einer Therapiegruppe aufgefallen. Allerdings sei erst viel später ein Einzelkontakt zustande gekommen, als er ihm nach einem weiteren Suizidversuch Gespräche angeboten habe. Der Therapeut beschreibt seinen Patienten als »leicht erregbar«, »korrekt, besonders höflich und fürsorglich«. Durch seine Lösung vom distanziert therapeutischen Standpunkt sei es dem Therapeuten nach und nach gelungen, ein vertrauensvolles Verhältnis aufzubauen, sodass sich Herr Ö. nun »ungefiltert« im Vorfeld suizidaler Handlungen an ihn wende. Der Therapeut vermutet, dass der Aufbau einer stabilen Therapiebeziehung mit diesem Patienten nur im Rahmen einer quasi freundschaftlichen Beziehung möglich war: Erst in der Therapie unübliche Rituale wie »Kaffeetrinken« und »Smalltalk« hätten die echte Begegnung zwischen ihm und dem anfangs sehr verschlossenen Patienten ermöglicht.

Der Therapeut nimmt deutliche persönliche und kulturelle Unterschiede zwischen sich und seinem Patienten wahr und distanziert sich von diesem. Während der Patient persönliche Gemeinsamkeiten bei sich und seinem Therapeut erkennt wie die Bereitschaft, zuzuhören und Rat zu geben, geht der Therapeut auf unterschiedliche Lebensvorstellungen, Familienbilder und Lebenserfahrungen wie Weltreisen, finanzielle Unabhängigkeit etc. ein. Jedoch findet der Therapeut Unterschiede grundsätzlich nicht störend in der Therapie, da er sich immer in die Lebenswelt anderer Menschen einfühlen müsse, auch wenn es sich z. B. um eine Frau handle. Übereinstimmend mit dem Patienten bewertet er die Arbeit mit der Ehefrau hingegen als misslungen, was für den beschränkten Therapieerfolg mit dem Patienten auch von Bedeutung sei. Er hat den Eindruck, dass die Frau überfordert sei, sich aber in seiner Gegenwart als deutscher Mann nicht öffnen konnte, sodass er rückblickend die Überweisung der Frau an eine türkische Therapeutin für sinnvoller hält.

6.3 Dyaden mit TherapeutInnen mit viel interkultureller Erfahrung

Auf diese Gruppe entfallen drei Therapeutinnen (Frau T., Frau W., Frau U.) und ein Therapeut (Herr Z.); zwei von ihnen stammen aus europäischen Nachbarländern, wobei nur der Migrationshintergrund von Frau T. stärker ins Gewicht fällt, da sie eine andere Muttersprache als Deutsch hat. Alle TherapeutInnen sind in Deutschland ausgebildet und sind seit vielen Jahren berufstätig: drei TherapeutInnen sind an Beratungsstellen angestellt und eine arbeitet in eigener Praxis. Allen ist gemeinsam, dass sie nicht Türkisch sprechen, aber schon sehr häufig mit türkeistämmigen MigrantInnen zusammengearbeitet haben.

6.3.1 »Meine Therapeutin hört zu mit vier Augen und vier Ohren« – »Alternativen anbieten statt mitagieren«

	Patientin Frau S.	Therapeutin Frau T.
Institution / Setting	Beratungsstelle / ambulant	
Behandlungsdauer	32 Sitzungen in 3 Jahren	
Therapiesprache(n)	Deutsch	
Anlass / Diagnose(n)	Erziehungsberatung / leer	
Alter (in Jahren)	45	53
Alter bei Migration (in Jahren)	13	32
Bildung / Beruf	Hauptschule Pflegerin	Psych. Psychoth. Familientherapie Tiefenpsychologie
Anzahl Patienten mit Migrationshintergrund	–	> 200
Repertory Grid: Anzahl Konstrukte	Ohne Abb.	Ohne Abb.

Tabelle 6.10: Dyade Patientin Frau S. und Therapeutin Frau T.

Frau S. ist 47 Jahre alt und zog als 14-Jährige aus der Türkei zu ihren Eltern nach Deutschland. Sie absolvierte die Hauptschule und war nach einer Lehre in verschiedenen Dienstleistungsbereichen tätig, aktuell arbeitet sie in einer Klinik. Das Interview findet auf Wunsch der Patientin bei ihr zu Hause statt. Sie hat den Tisch mit selbst gemachtem Gebäck und Tee gedeckt, da sie mich am Abend »hungrig von der Arbeit« erwartet habe. Zunächst befragt sie mich interessiert zu meinem persönlichen Hintergrund bzw. meiner Arbeit und lädt mich sofort zu weiteren Besuchen ein; außerdem möchte sie gern über die Ergebnisse der Studie informiert werden.

Befragt zum Therapieanlass berichtet Frau S., dass sie sehr unter den Drohungen ihres geschiedenen Mannes gelitten habe. Aus ihrer Ehe habe sie zwei inzwischen 14-jährige Zwillingssöhne, die bei ihr lebten. Als einer der beiden Söhne anhaltende Probleme in der Schule gezeigt habe, habe sie auf Anraten der Lehrerin die Erziehungsberatung aufgesucht. Sie erinnert sich, dass sie darauf bestanden habe, zu Frau T. zu gehen, da sie ihr namentlich empfohlen worden

6.3 Dyaden mit TherapeutInnen mit viel interkultureller Erfahrung

sei und ihre Stimme am Telefon »so vertraut« geklungen habe. Die Patientin beschreibt ihre Therapeutin als »sehr aufmerksam«, »angenehm ruhig« und »emotional«: Sie höre ihr mit »vier Augen und vier Ohren« zu und lasse sie spüren, dass sie sie verstehe. Auch durch das gemeinsame »Ausländersein« fühle sie sich in besonderer Weise mit der Therapeutin verbunden. Von deutschen Mitmenschen fühle sie sich trotz all ihrer Bemühungen um »Integration« und ihrer teilweise schon »deutschen Mentalität« immer noch ausgegrenzt. Sie ist ihrer Therapeutin sehr dankbar, wiederholt sie, und würde sie am liebsten immerfort aufsuchen. Unterschiede zwischen sich und ihrer Therapeutin hat sie wenig wahrgenommen. Aufgrund ihrer kurdischen Herkunft sei sie mit vielen Freiheiten aufgewachsen, was ihr als Jugendliche den Namen »erkek Fatma« (»männliche Fatma«) eingebracht habe. Ihr Vater habe sie ermutigt, Freiheit einzufordern und nicht abzuwarten. Kulturelle Unterschiede hätten auch deshalb keinen Einfluss auf ihre Beziehung gehabt, glaubt die Patientin, da die Therapeutin schon »so viele Ausländische« behandelt und »die Vorgeschichten« schon gekannt habe.

Die Therapeutin Frau T. ist 53 Jahre alt und stammt aus Belgien, wo sie studiert und bereits mit ausländischen Kindern und Familien gearbeitet hat. Sie ist an einer Familienberatungsstelle mit überdurchschnittlich hohem Migrantenanteil beschäftigt. Das Interview findet im Büro von Frau T. statt.

Lebhaft erinnert sich die Therapeutin an die Anmeldung von Frau S.: Sie habe sich am Telefon so verhalten, als ob sie schon ihre Patientin sei und sehr vehement einen Termin bei ihr eingefordert. Beim Erstgespräch habe die Klientin sie nach einer kurzen »Beschnupperungsphase« vollkommen vereinnahmt, indem sie persönliche Dokumente und ungeöffnete Briefe vor ihr ausgebreitet und »um Hilfe gefleht« habe. Frau T. berichtet, dass sie wiederholt die Beobachtung gemacht hat, dass Klienten mit Migrationshintergrund ihre Berater stärker in ihr persönliches Leben einbeziehen würden als deutsche Klienten. Sie präsentierten selten ein klar umgrenztes Problem, sodass die Berater sehr genau analysieren müssten, was die Klienten ihnen »indirekt« mitteilen würden.

In der deutschen Sprache fühlt sich die Therapeutin »im gleichen Boot« wie ihre Patientin, sie findet, manchmal habe sie sogar mehr Schwierigkeiten, die passenden Worte zu finden. Auch wenn es Statusunterschiede zwischen europäischen und nicht-europäischen Ausländern gebe, könne sie mit ihren Klienten sehr gut mitfühlen, da sie auch eine andere »Heimat und Muttersprache« habe. Manchmal »solidarisiere« sie sich sogar mit ihren KlientInnen »gegen die Deutschen« und respektiere, dass sie so bleiben wollten, wie sie seien und dennoch angenommen werden wollten. Dieses Dilemma sehe sie

v. a. bei türkischen Klienten, da diese von der Gesellschaft und den Medien stärker diskriminiert und in Täter- bzw. Opferrollen gedrängt werden würden.

Die Therapeutin schätzt Frau S.s menschliche Werte und ihr Bemühen um Integrität und Authentizität trotz aller Widrigkeiten, die ihr das Leben geboten habe. Die Kehrseite sei, dass die Klientin sehr »moralisch« sei und ständig versuche, die Therapeutin im Kampf gegen den geschiedenen Mann auf ihre Seite zu ziehen. Obwohl sie die konkreten Erwartungen der Klientin nicht erfüllt habe, denke sie, dass die Klientin spüre, dass sie »es gut mit ihr meine«, sodass Sympathie und Wertschätzung in der Beziehung überwiegen würden. Schwierigkeiten habe sie zu Beginn v. a. bei der Einschätzung von wahnhaft anmutenden Verfolgungsängsten der Klientin gehabt, die sie nicht auf Anhieb von Aberglauben habe unterscheiden können. Im Verlauf habe sie auch akzeptiert, dass die Klientin nur begrenzt von ihrem Therapieangebot Gebrauch machen und sich nur bedingt verändern könne. Sie habe versucht, sorgfältig ihre eigenen Erwartungen von denen der Klientin zu differenzieren und sich verstärkt auf deren Mutterrolle konzentriert, was der Klientin sehr wichtig gewesen sei. Dazu habe sie u. a. kultursensible Supervision genommen und Gespräche mit einem türkischen Therapeuten für den Sohn organisiert.

Anders als aus dem Bericht der Klientin geht aus den Schilderungen der Therapeutin hervor, dass das Gelingen dieser Therapie ein ständiger Balanceakt war. Der Umstand, dass die Klientin der Therapeutin aufgrund einer persönlichen Empfehlung viel Vertrauensvorschuss entgegenbrachte, erleichterte die Kontaktaufnahme. Gleichzeitig wurde die Beziehung durch eine Reihe unerfüllbarer Erwartungen der Klientin belastet. Trotz Zurückweisung vieler Erwartungen ihrer Klientin scheint es der Therapeutin gelungen zu sein, eine hilfreiche Beziehung aufzubauen, indem sie ihrer Klientin emotionale Zuwendung entgegenbrachte, ihre realen Belastungen anerkannte und zusätzliche Hilfen einbezog (Supervision, Kindertherapie).

6.3.2 »Es ist 'ne Mischung aus meinem Wissen und seinem Weltbild«

Aus dieser Dyade liegen nur Daten von der Therapeutin vor. Der Patient zog sein Einverständnis zurück, nachdem das Interview mit der Therapeutin bereits stattgefunden hatte. Die Therapeutin berichtete, dass er aufgrund der Verfolgung in seiner Heimat, aus der auch die Untersucherin stammt, plötzlich besorgt

	Patient fehlt	**Therapeutin Frau U.**
Institution / Setting		Beratungsstelle / ambulant
Behandlungsdauer		25 Sitzungen in 18 Monaten
Therapiesprache(n)		Deutsch-Türkisch, mit Sprachvermittlerin
Anlass / Diagnose(n)		Folter, Flucht / Posttraumatische Belastungsstörung, Depression
Alter (in Jahren)	–	46
Alter bei Migration (in Jahren)	–	–
Bildung / Beruf	–	Psych. Psychoth. Verhaltenstherapie
Anzahl Patienten mit Migrationshintergrund	–	> 500
Repertory Grid: Anzahl Konstrukte	Ohne Abb.	6

Tabelle 6.11: Dyade Therapeutin Frau U. ohne Patienteninterview

war, dass die Befragung gegen ihn verwendet werden könnte. Die folgende Darstellung stützt sich daher ausschließlich auf die Angaben der Therapeutin, die zu einer ausführlichen Befragung in ihrer Wohnung bereit war.

Frau U. ist 46 Jahre alt und arbeitet seit zehn Jahren als Therapeutin in einer Beratungsstelle für Flüchtlinge, sodass sie Erfahrung in der Arbeit mit KlientInnen aus unterschiedlichsten Kulturen hat. Die Arbeit mit PatientInnen aus verschiedenen Kulturen erfordere in erster Linie die Reflexion der eigenen kulturellen Werte, was Frau U. als großen »persönlichen Gewinn« betrachtet. Kulturellen Unterschieden nähere sie sich in der Therapie, indem sie ihre PatientInnen viel nach Besonderheiten in ihrer Familie bzw. Region frage, jedoch nicht, ohne ihnen den Sinn ihrer Fragen bzw. ihres Vorgehens genau zu erklären und ihr Einverständnis einzuholen. So ergebe sich in der Zusammenarbeit mit ihren Klienten häufig eine Mischung aus ihrem Fachwissen, dem Weltbild des Patienten und den Erfahrungen mit anderen PatientInnen, die sie häufig als Beispiele einbringe.

Von ihrem Patient berichtet sie, dass er vor ca. drei Jahren einen Asylantrag stellte, da er in der Türkei wegen seines Glaubens verfolgt und gefoltert worden sei. Er habe Frau und Kinder zurücklassen müssen und lebe seither in einer Flüchtlingsunterkunft. Die Anerkennung als Asylberechtigter sei ihm vor kurzem wegen eines Formfehlers verweigert worden. Dennoch habe er einen besseren Aufenthaltsstatus erhalten, sodass er nicht mehr von akuter Abschiebung bedroht sei, was die Zusammenarbeit entlastet habe. Da ihr Patient nicht ausreichend Deutsch spreche, werde die Therapie durch eine Sprachvermittlerin übersetzt, was die Therapeutin nicht als störend, sondern positiv bewertet: Mithilfe von DolmetscherInnen, die für die Vermittlung von Therapiegesprächen geschult werden würden, könnten zusätzlich Informationen über die Herkunft der Patienten, deren Schichtzugehörigkeit, Bildungshintergrund, Sozialisation etc. spontan in Erfahrung gebracht werden. Außerdem zwinge die Übersetzungssituation die Therapeuten stringent und gut überlegt vorzugehen. Es entstehe aber auch die Möglichkeit zu vermehrter Reflexion während der Übersetzung bzw. nach der Sitzung gemeinsam mit der Dolmetscherin.

Frau U. beschreibt die Beziehung zu ihrem Patienten zwar als positiv und zugewandt, aber auch als schwierig: Sie schätzt sein »autonomes Denken«, das sich v. a. in seinem Glauben manifestiere. Dieses »Gottvertrauen« nutze sie angesichts seiner schwierigen Lebenslage häufig als Ressource: Zum Beispiel habe sie das Rezitieren von Koransuren in Stresssituationen vereinbart, nachdem sie herausfand, dass er Suren während der Folter und Haft zur eigenen Beruhigung aufgesagt habe.

6.3 Dyaden mit TherapeutInnen mit viel interkultureller Erfahrung

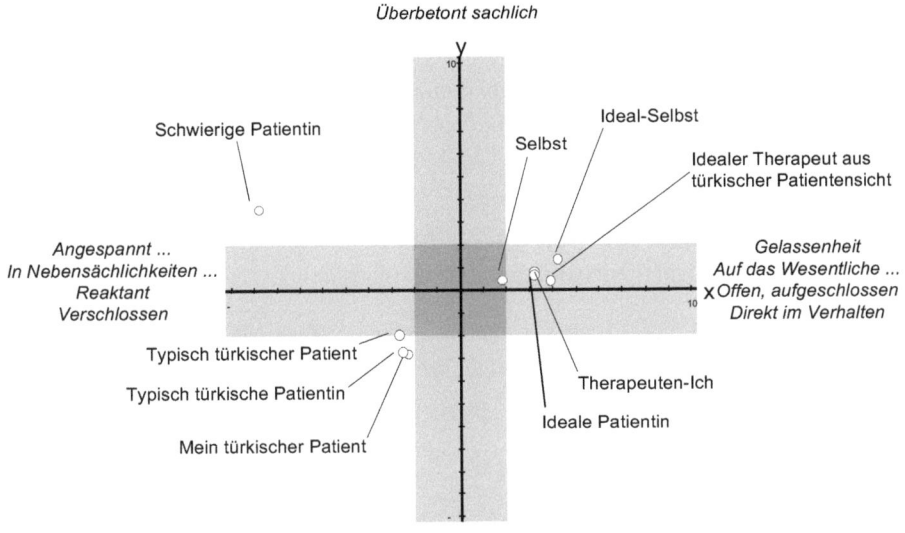

Abbildung 6.6: Grid-Grafik Therapeutin Frau U.
x-Achse: 73 % Varianzaufklärung; y-Achse: 17 % Varianzaufklärung

Im Repertory Grid der Therapeutin sind zwei Elementgruppen bzw. ein isoliertes Element zu finden: »Selbst«, »Ideal-Selbst«, »Therapeuten-Ich«, »Ideale-Patientin« und »Idealer-Therapeut-aus-türkischer-Patientensicht« sind angeordnet auf der ersten Dimension mit den Merkmalen »Gelassenheit; Auf das Wesentliche zu sprechen kommen; Offen, aufgeschlossen; Direkt im Verhalten«. Am anderen Ende derselben Dimension liegt isoliert »Schwierige-Patientin« mit den Merkmalen »Angespannt, alles auf sich beziehen; In Nebensächlichkeiten bleiben; Reaktant; Verschlossen«.

»Mein-türkischer-Patient«, »Typisch-türkische-Patientin« und »Typisch-türkischer-Patient« liegen eng beieinander in der negativen Achsenhälfte beider Dimensionen mit den Merkmalen »Angespannt, alles auf sich beziehen; In Nebensächlichkeiten bleiben; Reaktant; Verschlossen« bzw. »Zwischenmenschlicher Kontakt«. In dieser Anordnung spiegeln sich deutlich die im Interview angesprochenen Probleme der Therapeutin in der Beziehung zum Patienten wider: Sie erlebt den Patienten in der Therapiearbeit als verschlossen und z. T. unkooperativ, andererseits hebt sie seine allgemeine Kontakt- und Beziehungsfähigkeit hervor, was trotz der Interaktionsprobleme ihre Gesamtzufriedenheit mit der Therapiebeziehung zu erklären vermag. Frau U. scheint sich darauf eingestellt zu haben, dem Patienten seine Meinung und sein Verharren in schwierigen Verhaltensmustern zu lassen. Dennoch kann sie seinen Leidensdruck nachvollziehen und bietet ihm bedarfsgerechte Unterstützung, v. a. indem sie sich auf seine persönlichen Ressourcen bezieht.

6.3.3 »Eigentlich seh' ich da gar keine Unterschiede« – »Da ist Temperament statt Topfen«

	Patientin Frau V.	Therapeutin Frau W.
Institution / Setting	Psychologische Praxis / ambulant	
Behandlungsdauer	45 Sitzungen in 15 Monaten	
Therapiesprache(n)	Deutsch	
Anlass / Diagnose(n)	Trennung / Depression	
Alter (in Jahren)	26	49
Alter bei Migration (in Jahren)	Geburt	–
Bildung / Beruf	Abitur, Ausbildung, Anstellung	Psych. Psychoth. Tiefenpsychologie
Anzahl Patienten mit Migrationshintergrund	–	> 50
Repertory Grid: Anzahl Konstrukte	Ohne Abb.	Ohne Abb.

Tabelle 6.12: Dyade Patientin Frau V. und Therapeutin Frau W.

Frau V. ist 27 Jahre alt und wandte sich vor anderthalb Jahren auf Empfehlung einer Freundin an ihre Therapeutin. Sie ist als älteste Tochter von drei Kindern eines türkischen Arbeitnehmerpaares in Deutschland geboren und aufgewachsen. Nach dem Abitur hat sie eine Ausbildung an einer Privatschule absolviert und eine Anstellung aufgenommen, die sie weiterhin innehat. Inzwischen ist sie geschieden von ihrem ebenfalls türkeistämmigen Mann, den sie nach längerer Freundschaft mit Anfang 20 geheiratet hat. Anlass für die Therapieaufnahme vor anderthalb Jahren war die Trennung von ihm und der Rückzug zu ihren Eltern.

6.3 Dyaden mit TherapeutInnen mit viel interkultureller Erfahrung

Frau V. eröffnet das Gespräch in meinem Büro, indem sie erzählt, sie habe der Befragung zugestimmt, da sie das »Kulturthema« selbst so spannend finde. Häufig diskutiere sie mit ihrer Therapeutin darüber, wie ihr eigenes oder das Verhalten anderer mit Kultur zusammenhänge. Befragt zu ihrer Therapeutin, beschreibt die Patientin überwiegend deren äußere und interaktionelle Merkmale wie ihr »gemütliches Äußeres«, ihre »ruhige«, emotional begleitende und »charmante Art«. Angeleitet durch das selbstverständlich hinterfragende Verhalten der Therapeutin, das sie anfangs sehr überrascht habe, erhalte sie einen »anderen Blickwinkel« auf ihre Probleme und lerne, sich auf sich selbst bzw. ihre eigenen Gefühle zu »reduzieren«, was ihr sehr gut bekomme.

Die Patientin kann keine nennenswerten Unterschiede zwischen sich und ihrer Therapeutin feststellen, auch wenn sie berichtet, dass sie häufig ohne Nachfragen der Therapeutin von sich aus Erklärungen darüber mache, »wie etwas bei den Türken geregelt« sei. Durch diese vorwegnehmenden Erklärungen wolle sie Missverständnisse vermeiden. Zudem empfinde sie es als Vorteil, dass die Therapeutin ihre Situation aus einer »deutschen Sicht« beurteile. Sie lebe schließlich in Deutschland und wolle sich nicht »gegen hiesige Gesellschaftsnormen stellen«. Verschiedene Perspektiven einzunehmen traut sie einer Therapeutin mit türkischem Hintergrund ebenfalls zu. Bestünde später erneut Therapiebedarf, würde sie aus Neugier auch eine türkische Therapeutin aufsuchen.

Frau W. ist 49 Jahre alt und arbeitet seit 21 Jahren als Therapeutin. Das Gespräch findet in entspannter, lebhafter Atmosphäre in ihrer Praxis statt. Sie berichtet zu Beginn, dass sie aus Österreich stammt und nach ihrem Studium nach Deutschland kam. Vor ihrer Selbstständigkeit war sie in einer Klinik beschäftigt, wo sie häufig mit türkischen PatientInnen gearbeitet habe. Dort habe ihr Interesse für Kultur bzw. Interkulturalität begonnen. Zum besseren Verständnis von kulturspezifischen Schmerzäußerungen habe sie von sich aus Fortbildungen besucht. Mit der Zeit habe sie außerdem festgestellt, dass türkische PatientInnen häufig etwas »Anlaufzeit« benötigten, bevor sie »familiäre Interna« preisgeben würden. Gleichzeitig erlebt sie MigrantInnen häufig als spontaner und offener in ihren Gefühlsäußerungen.

Die Therapeutin beschreibt ihre Patientin als »wissbegierig, jung, interessiert und offen«, aber auch »unbewusst sehr traurig«. Die Patientin sei zu Beginn mit dem Ziel gekommen, sich von ihrem Mann endgültig zu trennen. Im Verlauf seien dann Probleme in ihrer Herkunftsfamilie hinzugekommen. Da die Patientin als »Kulturwandlerin« über Kompetenzen in beiden Kulturen verfüge, glaubt sie, dass eine türkische Therapeutin für ihre Patientin eher »einengend« sein könnte, v. a. wenn die Therapeutin »religiös« sei. Sie stellt fest, dass die Patientin ihre türkische Herkunftskultur manchmal abwerte: Beispielsweise kritisiere sie ihre Mutter, da diese seit ihrer Pilgerfahrt nach Mekka ein Kopftuch trage. An anderen Stelle sei die Klientin manchmal sehr »kategorisch« ablehnend, z. B. sei sie aufgebracht gewesen wegen des Films »Gegen die Wand«, in dem explizite Sexszenen vorgekommen seien, was Türken ihrer Ansicht nach abschrecke statt sie der deutschen Kultur näherzubringen; die Therapeutin sehe solche Dinge gelassener.

Trotz gelegentlichen »Meinungsverschiedenheiten«, auf die die Therapeutin mehr eingeht als die Klientin, stellen beide überwiegend Gemeinsamkeiten in ihrer Arbeitsbeziehung fest, v. a. was ihr starkes Interesse am Gespräch über andere Kulturen angeht. Die Therapiebeziehung nutzen beide für einen regen Austausch, bei dem sie ihrer beider Migrationshintergrund bzw. Kulturverschiedenheit explizit zum Thema machen. Dabei lokalisiert die Klientin ihre Therapeutin in der deutschen Mehrheitskultur, der sie gerne angehören möchte. Im Gespräch über kulturelle Besonderheiten nutzt sie u. a. das Wissen und Reflexionsvermögen ihrer Therapeutin als Orientierungshilfe beim Austarieren der Balance zwischen ihrer türkischen Herkunftskultur und der von ihr idealisierten deutschen Mehrheitskultur.

6.3.4 »Kulturelle Unterschiede sind wie die Äste eines Baumes: der Stamm ist bei allen derselbe« – »Offenheit für die zwischenmenschliche Dimension«

Die Patientin Frau Y. sucht mich für das Interview in meinem Büro auf. Zunächst ist sie sehr bemüht, das Gespräch auf Deutsch zu führen, was ihr etwa bis zur Hälfte gut gelingt. Als ihr eine Antwort Schwierigkeiten bereitet, führen wir das Gespräch auf Türkisch fort. Sie ist 56 Jahre alt und folgte nach ihrer Heirat mit 24 Jahren ihrem Mann nach Deutschland. Frau Y. arbeitete lange als Krankenschwester, bis sie vor kurzem wegen Rückenbeschwerden vorzeitig berentet wurde.

Die Klientin berichtet, dass sie vor vielen Jahren mit ihrem inzwischen erwachsenen Sohn auf Empfehlung der Klassenlehrerin eine Erziehungsberatung aufsuchte, wo sie ihren späteren Therapeuten kennen lernte. Nachdem sie einige Zeit später – ausgelöst durch ein schweres Erdbeben im Urlaub in der Türkei – in eine Krise geraten sei, habe sie sich erneut an denselben Therapeuten ge-

6.3 Dyaden mit TherapeutInnen mit viel interkultureller Erfahrung

	Patientin Frau Y.	**Therapeut Herr Z.**
Institution / Setting	Beratungsstelle / ambulant	
Behandlungsdauer	140 Sitzungen in 5 Jahren	
Therapiesprache(n)	Deutsch	
Anlass / Diagnose(n)	Krise / Angst, Depression	
Alter (in Jahren)	56	58
Alter bei Migration (in Jahren)	24	–
Bildung / Beruf	Krankenschwester	Psych. Psychoth. Tiefenpsychologie
Anzahl Patienten mit Migrationshintergrund	–	> 50
Repertory Grid: Anzahl Konstrukte	Ohne Abb.	Ohne Abb.

Tabelle 6.13: Dyade Patientin Frau Y. und Therapeut Herr Z.

wandt, da ihre Anfragen bei türkischen Therapeuten erfolglos blieben bzw. mit mindestens ein bis zwei Jahren Wartezeit beantwortet wurden. Die Frage nach Sprachproblemen in der Therapie beantwortet die Klientin schmunzelnd mit: »Wir verstehen uns schon.« Im Allgemeinen gebe es keine Probleme und der Therapeut spreche von sich aus langsam und deutlich. Er frage z. T. nach, ob sie alles verstanden habe, oder umschreibe Begriffe, die sie nicht kenne. Außerdem empfinde sie es inzwischen als positiv, dass sie einmal in der Woche gezwungen sei, »geordnet« Deutsch zu sprechen.

Über Unterschiede bzw. Gemeinsamkeiten zwischen sich und ihrem Therapeuten habe sie sich nie Gedanken machen müssen. Sie habe den Therapeuten schon aus der Erziehungsberatung gekannt und als hilfreich erlebt, sodass sie ihn von sich aus wieder aufgesucht habe. Von ihrem Therapeuten fühle sie sich trotz der Schicht- und Bildungsunterschiede gleichwertig behandelt. Er behandle sie »als Mensch, nicht als Arbeiterin oder Krankenschwester« und er habe viel »Menschlichkeit«. Da er von Anfang an keine Unterschiede zwischen sich und ihr gemacht habe, nehme sie selbst auch keine Unterschiede wahr, was sie ihm als Verdienst anrechnet. Kulturelle Unterschiede, führt sie aus, würden häufig überbewertet. Sie betrachte Kulturen als »verschiedene Äste« eines Baumes, die sich im Stamm vereinigen. Mit ihrem Therapeuten stimme sie darin überein, dass alle Menschen auf einer individuellen Ebene die gleichen Bedürfnisse nach »Frieden und Glück« hätten. Als Beispiel erwähnt sie ihre kurdische Herkunft und die politische Verfolgung ihres Volkes, die unnötiges Leiden bei den Familien beider Seiten verursache. Es entlaste sie, dass sie auch solche politischen Themen offen mit ihrem Therapeuten besprechen könne, der ihr dann beipflichte, dass alle Menschen das Recht hätten, in Frieden und Selbstbestimmung zu leben. Überhaupt habe er sich nie negativ über Kurden, Türken oder ein anderes Volk geäußert und sei stets sehr wertschätzend.

Herr Z. ist 58 Jahre alt und leitet eine Beratungsstelle in einem Stadtteil mit hohem Migrantenanteil. Das Gespräch, wofür er sich viel Zeit nimmt, findet in seinem Büro statt. Vorab berichtet Herr Z., dass türkische PatientInnen im Verhältnis zu ihrer Bevölkerungszahl im Stadtteil an der Einrichtung immer deutlich unterrepräsentiert gewesen seien, bis türkische MitarbeiterInnen beschäftigt worden seien. Inzwischen sei die Beratung von türkischen MigrantInnen fester Bestandteil in der Arbeit aller MitarbeiterInnen und liege z. T. sogar über dem Bevölkerungsanteil, was er sehr erfreulich findet.

Über seine Klientin berichtet Herr Z., dass sie in der Zusammenarbeit mit dem Sohn vor vielen Jahren »couragiert, souverän und kernig« auf ihn gewirkt habe, sodass er später in der Therapie über ihren »desaströsen Zustand« und das »wellenweise Auftreiben« ihres Leids überrascht und betroffen gewesen sei. Als hoffnungslos und belastend für sich habe er zeitweise die Vielzahl ihrer körperlichen Beschwerden und Erkrankungen erlebt. Dennoch, glaubt er, habe er sich einfühlen und die Entstehung ihrer körperlichen Leiden nachvollziehen können. Insgesamt seien seiner Ansicht nach »aktives Zuhören«, »anhaltendes Interesse zeigen« bzw. die Patientin »einfach kommen lassen« die hilfreichsten Interventionen gewesen, die auch zu einer nachhaltigen Verbesserung ihrer Schmerzen geführt hätten, was ihn selbst überrascht habe.

Der Therapeut vermutet, dass die Durchführung der Therapie in deutscher Sprache die Therapiebeziehung nicht belaste, aber für die Patientin eine viel größere Anstrengung bedeute als für ihn. Dagegen habe er ihren »Konkretismus« und manchmal die Aneinanderreihung scheinbar sinnloser Details ermüdend gefunden. Dennoch habe er dann z. T. gestaunt, wie diese Erzählungen sich unerwartet zu tiefer liegenden Traumen verdichtet hätten. Er nimmt an, dass der Abstand zur türkischen Sprache im Fall seiner Klientin sogar förderlich gewesen sein könnte, da sie sich keine Gedanken darüber machen musste, wie ein türkischer Therapeut zu ihrer kurdischen Herkunft stehe. Zeitweise habe er dennoch überlegt, dass eine muttersprachliche und homokulturelle Therapie wegen der Paarproblematik hilfreich sein könnte. Jedoch habe er hierfür ausreichend Unterstützung bei einer türkischen Kollegin und in der Supervision gefunden.

Herr Z. empfindet insbesondere die große zwischenmenschliche Verbundenheit bei vielen türkischen KlientInnen als persönliche Bereicherung. Sie würden der »zwischenmenschlichen Dimension« viel Bedeutung beimessen, wodurch viel emotionale Wärme und Engagement entstehe, was bei deutschen Klienten teilweise abhanden gekommen sei.

Therapeut und Klientin äußern sich beide sehr positiv übereinander. Beide betonen gegenseitig die besondere Menschlichkeit und emotionale Wärme des anderen, sodass eine hohe Übereinstimmung in den Beurteilungskategorien des Repertory Grid (ohne Abb.) herrscht, die beide frei generiert haben. Sehr harmonisch und nahezu ideal beschreibt v. a. die Klientin die gemeinsame Therapiebeziehung, während der Therapeut auch auf seine Belastung eingeht, die teilweise parallel zur Entlastung seiner Klientin stattgefunden zu haben scheint. Die Intensität des Therapieprozesses zeigt sich auch in der Dauer: Ca. 140 Sitzungen in fünf Jahren haben trotz sprachlicher Schwierigkeiten eine sorgfältige Feinabstimmung zwischen Klientin und Therapeut auf allen wesentlichen Beziehungsebenen und Problembereichen ermöglicht.

6.4 Vorläufige Schlussfolgerungen aus den Dyaden

Zum einen fällt in den einzelnen Dyaden auf, dass TherapeutInnen und KlientInnen häufig sehr hohe Zufriedenheit mit der Therapiebeziehung angeben. Das ist u. a. auf einen Selektionseffekt zurückzuführen, da TherapeutInnen am wahrscheinlichsten die KlientInnen um Teilnahme bitten, zu denen sie ein gutes Verhältnis haben. Verstärkend kommt hinzu, dass v. a. die KlientInnen mit einem positiven Verhältnis zur TherapeutIn zustimmen.[2] Demgegenüber sind strukturelle Problembereiche evident. Zum einen fällt die hohe Belastung der untersuchten KlientInnen mit z. T. langen Wartezeiten bzw. Überweisungswegen auf. Dennoch finden KlientInnen nicht in allen Fällen eine Behandlung, die

---

2 Im Vorfeld dieser Untersuchung war geplant, TherapeutInnen zu bitten, eine »gute« bzw. eine »schlechte« Therapiebeziehung in die Untersuchung einzubringen. Dieses Vorhaben wurde jedoch in der Pilotphase aufgegeben, da befragte TherapeutInnen diese Unterscheidung nicht unterstützten.

ihren Bedürfnissen entspricht. Am hinderlichsten ist die Sprachbarriere, die nur in einem Fall durch professionelle Sprachvermittlung geebnet wurde.

In der Stichprobe fällt auf, dass muttersprachliche und nicht-muttersprachliche TherapeutInnen, die erfahren in der Arbeit mit MigrantInnen sind, v. a. in Einrichtungen mit migrantenspezifischem Schwerpunkt anzutreffen sind. In fünf Beratungsstellen wird teilweise seit der Gründung, teilweise nach Umstrukturierungen bewusst eine zielgruppenspezifische Arbeit für MigrantInnen angeboten. PatientInnen zeigen hohe Eigeninitiative, um in diese Einrichtigen zu gelangen, da sie häufig persönliche Empfehlungen erhalten haben. Andere Beratungsstellen ohne muttersprachliche MitarbeiterInnen bzw. kultursensibles Angebot, die angefragt wurden, hatten in der Regel so selten MigrantInnen in Behandlung, dass sie antworteten, im dreimonatigen Erhebungszeitraum keine KlientInnen einbringen zu können.[3] Dieser Befund bestätigt die zuvor diskutierte Hypothese von hohen Zugangsbarrieren zu Regeleinrichtungen.

Hegemann (2001) nimmt an, dass PatientInnen mit Migrationshintergrund in Einrichtungen mit kulturuniversalistischen Problem- bzw. Behandlungskonzepten wie in der Psychiatrie oder in ambulanten Regeleinrichtungen am stärksten benachteiligt werden. Dort werden meist auf der Ähnlichkeit von Menschen basierende Standardbehandlungen angeboten, sodass wenig Raum für kulturelle Differenzierungen gegeben ist. Demnach ist die Unterversorgung von Migranten kein fachliches, sondern ein strukturbedingtes Problem. Umgekehrt finden günstige Veränderungen immer dort statt, wo Rahmenbedingungen sensibel gestaltet und den Bedürfnissen der Patienten angepasst werden (Erim et al. 2000; Zimmermann 1994; Cranach 2005; Schmeling-Kludas 2005; Schepker/Toker 2005).

---

3 Der Bevölkerungsanteil von MigrantInnen wird im betreffenden Zeitraum und Befragungsgebiet mit über 23 % angegeben (Bundesamt für Migration und Flüchtlinge 2007).

7 Zusammenfassung der Repertory Grids

7.1 Kategorien aus den Grid-Interviews

Der Überblick über verschiedene Grids (Kelly 1955/1983), die hier nicht alle in den Einzelinterviews dargestellt wurden, zeigt, dass sich die Anordnung der Elemente z. T. über mehrere ProbandInnen hinweg ähnelt. Beispielsweise überlappen sich bei KlientInnen mehrmals die Elemente »Ideal-Selbst« und »Aktuelle-TherapeutIn«, was den Wunsch nach Identifikation mit der Therapeutin abbildet. Von Interesse ist, ob idiografisch hervorgebrachte Konstrukte Gemeinsamkeiten zwischen Klienten bzw. Therapeuten auf einer semantischen Ebene aufweisen, die als vorläufige Arbeitskategorien für die Auswertung der jeweiligen Interviews genutzt werden können.

In diesem Abschnitt werden Konstrukte aus den Repertory Grids inhaltlich analysiert und zu semantischen Kategorien zusammengefasst, um potenziell übergeordnete Kriterien für die Beurteilung der therapeutischen Beziehung seitens der KlientInnen bzw. TherapeutInnen zu gewinnen. Zunächst folgen Konstrukte bzw. Kategorien der PatientInnen.

7.1.1 Vorläufige Kategorien aus Klientensicht

PatientInnen generierten am häufigsten Konstrukte, in denen die therapeutische Achtsamkeit und das Einfühlungsvermögen thematisiert werden. Qualitäten wie Achtung, Offenheit, Hilfsbereitschaft, Interesse, Verständnis, Geduld, Ruhe und emotionales Engagement sind direkt bzw. indirekt beobachtbare Verhaltensweisen. Meist sind sie enthalten in freundlicher Mimik und Gestik, Höflichkeitsformen, aufmerksamem Frage- und Zuhörverhalten. Gegenübergestellt werden diesen positiven Therapeuten-Merkmalen z. B. unbewegte Mimik, unbedachtes Benehmen, schwankende Zuwendung, rein sachliche Haltung, nicht erkennbare Emotionen und vorschnelle Urteilsbildung.

Beobachtbare Verhaltensweisen wie Ausstrahlung und Auftreten der TherapeutIn werden also mit zunächst weniger gut beobachtbaren Fähigkeiten wie Empathie und Hilfsbereitschaft assoziiert. Damit erhalten anfängliche In-

7 Zusammenfassung der Repertory Grids

Konstrukte PatientInnen (Konstruktpol / Gegenpol)	Kategorien PatientInnen
Sich kümmern / Arrogant, unhöflich	Ausstrahlung
Höflicher Umgang / Ernste Mimik	Achtsamkeit
Aufmerksam / Unsensibel	Einfühlungs-
Fähigkeit, den Menschen zu achten / Oberflächlich, uninteressiert	vermögen Offenheit
Erfahrung im Umgang mit Menschen, offen / Plump, unvorsichtig	
Geduldig sein / Ungeduldig	
Ruhige Art, Gelassenheit / Nicht zuhören	
Launisch / Stabil; Gereizt / Ruhig	
Warmherzig, verständnisvoll / Ignorant	
Hilfsbereit / Neutral	
Solidarität, Hilfsbereitschaft / Egoismus	
Offenheit / Distanziertheit	
Schlechtes Einfühlungsvermögen / Sensibilität	
Sich nicht hineinversetzen / Herzlich sein	
Zuhören können / Nicht verstehen können	
Schnell verurteilen / Hineinversetzen können	
Ehrgeizig, engagiert / Lustlos, nicht engagiert	
Gleicher kultureller Hintergrund / Kulturelle Verschiedenheit	Berücksichtigung kultureller und migrationsspezifischer Differenz
Kulturell flexibel / Auf eigene Kultur eingeengt	
Im Ausland aufgewachsen sein / Dazugehören	
Familie und soziale Beziehungen sind wichtig / Unsozial, undemokratisch	
Kulturell und sprachlich kompetent / Nicht menschlich, kaltherzig	
Richtige Lösungen finden / Unachtsam sein	Passende Lösungen
Positiv denken, eigenen Weg finden / Unachtsam sich selbst gegenüber	
Lösungen suchen / Keine Lösungen finden	
Hilfe suchen / Keine Hilfe annehmen	
Ziel ist Verbesserung / Keine Hoffnung haben	
Unerfahren / Wissend	Erfahrung
Erfolgreich / Ungeschickt	Erfolg

Tabelle 7.1: Vorläufige Kategorien aus Klientensicht

teraktionen wie telefonischer und persönlicher Erstkontakt große Bedeutung. Plausibel ist, dass KlientInnen ausgehend von der anfänglichen Begegnung auf den möglichen Erfolg der bevorstehenden Therapie schließen. Dem Spektrum der hervorgebrachten Konstrukte nach zu urteilen, schreiben PatientInnen bestimmten Verhaltensweisen wie emotionaler Wärme, ruhiger Ausstrahlung, Höflichkeit und Offenheit Signalcharakter zu, die eher mit einer hilfreichen therapeutischen Beziehung assoziiert werden als andere.

Konstrukte, in denen die Berücksichtigung kultureller, migrations- oder minoritätenbedingter Differenz benannt wird, werden am zweithäufigsten formuliert. Hiermit sind seltener die Zugehörigkeit der TherapeutIn zum eigenen Kulturraum an sich gemeint als vielmehr ihre kulturelle Selbstreflexion, Offenheit bzw. Flexibilität, was unter dem Begriff interkulturelle therapeutische Kompetenz zusammengefasst werden kann. Als Beispiele werden angeführt, dass Therapeuten die Bedeutung sozialer bzw. familiärer Bindungen für ihre Klienten wertzuschätzen wissen bzw. Ausgrenzungserfahrungen von MigrantInnen in Deutschland anerkennen. Das Gegenteil, nämlich fehlende Anerkennung und Offenheit gegenüber kultureller Vielfalt, wird u. a. mit Eigenschaften wie undemokratisch, unsozial, unmenschlich und kaltherzig beschrieben. Diese Bewertungen beinhalten u. a. eine affektive Komponente. Das legt nahe, dass der kulturellen bzw. migrationsspezifischen Anerkennung trotz weniger Nennungen von Klienten ein wichtiger Stellenwert eingeräumt wird. Außerdem ist anzunehmen, dass bereits Merkmale der ersten Kategorie (Einfühlungsvermögen, Offenheit) Wertschätzung kultureller bzw. migrationsspezifischer Faktoren einschließen, die daher nicht gesondert benannt werden.

Genauso häufig wie die Berücksichtigung kultureller Differenz wird der Wunsch nach unterstützender Hilfe bei der Suche nach angemessenen Lösungen genannt. Als mögliche Verstehens-Basis für eine angemessene Lösungssuche wird meist der kulturelle, z. T. auch strukturelle Kontext eingebracht (z. B. die Mutterrolle). Zur Beschreibung der Therapiebeziehung verwenden Klienten am seltensten professionelle Eigenschaften wie Erfahrung bzw. Erfolg, was in zweierlei Richtung gedeutet werden kann. Entweder werden diese Eigenschaften als selbstverständlich erachtet und daher nicht gesondert erwähnt oder professionelle Merkmale wie Erfahrung und Erfolg haben in den Augen der befragten KlientInnen gegenüber zwischenmenschlichen Eigenschaften eine nachrangige Relevanz bzw. drücken sich in einer helfenden Beziehung gerade in den menschlichen Fähigkeiten des Terapeuten aus.

7.1.2 Vorläufige Kategorien aus Therapeutensicht

Konstrukte TherapeutInnen (Konstruktpol / Gegenpol)	Kategorien TherapeutInnen
Gute Ressourcen / Wenig Ressourcen	Souveränität
Problemorientiert / Fähigkeitenorientiert	Selbstbestimmung
Zielstrebigkeit / Passivität	
Umsorgt werden als Lebensziel / Selbstständigkeit als Lebensziel	
Hohe Erwartungen / Selbstständigkeit	
Fatalismus / Unabhängigkeit	
Selbstbewusst / Unsicher, hilflos	
Selbstbestimmt / Fremdbestimmt	
Mehrere Problemlagen / Eingegrenzte Thematik	
Belastet / Hat sein Leben im Griff	
Belastbar / Überfordert	
Leidensdruck, Notlage / Erfahrung mit Problematik	
Kennt sich aus, orientiert / Beeinflussbar	
Primäre Bedürfnisorientierung / Differenziertheit	
Respektperson, gefestigte Persönlichkeit / Unsicher, schwach, unterlegen	
Stark / Lasch	
Rollenkonform, abhängig / Fähig zur Selbstentwicklung	
Vorwurfshaltung / Eigenverantwortung	
Begriffsstutzigkeit hinsichtlich der eigenen Grenzen / Bescheidenheit	
Bereitschaft, aktiv etwas zu ändern / Nichts ändern wollen, jammern	Selbstreflexion, Veränderungsbereitschaft
Umsetzungsbereitschaft / Klagend	
Veränderungsmotiviert / Starre	

Tabelle 7.2: Vorläufige Kategorien aus Therapeutensicht

Der hohe Abstraktionsgrad, der sich in den meisten Therapeutenkonstrukten widerspiegelt, kann als Hinweis auf die Professionalität in der Beschreibung von Personen bzw. Beziehungen gewertet werden. TherapeutInnen bringen in erster

7.1 Kategorien aus den Grid-Interviews

Streben nach Wahrhaftigkeit / Verdrängen, verleugnen	
Interessiert und neugierig sein / Stagnierend, konservativ	
Kooperativ / Widerständig	
Auf das Wesentliche zu sprechen kommen / In Nebensächlichkeiten bleiben	
Zähigkeit, Dickköpfigkeit / Nachgiebigkeit	
Reaktant / Offen, aufgeschlossen	
Keine Reflexionsbereitschaft / Reflexionsbereitschaft	
Bereitschaft zur Selbstreflexion / Konservativ	
Motiviert / Unmotiviert	
Hohe Therapiemotivation / Keine Motivation	
Blockiert sein / Befreiung	
Ehrlich, Schwächen zugeben / Ausreden	
Ehrlich sein / Lügen aus Ängstlichkeit	
Bewusstes Gestalten v. Beziehungen / Unkontrolliertes Leben von Beziehungen	Beziehungs- und Kommunikationsfähigkeit
Mitteilungsbereitschaft / Verschlossenheit	
Verschlossen / Direkt im Verhalten	
Persönlicher in Kontakt gehen / Distanziert sein	
Zwischenmenschlicher Kontakt / Überbetont sachlich	
Abgegrenzt sein / Grenzen nicht einhalten	
Flexibel im Umgang mit Nähe / Distanziertheit	
Sich auf therapeutischen Beziehung einlassen / Abwehr, Distanziertheit	
Partnerschaftlich / Autorität, dominant	
Dominanz / Anpassung, sich führen lassen	

Tabelle 7.2: Vorläufige Kategorien aus Therapeutensicht (Fortsetzung)

Linie Konstrukte hervor, die die Souveränität und Selbstbestimmung der Person hervorheben: Verfügbarkeit von Ressourcen, Selbstständigkeit, Eigenverantwortung, Unabhängigkeit und Selbstbewusstsein sind Kriterien, die einen hohen Grad an psychischer Integrität und Stärke voraussetzen und bei der Beurteilung von PatientInnen zugrunde gelegt werden. Diesen Eigenschaften werden

Einfühlsam / Unempathisch	Empathie
Ausstrahlung, Zugewandtheit / Abgewandt, Trockenheit	
Lebendigkeit, Freundlichkeit, Wärme / Starrheit, Kälte	
Gelassenheit / Angespannt, alles auf sich beziehen	
Offenheit / Befangenheit	
Verständnisvoll / Verständnislos	
Warmherzigkeit / Abwertend	
Flexibel, kreativ / Rigide, geht nicht auf andere ein	
Durchlässig für persönlich-emotionale Dimension / Gepanzertsein	
Professionelle Rolle / Menschlich, herzlich	
Fremdes Temperament / Gleiche »Sprache«	Kulturdifferenz
Praktische Sprach- & Kulturkompetenz / Theoretisches Kulturwissen	Kulturkompetenz

Tabelle 7.2: Vorläufige Kategorien aus Therapeutensicht (Fortsetzung)

Merkmale wie hohe Problembelastung, Passivität, hohe Außenerwartungen, Konformität, Fatalismus, Unsicherheit und Abhängigkeit gegenübergestellt.

Eine weitere wichtige Kategorie ist die wahrgenommene Selbstreflexion und Veränderungsbereitschaft von PatientInnen. Darunter fallen Merkmale wie die vorhandene Motivation zur Veränderung und die Fähigkeit, therapeutische Ergebnisse im Alltag umzusetzen (siehe auch »therapeutische Realisierungen« nach Orlinsky et al. 2004). Ebenfalls in hoher Anzahl werden Kriterien angeführt, die in der nächsten Kategorie zusammengefasst sind. Diese beinhaltet die Fähigkeit, sich in Beziehung zu setzen, zu kommunizieren, soziale Interaktion und Zusammenarbeit zu gestalten. Zum einen ist die Fähigkeit zur Gestaltung von Beziehungen im Allgemeinen angesprochen, zum anderen die Bereitschaft zur therapeutischen Beziehung. In dieser Kategorie sind Eigenschaften wie Mitteilungsbereitschaft, Offenheit, Kontaktfähigkeit, Direktheit, Kooperation, flexible Handhabung von Nähe bzw. Distanz, Abgrenzungsfähigkeit und Anpassungsfähigkeit zusammengefasst.

Als weitere Kategorie können Eigenschaften zusammengefasst werden, die die Empathiefähigkeit von KlientInnen beinhalten. Hier werden vergleichbar den Patientenkonstrukten Eigenschaften wie Einfühlungsvermögen, Verständnis, Zuwendung und positive Ausstrahlung aufgeführt. Nur vereinzelt thematisieren TherapeutInnen kulturelle Differenz bzw. den Umgang damit (letzte Kategorie).

7.1.3 Diskussion vorläufiger Kategorien

Für die 53 Therapeutenkonstrukte ergeben sich Schnittmengen, die in den folgenden fünf vorläufigen Kategorien zusammengefasst wurden: Souveränität, Selbstbestimmung; Selbstreflexion, Veränderungsbereitschaft; Beziehungs- und Kommunikationsfähigkeit; Empathie; Kulturdifferenz, Kulturkompetenz. Für die 32 Klientenkonstrukte ergeben sich vier Kategorien: Ausstrahlung, Achtsamkeit, Einfühlungsvermögen, Offenheit; Berücksichtigung kultureller und migrationsspezifischer Differenz; Passende Lösungen; Erfahrung und Erfolg.

Es fällt auf, dass sich Klienten- und Therapeutenkonstrukte wenig überschneiden. Außerdem bestehen Diskrepanzen im Abstraktionsgrad beider Seiten: KlientInnen richten ihre Aufmerksamkeit auf eine konkret beobachtbare, höflich aufmerksame bzw. emotional engagierte Haltung seitens der TherapeutInnen und verbinden damit therapeutische Fähigkeiten wie Einfühlungsvermögen, Verständnis und Offenheit. Dagegen konzentrieren sich TherapeutInnen z. B. auf abstrakte Eigenschaften wie Selbstbestimmtheit und Souveränität.

KlientInnen und TherapeutInnen beziehen sich teilweise auf unterschiedliche Instanzen bzw. Ebenen in der therapeutischen Situation: KlientInnen betonen überwiegend unterstützendes Verhalten von TherapeutInnen, wobei sie indirekte Kommunikationsformen hervorheben. Aus dem nonverbalen Verhalten wie Mimik und Gestik entnehmen sie z. B. Hinweise auf das Einfühlungsvermögen und die Geduld der TherapeutInnen. Dieses Verhalten stellt eine notwendige Voraussetzung für das Gefühl dar, verstanden bzw. angenommen zu werden. TherapeutInnen richten ihr Augenmerk stärker auf internale, subjektbezogene Fähigkeiten der KlientInnen wie Selbstbestimmung und Veränderungsbereitschaft. Außerdem beziehen sie in ihre Bewertung v. a. Beziehungs- und Kommunikationsfähigkeit ein, also Eigenschaften, die unmittelbar im therapeutischen Kontakt zum Tragen kommen.

Kritisch hervorgehoben werden soll hier die hohe Erwartung von Veränderungsbereitschaft, die in Therapeutenkonstrukten breiten Raum einnimmt. Reflexionsvermögen, Neugier, Veränderungsmotivation, aktive Umsetzung der

Therapieinhalte können von Klienten nicht immer erbracht werden. Das Fehlen von aktiver Veränderungsbereitschaft wird mit Eigenschaften wie »Starre, konservativ, stagnierend, klagend, jammervoll« assoziiert, obgleich alternativ Erschöpfung oder Überforderung die Ursache sein können, die als aktueller Therapieanlass legitim sein sollten. Obwohl die Betonung von Veränderung als Ziel von Therapie plausibel erscheint ist, ist überraschend, dass das Bedürfnis nach Sicherheit, Stabilität und Stärkung bzw. die Angst vor Veränderung von TherapeutInnen kaum beachtet wird. Besonders vor dem Hintergrund von ungewollten und häufigen Zäsuren in der Lebensgeschichte von MigrantInnen durch veränderte Lebensanforderungen sollte es zumindest denkbar sein, dass diese in einer Therapie zunächst einen geschützten Raum frei von weiteren Veränderungsanforderungen suchen.

KlientInnen suchen in belastenden Ausgangssituationen einer Therapie auf, mit der sie eine zukünftige Verbesserung ihres Befindens verbinden, jedoch assoziieren sie scheinbar nicht in erster Linie die Veränderung ihres eigenen Verhaltens damit. Davon ist insbesondere auszugehen, wenn eine externale Störungsattribution besteht (z. B. veränderte und deshalb krankmachende Umwelt). Veränderungsverständnis bzw. Erwartungen an die Therapie aus der Perspektive von TherapeutInnen und KlientInnen können sich vor diesem Hintergrund deutlich unterscheiden, worauf in der Auswertung der Interviews geachtet werden soll.

Die Patienten-Kategorien zur Beurteilung der Instanzen in einer Therapiebeziehung legen nahe, dass die Erwartungen der KlientInnen sehr aufmerksam auf die zwischenmenschliche Kommunikation (communicative attunement, Orinsky et al. 1994) bzw. die affektive Ebene der Therapiebeziehung (bond, Bordin 1979) gerichtet sind. Demgegenüber wird die Aufgaben- bzw. Zielebene (task & goal, Bordin 1979) zunächst scheinbar vernachlässigt bzw. auch hierin v. a. die Erwartung nach Unterstützung formuliert. Vermutet wird, dass eine wohlwollende Haltung für KlientInnen von Bedeutung für die Selbstöffnung und Entlastung ist, die aus Klientensicht charakteristisch für die Therapiesituation sind. Dagegen prüfen TherapeutInnen z. B. die Autonomieentwicklung und fokussieren auf abstrakte Aufgaben- und Zielebenen, für die sie ausgebildet sind. Bei der Auswertung der Leitfaden-Interviews ist von Interesse, ob dort abgeleitete Kategorien ähnliche Inhalte bzw. Schwerpunkte aufweisen.

8 Strukturelle Rahmenbedingungen

Nachdem TherapeutInnen und KlientInnen zunächst paarweise dargestellt wurden, werden die Dyaden im Folgenden fallübergreifend betrachtet. Dazu werden in diesem Abschnitt vorweg Kontextfaktoren wie Problemhintergründe, Dauer der Behandlung, Zugangswege etc. analysiert, um aktuelle Bedingungen und Entstehungsumstände der untersuchten Therapiebeziehungen zu kennen.

8.1 Problemhintergründe

Es konnten 12 der 13 von TherapeutInnen vorgeschlagenen PatientInnen und KlientInnen persönlich befragt werden. Ein Klient, der aufgrund staatlicher Verfolgung in der Türkei politisches Asyl in Deutschland beantragt hatte, verweigerte das Interview aus Angst, dass seine Daten missbraucht werden könnten (siehe Darstellung Therapeutin Frau U., Abschnitt 6.3.2 auf Seite 128).

KlientInnen berichteten in den meisten Fällen von chronischen Partnerschafts- und Familienkonflikten als Therapieanlass. Weiterhin wurden Depression, Arbeitskonflikte, allgemeine psychische Erschöpfung, chronische Schmerzen, Trennungskrisen, Suizidversuche, Schlafstörungen und sexuelle Störungen als Anlass genannt. Die Patientenangaben stimmten in allen Fällen weitgehend mit den von den TherapeutInnen angegebenen Anlässen bzw. Beschwerdebildern überein. Ergänzend machten TherapeutInnen diagnostische Angaben wie Angststörung, Anpassungsstörung, depressive Persönlichkeit, impulsive Persönlichkeitsstörung, Posttraumatische Belastungsstörung und Zwangsstörung.

Auffällig ist die Häufung belastender bzw. traumatischer Lebensereignisse in den Problemhintergründen wie Kindstod, Folter, Flucht, Erdbeben, sexueller Missbrauch, häusliche Gewalt und chronische Erkrankungen. Demgegenüber sind nur vereinzelt Behandlungsversuche in der Vergangenheit feststellbar. Keine/r der befragten KlientInnen berichtet von einer erfolgreichen früheren Therapie, jedoch werden in der Vorgeschichte z. T. Kriseninterventionen

(Frau K., Herr Ö.) bzw. weniger erfolgreiche Therapieversuche (Frau K., Frau M., Frau O.) angegeben.

8.2 Behandlungsdauer

Die Dauer von Beschwerden wird von den Betroffenen häufig mit lebensgeschichtlichen Zeitangaben benannt (Geburt eines Kindes, Eheschließung, Migration, Arbeitslosigkeit etc.). Die subjektiv bemessene Störungsdauer steigt proportional zum Lebensalter von ca. einem (Frau G.) bis zu über 20 Jahren (Frau O.). Dadurch variiert auch die Behandlungsdauer erheblich, dennoch hängt sie nicht nur von der Beschwerdedauer ab. Es wurden keine Einschränkungen bei der Auswahl der ProbandInnen hinsichtlich der Beschwerde- oder Behandlungsdauer gemacht. Ziel war es, möglichst viele Stadien der Therapiebeziehung unter unterschiedlichen Voraussetzungen einzuschließen. Die Anzahl der Sitzungen betrug zwischen 3 und 140 Sitzungen. Die Hälfte der PatientInnen befand sich weniger als 6 Monate, im kürzesten Fall 3 Wochen in Therapie (Frau O). Die andere Hälfte der PatientInnen war zwischen einem und längstens seit etwa 5 Jahren in Therapie (Frau Y., Herr Ö.).

Kurze Therapiedauern gingen v. a. im Rahmen (teil-)stationärer Settings in die Studie ein. Außerdem zeigt sich, dass bei TherapeutInnen mit viel interkultureller Erfahrung bzw. Muttersprachenkenntnissen längere Therapien anzutreffen sind, während bei TherapeutInnen mit wenig interkultureller Erfahrung überwiegend kurze Behandlungen angetroffen wurden. Die Variablen »kurze Behandlungsdauer«, »stationäre Behandlung« und »TherapeutInnen mit wenig interkultureller Erfahrung« treten gehäuft gemeinsam auf. Es fällt auf, dass keine der Therapien bei TherapeutInnen ohne interkulturelle Erfahrungen im Rahmen einer niedergelassenen Praxis stattfindet. Die Arbeitsbeziehungen mit Therapeuten ohne interkulturelle Expertise kamen v. a. in Krisen und auf institutionellen Überweisungswegen zustande, was im Vergleich zu einer persönlichen Empfehlung die Bildung von Vorschussvertrauen erschwert.

8.3 Sprachkenntnisse der PatientInnen

PatientInnen wurden gefragt, welche Sprache sie in der Therapie vorziehen bzw. ob sie sich in der Lage sehen, die Therapie auf Deutsch durchzuführen. Insgesamt drei von zwölf PatientInnen (Frau A., Frau O., Herr Ö.) erwähnten sehr große Sprachprobleme im Deutschen und zogen eindeutig die türkische Sprache vor. Zwei von diesen PatientInnen waren dennoch bei deutschsprachigen TherapeutInnen in Behandlung. Alle anderen PatientInnen sahen sich in der Lage, auf Deutsch Gespräche zu führen, führten in der Mehrheit dennoch sprachliche Schwierigkeiten an, die eine Therapie verzögern und sie verunsichern würden. Mit drei Ausnahmen (Frau K., Frau V., Frau Y.) betonten alle PatientInnen, dass sie bei emotionalen Inhalten die Möglichkeit vorziehen, ihre Muttersprache zu nutzen.

Das Sprachverhalten in der Interviewsituation kann ebenfalls als Indikator für Sprachpräferenzen gewertet werden: Den KlientInnen wurde angeboten, das Gespräch auf Türkisch oder Deutsch zu führen. Insgesamt vier KlientInnen (Frau A., Frau O., Herr Ö., Frau E.) antworteten ausschließlich auf Türkisch. Drei KlientInnen sprachen in etwa gleichwertigem Wechsel Deutsch und Türkisch (Frau S., Frau Y., Herr I.), wobei alle drei in der Erstsprache auf Türkisch sozialisiert sind und im zunehmenden Interviewverlauf häufiger bzw. ganz ins Türkische wechselten. Ihre Bereitschaft, das Interview zu Beginn auf Deutsch zu führen, ist u. a. auf ihr Entgegenkommen der Interviewerin gegenüber zurückzuführen, da bekannt war, dass die Interviews später ins Deutsche übertragen und ausgewertet werden. Fünf KlientInnen antworteten überwiegend auf Deutsch und benutzten nur gelegentlich türkische Wendungen (Frau B., Frau G., Frau K., Frau M., Frau V.).

Die deutschen Sprachkenntnisse der PatientInnen variierten also stark. Dennoch fanden sich auch bei ausschließlich deutschsprachigen TherapeutInnen solche KlientInnen, die eindeutig türkische Sprachpräferenzen zeigten. Sie hatten nicht die Möglichkeit, türkischsprachige Therapeuten zu konsultieren. Umgekehrt finden sich bei muttersprachlichen TherapeutInnen auch PatientInnen, die sich sehr gut auf Deutsch verständigen können, es jedoch als Erleichterung bzw. Gewinn empfinden, beide Sprachen benutzen zu können.

8.4 Kulturelle und institutionelle Kontexte der Therapeuten

TherapeutInnen wurden überwiegend auf schriftlichem Weg bzw. über KollegInnen kontaktiert. Das entscheidende Kriterium für die Aufnahme in die Studie war die aktuelle Behandlung mindestens einer KlientIn türkischer Herkunft, die sich ebenfalls zur Teilnahme an der Studie bereit erklären würde.

Vier TherapeutInnen, zwei in einer Beratungsstelle mit migrantenspezifischem Angebot (Frau F., Frau H.) und zwei in Praxisniederlassungen (Frau C., Frau J.), behandelten aufgrund ihrer türkischen Sprachkenntnisse seit 6 bzw. 25 Jahren überwiegend türkische PatientInnen. Alle vier TherapeutInnen thematisierten den eigenen Migrationshintergrund als bedeutsam für die Arbeit mit MigrantInnen. Drei muttersprachliche TherapeutInnen absolvierten in der Türkei türkisch- und deutschsprachige Schulen und kamen zum Studium nach Deutschland. Eine davon wuchs als Kind von europäischen MigrantInnen in der Türkei auf, sodass sie in umgekehrter Richtung über Migrationserfahrungen verfügte (Frau C.). Eine muttersprachliche Therapeutin (Frau J.), die in Deutschland geboren und zur Schule gegangen ist, schrieb sich nur bedingt eigene Migrationserfahrungen zu, ordnete sich aber in Abgrenzung zu deutschen KollegInnen einem türkischem Wissens- und Kulturhintergrund zu.

Vier von acht deutschsprachigen TherapeutInnen arbeiteten sehr selten mit PatientInnen mit Migrationshintergrund, drei waren in einer Klinik (Frau N., Frau O., Herr R.), eine in einer Beratungsstelle (Frau L.) beschäftigt. Im Gegensatz zu den Kliniken verfolgte die Beratungsstelle ein geschlechterspezifisches und kultursensibles Behandlungskonzept, jedoch verfügte die befragte Beraterin ähnlich wie die anderen TherapeutInnen dieser Gruppe nur über wenig Erfahrung in der Zusammenarbeit mit türkischen MigrantInnen. Keine der TherapeutInnen aus dieser Gruppe schrieb sich eigene Migrationserfahrungen zu, auch wenn eine Therapeutin einen arabischen Vater hatte.

Die vier übrigen deutschsprachigen TherapeutInnen arbeiteten häufig mit KlientInnen türkischer oder anderer Herkunft; drei im Rahmen einer Beratungsstelle mit institutionell verankertem Migrationsschwerpunkt (Frau T., Frau U., Herr Z.). Eine Therapeutin (Frau W.) behandelte türkische KlientInnen in ihrer Praxis. Sie hatten sich durch ihre langjährige Arbeit mit MigrantInnen in einer Klinik und in Fortbildungen spezifisches Kulturwissen und interkulturelle Handlungskompetenzen angeeignet. Zwei TherapeutInnen dieser Gruppe verfügten wie die muttersprachlichen TherapeutInnen über einen eigenen Migrationshintergrund. Eine von ihnen war jedoch deutschsprachig aufgewachsen, sodass nur eine TherapeutIn dieser Gruppe eigene Migrationserfahrungen wie den Verlust von Heimat und Muttersprache als belastend thematisierte.

Damit ergeben sich drei Gruppen von TherapeutInnen, die sich im Grad von Sprach- und Kulturwissen und interkultureller Expertise unterscheiden. Während die TherapeutInnen der ersten Gruppe über Muttersprachenkenntnisse, Kulturwissen und eigene Migrationserfahrungen verfügen, haben TherapeutInnen der dritten Gruppe überwiegend über ihre praktische Arbeit bzw. Fortbildungen interkulturelle Kompetenzen erworben. Die TherapeutInnen der zweiten Gruppe sind psychotherapeutisch vergleichbar gut ausgebildet und haben mit einer Ausnahme (Frau O.) eine ähnlich lange Berufserfahrung wie die anderen TherapeutInnen. Sie haben jedoch wenig Erfahrung in der Arbeit mit türkischen oder anderen MigrantInnen und verfügen in begrenztem Umfang über interkulturelle Kompetenz. Damit unterscheiden sie sich deutlich von den TherapeutInnen der beiden anderen Gruppen. Es fällt auch auf, dass die Einrichtungen, in denen sie arbeiten, mehrheitlich nicht darauf ausgerichtet sind, Therapie von MigrantInnen mit Sprachvermittlern zu unterstützen.

8.5 Zugangswege

Neun der zwölf PatientInnen hatten die Therapie selbstmotiviert auf Empfehlungen von Bekannten oder MultiplikatorInnen aufgesucht, während die übrigen vier überwiegend durch medizinische Überweisung in die Therapie gelangten. Drei der vier letzteren Therapien fanden bei deutschsprachigen TherapeutInnen statt, die zuvor nie bzw. selten mit PatientInnen mit türkischem oder anderem Migrationshintergrund gearbeitet hatten. Da sich in den Zugangswegen eine gruppenspezifische Verteilung nach Sprachkenntnissen bzw. kultureller Expertise der TherapeutInnen abzeichnet, werden diese nach Therapeutengruppen aufgeteilt dargestellt.

In der Gruppe muttersprachlicher TherapeutInnen suchen drei von fünf KlientInnen aufgrund persönlicher Empfehlungen Einrichtungen bzw. TherapeutInnen auf:

P: »Erstensmal wollt' ich eine, die die türkische Sprache beherrscht. [...] Und die die türkische Kultur gut kennt, das war mein Ziel, deswegen bin ich auch davor nicht gegangen zu einer anderen. Und durch eine Freundin hab' ich dann, hat sie dann gesagt, dass sie [die Therapeutin] halt dort [in der Türkei; Anmerkungen B. K.] geboren ist, dort eine Zeit lang halt gelebt hat, halt so wie wir, das war auch noch ein schöner Zufall, die konnte dann auch verstehen, was in einen anderen Land Gast ist. Und dadurch bin ich dann auch zu ihr« (Frau B., Abs. 11–13).[1]

---

1 Alle Zitate sind den Interviews mit KlientInnen bzw. TherapeutInnen unter Angabe des chiffrierten Namens und Interview-Absatzes entnommen. Zitate sind z. T. aus dem Türkischen übersetzt

P: »'Ne Freundin hat mir auch die Nummer von hier gegeben und ich hab'
auch im Internet und alles geguckt gehabt, also, da war die Nummer auch
da und die anderen waren alle in Hamburg oder irgendwo anders, und die
einzige Psychologinnenstelle in München war ja hier. Da hab' ich einfach
mal angerufen und wurde dann halt für Frau [...] [Name der Therapeutin;
Anmerkung B. K.]...« (Frau G., Abs. 7–9).

Beide Klientinnen wählen eine Therapeutin/Stelle, mit der eine Freundin bereits positive Erfahrungen gemacht hat. Sie wissen dadurch, dass die Therapeutin die türkische Sprache und Gepflogenheiten bzw. die Lebenssituation als Migrantin in Deutschland kennt, woran sie besseres Einfühlungsvermögen in ihre Probleme knüpfen. Demgegenüber wird das Einfühlungsvermögen deutscher TherapeutInnen angezweifelt: Während Frau B. trotz Bedarfs gewartet hat, gibt Frau G. an, dass sie zunächst keine Präferenz hatte. Dennoch erschien ihr die Empfehlung der Freundin so plausibel, dass sie sich ausschließlich auf die Suche nach türkischen TherapeutInnen begab.

In zwei anderen Fällen findet die Überweisung an niedergelassene türkischsprachige Therapeutinnen durch einen Psychiater bzw. einen Psychologen statt, einmal auf Wunsch der Klientin, im anderen Fall auf Empfehlung des Psychiaters:

P: »Es war so: Ich habe Nerven verloren, also vor Ende des Jahres kann
man sagen. Von Nerveneinbruch – oder ich hab' meine Nerven verloren. Dann habe ich, dann Betriebsärztin hat sofort behandelt, habe ich
eine Spritze bekommen. Nach dem Spritze meine Frau hat mich von der
Arbeit genommen und heimgebracht. Dann habe ich sofort meine Hausärztin gegangen nächste Tag und dann haben wir eine Psychotherapeut
gesucht. Ich möchte eine Psychotherapeut gehen, weil ich innerlich und
psychisch gestört habe, oder ich hab' so eine Gefühl gehabt, ich kann manche Dinge nicht mehr ertragen, ich möchte eine Psychotherapeut gehen
und meine Probleme erklären. Dann bin ich ein Telefonbuch aufgemacht
und dann geschaut, wo es in Nähe ein Psychotherapeut gibt. Dann habe
ich Psychotherapeut gefunden, der deutsche Psychotherapeut hat mich
Frau [...] [Name der Therapeutin] überwiesen, dass ich meine Probleme da als Türkisch erklären kann und besser mit ihm [ihr; Anmerkung

---

(entsprechender Hinweis in Klammern). Sprachliche Fehler im Deutschen sind nicht korrigiert; ggf. sind Anmerkungen/Ergänzungen zum besseren Verständnis angefügt.

B. K.] zurechtkommen kann. Der hat so gemeint. Ich glaube, des war auch richtig. Ich gehe zu ihr jetzt und erklär' ich meine Probleme« (Herr I., Abs. 8).

Herr I. nutzt seine Krise dazu, gezielt eine Psychotherapie aufzusuchen, da er seine Probleme am Arbeitsplatz nicht mehr erträgt. Bemerkenswert ist der Grad an Eigeninitiative, die der Patient, der an einer Zwangsstörung leidet, bereits am Tag nach seinem Zusammenbruch zeigt. Trotz fehlender Vorerfahrungen hat er die Hypothese, dass ihm eine Therapie bzw. ein Psychotherapeut helfen könnte. Er verfügt also über Informationen, dass Psychotherapie bei Zwängen hilft. Seine Hausärztin überweist ihn an einen Psychiater, auf dessen Veranlassung der Patient eine türkischsprachige Therapeutin aufsuchen kann. Im Nachhinein ist er froh über diese Empfehlung und bewertet sie als richtig. Jedoch bedeutet es auch, dass er zuvor nicht davon ausging, dass er von einer Behandlung bei einer muttersprachlichen TherapeutIn mehr profitieren würde.

Festzustellen ist, dass insgesamt vier von fünf muttersprachlichen Therapien auf Initiative der KlientInnen zustande kamen, wobei nicht alle eine muttersprachliche Therapie von vornherein präferierten. In einem Fall (Frau A.) fand eine fremdmotivierte Überweisung durch den Hausarzt und einen Neurologen in eine psychologische Beratungsstelle statt, von wo aus die Patientin an eine muttersprachliche Therapeutin weiterüberwiesen wurde. Zwar stand die Klientin einer psychologischen Behandlung eher widerstrebend gegenüber, da sie somatische Ursachen für ihre Schlafstörungen vermutete. Dennoch verhielt sie sich in ihrer Verzweiflung kooperativ und suchte die Therapeutin auf, die nach Hausarzt, Neurologe und einem Berater bereits die vierte Instanz in der Überweisungskette war.

Eine andere Klientin, die zuvor ihre Tochter auf Empfehlung der Schule in einer Beratungseinrichtung für MigrantInnen vorgestellt hatte, stellte im Gespräch mit einer Bekannten fest, dass auch Erwachsene dort Gespräche wahrnehmen können und wandte sich später mit einem eigenen Anliegen an dieselbe Therapeutin. Die hohe Eigenmotivation der Klientin stieß allerdings auf eine enorme Barriere, da für Erwachsene bei derselben Beratungsstelle eine lange Wartezeit bestand:

P: »Ich habe wegen meiner Tochter angefangen. Dann habe ich erfahren, dass auch Erwachsene Hilfe bekämen und Interesse hatte ich ohnehin, denn ich lese solche Bücher über Gesundheit und über die Ehe. Dann habe ich also angerufen, ob Erwachsene auch kommen dürfen. Ich habe einen Termin bekommen und auch ziemlich lange gewartet und dann angefangen. [...] Es sollten acht bis neun Monate Wartezeit sein, aber es klappte etwas früher. So habe ich angefangen« (Frau E., Abs. 7–9; Türkisch im Original).

KlientInnen lassen sich trotz langer Wartezeiten überraschenderweise nicht abschrecken und nutzen das Angebot auch nach vielen Monaten, was als Beleg für eine hohe Motivation, aber auch für hohen Leidensdruck und fehlende Alternativen gewertet werden kann.

Lange Wartezeiten kommen zum einen wegen der hohen Nachfrage, zum anderen wegen mangelnden Überweisungsmöglichkeiten an weiterbehandelnde Einrichtungen mit muttersprachlichem oder kultursensiblem Angebot zustande. Daher sind muttersprachliche Beratungsstellen z. T. gezwungen, PatientInnen mit einschlägigen Diagnosen längerfristig therapeutisch zu behandeln (Arslan et al. 1998; Baran 2002). So entsteht ein Teufelskreis, da sich die Wartezeit erhöht und mit der Wartezeit die Chronifizierung der wartenden bzw. aufzunehmenden Patienten zunimmt, was sich erneut verlängernd auf die Behandlungsdauer auswirkt, sodass knappe muttersprachliche Angebote dauerhaft überlastet sind.

Insbesondere bei den beiden niedergelassenen muttersprachlichen TherapeutInnen, die befragt wurden, scheint es fast unmöglich, einen Platz zu erhalten. In Stoßzeiten verzeichnet eine der befragten Therapeutinnen (Frau C.) über 25 telefonische Anmeldungen pro Woche, sodass sie im Vorfeld des Interviews berichtet, Mühe zu haben, alle Interessenten zurückzurufen, um ihnen abzusagen. Häufig sei sie dann mit der Enttäuschung und Verzweiflung bzw. dem Ärger der Hilfesuchenden konfrontiert.

Aufgrund der langen Wartezeiten bei muttersprachlichen TherapeutInnen geben einige KlientInnen an, zu deutschen TherapeutInnen auszuweichen. Zwei KlientInnen, die bei deutschsprachigen TherapeutInnen untergebracht waren, berichten, dass zuvor die Fortsetzung einer begonnenen muttersprachlichen Therapie gegen ihren Wunsch ausgesetzt wurde, da die Therapeutin keinen freien Therapieplatz mehr für sie hatte. Alternativ wurde ihnen empfohlen, auf stationäre Einrichtungen auszuweichen, ohne die anschließende Möglichkeit auf ambulante Weiterbehandlung anzubieten. Beide PatientInnen beziehen sich dabei auf dieselbe TherapeutIn, die selbst nicht befragt werden konnte.

In anderen Fällen, v. a. wenn ausreichende Sprachkenntnisse vorhanden sind und der Leidensdruck hoch ist, wenden sich PatientInnen selbst zielstre-

8.5 Zugangswege

big an Stellen mit deutschsprachigen TherapeutInnen, die ihnen empfohlen wurden:

P: »Therapie hab' ich die Adresse von dem Tagesheim bekommen, wo mein Kind in der Schule in Tagesheim geht. Da hab' ich bekommen und da hab' ich Termin ausgemacht. Und wollte erst die Frau [...] [Name der Therapeutin] nicht, weil ich bin von [...] [Name eines Stadtteils] und des is' ja [...] [Name eines anderen Stadtteils; Anmerkungen B. K.]. Sie wollte hier irgendeine mir empfehlen, da hab' ich gesagt: ›Nee, ich komm zu Ihnen!‹ [lacht]« (Frau S., Abs. 9).

Trotz des Versuchs der Therapeutin, die Klientin an Einrichtungen in ihrem eigenen Stadtteil weiterzuverweisen, besteht die Klientin auf ihrer Anfrage. Der Klientin ist wichtig, dass sie eine persönliche Empfehlung von einer Erzieherin ihres Sohnes erhalten hat. Dafür nimmt sie die Fahrt in einen anderen Stadtteil in Kauf. Im Nachhinein fühlt sie sich bestätigt, an ihrer Entscheidung festgehalten zu haben, da sie die Therapeutin als sehr erfahren erlebt:

P: »Ich glaub' fast, wenn ich ihr das erzählte, sie hat viele Ausländische gehabt und die kennt bisschen von den ganzen Vorgeschichten, deswegen versteht sie mich. [...] Weil, wenn ich mal sage, ich erzähle ihr auch meine ganze [Probleme], dann kann sie auch so mir ein konkrete Antwort geben, kommt mir so [vor; Ergänzungen B. K.]. Also, wenn Sie nur deutsche Patienten hätte, vielleicht wär's ganz anders. Doch, das weiß ich jetzt« (Frau S., Abs. 103–105).

Sie nimmt kulturelles Vorwissen aus der Erfahrung mit anderen MigrantInnen bei ihrer Therapeutin wahr, da diese sich spontan einfühlen und auf sie eingehen kann. Eine weitere Patientin, Frau Y., lernte ihren Therapeuten ca. ein halbes Jahr vor dem eigentlichen Therapiekontakt ebenfalls im Rahmen einer Erziehungsberatung kennen und bittet ihn später für sich selbst um Hilfe, um eine Wartezeit von ca. einem Jahr bei niedergelassenen türkischen TherapeutInnen zu vermeiden:

P: »Kein Arzt hat mich überwiesen. Mein Sohn hatte auch Probleme in der Schule gehabt und die Klassenleiterin hat uns empfohlen, erraten [eigentlich: geraten], dass wir die Herr [...] [Name des Therapeuten; Anmerkungen B. K.] mal besuchen. Dann hab' ich ihn gefragt: ›Dieselben Probleme hab' ich auch, ob ich zu Ihnen kommen darf?‹ Und da hat er gesagt: ›Ja, schau mer mal.‹ Dann haben wir angefangen [...]« (Frau Y., Abs. 8).

Zugangswege zu deutschsprachigen TherapeutInnen mit interkultureller Expertise sind also vergleichbar mit denen zu muttersprachlichen TherapeutInnen, da ihnen persönliche Empfehlungen vorausgehen, wobei bei deutschsprachigen Therapeuten deutlich geringere Wartezeiten herrschen. Dagegen sind in der Gruppe der deutschsprachigen Therapeutinnen ohne interkulturelle Expertise drei von vier Therapiebeziehungen in (teil-)stationären Einrichtungen bzw. in akuten Krisensituationen zustande gekommen. Die PatientInnen aus dieser Dyadengruppe haben zuvor keine persönlichen Empfehlungen erhalten mit Ausnahme einer Patientin (Frau M.). Diese konnte in einer vorgeschalteten Orientierungsphase die Einrichtung kennen lernen, um sich selbstständig zu entscheiden. Dazu nutzte sie insbesondere Gespräche mit den BehandlerInnen, aber auch den PatientInnen, wie ihre Therapeutin berichtet:

T: »Außerdem hat sie sich die Entscheidung nicht leicht gemacht, ich hab' sie vor diesem Vier-Wochen-Programm öfter gesehen und sie hat sehr genau überlegt, ob sie das hier machen möchte und ob ihr das wohl hilft, und hat sich auch viel mit anderen besprochen, mit anderen Patienten und die gefragt, warum die da sind und wenn die ein ganz anderes Ziel hatten, geriet sie auch in Zweifel, ob das das Richtige ist für sie. Das fand ich aber gut, also, ich hab' den Eindruck gehabt, sie hat da von Anfang an sehr viel Verantwortung übernommen, nicht gesagt: ›Okay, dann mach' ich das mal‹, oder: ›Ich weiß eh nichts besseres‹, sondern sie wollte schon sicherstellen, dass es das Richtige ist, das heißt, sie hat vorher schon dran geglaubt, dass es richtig ist, das war 'ne sehr gute Voraussetzung« (Frau N., Abs. 25).

Im Gegensatz zu den übrigen drei KlientInnen dieser Gruppe hat Frau M. durch die Orientierungsphase ausreichend Gelegenheit erhalten, persönliche Empfehlungen einzuholen bzw. Erfahrungen anderer PatientInnen direkt vor Ort zu erfragen, bevor sie sich endgültig zur Aufnahme entschied. Dieses Verfahren begünstigt die Motivation der Patientin, auch wenn sie die Einrichtung zunächst widerstrebend auf eine Überweisung hin aufsuchte.

Bei zwei von vier PatientInnen in der Gruppe »Therapeuten mit wenig interkultureller Erfahrung« sind Suizidgedanken bzw. ein Suizidversuch der Anlass für die Aufnahme:

P: »Mit der Therapie habe ich nach einem Selbstmordversuch angefangen [...]. In der Klinik [...] [Name der Klinik] wurde mein Magen ausgepumpt, danach wurde ich bewusstlos auf die psychiatrische Station verlegt. Die Stationsärzte dort sagten, dass ich zu einem Psychologen gehen müsse. Auf diese Art und Weise fing es an, ich hatte keine Wahl, auch nicht beim Therapeuten. Ich habe okay gesagt und habe das positiv aufgefasst. So hat der Kontakt mit Herrn [...] [Name des Therapeuten; Anmerkungen B. K.] angefangen« (Herr Ö., Abs. 8; Türkisch im Original).

Festzustellen ist, dass Behandlungen bei deutschsprachigen TherapeutInnen mit wenig interkultureller Expertise überwiegend ohne vergleichbare Eigeninitiative der KlientInnen entstanden sind. Anlass waren hoher Leidensdruck bis zu Suizidalität und dringende Behandlungsnotwendigkeit. Akute Krisen erhöhen den Leidensdruck und die Abhängigkeit von Patienten, was erschwerende Voraussetzungen in der Entstehung einer Therapiebeziehung sind.

Für die weitere Analyse stellt sich die Frage, weshalb im Untersuchungssample die Gruppenzugehörigkeit der TherapeutInnen und Settingfaktoren nach dem Muster »deutschsprachig ➤ stationärer Erstkontakt« bzw. »muttersprachlich/interkulturell erfahren ➤ ambulantes Setting« eher zusammenfallen. Tritt die Kombination dieser Faktoren zufällig auf oder werden hier strukturelle Probleme sichtbar?

Dazu ist es aufschlussreich, die Suche nach Teilnehmern für die Studie zu reflektieren. Zum einen fanden sich kaum niedergelassene Praxen, in denen türkische Patienten behandelt wurden. In zwei von drei Praxen, aus denen PatientInnen in die Studie eingingen, wurden überwiegend türkische Migranten behandelt, da die Therapeutinnen Muttersprachenkenntnisse haben und türkische Patientinnen überproportional häufig an sie überwiesen werden. Trotz intensiver Suche fand sich lediglich eine weitere Praxis, in der aufgrund der interkulturellen Expertise der Therapeutin eine türkeistämmige Patientin behandelt wurde. Zum anderen gaben therapeutische Einrichtungen mehrfach die Antwort, dass sich bei ihnen sehr selten türkische Patienten in Behandlung befänden, ca. ein bis zwei pro Jahr. Diese Einrichtungen verfügten über keine muttersprachlichen bzw. interkulturellen Behandlungsangebote, was in Vorgesprächen von MitarbeiterInnen zum Teil sehr kritisch reflektiert wurde (Frau N.). Demnach scheint der Zugang für Migranten besonders erschwert zu sein. Andererseits begünstigt dies, dass Therapeuten keine interkulturelle Expertise erwerben, wodurch wiederum Aufnahmebedingungen für Klienten mit Migrationshintergrund in der Zukunft weiter erschwert bleiben.

9 Aspekte der interkulturellen Therapiebeziehung

Beziehungsstörungen werden in der gesamten Untersuchung häufiger bzw. ausführlicher von TherapeutInnen thematisiert als von PatientInnen. PatientInnen benennen Sprachprobleme, gehen jedoch wenig auf andere Schwierigkeiten ein. Das kann zum einen daran liegen, dass es sich überwiegend um positiv bewertete Arbeitsbeziehungen handelt, die zum Untersuchungszeitpunkt seit mehreren Wochen bis Jahren bestehen. Andererseits können anfängliche Störungen erfolgreich beigelegt worden sein, sodass negative Aspekte später vergessen wurden. Weiterhin können Beziehungsstörungen aus Gründen der Loyalität bzw. aus sozialer Erwünschtheit verschwiegen werden. Dennoch geht aus den Interviews eine Reihe von schwierigen Situationen hervor.

So wichtig ein positiver Beziehungsaufbau für den Therapieerfolg ist, so anfällig scheint die Therapiebeziehung für Störungen zu sein. Safran und Muran (2000) gehen davon aus, dass zeitweise Störungen der Therapiebeziehung kaum vermeidbar sind, da Patienten im Allgemeinen in die Therapie gelangen, weil sie unzufrieden mit ihren Beziehungserfahrungen sind bzw. aus objektiv schwierigen Beziehungen kommen. Störungen, die sich in der Therapiebeziehung manifestieren, können als Hinweis auf Beziehungsstörungen im übrigen Erleben des Patienten dienen und bieten die Möglichkeit, basale Muster im Hier-und-Jetzt der Therapiebeziehung zu bearbeiten. Die sensible Wahrnehmung und Bearbeitung therapeutischer Beziehungsstörungen wird zu den wichtigsten und gleichzeitig schwierigsten Aufgaben von Psychotherapie gezählt (Safran/Muran 2000).

Die Wahrnehmung von Störungen in der Beziehung bzw. ihre Bearbeitung wird erschwert, wenn der TherapeutIn Referenzrahmen für eine günstige Hilfebeziehung aus Patientensicht fehlen. In diesem Kapitel werden fallübergreifend unter Berücksichtigung aller untersuchten Dyaden Störungen der Therapiebeziehung untersucht, von denen durch die Betroffenen oder die Untersucherin angenommen wird, dass sie u. a. durch unterschiedliche kulturelle Erwartungshaltungen begünstigt wurden. Außerdem werden Beispiele dargestellt, in denen diese Störungen erfolgreich gelöst wurden.

Häufig entstehen gerade zu Therapiebeginn Unsicherheit bzw. Missverständnisse zwischen Therapeut und Klient, da gegenseitige Erwartungen wenig bekannt sind. Da es kaum Untersuchungen gibt, die Erwartungshaltungen von KlientInnen mit Migrationshintergrund empirisch untersuchen (eine Ausnahme ist Maetzig 2004), werden diese im ersten Abschnitt ausführlich dargestellt.

Im zweiten Abschnitt werden Aspekte des emotionalen Beziehungsaufbaus exemplarisch vertieft. Die Bedeutung der affektiven Beziehungsebene findet sich in verschiedenen Modellen zur Therapiebeziehung wieder (z. B. Bordin 1979; Orlinsky et al. 1994).

Der dritte Abschnitt behandelt Störungen in der Kommunikation, die z. B. durch das sprachliche Gefälle zwischen den Klienten und Therapeuten entstehen. Während Klienten v. a. auf Sprachprobleme ihrerseits eingehen, berichten TherapeutInnen v. a. über Schwierigkeiten, indirektes bzw. nonverbales Verhalten zu interpretieren. Des Weiteren werden Beispiele körpernahen Symptomausdrucks dargestellt, die z. T. zu Diagnoseunsicherheit und Stigmatisierung führen.

Im letzten Abschnitt wird kulturelle Differenz unter dem Aspekt der Machtperspektive dargestellt. Es werden Beispiele angeführt, in denen Therapeuten eine reale Differenz zwischen sich und ihren Klienten überbewerten oder verleugnen.

9.1 Erwartungen an die Therapiebeziehung

Dem anfänglichen therapeutischen Kontakt kommt eine besondere Bedeutung zu, die in vielen Psychotherapiemodellen herausgehoben wird (Kanfer et al. 2000; Orlinsky/Howard 1988). Der Erstkontakt mit MigrantInnen wird von TherapeutInnen mit fehlender interkultureller Expertise häufig als besonders schwierig erlebt.[1] Patienten mit Migrationshintergrund werden z. B. als verschlossen-abweisend oder klagsam-fordernd beurteilt. In beiden Extremen wird eine Irritation in der therapeutischen Rolle erlebt, was in der Folge einen Beziehungsabbruch begünstigen kann (Erim 2004).

---

1 TeilnehmerInnen eines Lehrgangs zur kultursensiblen Therapie mit MigrantInnen berichteten z. B., dass sie schon Stress, Hoffnungslosigkeit und Frustration empfinden, wenn sie auf dem Anmeldebogen zur stationären Therapie einen ausländischen Namen lesen.

9.1 Erwartungen an die Therapiebeziehung

In Anbetracht des Befundes, dass Klienten aus Minderheiten seltener Beratungen nach dem Erstgespräch fortsetzen und dann weniger Sitzungen in Anspruch nehmen (Zane et al. 2004), wird angenommen, dass dem Therapiebeginn bei diesen PatientInnen eine besonders kritische Bedeutung zukommt. Hinzu kommt, dass Vor- bzw. Erstkontakte ohnehin eine hohe selektierende Funktion haben, die beim ersten Telefonkontakt (Kryspin-Exner/Zapotoczky 1992) beginnt und sich in der ersten Begegnung fortsetzt. Aus der sozialpsychologischen Grundlagenforschung ist bekannt, dass Stereotype besonders dann (ungewollt) wirksam werden, wenn nicht ausreichend Wissen zur Verfügung steht, kognitive Überlastung oder Zeitdruck herrscht. Dann können auch verfügbare individuelle Informationen nicht angemessen wahrgenommen werden (Leyens/Dardenne 1996). Es wird angenommen, dass sich stereotype Wahrnehmungsmuster auch auf den Therapiebeginn übertragen lassen, bei dem Therapeuten das Anliegen des Patienten in kurzer Zeit erfassen und ein entsprechendes Beziehungsangebot machen müssen. Dabei ist davon auszugehen, dass Therapeuten umso mehr auf stereotype Information zurückgreifen, je weniger differenziertes Handlungswissen sie im Umgang mit MigrantInnen haben und je mehr sie unter äußerem bzw. innerem Druck stehen.

Vor dem Hintergrund kultureller Heterogenität sind unterschiedliche Erwartungen an Hilfebeziehungen naheliegend. Zwar gibt es Hilfebeziehungen in allen Kulturen, jedoch hängen Hilfeerwartungen unmittelbar mit spezifischen Beziehungsformen zusammen (z. B. Medikamente vom Arzt oder »Verschreibungen« in Amuletten von religiösen Heilern). Da Psychotherapie ein relativ neues Heilverfahren ist, das bisher v. a. in den mittleren und gehobenen Bildungsschichten westlicher Industriestaaten verbreitet ist, kann die Bekanntheit bei Klienten aus bildungsarmen Schichten oder Migrantenpopulationen nicht vorausgesetzt werden. Vielmehr muss angenommen werden, dass Unsicherheit darüber besteht, in welcher Form Therapeuten helfen bzw. welches Verhalten von Klienten erwartet wird. Wenn divergierende Erwartungshaltungen zwischen Klienten und Therapeuten zu Beginn nicht ausreichend geklärt werden, wird die weitere Zusammenarbeit gefährdet. Therapiebezogene Erwartungshaltungen von Klienten mit Migrationshintergrund wurden in der klinischen Forschung bisher vernachlässigt (Ausnahmen sind Pope-Davis et al. 2002; Maetzig 2004). Im folgenden Abschnitt wird untersucht, welche Erwartungshaltungen Klienten türkischer Herkunft bei Therapeuten mit gleichem bzw. abweichendem Kulturhintergrund äußern.

9.1.1 Erwartungen & Befürchtungen der KlientInnen

»IDEALE« VERSUS »SCHLECHTE THERAPEUTINNEN«

Den Ergebnissen des halbstrukturierten Interviews mit zwölf KlientInnen werden eingangs noch einmal die Ergebnisse der Repertory Grid Befragung vorangestellt, die erste Hinweise auf bedeutsame semantische Konstrukte enthalten. In der Repertory Grid Befragung erhielten KlientInnen die Aufgabe, reale Personen (»Selbst«, »Mein-aktueller-Therapeut«) bzw. verallgemeinerte Personeninstanzen (z. B. »Idealer-Therapeut«, »Schlechter-Therapeut«) miteinander zu vergleichen. Anhand des sogenannten Triadenvergleichs wurden semantische Konstrukte für jede ProbandIn erarbeitet, die anschließend als Bewertungsdimension für einzelne Elemente dienten. Demnach beschreiben KlientInnen die »Ideale-TherapeutIn« bzw. die »Schlechte-TherapeutIn« folgendermaßen:

PatientIn	Ideale TherapeutIn	Schlechte TherapeutIn
Frau B.	Richtige Lösungen finden; herzlich sein	Unachtsam sein; sich nicht hineinversetzen können
Frau E.	Ruhig; erfolgreich; Lösungen suchen	Gereizt; ungeschickt; keine Lösungen finden
Frau G.	Kulturell flexibel; kulturell und sprachlich kompetent; höflicher Umgang	Auf eine Kultur eingeengt; nicht menschlich, kaltherzig; ernste Mimik
Herr I.	Gleicher kultureller Hintergrund	Kulturelle Verschiedenheit
Frau M.	Warmherzigkeit, verständnisvoll	Ignorant
Frau K.	Zuhören können	Nicht verstehen können
Frau V.	Stabil, ehrgeizig	Launisch, disziplinlos
Frau Y.	Geduldig; aufmerksam	Ungeduldig; unsensibel
Frau S.	Hilfe suchen; Fähigkeit, Menschen zu achten; Ziel ist Verbesserung	Keine Hilfe; oberflächlich; uninteressiert; keine Hoffnung mehr haben

Tabelle 9.1: Konstrukte zu Ideale-TherapeutIn bzw. Schlechte-TherapeutIn aus Klienten-Grids

Es wird angenommen, dass Eigenschaften, mit denen die »Ideale-TherapeutIn« beschrieben wird, beim Therapeuten erwünschte Eigenschaften, also positive

Klientenerwartungen beinhalten, während Eigenschaften von der »Schlechten-TherapeutIn« auf befürchtete, negative Erwartungen hinweisen. Unter den Eigenschaften, mit denen die »Ideale-TherapeutIn« beschrieben wurde, befinden sich gehäuft Konstrukte, die sich auf den zwischenmenschlichen Umgang und die Fachlichkeit richten. Von einem idealen Therapeuten bzw. einer idealen Therapeutin wird Aufmerksamkeit (aufmerksam, achtsam), sozial-emotionale Kompetenz (herzlich, höflich, warmherzig), Fachkompetenz (Lösungen suchen/finden) und Konstanz (stabil) erwartet. Die gleiche kulturelle Herkunft bzw. kulturelle Kompetenz wird in zwei Fällen mit einer positiven Erwartung verbunden (kulturell und sprachlich kompetent). Im Vergleich dazu wird ein schlechter Therapeut defizitär hinsichtlich dieser Merkmale erlebt und beschrieben als »unachtsam, uninteressiert, gereizt, launisch, keine Lösungen finden, sich nicht hineinversetzen können, kulturell eingeengt«.

Die genannten Konstrukte wurden nicht ausschließlich zur Beurteilung der beiden Therapeutentypen (»Idealer-Therapeut«, »Schlechter-Therapeut«) generiert, sondern sie sind im Zusammenhang mit anderen Personenelementen entstanden, sodass davon ausgegangen werden kann, dass es sich um individuelle, jedoch für befragte Personen jeweils allgemeingültige Kategorien zur Beurteilung von Personen handelt. Sie geben erste Hinweise auf die zentralen Erwartungen von Klienten, die im nächsten Abschnitt anhand der Ergebnisse des halbstrukturierten Interviews vertieft werden.

»Wer oder was erwartet mich als PatientIn?«

Bei den Antworten auf die Frage nach den Erwartungen der KlientInnen gegenüber einer Psychotherapie fällt auf, dass sie vor allen Dingen zu Beginn der Therapie häufig keine konkrete Erwartungshaltung haben:

P: »Am Anfang hatte ich, ehrlich gesagt, keine Erwartungen, wenn ich offen sein soll. Denn letztendlich ist Psychotherapie eine Therapie, die keine besonderen Medikamente benötigt, sondern mit Worten seelische Zustände und höchstens mit Beruhigungsmitteln eine Reihe von Dingen zu verwirklichen versucht. Aber wenn das Problem weiter besteht, bleibt dieses Problem bestehen, trotz der Psychotherapie. Zum Beispiel, wenn ich 1000 Euro Schulden habe, dann bleibt das bestehen trotz der Psychotherapie. Aber Herr [...] [Name des Therapeuten] schafft es, mich auch in diesen Situationen zu beruhigen. Als ich ihm von meinen finanziellen Sorgen erzählt habe, half mir Herr [...] [Name des Therapeuten; Anmerkungen

B. K.] mit einer Geschichte, wenn Sie wollen erzähle ich sie Ihnen gerne« (Herr Ö., Abs. 18; Türkisch im Original).

Eine konkrete Erwartungshaltung gegenüber der Therapie scheint aus Sicht des Klienten nicht angebracht, da es unrealistisch wäre, eine unmittelbare Veränderung krankmachender Ursachen wie finanzielle Probleme zu erwarten. Im Kontakt mit seinem Therapeuten stellt er fest, dass dieser ihn dennoch durch Vergleiche entlasten und beruhigen kann. Vermutlich baut der Klient erst dadurch eine positive Erwartungshaltung auf.

In einem anderen Fall hilft die Wahrnehmung einer helfenden Absicht bei der TherapeutIn, um Vertrauen und Hoffnung aufzubauen, auch wenn bei der Patientin zu Beginn keine Erwartungen bestanden:

P: »Wie und ob mir da geholfen wird, konnte ich mir nicht besonders gut vorstellen, offen gesagt. Aber nachdem ich da war, mit ihr gesprochen hatte, glaubte ich, dass sie mir helfen wird und das hat sie auch getan« (Frau A., Abs. 29; Türkisch im Original).

Es fällt auf, dass Behandlungserfolge meist TherapeutInnen persönlich zugeschrieben werden. Von Psychotherapie wird nicht so sehr als abstraktem Behandlungsprinzip berichtet, vielmehr wird die TherapeutIn bzw. das Gespräch zum personifizierten »Heilmittel«. Objektiv erschwerte Lebensumstände und traumatische Beziehungserfahrungen, negative Vorerfahrungen bei früheren Therapieversuchen oder Sprachprobleme können Misstrauen und Schutzverhalten der Patienten schüren, sodass bei Behandlungsbeginn eine abwartende Erwartungshaltung hervorgebracht wird:

P: »Also, ich hab' gesagt, ich geh mal hin, was erwartet, also ich hab' gesagt, was erwartet mich dort? Was kann ich da, also diese Vertrauen, ich hab' auch kein Vertrauen gehabt gegenüber Menschen. Jahrelang hab' ich nichts erzählt, meine Eltern haben nichts gewusst von meinen ganzen Geschichten. Ich bin dann so hingegangen: ›Was erwartet mich?‹« (Frau S., Abs. 45).

Bei stationären bzw. teilstationären PatientInnen zeigt sich besonders deutlich eine ambivalente bis hoffnungslos-negative Erwartungshaltung zu Beginn der Behandlung, die u. a. mit chronischem Störungsverlauf, krisenbedingter bzw. fremdmotivierter Aufnahme und Alternativlosigkeit in der Wahl des Therapeuten erklärt werden kann. PatientInnen führen Misserfolg jedoch nicht selten auch auf Unzulänglichkeiten in ihrer eigenen Person zurück:

9.1 Erwartungen an die Therapiebeziehung

P: »Nun, wie ich gesagt habe, meine Erwartungen an die Therapie, wie soll ich sagen, was man in sich hat, vielleicht hat das mit der Person zu tun, ich weiß es nicht, ich bin im Innersten ganz besonders sensibel, kleinste Dinge bedrücken mich sehr. Deshalb, auch wenn ich psychologisch dings [therapiert; Anmerkung B. K.] würde, ich glaube nicht, dass es viel Wirkung bei mir hätte« (Frau O., Abs. 32; Türkisch im Original).

Dennoch scheint es trotz ungünstiger Erwartungsvoraussetzungen auch bei »erwartungsarmen« PatientInnen möglich zu sein, eine positive Wendung zu erreichen, wenn unmittelbare Veränderungen im Befinden erzielt werden. Eine ebenfalls kritisch eingestellte und überwiesene Patientin berichtet:

P: »Hmm, ich glaube, da war mehr so leer, des wird, des ist nichts für mich, was soll des also, ich werd dadurch für mich wahrscheinlich net viel erreichen. Oder bisschen vielleicht, aber dass es schon so schnell mir hilft, also, ich denk' mir schon, ja, ich hab' 'n großen Schritt schon angefangen, sag ich mal. Dass es so gut im Positiven geht, hätte ich nicht gedacht. Und des haben sogar in der Gruppe die anderen immer gleich erkannt, wenn ich von ihr vom Zimmer [aus dem Zimmer der Therapeutin; Anmerkung B. K.] rauskam, dass ich immer anders strahle und so. [...] Deswegen hat sich meine Erwartungen hier, hat sich völlig gefüllt, aber die Ursache und Schmerzen, weiß ich leider nicht« (Frau M., Abs. 43–53).

Obwohl die Patientin fast hoffnungslos die Behandlung aufnahm, veränderte sich ihre Erwartung mit unmittelbaren Verbesserungen ihres Befindens. Mittlerweile sieht sie sich am Anfang eines »großen Schrittes«, was auf weitere Veränderungswünsche und -bereitschaften hinweist. Ihre Erwartungshaltung ist also mehr als erfüllt, auch wenn sich der Anlass der Behandlung, nämlich die Ursache ihrer Schmerzen herauszufinden, nicht erfüllte. Zusätzliche Bestätigung über positive Veränderungen erhält sie durch die Rückmeldung ihrer MitpatientInnen. Im Grunde kann davon ausgegangen werden, dass das Aufsuchen einer Therapie stets mit Erwartungen bei PatientInnen einhergeht:

P: »Mhm, also, meine Erwartungen. Also, erste Tag habe ich nicht so viel erwartet, aber ich hab' natürlich Erwartungen, dass sie mich hört, dass wir zusammen zurechtkommen können und dass wir [m]eine Probleme lösen« (Herr I., Abs. 36).

Eine Erwartungshaltung nach positiver Interaktion besteht demnach stets, auch wenn Erwartungen zunächst geleugnet bzw. nicht als solche erkannt werden. Möglicherweise wird durch eine anfangs niedrig gehaltene Erwartungshaltung versucht, die Enttäuschung bei Misserfolg zu minimieren. Allerdings richtet sich die Erwartung zunächst an die Beziehungsqualität zwischen TherapeutIn und KlientIn und an die gemeinsame Kommunikation, dann erst an die Lösungsfindung. Zu Beginn scheinen personenbezogene Erwartungen im Vergleich zu sachbezogenen Erwartungen im Vordergrund zu stehen, zumindest werden sie eher verbalisiert.

Einfühlendes Verstehen und Kulturkenntnis

Das Bemühen um eine empathisch verstehende Grundhaltung wird in allen Therapieansätzen als förderlich erachtet und gehört zu den frühest untersuchten, empirisch belegten Therapeutenvariablen (Rogers/Pfeiffer 1994). Angenommen wird, dass Angst vor Zurückweisung durch eine akzeptierend-einfühlsame Haltung reduziert wird. Erwartetes Verstanden-werden ist also die Voraussetzung für Selbstöffnung und Teil der erwarteten Hilfestellung in einer positiven Beziehung. Entsprechend betonen fast alle KlientInnen die besondere Bedeutung therapeutischen Einfühlungsvermögens:

P: »Das wichtigste [ist; Ergänzung B. K.], verstanden zu werden, das Innerliche halt, dass es so, wie ich empfinde, sie mich auch versteht, sonst hat das keinen Sinn. Also, sobald ich merke, in dem Gespräch kommt was anderes, was ich eigentlich nicht meine, oder von meinem Gefühl her, dann ist es, das verletzt mich dann natürlich, dann denk' ich, wozu bin ich eigentlich dann da, eigentlich? Wozu geh ich dahin, nur um mich zu blamieren oder was ist das eigentlich dann, ja? Das ist hart gesagt, aber das ist wirklich so. Anscheinend stellt man auch sehr viele Erwartungen von der [an die; Anmerkung B. K.] Therapeutin [lacht], hab' ich das Gefühl, oder ich merk' das gerade. Es ist auch richtig, ich mein', wozu verschwende ich eigentlich Zeit, wenn ich nicht verstanden werde oder so, das ist ja auch wichtig und ich weiß auch nicht warum, aber in der kurzen Zeit hab' ich einfach sehr viel Vertrauen gewissermaßen, ich mein', das zeigt sie auch mir, indem sie sich bemüht mit dem Anliegen so, was ich hab', was da jetzt so im Moment jetzt fehlt, so, dass sie halt dann auch zeigt, es gibt diese Möglichkeiten oder sie macht halt auf Punkte mich aufmerksam, die ich vielleicht nicht wusste« (Frau K., Abs. 23).

9.1 Erwartungen an die Therapiebeziehung

Die Klientin hebt hervor, dass ihr in der Therapie besonders wichtig ist, dass ihr »Innerliches«, ihre Empfindungen und Gefühle, verstanden werden. Ansonsten ist die Therapie nicht nur sinnlos, sondern auch peinlich und verletzend. Damit deutet sie umgekehrt an, dass durch einfühlsames therapeutisches Verstehen Schuld- und Schamgefühle, etwa »anders« oder »Opfer« zu sein, unmittelbar reduziert werden und Selbstwert gefördert wird. Diese so deutlich ausgesprochene Erwartungshaltung scheint bei der Klientin wiederum Unsicherheit und Schuldgefühle zu erzeugen, sodass sie einräumt, viel von einer Therapeutin zu erwarten. Dennoch schätzt sie ihren Standpunkt als richtig ein und verleiht ihm Nachdruck. Sie hebt hervor, dass sie in kurzer Zeit mehr Vertrauen zu ihrer Beraterin entwickelt hat, als sie möglicherweise erwartete oder erklären kann, und betont im Interview immer wieder deren besonderes Engagement. Später schränkt sie das Einfühlungsvermögen der Therapeutin bestimmte Aspekte ihrer Kultur betreffend wieder etwas ein:

P: »Vielleicht, das mit der, jetzt nicht aber direkt, Ehre, das ist halt auch so, aber halt das, was so passiert ist, ist so nicht leicht, ja, man denkt halt, ich denke, der Unterschied zwischen diesen beiden Welten ist das, dass man halt auf der anderen Seite, für einen Deutschen, sag' ich mal, ja, das ist ja unvorstellbar, für einen gesunden Verstand unvorstellbar, zum Beispiel mit diesem Missbrauchsgeschichte, aber Hintergrund ist auch für 'ne Türkin, dass man halt auf der anderen Seite den Wunsch, jetzt das mit der Jungfrau, das sind drei verschieden Sachen eigentlich, was man also verbindet, mein' ich, und da könnte vielleicht die türkische Therapeutin vielleicht das eher nachvollziehen, wie das halt ist, wie das mich dann auch sehr verletzt, zum Beispiel. [...] Dass vielleicht diese Sensibilität halt, mehr vielleicht 'ne türkische Therapeutin, vielleicht nachvollziehen kann, ich weiß es nicht. Ich meine, ehrlich gesagt, das, was ich vielleicht spüre, empfinde, vom Gefühl, mein' ich, würde sie vielleicht sagen: ›Okay, ja, das ist heftig‹. Vielleicht, sag' ich mal, das als prozentual gesehen, ja, dieser Fall, für eine deutsche Therapeutin würde, sag ich mal, 70 % sehr heftig sein, ja? Aber für 'ne türkische Therapeutin, weil sie [die Ehre; Anmerkung B. K.] eben einfach sehr Wertvolles ist, mein' ich, höher einzustufen wär, das mein' ich« (Frau K., Abs. 37–39).

Obwohl sie zunächst kulturelle Erklärungsmuster ausgespart und das Einfühlungsvermögen der Therapeutin hervorhebt, zweifelt die Klientin nun an, dass das Ausmaß ihrer Verletzung durch den sexuellen Missbrauch in jeder Hinsicht gut verstanden wird. Solange es um Missbrauch als schweres seelisches Trauma geht, fühlt sie sich verstanden. Für sie hat der Missbrauch jedoch noch andere Bedeutungen, die ihren Lebensweg entscheidend beeinflusst haben. Sie führt Unterschiede zwischen beiden Kulturen an, die ihrer Ansicht nach sehr weit, nämlich »Welten«, auseinander liegen. In der Welt der Klientin hat sexueller Missbrauch zusätzliche schwerwiegende Bedeutungen, die ihr Leid vervielfacht haben. Nach dem Ehrenkodex der türkischen Kultur hat die Klientin durch den sexuellen Missbrauch nicht nur ein subjektives Trauma erlitten, sondern ihre Ehre verloren, was ein kollektives Trauma ist. Unabhängig davon, ob ihr Gewalt widerfahren ist, bleibt sie Ursache dieses kollektiven Ehrverlusts bzw. Traumas. Um diese Ursache zu beseitigen bzw. die Ehre der Familie wieder herzustellen, werden vergewaltigte Frauen in der Türkei z. T. aus ihren Familien ausgestoßen, umgebracht oder mit dem Täter verheiratet. Der kollektive Verlust der Ehre verletzt Frau K. mindestens so sehr wie das körperliche und seelische Trauma und zieht weitere Dramen nach sich: Als sie schwanger wird, offenbart sie den Missbrauch der Mutter, ohne Glauben zu finden, sodass sie die Familie verlassen muss.

In der Folge stellt sie weitere Verletzungen fest: Ihr Wunsch, als Jungfrau in die Ehe zu gehen, ist irreversibel zerstört. Durch den sexuellen Missbrauch sind ihre Beziehungsideale, wie z. B. die Jungfräulichkeit für einen Partner, den sie liebt, aufzubewahren, nicht mehr zu verwirklichen. Zwar heiratet sie später einen türkischen Mann, bekommt einen Sohn und sucht nach der Scheidung weiterhin ihre Partner im türkischen Umfeld, jedoch hat sie ihre einmalige Chance verpasst, »jungfräulich« von einem Mann bzw. seiner Familie aufgenommen und »als Ehrenvolle« (namuslu) behandelt zu werden bzw. mit ihrer Jungfräulichkeit Ehre in die Schwiegerfamilie zu bringen. Stattdessen hat sie wiederholt das Gefühl, sich aufzuopfern, jedoch von ihren Partnern und deren Familien nicht angenommen, sondern missbraucht zu werden. Sie weiß zwar, dass es auch jungfräulich in die Ehe gegangenen Frauen nicht selten ähnlich ergeht, aber sie verknüpft ihr Unglück mit dem erlittenen sexuellen Missbrauch. Denn durch den Verlust ihrer Jungfräulichkeit kann sie ungesühnt viktimisiert werden, da keine »potenten« männlichen Verwandten wie Vater, Bruder oder Onkel an ihrer Seite stehen, um nun ihre Ehre als verheiratete Frau zu schützen.

Die Klientin erwartet von einer Therapeutin gleicher Herkunft, dass sie die Bedeutungen des sexuellen Missbrauchs in einer muslimischen Kultur auf der subjektiven, als auch soziokulturellen Ebene sensibler bzw. vollständiger nachvollziehen kann, da sie die immanenten Bedeutungen und die realen Folgen kennt. Ein gemeinsamer kultureller Hintergrund wird von der Klientin also als eine zusätzliche therapeutische Ressource gewichtet. Die Erwartung, vor dem Hintergrund der eigenen Kultur vollständiger verstanden zu werden, zieht sich durch fast alle Klienteninterviews, ungeachtet davon, ob Klienten in der Türkei oder in Deutschland sozialisiert wurden:

P: »Ich hab' durch 'ne Freundin erfahren, dass, also ich wollt' erst eine Psychologin, egal, ob's jetzt Deutsch oder Türkisch ist, mir wurde aber geraten, lieber Türkisch, weil die Deutschen ja nicht so uns, also, so ihr Einfühlvermögen schenken können und bei der türkischen [Psychologin; Anmerkung B. K.] ist es ja doch anders, weil sie unsere Kultur kennt und irgendwie sich halt auch besser einfühlen kann in die Person hinein« (Frau G., Abs. 7).

P: »Erstensmal, wollt' ich eine, die die türkische Sprache beherrscht. [...] Und die die türkische Kultur gut kennt, das war mein Ziel, deswegen bin ich auch davor nicht gegangen zu einer anderen. Und durch eine Freundin hab' ich dann, hat sie dann gesagt, dass sie [die Therapeutin; Anmerkung B. K.] halt dort geboren ist, dort eine Zeit lang gelebt hat, halt so wie wir, das war auch noch ein schöner Zufall, die konnte dann auch verstehen, was in einen anderen Land Gast ist. Und dadurch bin ich dann auch zu ihr« (Frau B., Abs. 11–13).

Beide KlientInnen haben ihre Therapeutin bewusst nach kulturellen, nicht nationalen Kriterien gewählt – geleitet durch freundschaftliche Empfehlungen und eigene Vorstellungen. Sie erwarten, dass mit Kenntnissen der türkischen Kultur bzw. der Migrationssituation besseres Einfühlungsvermögen einhergeht. Dabei spielt es keine Rolle, ob die TherapeutIn »tatsächlich«, also ihrer Abstammung her Türkin ist oder nicht: Hauptsache, sie kennt sich mit der türkischen Kultur aus bzw. beherrscht Türkisch und kann kulturelle Bezüge von sich aus herstellen. Im zweiten Fall, in dem die TherapeutIn selbst als Kind von Migranten ihre Kindheit und Jugend in der Türkei verbracht hat, bietet ihre Minderheitenerfahrung zusätzliche Identifikationsmöglichkeiten für die Klientin (»in einem anderen Land Gast«). Durch ihre Sprach- und Kulturkenntnis verliert die Therapeutin an Fremdheit und gewinnt an heimatlichen Zuschreibungen und Vorschussvertrauen:

P: »[...] also, ich find sie [die Therapeutin; Anmerkung B. K.] sowieso irgendwie türkisch, muss ich sagen [lacht]. Also bei ihr, ich fühl' mich nicht wirklich, also ich glaub', sie würde mir gar nicht böse sein, deswegen, aber ich fühl' sie wie eine Türkin« (Frau B., Abs. 68).

P: »Sie kennt sehr gut alle unsere Belange, von den Nachtbauten, über Schwiegermütter, bis Schwager oder Schwägerin, sie weiß alles über uns. [...] Ich musste ihr nichts erklären, sie kennt alles bestens und sie hat mich sehr gut verstanden. Wenn ich ›A‹ gesagt habe, dann hat sie es auf den Punkt gebracht, sie hat gewusst, was ich meine« (Frau A., Abs. 39; Türkisch im Original).

Die einschlägigen Kenntnisse der Therapeutin, die als Einwandererkind in der Türkei aufgewachsen ist, ebnen den Weg für das Einfühlungsvermögen und machen sie affektiv zur kulturellen Verwandten (»ich fühl' sie wie eine Türkin«). Die zweite Klientin hebt die effiziente Kommunikation hervor, die vor dem Hintergrund kulturell gemeinsamen Wissens möglich ist. Sie kann darauf vertrauen, dass die Therapeutin die illegale Nachtbauweise in den Städten ebenso kennt wie die besondere Stellung der Schwiegermutter im Familienverband und ihre per definitionem konfliktreiche Beziehung zur Schwiegertochter. Dadurch entsteht eine unmittelbare Entsprechung, in der sich die Klientin intuitiv so verstanden fühlt, dass sie nur mit »A« anzusetzen braucht und darauf vertrauen kann, dass die Therapeutin weiß, worauf sie hinaus will, bevor sie es ausgesprochen hat.

Ähnliche Bewertungen hinsichtlich der Bedeutung von Kulturkenntnissen lassen sich bei allen anderen Klienten finden, die von TherapeutInnen türkischer Herkunft behandelt werden und z. T. Erfahrungen mit Therapeuten deutscher Herkunft haben:

P: »Ja, natürlich merke ich Unterschied, wenn ich den [...] [Name der Therapeutin; Anmerkung B. K.] gehe, meine Psychotherapeutin, da rede ich noch locker und sie kann auch die Sache, sie weiß, was ich in der Türkei, also, was ich da gelebt habe, oder was die da in Türkei eine kültürelle Situation gibt oder, oder ... diese Sache für sie natürlich noch leichter, sie kann noch besser beurteilen die Sache. Ich kann auch eine deutsche Psychotherapeut gehen, aber ich denke, manche Dinge bleibt trotzdem fehlt, wenn ich also, er kann hören, er kann mich verstehen, aber manche Dinge kann er vielleicht nicht schätzen, des ist auch schwierig, weil wir sehr anderes kültürell Leben haben in der Türkei. Ich denke so« (Herr I., Abs. 28).

9.1 Erwartungen an die Therapiebeziehung

KlientInnen nehmen an bzw. erleben, dass ihre Erfahrungen im Rahmen ihrer kulturellen Herkunft besser verstanden und bewertet werden, sodass sie Bedenken haben, sich deutschen TherapeutInnen anzuvertrauen. Bedenken scheinen jedoch rasch aufgegeben zu werden, wenn auf gegenteilige Erfahrungen zurückgegriffen werden kann:

P: »Kein Arzt hat mich überwiesen. Mein Sohn hatte auch Probleme in der Schule gehabt und die Klassenleiterin hat uns empfohlen, erraten, dass wir die Herr [...] [Name des Therapeuten; Anmerkung B. K.] mal besuchen. Dann hab' ich ihn gefragt: ›Dieselben Probleme hab' ich auch, ob ich zu Ihnen kommen darf‹, und da hat er gesagt: ›Ja, schau mer mal‹, dann haben wir angefangen [...]« (Frau Y., Abs. 7).

Der Hintergrund ist, dass die Patientin sich einige Monate nach Abschluss der empfohlenen Erziehungsberatung erneut an denselben Therapeuten wendet, da sie ohne lange Wartezeit keinen muttersprachlichen Therapeuten für sich finden kann. In der Erziehungsberatung hatte sie zuvor Gelegenheit, den Therapeuten trotz kultureller Differenz als erfahren und sensibel im Umgang mit ihrem Sohn zu erleben. Aufgrund dieser positiven Vorerfahrung ist der deutsche Therapeut eine günstige Alternative zu den ohnehin schwer erreichbaren muttersprachlichen Therapeuten.

Vereinzelt wird die Therapie bei deutschen Therapeuten auch damit erklärt, dass KlientInnen ihre mögliche kulturelle Andersartigkeit nicht überbewertet wissen wollen:

P: »Also kulturelle [Unterschiede gibt's; Ergänzung B. K.] überhaupt nicht, weil ich pass' mich auch hier sehr gut ein und überhaupt, bin halt eine Person, der sich in jede Sache schnell sich anpasst und ich seh' da selber keine Probleme, auch wenn der andere Probleme hat, sage ich, sie möchte das so denken, verstehen Sie, da lass' ich so sie selber, ich möchte so was auch nicht akzeptieren. – ›Kulturproblem?‹ Ich erzähle zwar viel von unserer Kultur, damit die Menschen das auch verstehen können, red' oft, aber ich selber finde wenig Kulturprobleme, von dem anderen hab' ich auch nicht das Gefühl, muss ich sagen« (Frau M., Abs. 69).

P: »Also, ich find halt gut, dass sie deutsch ist, weil sie ja auch vieles aus ihrer Sicht sieht, also, ich sag' jetzt mal, sie ist deutsch und dass sie aus ihrer deutschen Sicht meine Situation sieht und auch beurteilt und das find ich auch gut, dass sie's aus dieser deutschen Sicht sieht, weil ich ja auch hier in Deutschland lebe und ich, ich sollte mich oder will mich auch an diese Gesellschaftsnormen halten und die sind ja deutsch. Mich dagegen zu stellen und typisch türkisch zu handeln, würde mir ja nicht von Vorteil sein, sondern eher schaden. Und die Situation, also das, was mich beschäftigt, und wie das die Deutschen handhaben, in der Hinsicht, das find' ich gut, also« (Frau V., Abs. 37).

Beide Klientinnen betonen ihre eigene Anpassungsfähigkeit. Dennoch wird auch in diesen Fällen von der Therapeutin gezeigtes Interesse gegenüber der Kultur der Klientin als Zeichen von Offenheit gewertet und emotional positiv empfunden:

P: »Wir unterhalten uns manchmal auch nur über Kulturen oder auch mal über, v. a. natürlich über die türkische Kultur, das find ich sehr angenehm und da erzählt sie die Erfahrung, die sie gemacht hat, und ich und das find ich dann, ja, dass sie da offen ist in der Hinsicht [...]« (Frau V., Abs. 27).

P: »Nein, sie hat immer mit Verständnis reagiert, sag ich mal [...], und es gab Sachen, was ich erzählt hab' und sie ›Oh‹ gemacht hat, ›Ah, hast du das auch so?‹ Aber auch dann da versucht, immer zu verstehen und auch Fragen dazu gestellt, damit sie's wirklich versteht, wie und was so was entsteht, sag' ich mal, also gar kein Problem. [...] Sie hat gemeint, nicht gesagt: ›Das ist ja Wahnsinn!‹, oder so und die Nase vielleicht auf die Seite, aber sie hat schon gelächelt und bissel nachgefragt auch, ja, wie und was. Ich denke mal, wenn jemand verstehen möchte, macht das auch« (Frau M., Abs. 71–73).

Frau M. nimmt die Überraschung und kulturellen Wissensdefizite ihrer deutschen Therapeutin zwar sensibel wahr, sie spürt jedoch auch an den interessierten Fragen der Therapeutin ihr Bemühen, die Ursachen ihres Erlebens bzw. ihrer Situation zu verstehen. So tritt nicht, wie befürchtet, die Situation ein, dass die Therapeutin sie pathologisiert (»Das ist ja Wahnsinn!«) und sich von ihr abwendet, sondern die Patientin entnimmt der Mimik und den Fragen der Therapeutin wohlwollende Zuwendung und weiteres Bemühen um Verstehen. Ausgehend von der Beziehung zwischen sich und der Therapeutin resümiert sie, dass gegenseitige Verständigung trotz kultureller Unterschiede vor allen Dingen Willenssache sei.

Die Betonung der kulturellen Herkunft der TherapeutIn dient also in erster Linie der eigenen Absicherung, ausreichend verstanden zu werden, sowohl

9.1 Erwartungen an die Therapiebeziehung

was kulturelle Werthaltungen als auch Migrations- bzw. Minoritätenerfahrungen anbelangt. Weniger die Nationalität oder der kulturelle Hintergrund der TherapeutIn ist dabei eigentlich von Bedeutung als vielmehr seine Fähigkeit, die kulturelle Identität der KlientIn als gleichwertig anzuerkennen bzw. im Beratungsprozess als prioritär zu behandeln. Dazu reicht eine türkische Herkunft und Sprache alleine nicht aus:

P: »Ich war auf dem Seminar von [...] [Name einer türkischen Dozentin; Anmerkung B. K.], sie spricht nicht so gut Türkisch und auch die Beispiele, die sie gab manchmal, sie gab ein Seminar zur Ehe, manche Beispiele konnte sie nicht richtig erzählen, über die Beziehung zwischen Mann und Frau, die Dinge einer glücklichen Partnerschaft, das war nicht besonders erhellend. Wir haben, nachdem wir raus gegangen sind, Kritik daran geübt und gesagt, es wäre besser gewesen, wenn sie dieses Beispiel benutzt hätte und so weiter. [...] Und außerdem ist sie nicht verheiratet. Jeder hat zum Beispiel auch gefragt, ob sie verheiratet ist, und sie hat ›nein‹ gesagt. Da hat jeder gesagt: ›Dann verstehst du das nicht, verheiratet zu sein.‹ Eine ledige Freundin und ich sind einfach nicht in derselben Position. Oder, wenn man keine Kinder hat, dann ist es viel einfacher: ›Du deines, ich meines Wegs‹. Sie hat zum Beispiel keine Kinder, ich habe zwei, dann ist es natürlich einfacher, es gibt vieles, was ich auch gerne machen würde, aber weder finanziell noch wegen der Kinder kann ich das tun« (Frau E., Abs. 59; Türkisch im Original).

Die Klientin ist sichtlich enttäuscht über das Seminar, das von einer in Deutschland sozialisierten Referentin mit türkischem Hintergrund angeboten wurde. Allerdings führt sie ihre Enttäuschung nicht so sehr auf die kulturellen Unterschiede bzw. mangelnden interkulturellen Kompetenzen zurück, sondern sie fokussiert den Familienstand der Therapeutin, die kein eigenes Erfahrungswissen über die Ehe und das Gebundensein habe. Es reicht also nicht aus, türkischer Herkunft zu sein, wenn strukturelle Bedingungen wie verheiratet zu sein, Kinder zu haben, in finanzieller Abhängigkeit zum Mann zu stehen etc. von Fachpersonen nicht nachvollzogen werden können. Lösungsvorschläge bei Konflikten in der Partnerschaft sind nicht auf ihre Lebenssituationen übertragbar, wenn wichtige Rahmenbedingungen vernachlässigt bzw. pauschale Trennungslösungen angeboten werden. Entsprechend schreibt sie den Erfolg ihrer Therapie bei ihrer muttersprachlichen Therapeutin dem Umstand zu, dass diese ähnliche kontextuelle Voraussetzungen wie sie bzw. Rollenentsprechungen (Frau, Türkin, verheiratet sein etc.) habe:

P: »Es ist vielleicht nicht so wichtig, aber dass sie [die Therapeutin; Anmerkung B. K.] verheiratet, eine Frau und Türkin ist, und dass wir aus derselben Kultur sind, das war sehr hilfreich für mich« (Frau E., Abs. 41; Türkisch im Original).

Einerseits ist die gemeinsame kulturelle Herkunft also kein Garant für eine einfühlsamere bzw. kultursensiblere Haltung von Fachleuten: KlientInnen nehmen trotz eines Vertrauensvorschusses sehr genau Abweichungen von eigenen Lebensbezügen wahr und reagieren mit indirekter Kritik wie Abwendung. Andererseits sind sie durchaus unterschiedlicher Ansicht, inwieweit kulturelle Vorkenntnisse der Therapeutin bzw. eine gemeinsame kulturelle Herkunft notwendige Voraussetzung für einfühlsames Verstehen ist. Denn es kann sogar sein, dass eine Therapeutin nicht-türkischer Herkunft als sensibler und vertrauenswürdiger wahrgenommen wird:

P: »Also, ich hab' mich hier [bei der deutschen Therapeutin] viel wohler gefühlt, das kann ich das schon sicher sagen. Weil die andere Ärztin [gemeint ist eine türkische Psychotherapeutin; Anmerkungen B. K.] habe ich diese Vertrauensgefühl nicht gehabt. Das war, sie hat zwar viel gefragt und alles, aber, damit sie halt die Vor-, ja, -geschichte von mir weiß, aber ich hab' das Gefühl gehabt, dass ich nicht ernster genommen wurde, dass es eben immer so 'n bissel oberflächlich war und nach der Absage war ich richtig enttäuscht natürlich auch. [...] Leider die ersten zwei Sitzungen hab' ich schon gemerkt, jetzt, wie wird's weiter gehen, schau mer mal und so. Des war hier nicht so und nach diesem zweiten Erfahrung hab' ich das erst gesehen, wie das sein kann« (Frau M., Abs. 79).

Diese Patientin bemühte sich in der Vorgeschichte um einen Platz bei einer türkischen Therapeutin, zu der sie den Kontakt von Anfang an als oberflächlich und verunsichernd erlebte. Dennoch beschloss sie, zu bleiben, da sie kaum andere Alternativen hatte. Nach den probatorischen Sitzungen wurde sie von der Therapeutin unerwartet abgewiesen, was nach dem schlechten Rapport einer schweren Kränkung gleichkam. Trotz der negativen Vorerfahrungen gelang es ihr, einen weiteren Therapieversuch in einer teilstationären Einrichtung zu machen, wo sie bei anfänglich eingeschränkter Erwartungshaltung rasch eine tragfähige Beziehung zu einer Therapeutin mit deutschem Hintergrund aufbauen konnte.

Vergleichbar den anderen KlientInnen, die wegen schlechten Erfahrungen bei deutschen TherapeutInnen eine türkische TherapeutIn bevorzugen, berichtet sie, dass sie nach der Entlassung wieder eine deutsche Therapeutin bevorzuge:

P: »Also, ich hab' mir die Frage auch gestellt. Mir war wichtig eine Frau, dass es ist. ›Deutsch, Türkin?‹ – Lieber Deutsch, hab' ich gemeint, weil ich wahrscheinlich die schlechte Erfahrung mit der Türkin gehabt hab'. Aber Mensch ist Mensch, ist überall mal so, mal so« (Frau M., Abs. 81).

Das bestätigt die Annahme, dass weniger national-ethnische Ideale erwogen werden, wenn TherapeutInnen mit gleicher Herkunft bevorzugt werden, sondern vielmehr pragmatischere Gründe wie Kulturkenntnis und erleichtertes Einfühlungsvermögen ausschlaggebend sind. Kulturkenntnis bzw. interkulturelle Kompetenz wird bei TherapeutInnen ohne türkischen Hintergrund auch sensibel wahrgenommen bzw. bei TherapeutInnen mit türkischem Hintergrund ggf. schmerzlich vermisst.

Zusammenfassend lässt sich sagen, dass eine gemeinsame kulturelle Herkunft häufig mit Vertrauensvorschuss hinsichtlich einfühlsamem Verstehen, Sich-nicht-erklären- bzw. rechtfertigen-müssen und Entspannt-erzählen-können assoziiert ist und daher häufig als Auswahlkriterium herangezogen wird. Umgekehrt ist es möglich, dass gegenüber TherapeutInnen der eigenen Herkunft eine negative Erwartungshaltung aufgebaut wird, wenn negative Vorerfahrungen gemacht wurden. Wenn positive Erfahrungen mit deutschen bzw. nicht-türkischen TherapeutInnen in der Vorgeschichte gemacht wurden oder durch Dritte bekannt sind, besteht diesen gegenüber ebenfalls eine positive Erwartungshaltung, die zur selbst motivierten Aufnahme genutzt werden kann. Kulturelle Sensibilität wird v. a. daran erkannt, dass TherapeutInnen in der Lage sind, sich in die Lebenswirklichkeit von KlientInnen einzufühlen und zu reagieren. In Einzelfällen betonen PatientInnen ihre eigene Integrationsfähigkeit, sodass sie keine spezifischen Kulturkenntnisse von den Therapeuten fordern. Dies geschieht ausschließlich in kulturverschiedenen Therapiebeziehungen. Neben dem kulturellen Kontext wird die Beachtung weiterer Kontext- bzw. Rollenmerkmale wie Mutterschaft und Ehe als förderlich und z. T. als unbedingt notwendig erachtet, um sich in reale Lebensumstände einfühlen zu können. Demgegenüber vertreten PatientInnen bei TherapeutInnen ohne Migrationshintergrund ähnlich wie diese die Position, dass gewisse Grundgefühle und -bedürfnisse universell verstehbar sind und ihre Anerkennung von der Offenheit der TherapeutIn abhängt.

9 Aspekte der interkulturellen Therapiebeziehung

Von Ratschlägen zur gemeinsamen Suche nach Lösungen

KlientInnen suchen eine Therapie stets mit Verbesserungserwartungen auf, da sie sich in unerwünschten Situationen befinden und unter Beschwerden leiden. Meist sind zahlreiche eigene Lösungsversuche bereits gescheitert. Die Vorstellung über mögliche Lösungen hängt u. a. von Kontrollerwartungen (locus of control) ab, die intern oder extern angesiedelt sein können. Bei türkischen Jugendlichen in Deutschland wurden lange überwiegend externe Kontrollerwartungen beschrieben (Özelsel 1990), was eine passive Erwartung externer Hilfen zur Folge hätte. Inzwischen wurden diese Annahmen kritisch überprüft und teilweise widerlegt (Schepker et al. 2005). Im Sample findet sich v. a. bei zwei jüngeren Klientinnen die Erwartung, Hilfe in Form von Ratschlägen zu erhalten:

P: »Am Anfang, sehr naiv, dachte ich so, dass man Tipps gibt so, was ja eigentlich gar nicht so ist. Ja, so was hab' ich erwartet« (Frau V., Abs. 11).

P: »Also, so stärkend, oder, für mich jetzt zum Beispiel, dass ich weiß, dass sie mir Tipps gibt, also dass ich mich wohl fühle auch, und dass ich mich auch stärken kann halt, so« (Frau G., Abs. 37).

Tipps oder Ratschläge werden v. a. von jüngeren KlientInnen bzw. bei fehlender Therapieerfahrung zu Beginn als Hilfserwartung genannt. Neben der Teilhabe an Expertenwissen erwartet sich eine von beiden KlientInnen auch von der Lebenserfahrung ihrer älteren Therapeutin zu profitieren:

P: »Also mir scheint sie ja so, als würd' sie's mit der Ehe schon hingekriegt haben und [dass sie; Ergänzung B. K.] irgendwie mit ihrem Mann auch offen über etwas sprechen kann und so, was bei uns halt nicht so ist [lacht]« (Frau G., Abs. 43).

Ratschläge können mehrere Funktionen erfüllen: Vordergründig informieren sie und erweitern eigenes Wissen; zum anderen transportieren sie jedoch eine Beziehungsbotschaft, nämlich dass sich jemand um einen sorgt und um eine Lösung für ihn bemüht ist. Das Wissen um diese Art von therapeutischem Engagement wird als wohltuend und stärkend beschrieben. Tatsächlich kann das Anbieten alternativer Verhaltensweisen als hilfreicher Ratschlag empfunden werden:

P: »Meine Probleme habe ich zum Beispiel einfach erzählt und sie hat Wege aufgezeigt: ›Wie wäre es, wenn du das machst oder das, hast du das schon probiert?‹ Ich bin nämlich alleine gekommen, meinen Ehemann konnten wir nicht fragen. Ich habe die verschiedenen Gedanken, die sie gesagt hat, beim nächsten Mal probiert und es hat geholfen« (Frau E., Abs. 39).

In der Wahrnehmung der KlientIn zeigt ihr die Therapeutin Lösungswege auf, nachdem sie sich das Problem angehört hat. Die Therapeutin stellt jedoch v. a. Fragen und überlässt die Entscheidung der Klientin. Damit scheint sie einem Bedürfnis der Klientin zu entsprechen, die die Therapeutin als Expertin für bestimmte Fragestellungen konsultiert. Die Klientin profitiert vom Wissen der Therapeutin, gleichzeitig behält sie eine aktive Rolle: Sie kann passende Angebote annehmen oder ablehnen bzw. ignorieren. Durch die dialogische Lösungssuche gelingt es auch, mögliche Interessen des abwesenden Partners einzubeziehen, was den anfänglichen Loyalitätskonflikt der Klientin entkräftet und die Einzeltherapie zu einem gemeinsamen Erfolg für die Eheleute macht:

P: »Und seit zwei Jahren, vor allem jetzt, geht es mir mit meinem Mann sehr gut, es ist so schön geworden, nicht mal als wir frisch verheiratet waren, ging es uns so gut. Wir sind glücklicher, streiten viel weniger. Manchmal, das habe ich gestern Abend festgestellt, bin ich ganz schön unverschämt, dann rede ich etwas hart und so, und da nehme ich mir auch vor, dass ich das nicht mehr tun sollte, damit es noch schöner wird. Wir haben seit zwei Jahren einen ganz schönen Weg zurückgelegt« (Frau E., Abs. 37; Türkisch im Original).

Mit Ratschlägen sind in diesem Fall also nicht allgemeingültige Lösungen gemeint, die sich KlientInnen bei TherapeutInnen abholen können, sondern von Bedeutung ist die gemeinsame Lösungssuche, bei der Therapeuten eine aktive Haltung einnehmen, zum einen eigenes Wissen einbringen und zum anderen reale Ressourcen und Beschränkungen von KlientInnen beachten. Werden dennoch Standardlösungen vorgeschlagen, wählen KlientInnen im günstigen Fall aus, was sie für sich als passend empfinden:

P: »Sie hat gesagt: ›Teilen sie alles mit mir, damit es nicht in Ihnen bleibt, werfen Sie nach außen, was sie in sich haben, reden sie mit mir, gehen sie oft raus, treffen sie sich mit ihren Freunden, bleiben sie nicht so viel zu Hause, also beschäftigen sie sich mit etwas, lesen sie ein Buch, gehen sie zu einer dieser Frauenveranstaltungen.‹ Sie sagte, dass ich dort teilnehmen sollte.«
I: »Haben Sie das alles befolgt?«
P: »Nein, ich habe gar nichts davon getan, sie hat mir gereicht! Ich mag das sowieso nicht, auf solche Veranstaltungen zu gehen, dass engt mich noch

mehr ein, wenn ich ehrlich sein soll, das ist natürlich bei jedem anders, aber bei mir ist es so. So, mit Gebäck und so, ich mag das einfach nicht.«
I: »Waren diese Empfehlungen denn trotzdem hilfreich für Sie oder nicht?«
P: »Es war hilfreich, aber nicht diese Dinge, die sie gesagt hat, die waren nutzlos, ich habe das noch nicht einmal ernst genommen. Dass ich zu solchen Versammlungen soll, an Matineen teilnehmen soll, das habe ich nicht ernst genommen. Was für mich wichtig war, habe ich mit der Pinzette herausgepickt, aus dem, was sie gesagt hat [lacht]« (Frau A., Abs. 31–35; Türkisch im Original).

Die aktive Haltung der Therapeutin korrespondiert nur oberflächlich betrachtet mit einer passiven Erwartungshaltung der Klientin. Tatsächlich wählt sie sorgsam aus, welche Vorschläge der Therapeutin sie befolgen möchte und entscheidet sich zum Beispiel gegen soziale Angebote. Dagegen empfindet sie den Austausch mit der Therapeutin, die sie zu Beginn ermutigt, sich anzuvertrauen und zu entlasten, als so hilfreich, dass sie nicht mehr braucht.

Der Nutzen von Ratschlägen wird an anderer Stelle kritisch evaluiert und z. T. sogar als hinderlich empfunden:
P: »Ratschläge, weiß ich nicht, Ratschläge, ja, zwischendurch vielleicht mal, aber mit Ratschlägen kommt man auch nicht viel weiter [...]« (Frau B., Abs. 45).

Betont wird die gemeinsame Suche nach Lösungen:
P: »Also, ich hab' des geglaubt, dass ich, wenn ich einen Psychotherapeut gehe, wenn ich meine Probleme erklär', dann bin ich also noch vielleicht angespa-, nicht so wie immer bereit explodierte [nicht wie ein immer explosionsbereiter; Anmerkung B. K.] Mensch, sondern vielleicht noch leicht. Oder ich hab' so, ich kann nicht genau ausdrücken, ich hab' so ein Gefühl gehabt, wir lösen vielleicht, also, ich hab' des geglaubt, wir können vielleicht was lösen, vielleicht ist eine lösbare Problem, warum soll ich nicht eine Psychotherapeut gehen, meine Probleme erklären, dass wir dann zusammen eine Lösung suchen« (Herr I., Abs. 34).

Die ausführliche Darstellung seines Problems hat in der Erwartung des Klienten entlastende und entspannende Funktion in Anbetracht anderweitig drohenden Kontrollverlusts. Jedoch ist die Erklärung von Problemen auch wichtig, um passende Lösungen zu finden. Der Klient stellt sich trotz seines großen Leidensdrucks nicht vor, passiv Lösungsvorschläge zu erhalten, sondern möchte sich zum einen vergewissern, ob es sich um eine lösbares Problem handelt, d. h. dass trotz der Eigenmotivation ambivalente Verbesserungserwartungen zu Beginn bestehen, die Ermutigung und positive Bestätigung erfordern. Zum anderen möchte der Klient ausdrücklich begleitet werden im Prozess der Lösungssuche.

Zentral für die gemeinsame Lösungssuche ist es, zunächst individuelle Ziele der KlientInnen herauszufinden, was angesichts unterschiedlicher kultureller Herkünfte, wenig bekannter aktueller Lebenskontexte, abweichender Beziehungs- und Lebensziele erschwert sein kann. Auch wenn eigene Lösungsversuche bisher gescheitert sind, fühlen sich KlientInnen gesehen und aufgewertet, wenn diese als Grundlage für neue Lösungen anerkannt werden, z. B. indem daran individuelle Potentiale und kulturelle Muster exploriert werden. Deutlich wird, dass KlientInnen zwar eine aktive Hilfestellung erwarten, jedoch keine pauschalen Lösungen, sondern in ihrer Suche nach individuellen Lösungen unterstützt werden wollen.

Erwartete Toleranz durch kulturelle Differenz

Bisher wurde v. a. gezeigt, dass Klienten häufig die Sorge nennen, von TherapeutInnen nicht ausreichend verstanden zu werden, wenn diese ihre kulturellen Werte nicht kennen, sodass sie türkische TherapeutInnen bevorzugen. Allerdings können deutsche Therapeuten auch bevorzugt werden, gerade weil sie nicht derselben Kultur angehören:

P: »Natürlich [bevorzuge ich] die Person aus der eigenen Kultur, der eigenen Sprache. Wegen der Sprache, aber auch wegen der Kultur, warum man etwas nicht tun kann, warum man über etwas nicht reden kann, manche Dinge werden Sie [angesprochen ist die Interviewerin als Therapeutin mit türkischem Hintergrund] einfach besser verstehen. Es kann aber auch sein, dass sie [gemeint sind deutsche TherapeutInnen; Anmerkungen B. K.] manche Dinge eher als normal betrachten und wir uns scheuen, einer Türkin zu erzählen, was in unserer Kultur nicht als normal gilt. Das hängt aber natürlich von der Nähe zur Therapeutin ab. [...] Vielleicht zieht jemand, der sehr gut Deutsch spricht, eine deutsche Therapeutin vor, weil man über Dinge sprechen kann, die diese als normal betrachten, was bei uns als unnormal gilt, ohne sich zu schämen. Auch wenn es eine Therapeutin ist, bleibt man zurückhaltend und unsicher, das ist in unserer Kultur so verankert, dass man sich überlegt, was denkt die wohl von mir, egal wie sehr jemand Therapeut ist, nicht wahr?« (Frau O., Abs. 68–70; Türkisch im Original)

Die Patientin begründet die Bevorzugung türkischer Therapeutinnen zunächst mit der besseren sprachlichen und kulturellen Verständigung, die sich auch auf Tabus, Themen über die man weder spricht noch fragt, erstreckt. Anschließend äußert sie jedoch auch die Vermutung, dass deutsche Therapeuten weniger normative Wertmaßstäbe haben, sodass man sich ihnen gegebenenfalls mehr anvertrauen kann. Die ältere Klientin, die sich in der Therapie nur schlecht auf Deutsch verständigen kann und deshalb zwar sehr unzufrieden ist, gibt hier zu bedenken, dass es von Vorteil sein kann, mit einer deutschen TherapeutIn zu arbeiten, wenn keine Sprachbarrieren bestehen. Unter der Voraussetzung emotionaler Nähe sei es möglich, dass türkische Klienten einer deutschen Therapeutin gegenüber tabuisierte Themen leichter eröffnen als einer türkischen Therapeutin gegenüber. Denn bei einer türkischen Therapeutin behält die Klientin trotz deren Professionalität Bedenken, dass diese die KlientIn nach den gemeinsamen kulturellen Maßstäben als »unnormal« verurteilen könnte. Für die Klientin ist es überaus wichtig, wie ihr Gegenüber über sie denkt (»das ist in unserer Kultur so verankert, dass man sich überlegt, was denkt der wohl von mir«). Eine deutsche TherapeutIn, die türkische Wertmaßstäbe wenig kennt und aus einer »toleranteren« Kultur stammt, wird demnach weniger schlecht über ihre Klientin denken, sodass diese sich ohne Scham mitteilen kann.

Zwar spricht die Patientin hier in der dritten Person, aber eigentlich geht es um ein Thema, das sie selbst betrifft. Hintergrund ist, dass die Patientin seit mehr als 20 Jahren geschieden ist und gerne wieder heiraten möchte. Ihr potenzieller Partner hat jedoch erst nachträglich eröffnet, dass er in der Türkei bereits verheiratet ist. Zum einen ist sie durch den Verrat gekränkt. Schwerer wiegt jedoch, dass sie sich schämt, dass sie überhaupt Heiratswünsche hegt und selbstständig eine Partnerschaft eingegangen ist. Hätte sie wie üblich Familie oder Bekannte als Mittler eingeschaltet, wäre dieser Betrug wahrscheinlich nicht möglich gewesen. Sie hat die Erfahrung gemacht, dass ihre deutlich jüngere deutsche Therapeutin ihre Beziehungswünsche nicht verurteilt, sodass sie ihr gegenüber dieses Thema bereits nach wenigen Treffen eröffnet hat, obwohl sie sich schwer tut mit der sprachlichen und kulturelle Differenz zwischen ihnen.

Tatsächlich vertraut sie mir, die sie im Interview mehrmals als türkische Therapeutin anspricht, ihr Geheimnis nur indirekt an. Sie spricht in der dritten Person von »diesem Beispiel«, bei dem »man« ausnahmsweise von einer deutschen Therapeutin besser verstanden werden könnte. Sie bleibt im Unkonkreten, Details erfahre ich von der Therapeutin. Auch als sie mir zu Beginn unaufgefordert ihre Lebensgeschichte erzählt und unter Tränen auf einen ambulanten Therapieplatz bei mir drängt, spart sie Details aus. Sie testet also meine Reaktionen als türkische Therapeutin aus und erst nach mehreren vagen Andeutungen, vermutlich als befürchtete Abwertungen ausbleiben, wird sie konkreter. Außerdem teilt sie mir ihr Tabuthema erst mit, nachdem ausgeschlossen ist, dass ich sie ambulant übernehmen kann. Zusätzlich ist diese Offenbarung eingebettet in den Kontext eines Forschungsinterviews, was größere Distanz ermöglicht. Die besagte deutsche Therapeutin ist entsprechend der ambivalenten Haltung ihrer Klientin verunsichert:

T: »Also, ich hab' da den Eindruck, dass sie da so Vieles raus gehalten hat, da, so aus Sorge, dass ich sie nicht verstehen könnte oder dass ich's ganz anders sehen könnte. Also, heute zum Beispiel mit der Beziehung, da hat sie ganz oft erklärt, dass das in ihrer Kultur noch ganz anders ist. Dass da 'ne Ehe einfach noch wichtiger ist. Sie sei zwar nicht so altmodisch, dass man vielleicht 'ne Weile zusammenleben könnte, aber dann wär's doch wichtig. Wo ich so gedacht hab': ›Mensch, so weit entfernt bin ich da, glaub' ich, gar nicht.‹ Also, ich möchte auch nicht ausgenutzt werden, und ich hätte auch keine Lust auf 'nen Partner, der 'ne Ehefrau hat oder 'nen Mann, also in der Türkei. Also, wo ich so's Gefühl hab', das traut sie mir gar nicht zu, dass ich sie da auch so verstehen könnte, weil es halt auch so ein Klischee von ihrer Seite ist: ›Also die Deutschen sind alle ganz freizügig und können das gar nicht nachvollziehen‹. Und so glaube ich schon, dass sie einige Themen vielleicht grundsätzlich zurückgehalten hat, die sie jemand, wo sie weiß, die versteht das leichter oder wo sie's einfach annimmt, dass sie's da einfach schneller erzählen kann« (Frau P., Abs. 37).

Die Patientin tut sich scheinbar schwer, über den gescheiterten Beziehungsversuch zu reden und versucht, ihre tiefe Kränkung mit der Bedeutung der Ehe in der türkischen Kultur zu erklären. Damit vertraut sie sich zum einen an, gleichzeitig signalisiert sie ihrer Therapeutin, dass diese sie niemals vollständig verstehen könne, was eine paradoxe Situation schafft. Während die Patientin möglicherweise damit ihre besondere Verzweiflung und Ausweglosigkeit kenntlich machen möchte, also indirekt um besonders viel Rücksicht und Sensibilität wirbt, nimmt die Therapeutin in dieser Lage v. a. wahr, dass die Patientin wiederholt die Unvereinbarkeit zwischen beiden Kulturen – also auch zwischen

Klientin und Therapeutin – ins Feld führt, was sie verunsichert und frustriert, da sie sich besonders viel Mühe gibt. Die Therapeutin fühlt sich entwertet, glaubt, dass ihr vieles vorenthalten wird, obwohl ihr der Kontakt zur Patientin gelungen ist und diese sie ins Vertrauen zieht. Möglicherweise testet die Patientin ihre Therapeutin und setzt sie unter Druck, um in ihrer Verzweiflung größtmögliche Zuwendung zu erhalten. Gleichzeitig wird das eigentliche Machtverhältnis zwischen Klienten und Therapeuten, zwischen »Kranken« und »Gesunden« bzw. zwischen Migranten und Einheimischen umgekehrt: Hier fühlt sich die Therapeutin unverstanden und stereotyp beurteilt, ganz ähnlich wie ihre Klientin es befürchtet und möglicherweise schon häufig erlebt hat. Für den Aufbau einer tragfähigen und für beide befriedigenden Beziehung scheint es entscheidend, diese kultur- bzw. politisch bedingte Gegenübertragung (Mehrheit/Minderheit) aufzudecken und aufzulösen.

9.1.2 Klienten-Erwartungen aus Therapeutenperspektive

Der Frage, welche Erwartungen KlientInnen an die Therapie und ihre Therapeuten stellen, wurde im vorherigen Abschnitt nachgegangen. Auch TherapeutInnen haben gewisse Erwartungen an ihre Klienten wie z. B., dass diese die Bereitschaft zeigen, sich selbstkritisch zu reflektieren und zu verändern (siehe Abschnitt 7.1.2 auf Seite 142). In diesem Abschnitt geht es nun darum, welche Erwatungshaltungen TherapeutInnen bei ihren KlientInnen wahrnehmen und wie Therapeuten auf diese Erwartungen der Klienten reagieren.

Wahrnehmung einer unklaren Erwartungshaltung

Häufig nehmen Therapeuten wahr, dass die Erwartungshaltung ihrer KlientInnen zu Beginn eher vielfältig, aber auch schwer zu erfassen ist:
T: »Ja, sie ist mehrfach belastet mit Scheidung und im Moment lebt sie in einer Wohngemeinschaft und so, sie hat Schlafstörungen und Depression, so viel ich weiß. [...] Das hab' ich heute mir gedacht, so ganz klar ist die noch nicht eigentlich, ganz so eindeutig: ›Deshalb komm' ich!‹ Und es war interessant, nur wie sie heute aufgestanden ist nach einer Stunde: ›Ach, da müssen Sie mir helfen mit meinen Schlafstörungen und meiner Zigarettensucht.‹ Aber das war ganz zum Schluss, das war ein deutlicher Satz dann, dass sie da gern aufhören will und Schlafstörungen, dass sie kaum schläft und das ist schon länger her, so« (Frau C., Abs. 13).

9.1 Erwartungen an die Therapiebeziehung

T: »Ich glaub', dass die [Erwartungen; Anmerkung B. K.] relativ diffus waren, also nicht sehr konkret, dass die auch was zu tun haben mit finanzieller Entlastung und so irgendwie 'ner neuen beruflichen Perspektive, aber schon auch so 'ne Erwartung, dass ihre z. B. finanziellen, beruflichen Probleme, die sie hat, dass der Zusammenhang gesehen wird, mit den Traumatisierungen in der Kindheit, also, den sie selber sieht, den Zusammenhang vielleicht nicht immer formulieren kann, aber dass der gesehen wird und dass sie an dem Punkt auch Hilfe kriegt, was zu ändern« (Frau L., Abs. 17).

Der Auftrag an die Therapeutin wird im ersten Beispiel erst nach mehreren Sitzungen für bestimmte Problembereiche formuliert. Dabei fällt auf, dass die Klientin ihre Erwartungen eher beiläufig am Ende einer Sitzung anspricht, als ob sie selbst an deren Relevanz zweifelt bzw. austesten möchte, ob sie von der Therapeutin trotzdem aufgenommen werden. Im zweiten Beispiel muss die Therapeutin mögliche Aufträge selbstständig aus der Schilderung verschiedener sozialer und psychischer Problembereiche heraushören, denn die Patientin befindet sich in einer Krise und es ist keine klare Auftragsformulierung möglich. In beiden Beispielen ist eine Vielzahl von realen Problemen anzutreffen, was die Wahrnehmung von Prioritäten für die Therapie erschwert. Die Konfusion bzw. uneindeutige Erwartungshaltung der Klientinnen angesichts multipler Problembereiche scheint sich z. T. auf die TherapeutInnen zu übertragen, sodass erst im Verlauf mehrerer Sitzungen bzw. nach der Exploration aktueller und biografischer Problembereiche erkannt wird, welche Hilfen tatsächlich benötigt werden. Wenn Erwartungen der Klienten als unklar oder wenig abgegrenzt formuliert wahrgenommen werden, kann dies Hilflosigkeit bei Therapeuten auslösen:

T: »Also bei mir, das war in der ersten Stunde, war's ganz schwer, was rauszuhören. Sie hat gemeint, sie möchte ihre Gesundheit wieder haben, als Ziel. [...] Also, das war so, sie weiß doch nicht, was werden soll, sie will halt wieder gesund werden und, so quasi, der Rest, der müsste doch jetzt von mir kommen, da war ich so'n bisschen hilflos [lacht]« (Frau P., Abs. 29).

Eine allgemeine bzw. passive Erwartungshaltung bei KlientInnen widerspricht idealtypischen therapeutischen Erwartungen von benennbaren, symptom- oder verhaltensbezogenen Zielen. Diese Erwartungshaltung findet sich bei einem weiteren stationären Patienten, die der Therapeut jedoch mit der Haltung anderer deutscher PatientInnen in der Psychiatrie vergleicht:

T: »Also am Anfang war's wohl eher so wie viele deutsche Patienten das haben, die sich nicht sehr viel unter unserer Arbeit hier vorstellen können: ›Jetzt bin ich hier, bringen Sie mich in Ordnung, machen Sie was, dass es besser wird.‹ Und da mussten wir schon Motivation aufbringen, dass es darum nicht geht, dass es darum geht, ihn zu unterstützen, dass er was macht, dass er vielleicht was ändert, dass er die Dinge anpackt, die ihn angehen, dass ich es nicht für ihn tun kann. Ich weiß nicht, ob wir die Kurve ganz gekriegt haben [lacht]« (Herr R., Abs. 17).

T: »Mhm, ja, ich denke am, am Anfang, glaub' ich, dass die Klientin so sehr stark schon das Gefühl gehabt hat, so wie jetzt: ›Nimm mich an der Hand, [...] jetzt hab' ich mich schon so weit durchgerungen und es ist eigentlich gerade so mit dieser hohen Meinung, die ich von mir selber hab', ist das schon so halt so eine Pleiteerklärung, hm, [...] wenn ich das schon so mache, bring das bitte alles in Ordnung‹« (Frau T., Abs. 23).

Bei einer generellen bzw. hohen Erwartungshaltung gegenüber der TherapeutIn als Person besteht häufig keine konkrete Vorstellung über psychotherapeutische Hilfsmöglichkeiten. Die Klärung von akuten Belastungen sowie Rahmenbedingungen für Behandlungsmöglichkeiten scheint dabei hilfreicher als die ergebnislose Exploration von nicht formulierbaren Erwartungen. Generalisierte bzw. unrealistische Erwartungen, wie das ganze Leben, alle Probleme, den Partner etc. zu verändern, werden auch muttersprachlichen Therapeuten gegenüber formuliert und von diesen als Ausgangsbasis für die Bildung einer realistischen Erwartungshaltung genutzt:

T: »Als sie sich angemeldet hat, hat sie gesagt, sie hat in allen Lebensbereichen Probleme, und dann bei der ersten Sitzung kam eben vor allem diese, diese Eheproblematik in den Vordergrund« (Frau H., Abs. 23).

T: »Also, ganz am Anfang war, glaub' ich, so die Hoffnung, wenn sie mir erzählt, was alles nicht gut läuft, war auch Grenzüberschreitung, Gewalt ein Thema, ich glaub', eigentlich war auch die Hoffnung, dass der Partner sich ändert, ganz am Anfang. Das hat sich sehr schnell verändert und ich vermute, dass sie auch ein Stück Unterstützung wollte, also jemand, der das versteht, der das hört, vielleicht da einen Weg zeigt, wie sich die Dinge verändern könnten« (Frau F., Abs. 13).

Die Veränderung der Erwartungshaltung kann abhängig von der Ausgangssituation unterschiedlich viel Zeit in Anspruch nehmen, z. T. sogar als selbstständiges Therapieziel in die gemeinsame Arbeit eingehen. Die beiden Beispiele der muttersprachlichen TherapeutInnen zeigen, dass unabhängig davon, wie unrealistisch Erwartungen zunächst klingen, sie schnell verändert werden können, vorausgesetzt, dass Klienten sich angehört und verstanden fühlen. Hilfreich dabei scheint zu sein, dass Klienten alternative Veränderungsmöglichkeiten angeboten werden, die individuell erstrebenswert und mit kulturellen Rollenvorstellungen z. B. als Ehefrau vereinbar sind.

WAHRNEHMUNG DER KULTURELLEN ERWARTUNGSHALTUNG

Insbesondere muttersprachliche TherapeutInnen mit eigenem Migrationshintergrund nehmen als Erwartung ihrer KlientInnen häufig wahr, dass sie vor dem Hintergrund ihrer kulturellen Identität bzw. Herkunft verstanden werden wollen:

T: »Ich denke, die Sprache ist sicher ein Punkt und ich vermute auch, ich weiß nicht, ob ich mit ihr darüber gesprochen habe, ich denke, die Erwartung auch, dass es jemand ist, der möglicherweise, auch den kulturellen Hintergrund auch versteht« (Frau F., Abs. 35).

T: »Ich vermute, sie ist nicht wegen der Sprache gekommen, also sie braucht nicht unbedingt eine muttersprachliche Kraft, sondern, wegen dem ›Sie-versteht-mich-besser‹. Ich glaube eher, die Mentalität, Hintergrundwissen und so, dass man sich besser einfühlt, so die Bindung zur Familie, die Bindung zu der eigenen Tochter und so, ich glaub' schon, dass da Mentalitätsunterschiede sind, deshalb« (Frau C., Abs. 25).

Ähnlich wie bei PatientInnen findet sich z. T. bei muttersprachlichen TherapeutInnen die Annahme, dass kulturelles Hintergrundwissen hilft, sich besser einzufühlen bzw. die Beziehungen zur Familie besser zu verstehen. Deutschen TherapeutInnen wird von muttersprachlichen KollegInnen z. T. unterstellt, sich nicht ausreichend um Verständnis zu bemühen bzw. sich aufgrund fehlender Erfahrungen nicht in die türkische Kultur und die Migrationssituation einfühlen zu können:

T: »Vielleicht sie speziell jetzt, mit ihren sozialen Problemen, das überwiegt bei ihr im Moment, vielleicht wäre eine deutsche Therapeutin genauso am Platz, glaub' ich, also, es ist jetzt nicht ein türkenspezifisches Problem, aber ansonsten, also, ich find's unheimlich wichtig, wenn auch die Sprache voll da ist, diese Mentalität und dieses Sich-einfühlen-können, ich glaub', dass kann jemand, der entweder die Kultur ganz gut kennt oder aus der Kultur stammt, also, das find ich unheimlich wichtig, auch bei der dritten Generation, die hier geboren und aufgewachsen ist, ich find, die kommen sehr oft. Ich merk auch immer wieder, dass deutsche Kollegen, vor allem bei Familienproblemen, sich da nicht einfühlen können: ›Dann hau ab, dann geh weg‹. Es passt nicht, man kann die vierte Generation hier sein, die Mentalität ist 'ne andere« (Frau C., Abs. 27).

T: »Also, ich weiß nicht, ob ein deutscher Therapeut wirklich das so nachvollziehen kann, was es heißt, die Familie da in der Türkei zurückzulassen, hierherzukommen, zu arbeiten, irgendwas aufzubauen, die Familie nur einmal im Jahr zu sehen, also, was so an, an auch Leid und Besonderheiten drinsteckt, also, ich glaub', dass, das ist eigentlich nicht nachvollziehbar. Dazu sind die, auch die Unterschiede sehr, sehr groß und dann natürlich, denk' ich, spielt auch einen Einfluss die Religion, das ist eigentlich auch sehr oft Thema, gut jetzt bei diesem Patienten nicht, aber generell. Die, auch so die Rolle der Frau, ganz wichtig, also ich weiß nicht, ob ein Deutscher das so in allen Einzelheiten nachvollziehen kann, genau wie ich mir nicht vorstellen könnte, wie es in China ist. Natürlich kann ich mich einlesen, ich kann hingehen, ich kann mir das Land anschauen, aber letztendlich werd ich's nicht verstanden haben« (Frau J., Abs. 39).

Umgekehrt bemerken TherapeutInnen mit deutscher Herkunft bzw. fehlender interkultureller Erfahrung z. T. die Vorsicht und Zurückhaltung ihrer PatientInnen mit persönlichen Themen:
T: »Also, ich hab' da den Eindruck, dass sie da so vieles raus gehalten hat, da, so aus Sorge, dass ich sie nicht verstehen könnte oder dass ich's ganz anders sehen könnte« (Frau P., Abs. 37).

Weiterhin fällt auf, dass Erwartungen nach kulturellem Verständnis seitens der PatientInnen fast von allen TherapeutInnen in gewisser Weise wahrgenommen, jedoch, abhängig vom eigenen Migrationshintergrund bzw. von der interkulturellen Expertise, als mehr oder weniger relevant für die aktuelle Behandlung eingeschätzt werden. Dabei schätzen muttersprachliche Therapeuten den gemeinsamen kulturellen Hintergrund ähnlich wie ihre Patienten häufiger als günstige zusätzliche Ressource ein, während die befragten deutschsprachigen Therapeuten ohne Migrationshintergrund eher dazu tendieren, universelle Prinzipien hervorzuheben.

ANPASSEN DER THERAPEUTISCHEN ERWARTUNGSHALTUNG

Wie wirken sich wahrgenommene Klienten-Erwartungen auf die Erwartungshaltung von Therapeuten aus? Gibt es Hinweise, dass TherapeutInnen in ihrer eigenen Erwartungshaltung Unterschiede zwischen ihren PatientInnen mit und ohne Migrationshintergrund sehen bzw. besondere Strategien für den Umgang entwickelt haben? Es scheinen sich zwei Richtungen abzuzeichnen: Die einen erachten es als notwendig, die herkömmliche monokulturelle Therapiekompetenz zu erweitern, um auf Besonderheiten von KlientInnen mit Migrationshintergrund einzugehen und werten dies als fachlichen und persönlichen Gewinn. Die anderen TherapeutInnen fühlen sich durch die ungewohnte Erwartungshaltung ihrer Klienten mit Migrationshintergrund in ihrer therapeutischen Freiheit eingeschränkt:

T: »Ja, das bindet mich als Therapeut, was nicht so toll ist. Ich kann dann schlecht Sachen machen, die aus der Rolle fallen, also, ich bin dann nicht so beweglich, ich kann nicht so konfrontativ sein wie ich vielleicht gerne wäre. Manche Sachen stehen mir da nicht zur Verfügung, die ich mit deutschen Patienten habe. [...] Also, wenn mein Umfeld mir nicht gestattet, ganz anders zu denken, dann krieg' ich's auch oft nicht hin. Und so ähnlich geht es mit manchen Familien, also manche Dinge, kann ich da nicht, die ich sonst kann oder fallen mir nicht ein, die mir sonst einfallen würden. [...]. Also, diese Atmosphäre oder diese Erwartung sorgt schon irgendwie dafür, dass ich mich nicht völlig daneben verhalten kann. Aber das ist 'ne klare Grenze« (Herr R., Abs. 51).

T: »Ich glaub', inzwischen hab' ich mich gewöhnt, ich weiß, dieses Klientel, die Gruppe, so viel Therapie, mehr nicht. Ich weiß, wo, wie weit ich, was für Erwartungen ich auch an mich stellen kann. Sicher, wenn ich so zurückblick' vor 20 Jahren oder 25 war ich auch häufig frustriert, dass sich nichts ändert. Inzwischen weiß ich, diese Frau will sich gar nicht scheiden lassen, sie will sich anvertrauen, dafür bin ich da, sie verstehen, teilnehmen an dem Problem, dass sie sich hier geborgen fühlt, ja, und wenn es ganz schlimm ist, dann kann ich ihr wieder Wege zeigen, dass es nicht ganz schlimm ist, dass es noch 'ne andere Möglichkeit gibt, allein seinen Weg zu machen, ja, mehr nicht eigentlich« (Frau C., Abs. 51).

Die TherapeutIn im zweiten Beispiel thematisiert, dass sie sich im Lauf ihrer Berufserfahrung daran gewöhnt hat, dass von ihr v. a. unterstützende statt zu Veränderungen motivierende Fertigkeiten erwartet werden, sodass sie ihre eigenen Erwartungen an sich als TherapeutIn angepasst hat. Auch andere TherapeutInnen, die erfahren in der Arbeit mit verschiedenen kulturellen Hintergründen sind, heben die Notwendigkeit hervor, das eigene Verhalten an Klientenerwartungen anzupassen:

T: »Von früher weiß ich, dass die Leute erst mal überrascht sind, dass man viel fragt, dass sie das für sehr ratlos halten, dass sie's für neugierig halten, das heißt, ich erkläre mein Vorgehen mittlerweile immer, ich würd' nie irgendwie, also das mach ich schon seit Jahren nicht mehr, dass ich sag': ›So, jetzt geh' ich mal vor‹, also ich sag': ›Ich, also, ich frag relativ viel, manche wundern sich drüber und denken, ich wüsste nicht die Lösung, aber das [Fragen; Ergänzung B. K.] hat damit zu tun, dass Sie woanders herkommen.‹ Also ich erklär' das mehr. Ich erklär' Verfahren noch mehr, ich erklär' Therapie weitaus mehr, weil sie das ja nicht kennen, ich erklär', manche können ja das Wort Psychologie nicht übersetzen, also, ich muss viel mehr erklären. Wo ich am Anfang war, war die Beziehung dadurch geprägt, dass die Leute ganz andere Erwartungen hatten und deswegen dann eigentlich immer auf was gewartet haben, was nicht kam und das versuch' ich halt jetzt im Grund vorwegzunehmen, ich versuch' am Anfang die Erwartung zu klären, dass ich keine Spritzen habe und keine Medikamente, dass das keine Freundschaft ist so 'ne Beziehung, also, da versuchen wir so ein Schema zu finden, was sie kennen, das kennen sie aber meistens nicht. Also früher wurde ich irgendwie öfter gefragt, ob ich irgendwie wie ein Familienmitglied sei oder 'ne Ärztin, also, das sind so die zwei Kategorien und deswegen erklär' ich's jetzt einfach mehr« (Frau U., Abs. 45).

Aus der Erfahrung, dass den meisten KlientInnen Psychotherapie völlig unbekannt ist und in manchen Sprachen nicht einmal eine unmittelbare verbale Entsprechung hat bzw. angesichts realer Schwierigkeiten praktische Hilfsangebote erwartet werden, macht die Therapeutin ihr Handeln von vorneherein transparent: Sie erklärt den Zweck ihrer Fragen, um sicherzustellen, dass KlientInnen möglichst wenige Annahmen machen, die den Therapieprozess stören bzw. falsche Erwartungen fördern könnten. Sie geht auf ihre Behandlungsmethoden mit bekannten Vergleichen aus der Medizin oder traditionellen Heilverfahren ein, informiert sie über die Beschaffenheit einer professionellen Therapiebeziehung, indem sie exploriert, welche Hilfebeziehungen KlientInnen kennen. Außerdem grenzt sie die therapeutische Rolle gegenüber anderen Helferrollen wie Arzt, Familie oder Freunde ab. So werden zum einen schon zu Beginn gegenseitige Erwartungen geklärt. Zum anderen erhält der Klient ein Modell, wie er selbst mit Fragen, Problemen oder Diskrepanzen in der Therapiebeziehung umgehen kann.

ZEIT UND RAUM ALS ERWARTUNG UND ANGEBOT

KlientInnen mit Migrationshintergrund sind z. T. zusätzlichen Belastungen bei gleichzeitig verminderten Ressourcen ausgesetzt, sodass ihr Zustand bei der Aufnahme von TherapeutInnen häufig als kritisch bewertet wird:

T: »Schwierig finde ich, dass so viele Problemfelder da sind, also dass sie so viele Problemfelder anspricht, also, es ist schwer erst mal an einer Sache dran zu bleiben und die konsequent weiterzuverfolgen und da was in die Gänge zu bringen, weil da grade was anderes schwierig ist oder krisenhaft« (Frau L., Abs. 19).

T: »Ja, dass ihr geholfen wird, in einem Zustand, der, ich möchte schon sagen, ziemlich desaströs war, wo sie zusammengebrochen war, nicht mehr arbeiten konnte, sich selbst nicht verstand, eigentlich überrollt war von Problemen, die sie mehr oder weniger als von außen kommend erlebte, also, von außen kommend auch körperlich eben, ja, dass sie riesige Rückenbeschwerden hatte, also alles, dass sie einfach nicht mehr arbeiten konnte, da beim Arbeitsversuch zusammengebrochen war, also, das eigentlich vom Seelischen her gesehen von außen kam« (Herr Z., Abs. 15).

Komplexe, chronische Problemlagen wirken sich negativ auf das gesamte Befinden und die Funktionsfähigkeit der beiden beschriebenen PatientInnen aus. Diese attribuieren Schmerzen, psychische Krisen und Arbeitsunfähigkeit external, was angesichts real erschwerter bzw. traumatisierender Lebensbedingungen von TherapeutInnen nachvollzogen wird. Erwartungsgemäß könnte man annehmen, dass KlientInnen in erster Linie konkrete Hilfen, Ratschläge und symptomspezifische Behandlung erwarten, was jedoch nur teilweise zutrifft. Eine Klientin beschreibt die erhaltene Hilfe folgendermaßen:

P: »Ehrlich gesagt, mit leeren Hoffungen bin ich schon hingegangen, dann habe ich, zweite, dritte Mal habe ich kapiert, das bringt schon was. [...] Ich war immer so verspannt hingegangen und wenn ich mit ihm geredet habe, ich bin so ganz leicht wieder raus gegangen und dann auch die kommende Tage oder laufende Woche ist ganz anders für mich geworden. Dann hab' ich gemerkt, wenn ich mit ihm rede und wenn ich immer das nachdenke, das beruhigt mich und beruhigt meine Seele, dann brauch' ich ihn, dann muss ich das nächste Mal wieder hingehen« (Frau Y., Abs. 18–20).

Auf die Frage nach ihren Erwartungen zu Therapiebeginn antwortet die Klientin, dass sich bei ihr eine positive Erwartungshaltung erst durch die unmittelbar entlastende Erfahrung in der Anfangsphase der Therapie entwickelt hat. Da sie eine spürbare Verbesserung im Befinden nach den Sitzungen wahrnimmt, bildet sie die Annahme, dass Reflexion beruhigt statt noch mehr zu belasten und möchte weiter zur Therapie gehen.

In der Bilanzierung des Therapeuten wird deutlich, dass die aktiv zugewandte Gesprächserfahrung die wichtigste Hilfe für die Klientin war. Die Klientin, die in der Kindheit nach einer erzwungenen Trennung von der Mutter, als Mitglied einer verfolgten ethnischen Minderheit in der Türkei und zuletzt als Migrantin in Deutschland vielfache Anpassungsleistungen erbringen musste, erhielt erstmals in der Therapie ausreichend Zeit und Raum, um die eigene Lebensleistung zu reflektieren:

I: »Was denken Sie denn, was war so ausschlaggebend in der Therapie, die Sie dann anbieten konnten ... der Patientin, was hilfreich war für sie?«

T: »Da haben wir auch immer mal wieder drüber gesprochen und ich denk', ich denk', das allerwichtigste war, dass da jemand zugehört hat. Aber natürlich nicht irgendwie, nicht wie so'n Aufnahmegerät, ja, sondern aktiv zugehört hat, gefragt hat, sich interessiert hat. Eigentlich, dass hier erstmals in ihrem Leben ein Raum entstanden ist, in den hinein sie reden konnte« (Herr Z., Abs. 18–19).

Die Erfahrung der Patientin als traumatisiertes Kind, Minderheit, Migrantin, Ehefrau und Mutter dauerhaft zwischen den Anforderungen und Bedürfnissen anderer zu stehen, wird in der Therapie durch eine zeitintensive Behandlung (140 Sitzungen in fünf Jahren) und aufmerksame Zuwendung des Therapeuten erstmals erweitert. Dabei fällt auf, dass der Therapeut und die Klientin auch nach fünf Jahren noch kein konkret definiertes Ende vor Augen haben. Die

Klientin hat den Therapeuten als Bezugsperson in ihr Leben integriert, von dem sie scherzhaft sagt, dass sie ihn aufsuchen möchte, solange er sie nicht »fortjagt«. Zwar handelt es sich v. a. im Rahmen einer Beratungsstelle um einen langen Behandlungszeitraum bzw. eine hohe Sitzungszahl. Andererseits stehen bis zu 300 Sitzungen in einer analytischen Therapie als Krankenkassenleistung zur Verfügung, die die Klientin wegen besprochener Zugangsbarrieren nicht ohne Weiteres in einer niedergelassenen Praxis in Anspruch nehmen kann. Daher erscheint die Notwendigkeit, MigrantInnen längere Behandlungszeiten in Beratungsstellen einzuräumen, sinnvoll.

Denkbar ist auch, dass mehr Zeit in der Arbeit mit MigrantInnen erforderlich ist, weil komplexe Problemlagen wiederholter Sichtung und Klärung durch den Therapeuten und Klienten bedürfen. Unter dem Einfluss von Migrationserfahrung, traditionellen Anforderungen und aktuellen Lebensbedingungen sind Lebenswege bzw. Handlungsräume von KlientInnen so vielfältig, dass therapeutisches Verstehen teilweise nur verzögert gelingen kann. Das Verständnis hybrider Zugehörigkeiten und komplexer Anpassungsleistungen erfordert v. a. bei fehlender Erfahrung mit MigrantInnen die Verfügbarkeit von ausreichend Zeit für Lern- und Adaptationsleistungen v. a. auf Therapeutenseite. Auch Sprachprobleme beanspruchen mehr Zeit als üblich für die Verständigung:

P: »[...] eine Erklärung, die manchmal zehn Minuten dauert, könnte auf Türkisch vielleicht in einer Minute erledigt sein« (Herr Ö., Abs. 34; Türkisch im Original).

Neben Sprachschwierigkeiten müssen in der interkulturellen Therapiebeziehung vermehrt unbekannte Problemlagen, Entstehenshintergründe und kulturelle Referenzrahmen für potenzielle Lösungen erörtert und befriedigend gelöst werden. Dies erfordert beiderseitig aufwendige Transfer- und Verhandlungsleistungen, die unerwartet lange Zeiträume in Anspruch nehmen können:

T: »Die Grenzen zerfließen mir da leichter, also ursprünglich kam sie zur Krisenintervention, mit dem Auftrag wurde sie mir vom Krisentelefon vermittelt. [Beim; Ergänzung B. K.] Krisentelefon haben wir normalerweise eine Begrenzung von 5 Stunden und Beratung 15 und das hab' ich mit ihr nicht so klar thematisiert, also diese 5 Stunden waren plötzlich um, oder es war klar, die reichen nicht, und dann hab' ich das eben zum Beratungsangebot ausgedehnt, aber es ist mir wesentlich schwerer als üblich, zu sagen, das und das ist das Beratungsangebot und innerhalb dessen bewegen wir uns und das find ich 'n bisschen typisch, ja dass da so 'ne Dynamik in Gang kommt, jetzt bin ich mal da, und jetzt komm' ich mal mit diesem, dann mit jenem, die Grenze ist nicht so klar« (Frau L., Abs. 53).

KlientInnen bewerten die flexible Handhabung von Zeitressourcen durch Therapeuten als Wertschätzung und Form der Zuwendung, wenn diese beispielsweise Sitzungen verlängern:

P: »Und er hat wirklich das Geduld, wenn zum Beispiel die Zeit überstiegen ist, dann macht ihm gar nichts aus, wenn niemand draußen wartet, dann macht er schon weiter, viertel Stunde oder 20 Minuten verlängert manchmal schon. Aber wenn noch jemand an der Reihe ist, dann muss ich aufhören« (Frau Y., Abs. 14).

Die spontane Verlängerung der Sitzung zeigt an, dass der Therapeut nicht in erster Linie sachbezogen darauf bedacht ist, reguläre Zeiteinheiten einzuhalten. Bei Bedarf stellt er der Klientin seine Spielräume zur Verfügung, was ein besonderes Maß an Fürsorge und Entgegenkommen ausdrückt.

Deutlich wird, dass mehrere Faktoren sowohl auf Klienten- als auch Therapeutenseite dazu führen können, dass vermehrt Zeit in der Therapie mit MigrantInnen beansprucht wird. Zum einen handelt es sich um Sprach- und Verständnisschwierigkeiten. Beispielsweise muss bei übersetzten Therapien, die hier nicht berücksichtigt wurden, bedacht werden, dass maximal halb so viel Zeit wie üblich zur Verfügung steht, da alles mindestens zweimal gesagt wird. Größtenteils erfordern auch das Vermitteln und Verstehen komplexer Problemlagen und kultureller Hintergrundbedingungen zusätzlichen Zeitaufwand. Außerdem müssen in interkulturellen Therapien sowohl Therapeuten mehr Lernleistungen als gewöhnlich erbringen, v. a. wenn sie wenig interkulturelle Erfahrung haben.

9.1.3 Zusammenfassung

Klienten kommen häufig mit geringen Vorinformationen in die Therapie und haben Schwierigkeiten, lösungsbezogene Erwartungen zu formulieren. Bei näherer Befragung stellt sich heraus, dass sie v. a. personengebundene Erwartungen haben. Das bedeutet, dass sie in erster Linie darauf achten, ob die TherapeutIn in der Lage ist, eine zwischenmenschliche Beziehung herzustellen und auf sie einzugehen. Als Beurteilungsgrundlage nutzen sie das äußere Auftreten und Kontaktverhalten der TherapeutInnen. Aus Mimik und Gestik wie freundliches Lächeln und aufmerksames Zuhören werden Hinweise auf Einfühlungsvermögen, Hilfsbereitschaft und emotionales Engagement der TherapeutInnen bezogen.

Klienten erwarten von TherapeutInnen mehrheitlich vor dem Hintergrund ihrer eigenen Kultur verstanden zu werden. Dazu gehört, Wertmaßstäbe wie familiäre Bezogenheit nicht infrage zu stellen und sie bei der Suche nach kulturell bzw. individuell verträglichen Lösungen zu unterstützen. KlientInnen von muttersprachlichen TherapeutInnen nennen die Erwartung, aufgrund gemeinsamer kultureller Herkunft besserer und einfühlsamer verstanden zu werden, sodass neben Sprachkompetenz Kulturkompetenz der TherapeutInnen als wichtigstes Auswahlkriterium genannt wird. Dafür nehmen sie z. T. Wartezeiten von mehreren Monaten und eine geringere Sitzungsfrequenz in Kauf.

Bei TherapeutInnen mit viel Erfahrung in der Arbeit mit türkischen KlientInnen (unabhängig von Muttersprachenkenntnissen) wird kulturelles Handlungswissen wahrgenommen, wenn diese sich auf Beispiele aus anderen Therapien beziehen, explizit ihre Schweigepflicht ansprechen oder implizit Wissen über familiäre Beziehungsmuster, z. B. Stellenwert der Schwiegerfamilie, einbringen.

Diese Ergebnisse stimmen weitgehend mit den Merkmalen überein, die aus dem Repertory Grid (Kelly 1955/1983) hervorgehen, um ideale und schlechte Therapeuten zu unterscheiden. Dort wurden als Eigenschaften idealer Therapeuten Aufmerksamkeit (aufmerksam, achtsam), sozial-emotionale Kompetenz (herzlich, höflich, warmherzig), Fachkompetenz (Lösungen suchen/finden), Konstanz (stabil) und kulturelle Kompetenz (kulturell flexibel) genannt. Dagegen wurden schlechte Therapeuten mit Merkmalen wie »unachtsam, uninteressiert, launisch, keine Lösungen finden, sich nicht hineinversetzen können und kulturell eingeengt« beschrieben.

Seltener wird in den Interviews die kulturelle Differenz als positive Eigenschaft von TherapeutInnen hervorgehoben. Eine ältere Klientin, die sich vorstellt, eine tabuisierte Beziehung zu einem verheirateten Mann sei gegenüber einer türkischen Therapeutin schwierig zuzugeben, äußert die Erwartung, sich mit demselben Problem einer deutschen Therapeutin leichter zu öffnen, da sie denkt, dass eine deutsche Therapeutin weniger strenge Wertmaßstäbe habe und sie weniger verurteilen würde.

TherapeutInnen nehmen an ihren Klienten v. a. zu Beginn eine unklare bzw. generalisierte Erwartungshaltung wahr. Zum Teil werden Erwartungshaltungen der Klienten als passiv bzw. unrealistisch interpretiert, was v. a. bei TherapeutInnen ohne interkulturelle Erfahrung Hilflosigkeit und Überforderungsgefühle auslösen kann. Die Erarbeitung einer individuellen und realisierbaren Erwartungshaltung wird von zwei muttersprachlichen und einer interkulturell erfahrenen deutschsprachigen Therapeutin als Teilziel zu Beginn der Therapie formuliert.

Insbesondere bei TherapeutInnen mit viel Erfahrung in der Arbeit mit MigrantInnen wird festgestellt, dass sie sich zum einen Veränderungsmöglichkeiten ihrer KlientInnen anpassen bzw. gleich zu Beginn Prinzipien von Psychotherapie erklären, um ggf. unrealisierbare Erwartungen auszuräumen. Als günstig erweist sich bei komplexen, chronischen Problemlagen, Sprachproblemen bzw. geringen interkulturellen Vorerfahrungen von TherapeutInnen, ausreichende Zeitressourcen einzuplanen.

9.2 Affektive Beziehungsebene

Im Generischen Modell (Orlinsky et al. 1994) wird Rapport, der unmittelbare Kontakt zwischen Therapeut und Klient, mit den beiden Variablen Kommunikation (communicative attunement) und gegenseitige emotionale Bestätigung (mutual affirmation) beschrieben. Rapport enthält sowohl Elemente der Verständigung als auch der Sympathie und Zugewandtheit. Für diese emotionale Beziehungsqualität ist die Haltung von Therapeuten gegenüber Klienten von großer Bedeutung. Empfinden Therapeuten Sympathie und mögen ihre Klienten, geht dies mit vielseitiger, häufig von Klienten auf der nonverbalen Ebene wahrgenommener Bestärkung einher. Die positiv bestätigende Haltung des Therapeuten ist insbesondere dann mit einem späteren Therapieerfolg assoziiert, wenn sie durch Patienten oder unabhängige Beobachter wahrgenommen wird (Orlinsky et al. 2004). Die eigene Empathieeinschätzung von Therapeuten ist dabei wenig verlässlich. In der bisherigen Analyse fällt auf, dass Klienten insbesondere personenbezogene Erwartungen gegenüber ihren TherapeutInnen zur Sprache bringen, z. B. erwarten sie Einfühlungsvermögen, »Wärme« und verlässliche Zugewandtheit. Diese Eigenschaften bringen eine hohe emotionale Erwartungshaltung zum Ausdruck. Umgekehrt stellen Therapeuten in der Beziehung zu Klienten mit Migrationshintergrund häufig eine starke emotionale Beteiligung fest.

9.2.1 Positiver Affekt und wahrgenommene Hilfsbereitschaft

In der ersten persönlichen Begegnung steht die TherapeutIn zunächst als Person im Vordergrund (Straus et al. 1988). Zahlreiche Untersuchungen beschäftigen sich damit, herauszufinden, welche besonderen Eigenschaften Therapeuten erfüllen müssen, um eine gute Passung mit Klienten zu erreichen (Beutler et al. 2004). Passung, also das gegenseitige Erleben von Übereinstimmung und Kongruenz (experiential congruence, Orlinsky et al. 2004), wird als prognostisch günstig für Therapieerfolg herausgestellt. Bekannt ist auch, dass manche Therapeuten konstant ein besseres Ergebnis erzielen als andere, ungeachtet ihrer Berufserfahrung oder spezifischen Fortbildungen zur Beziehungsgestaltung (Strupp/Anderson 1997). Unabhängig von ihrer therapeutischen Ausrichtung scheint dabei wichtig zu sein, wie hilfsbereit Therapeuten in der Interaktion wahrgenommen werden (Luborsky 1988) bzw. wie genau sie ihr Hilfsangebot auf die Bedürfnisse der Klienten ausrichten können. Therapeuten, die sich aktiv verhalten, erzielen bessere Therapieergebnisse und werden in der Therapiebeziehung engagierter und positiver beurteilt als solche, die sich überwiegend rezeptiv, passiv oder »neutral« verhalten (Orlinsky/Howard 1988). Dieser Befund ist beachtenswert, da er nahelegt, dass ein professionell distanziertes Neutralitätsgebot hinderlich für einen positiven Beziehungsaufbau sein kann. Skutta (1998) geht darauf ein, auf welche Weise Problem- und Konstruktneutralität in der interkulturellen systemischen Therapie sinnvoll realisiert werden können, insbesondere wenn gegenseitige Erklärungsmuster unvereinbar scheinen. Sie weist auch darauf hin, dass dafür die Beziehungsneutralität in der Arbeit mit türkischen Klienten z. T. aufgegeben werden muss, um zu ermöglichen, dass diese sich einer fremden Person anvertrauen. Neutralität bzw. überbetonte Sachlichkeit kann als Distanz, Desinteresse oder emotionale »Kälte« wahrgenommen werden, was dem Faktor Freundlichkeit des Therapeuten entgegenstehen, der wiederum mit positivem Erleben in der Therapiesituation und Therapieerfolg korreliert (Beutler et al. 2004).

Erwartungsgemäß findet sich in der aktuellen Untersuchung, dass das Wahrnehmen von Freundlichkeit in der Person der TherapeutIn für KlientInnen ein wichtiger Indikator für zu erwartende Hilfe ist, v. a. zu Beginn des Kontakts, wenn kaum andere Kriterien zur Verfügung stehen:

P: »Nun, sie näherte sich mir sehr wohlwollend, das war sehr wichtig für mich. Sie hat freundlich gelächelt, sehr so, also, als ob sie jemand aus meiner Familie wäre, offen gestanden, deshalb habe ich sie gleich sehr gemocht und ich mag sie immer noch. Sonst wäre ich nicht hingegangen, also wenn ich sie nicht gemocht hätte, wenn sie sich mir gegenüber nicht so gut benommen hätte, wäre ich nicht mehr hingegangen. Ich hätte mir jemand anderen gesucht. Für mich war das sehr wichtig, weil die Annäherung. Ich habe erwartet, dass sie wohlwollend ist, ich habe erwartet, dass sie mich versteht, deshalb wäre ich nicht hingegangen, wenn ich sie nicht gemocht hätte. Das war wirklich das allerwichtigste« (Frau A., Abs. 17; Türk. im Orig.).

Die Klientin beschreibt, dass erkennbares Wohlwollen und Verständnis der Therapeutin für sie die wichtigsten Kriterien waren, um nach dem Erstkontakt zu weiteren Sitzungen zu gehen. In den ersten, nonverbal empfangenen Signalen wie freundliches Lächeln, »gutes Benehmen« etc. liegen für die Klientin mehr als Höflichkeit und Sympathiebekundung. Für sie ist das Verhalten der Therapeutin die Erfüllung einer grundlegenden Erwartungshaltung an eine helfende Person: Sie fühlt sich ohne Einschränkung willkommen geheißen wie in der vertrauten Umgebung ihrer »Familie«. So kann sie umgekehrt rasch emotionale Zuneigung und Vertrauen entwickeln. Hätte die Therapeutin sich nicht so eindeutig positiv verhalten, wäre der Abbruch und die weitere Suche für die Klientin die natürliche Folge gewesen. Die Motivation, weiterhin zur Therapie zu gehen, wird also aus dem Anfangsvertrauen, das mit Sympathie und Zuneigung eng assoziiert ist, bezogen und geht anderen Entscheidungskriterien wie Leidensdruck oder therapeutische Kompetenz voraus.

Straus und Kollegen (1988) stellen in einer deutschen Stichprobe fest, dass die »Anfangssympathie« (ebd., S. 140) ein wesentlicher Faktor für Klienten ist, um den Kontakt fortzusetzen. Für Klienten aus Minderheiten scheint dies fast noch wichtiger zu sein: Aus Metaanalysen (Zane et al. 2004; Sue et al. 1994) geht hervor, dass insbesondere KlientInnen aus der schwarzen Minderheit in den USA die Behandlung bei weißen TherapeutInnen bereits nach dem Erstgespräch abbrechen. Es kommt mehr als doppelt so häufig zu Therapieabbrüchen wie bei schwarzen TherapeutInnen. Die Autoren vermuten, dass schwarze bzw. KlientInnen aus Minoritäten im Kontakt zunächst eine abwartende Haltung einnehmen, um zu prüfen, inwieweit Therapeuten in der Lage sind, auf sie – sachlich und emotional – einzugehen. Gelingt es Therapeuten, in der ersten Sitzung eine persönliche, tragfähige Beziehung aufzubauen, die neben Kompetenz Akzeptanz und Wertschätzung vermittelt, schöpfen Patienten Sympathie und Hoffnung, die das weitere Kommen erleichtert. Kann der Klient beim Therapeuten kein Gespür für das Gestalten der Beziehung über ethnische, kulturelle oder religiöse Unterschiede hinweg feststellen, bleibt er der Therapie fern, da dieses Verhalten für ihn wenig Erfolg versprechend ist.

Es liegt nahe, anzunehmen, dass hinter einer hohen Erwartungshaltung nach therapeutischer Zuwendung ein unsicherer oder abhängiger Bindungsstil liegt (Strauß 2006). Andererseits kann es sich um eine Erwartungshaltung handeln, die im kulturellen Kontext von Klienten einen so hohen Stellenwert hat, dass sie gewohnt sind, dieses Sozialverhalten unabhängig von ihrem persönlichen Bedürfnis einzufordern. Hinweise für eine kulturnahe Erklärung ergeben sich aus einer Reihe von Klienteninterviews:

P: »Ich weiß es nicht, ich glaub', das ist so, man wächst damit [auf; Ergänzung B. K.], herzlich zu sein. Bei Deutschen ist es meistens so, dass die viel Distanz haben, natürlich haben wir auch viel Distanz, aber bei unser Kultur ist man auch, das hab' ich dann mittlerweile auch in der Türkei, wo ich so lang gelebt hab', hab' ich das auch gemerkt, dass die herzlicher sind, mehr hilfsbereiter. Es ist nicht alles so, das muss ich auch sagen, aber bei, also, nicht die Türkinnen und Türken sind immer, aber meistens, ich weiß nicht, ich fühl' mich da wohler. Das hat genauso, ist das mit die, nicht nur mit die Psychologen, sondern mit die Ärzten genauso« (Frau B., Abs. 74).

Eine höfliche bzw. emotionale Umgangsform steht also nicht für sich allein, sondern symbolisiert einen hohen Wert in den Hilfebeziehungen der Herkunftskultur. Dieser Wert wird von klein auf erlernt und in zwischenmenschlichen Beziehungen persönlicher und professioneller Natur erwartet. In der Wahrnehmung der Klientin, die in Deutschland aufgewachsen ist und dann in der Türkei gelebt hat, bildet eine stets mit emotionaler »Wärme« unterlegte Umgangsform einen wichtigen Gegenpol zur distanziert wahrgenommenen deutschen Kultur. Zwar schreibt sie auch der türkischen Kultur Distanz zu, aber diese scheint im unmittelbaren Kontakt seltener empfunden zu werden, was die Klientin als angenehmer erlebt.

Hinzu kommt, dass Höflichkeit mit Hilfsbereitschaft assoziiert wird. Es scheint nicht nach privater und professioneller Hilfsbereitschaft unterschieden zu werden, sodass im Arzt- bzw. Therapeutenkontakt ähnlich wie in Privatbeziehungen an der Präsenz einer betont freundlichen Umgangsform erkannt werden kann, wie »gut« es der andere mit einem meint. Wird der Kontakt beispielsweise durch Sachbezug und zweckgerichtetes Fragen dominiert, ohne ausreichend von ermutigendem oder wertschätzendem Verhalten wie Lächeln oder verbalen

Höflichkeitswendungen begleitet zu werden, wird die Interaktion als feindlich und abwertend erlebt, sodass die Selbstöffnung gefährdet ist:

P: »Na, ihre Höflichkeit so, weil, ist ja nicht jeder. Zum Beispiel, wenn man zum Arzt geht und manche sind dann mit 'nem bösen G'sicht, sag' ich mal [lacht]. Und sie [die Therapeutin; Anmerkung B. K.] kommt halt schon, so ihr Erscheinen auch, ihre Höflichkeit. Weil, das fällt ja dann auch leichter, denen sich zu öffnen, als wenn ich jetzt jemanden da sitzen hab' und: ›Ja, was ist jetzt?!‹, mich so anmotzen würde, sag' ich mal. Also, da geht man auch ungern hin« (Frau G., Abs. 17).

Zu Beginn ist Klienten häufig unklar, wie die Hilfe aussehen wird. Diese Klientin erwartete von ihrer älteren, muttersprachlichen Therapeutin, konkrete Lösungsvorschläge modellhaft aus deren Lebenserfahrung zu bekommen und ihren Ehepartner durch ein ernsthaftes Gespräch bei der TherapeutIn ändern zu können, was beides nicht eintraf. Bedeutsamer jedoch als die Vorstellungen darüber, wie geholfen bzw. Veränderung erzielt wird, ist das Gefühl, Hilfe zu bekommen. Zentral für einen späteren Therapieerfolg ist also eine allgemeine Hilfeerwartung, aber auch eine positive emotionale Aktivierung gleich zu Beginn des Therapiekontakts (Beutler et al. 2004). Bei der oben genannten Klientin erreicht die Therapeutin eine positive Aktivierung durch ein betont höfliches, Anteil nehmendes Auftreten.

Unterstützend für das Therapieverständnis bzw. vertrauensfördernd ist eine möglichst transparente Beschreibung von Therapiekomponenten wie der bevorstehenden Interaktion, des Therapieverlaufs, der Therapeutenrolle und des von Patienten erwarteten Verhaltens. Denn zu Beginn ist trotz einer Überweisung oder persönlichen Empfehlungen meist unklar, inwieweit und auf welche Weise z. B. überwältigende oder beschämende Probleme mitgeteilt werden können:

P: »Ich war zum ersten Mal dort, wie Sie wissen, ich habe gedacht, wenn ich meine Probleme, die ich in meiner Familie habe, erzähle, wie wird das wohl? ›Werden das andere erfahren, wird das anderen weitererzählt, wird das jemandem mitgeteilt?‹ So habe ich gedacht. Aber ich habe erfahren, dass das nicht der Fall ist. [...] Sie hat gesagt, das bleibt ganz sicher unter uns. ›Du musst auf alle Fälle alle deine Probleme erzählen, damit ich dir helfen kann‹, hat sie gesagt, das war auch sehr wichtig. ›Erzählen Sie mir alles, was Sie in sich haben, ohne Bedenken, ohne Geheimnisse, ohne Lügen‹, sagte sie zu mir, natürlich mit einem Lächeln, mit einer wohlwollenden Haltung, dann habe ich mich sowieso geöffnet, als ich das zweite Mal hinging, habe ich alles erzählt, aber das hat mich natürlich erleichtert« (Frau A., Abs. 23–25; Türkisch im Original).

Die Aufforderung, alles ohne Vorbehalt zu berichten, wird von der Klientin als »sehr wichtig« kommentiert, was nahelegt, dass es für sie ein weiterer Schlüssel zur Selbstöffnung in der kommenden Sitzung war, Instruktionen über erwartetes Klientenverhalten zu bekommen. Deutlich wird, dass diese Aufforderung der Therapeutin eine nahe, sehr persönliche Beziehung in der Wahrnehmung der Klientin hergestellt hat: Sie zitiert die Therapeutin in diesem Abschnitt zunächst so, also ob diese sie mit »Du« angesprochen hätte, was sie im nächsten Abschnitt korrigiert. Dass die Klientin die Aufforderung zur Selbstöffnung nicht als Druck, sondern erleichternd und ermutigend bewertet, wird der wohlwollenden Gesamthaltung der Therapeutin zugeschrieben: Die Therapeutin hat ihre gewagte Aufforderung, die Klientin solle vollends offen und aufrichtig sein, mit einem »Lächeln« hervorgebracht, was die Klientin als Hilfsangebot annehmen kann.

Daneben scheint die muttersprachliche Therapeutin Vorbehalte der zunächst zurückhaltenden Klientin gleich zu Beginn sensibel wahrzunehmen, sodass sie sie unaufgefordert über ihre Schweigepflicht aufklärt. So gerät die Klientin nicht in die Verlegenheit, ihr anfängliches Misstrauen zu offenbaren. Die Klientin bzw. die gemeinsame Beziehung wird durch das aktive Informationsverhalten der Therapeutin entlastet, gleichzeitig wird die kulturelle Sensibilität der Therapeutin als unmittelbar vertrauensfördernd erlebt: Die Therapeutin gibt der Klientin zu erkennen, dass sie weiß, dass man nicht mit »Fremden« über persönliche oder familiäre Probleme spricht, dass Ehe- und Familienstreit sehr schamhaft besetzt sind und besonderer Geheimhaltung bedürfen. Andernfalls würde nicht nur das Ansehen der Klientin, sondern das der ganzen Familie beschädigt. So weiß sie auch, dass ein unausgesprochenes Geheimhaltungsgebot über familiäre Konflikte nur relativiert werden kann, wenn die Zuhörerin sich zur Verschwiegenheit verpflichtet und als vertrauenswürdig erweist. Weiterhin nutzt die Therapeutin die zunächst ungewohnte Situation für die Klientin, um ihre eigene Rolle als Helferin zu unterstreichen und der Klientin ebenfalls eine aktive Rolle im gemeinsamen Bemühen um Verbesserung zuzuweisen: Damit sie helfen kann, braucht sie das Vertrauen und die Mitarbeit ihrer Klientin gemäß dem Sprichwort: »Mit einer Hand kann man nicht klatschen.« So vermittelt die Therapeutin ihr verhaltenstherapeutisches Hilfemodell, wonach eine beiderseitig offene und aktiv problemlösende Haltung günstig für die Zusammenarbeit ist.

Eine betont wohlwollende Haltung kann Scham und Angst reduzieren, sich einer fremden Person mit persönlichen, intimen Problemen zu öffnen. Denn die Sorge vor Veröffentlichung, »Gerede der anderen« bzw. Stigmatisierung ist bei türkeistämmigen KlientInnen häufig gegenwärtig. Andererseits suchen KlientInnen auch gezielt bei sich selbst nach Strategien, um Vorbehalte aufzugeben:

P: »Vor allem wusste ich nicht, wie ich anfangen sollte. Als ich anfing, hatten wir sexuelle Probleme mit meinem Mann und ich wusste nicht, wie ich davon anfangen sollte, wie ich das sagen sollte. Das wurde dann aber sehr einfach, als ich kam, habe ich überlegt, wie ich anfangen könnte, was ich sagen könnte. […] Ich dachte mir – ja, das habe ich vergessen zu erwähnen – ich komme, um Hilfe zu bekommen zu einer Gelehrten, zu einer Expertin. Sie weiß Bescheid, das ist anders als die Ratschläge von Freundinnen. Sie hat mehr Erfahrung, ist professionell, kann jedem helfen, das war mein Beweggrund, um zu kommen. Und außerdem war sie unparteiisch, bei Freunden ist das nicht möglich, die kennen uns beide. Vielleicht wäre das noch ganz anders geworden, wenn ich mit meinem Mann gekommen wäre. Dass ich alleine kam, ich weiß nicht, für mich war es besser, dass ich alleine kam, denn mein Mann war ohnehin nicht einverstanden, ich hatte es ihm angeboten« (Frau E., Abs. 25–27; Türkisch im Original).

Hier wird die Rollenzuschreibung, nämlich dass die Therapeutin studiert hat und eine »Expertin« ist, genutzt, um sich von eigenen Schamgefühlen zu distanzieren und sexuelle Probleme anzusprechen. Es fällt auf, dass die Klientin im Gegensatz zu anderen Klienten die Rolle der Therapeutin bewusst von persönlichen Beziehungen unterscheidet (»Expertin« versus »Freundinnen«), indem sie deren Professionalität und damit einhergehende Neutralität gegenüber beiden Ehepartnern hervorhebt, auch wenn der Mann nicht anwesend ist. Sie sucht keine besondere emotionale Zuwendung, sondern ein professionelles Beziehungsangebot, dass eine gewisse Distanz beibehält. Dadurch fällt es zum einen leichter, ein intimes Thema wie eheliche Sexualität zur Sprache zu bringen. Zum anderen ist die Einheit mit dem abwesenden Mann nicht durch eine potenzielle Koalition mit der Therapeutin gefährdet. Eine versachlichte Therapiebeziehung wird hier einer betont emotionalen Beziehung vorgezogen, da es sich um ein besonders tabuisiertes, schambehaftetes Thema wie eheliche Sexualität handelt. So kann trotz der Offenbarung sensibler Probleme die Integrität aller Beteiligten

9.2 Affektive Beziehungsebene

geschützt werden. Entsprechend hebt die Klientin das behutsame Vorgehen der Therapeutin besonders hervor:

P: »Sie ist sehr freundlich, sehr fein, sehr sanft, ich weiß nicht, wie sie zu Hause ist, aber bei der Arbeit ist sie sehr freundlich, tolerant, sanft, sie hat immer eine sehr positive Herangehensweise« (Frau E., Abs. 15; Türkisch im Original).

Vergleichbar zum früheren Beispiel wird die freundliche Vorgehensweise der muttersprachlichen Therapeutin betont, jedoch werden im zweiten Fall keine besonderen emotionalen Beziehungsaspekte, sondern eine achtsam-akzeptierende Haltung der Therapeutin in den Vordergrund gestellt. Das lässt darauf schließen, dass bei muttersprachlichen bzw. kulturhomogenen Therapien, trotz des zuvor dargestellten Vertrauensvorschusses, vergleichbare Vorbehalte hinsichtlich der Selbstöffnung, der Wertschätzung, des Ernstgenommen-werdens etc. bestehen wie in kulturverschiedenen Dyaden. Eine anfänglich zweifelnde Zurückhaltung wird nach kurzer Zeit zugunsten von Anfangsvertrauen aufgegeben, wenn eine entlastende, freundliche und emotional unterstützende Therapiesituation angetroffen wird, außer in Fällen, in denen das Aufrechterhalten von Misstrauen z. B. störungsbedingt ist. Dieser Umstand findet sich unabhängig von dem Vorschussvertrauen, das muttersprachlichen TherapeutInnen entgegengebracht wird. Durch Bedingungen, die Therapiesuchende mit Migrationshintergrund verstärkt erleben, wie z. B. unterlegen in der deutschen Sprache oder Angehöriger einer stigmatisierten Minderheit zu sein, werden eine Reihe von Verunsicherungs- bzw. Unterlegenheitsgefühlen häufig aktiviert. Statt unbewusst erwarteter Ablehnung oder abwertender Kritik positive emotionale Zuwendung zu erleben, entspricht einer korrektiven, aufwertenden Beziehungserfahrung:

P: »Er hat eine sehr schöne persönliche Herangehensweise, er schafft es, Menschen einen angenehmen Rahmen zu verschaffen [...]. Er hat mich nicht plötzlich mit harten Worten oder harter Kritik angegriffen« (Herr Ö., Abs. 10, Türkisch im Original).

Scheinbar rechnet der Klient damit, eine ablehnende Haltung (»harte Worte«, »harte Kritik«) zumindest ähnlich wahrscheinlich in einer helfenden Institution anzutreffen wie Unterstützung. Schließlich leidet er an pathologischer Spielsucht, ist arbeitslos, Ausländer und hat unmittelbar zuvor zum wiederholten Mal einen schweren Suizidversuch begangen – alles Attribute, die alle für sich genommen mit Schuld- und Schamgefühl einhergehen können. Als Kritik und Ablehnung ausbleiben und der Therapeut stattdessen einen positiven Kontakt herstellt, ist er erleichtert. Als psychisch belasteter Mensch einer diskriminierten Minderheit anzugehören, verdoppelt die Chance, abgelehnt zu werden (Şen 1995), was die Hilfeerwartung von Betroffenen von vornherein senken kann. Viele Migranten bringen dies zum Ausdruck mit den Worten: »Wir sind ja bloß Ausländer, Menschen zweiter Klasse, uns hilft niemand.« Wenn helfende Institutionen den Zugang für MigrantInnen nicht erleichtern, wird dies ebenfalls als indirekte Ablehnung verbucht. In dieser Situation können eindeutige, besondere Gesten der freundlichen Aufnahme als Gegenpol zur kollektiven Ablehnungserfahrung erlebt werden, Angst senken und Vertrauensaufbau unterstützen.

9.2.2 Emotionale Erfahrungen auf Therapeutenseite

Interkulturalität in der therapeutischen Zusammenarbeit wird häufig mit Problemen assoziiert, die sich aus der Unterschiedlichkeit von Sprach- und Problemverständnis, Werten und Zielen ergeben können. Dies kann häufig belastende und frustrierende Gefühle bei TherapeutInnen erzeugen. Trotz einer Reihe von Schwierigkeiten wird die interkulturelle Zusammenarbeit von den befragten TherapeutInnen jedoch überwiegend als wertvoll und persönlich bereichernd bewertet. TherapeutInnen nennen positive Aspekte in der Arbeit mit MigrantInnen, die sich z. B. auf die eigene Weiterentwicklung beziehen:

T: »Der Vorteil ist einfach Erweiterung von so 'ner Haltung, also, dass du einfach verschiedene Sichtweisen im Leben kennen lernst durch Migranten, das find ich toll. Letzten Endes lernt man auch so seine Werte besser kennen, weil man sie auch irgendwie benennen muss. Also, das sag' ich jetzt so, wenn ich jetzt mit Traumatisierten arbeite, also, das Trauma war nie so das, was mich gereizt hätte. Wenn ich jetzt nur traumatisierte Deutsche hätte, ich glaub', ich würde schreiend davonrennen, also Traumabehandlung ist jetzt nicht so der absolute Hit für mich. Ich find's okay und ich mach's auch mittlerweile gern, aber eigentlich war der Hauptmagnet, eben mit Migranten zu arbeiten und dieses andere mitzukriegen, wie man denken kann auch noch. Das find ich toll!« (Frau U., Abs. 53)

Die Zusammenarbeit mit Menschen aus anderen Kulturen erfordert die Auseinandersetzung mit eigenen Werten, die in einem schlummern und in einer monokulturellen Sozialisation zunächst für allgemeingültig gehalten werden. Zwar kann der Kontakt mit Widersprüchlichem auch Verunsicherung oder Frustration hervorrufen. Andererseits kann aber auch Selbstreflexion und Interesse nach mehr Wissenserwerb angeregt werden, was bei der beschriebenen Therapeutin mit ausgesprochen positiven emotionalen Zuschreibungen verbunden ist (»das find ich toll«). Sie empfindet Affinität (»Hauptmagnet«) zu Unbekanntem und bezieht persönlichen Gewinn aus der Arbeit mit Menschen aus anderen Kulturen, was für sie ein wichtiges Gegengewicht zur rein störungsbezogenen Arbeit mit traumatisierten Klienten bildet.

Als häufigste positive Erfahrung wird seitens der TherapeutInnen ein hoher Grad an emotionaler Zugewandtheit und Beziehungsdichte in der Arbeit mit türkischen KlientInnen hervorgehoben:

T: »Also, mir geht da immer wieder das Herz auf bei so etwas, bei der Wertschätzung, ich sag' mal mitmenschlicher Verbundenheit. Das ist mir aus verschiedenen Gründen ein sehr, sehr wichtiges Thema, also nicht intellektuell, sondern persönlich, und dem begegne ich bei türkischen Leuten viel mehr als bei deutschen. Ist alles relativ zu sehen, ja? [...] Es ist auch was an Wärme, an Wertschätzen dieser, ja, der zwischenmenschlichen Dimension zu merken und das ist in Deutschland so, bei Deutschen ziemlich im Rutschen. [...] Wenn man mich fragt: ›Wieso arbeitest du so lange da und wie hältst du's aus‹, und so. Also, wenn ich in [...] [Name eines vornehmen Münchner Vororts; Anmerkung B. K.] arbeiten würde, also das, da wär's mir ziemlich unwohl. [...] Hier ist mehr Wärme als anderswo« (Herr Z., Abs. 47).

T: »[...] ich kann's nicht oft genug sagen, man gibt sehr viel, aber man kriegt auch sehr viel. [...] Also man bekommt sehr viel emotional, gefühlsmäßig, dass es einem unheimlich Schwung gibt und viel Motivation, weiter zu machen, wenn man auch meint, man hat wenig geschafft. Ich weiß nicht, diese Herzlichkeit, die man kriegt, gibt einem enorme Flügel. Sehr viel, sehr viel Sympathie und Dankbarkeit, das ist schön, das ist mein Gefühl, ich glaube nicht, dass ich mit Deutschen so gearbeitet hätte. Das ist, glaub' ich, ganz speziell, hab' ich den Eindruck, viel Herz, ganz groß« (Frau C., Abs. 53).

Beide TherapeutInnen arbeiten häufig mit MigrantInnen, Herr Z. auf Deutsch, Frau C. auf Türkisch, und berichten übereinstimmend, dass sie bei türkischen

Klienten ein großes Maß an zwischenmenschlicher Verbundenheit, Wärme, Herzlichkeit, aber auch Dankbarkeit antreffen. Diese emotionale Erfahrung in ihrer Arbeit empfinden sie als besondere Gratifikation (»hier ist mehr Wärme als anderswo«, »man bekommt sehr viel emotional, gefühlsmäßig«, »diese Herzlichkeit, die man kriegt, gibt einem enorme Flügel«). Die emotionale Beziehungsseite in der Arbeit mit türkischen Klienten wird in beiden Fällen auch mit deutschen Klienten kontrastiert. Durch den in der Arbeit mit psychisch belasteten KlientInnen nicht selbstverständlichen emotionalen Zugewinn überwinden die beiden TherapeutInnen zum einen objektive Schwierigkeiten wie die Arbeit in einem sozial schwachen Wohnviertel, aber auch subjektive Frustrationen (»wenn man auch meint, man hat wenig geschafft«).

Eine grundsätzlich größere Offenheit türkischer KlientInnen gegenüber emotionalen Erfahrungsanteilen im zwischenmenschlichen Kontakt ermöglicht nach Ansicht einer weiteren muttersprachlichen Therapeutin, leichter Tabuthemen anzusprechen und aus negativen Affektzuständen auszulenken:

T: »Es ist in mancher Hinsicht viel einfacher, an Gefühle ranzukommen, also meine Erfahrung ist, es ist bei türkischen Patientinnen, dass sie sich in Punkto, Sachen, die zum Beispiel sonst Tabu sind, die Sexualität oder so, viel stärker öffnen können, viel leichter auch öffnen können und viel besser darüber reden können als manche deutsche Patientinnen. [...] Ich glaube, dass es bei vielen türkischen Patienten leichter ist, so Situationen zu schaffen, wo sie sich nicht so todernst nehmen müssen und das find' ich positiv, dass man über sich auch mal lachen kann oder es etwas leichter nehmen kann und so, auch wenn's nur Momente sind und nachher das Ganze weitergeht. Aber auch diese Momente bringen etwas, weil es können ja sehr viele Momente dann sein [lacht]« (Frau H., Abs. 51).

Eine deutschsprachige Therapeutin, die mit KlientInnen türkischer Herkunft zunächst in einer Klinik und nun in eigener Praxis arbeitet, favorisiert v. a. den unmittelbaren Ausdruck von Gefühlen als authentisch und leidenschaftlich. An der häufig durch Lachen unterbrochenen Erzählweise wird u. a. sichtbar, wie viel Spaß sie im Nachhinein noch aus den Erinnerungen bezieht. Davon lässt sie sich auch bei aggressiven Auseinandersetzungen nicht abschrecken:

T: »Also, was ich schon gerne mag, des is' [lacht], des is' so 'ne gewisse Leidenschaftlichkeit, also so, so bei uns gibt's ja wirklich für meinen Geschmack viele Leute, die sind net Fisch und net Fleisch [lacht]. Also, die sind auch irgendwie so, ich bin 'ne Österreicherin und da sagt man, die sind so wie der Topfen oder so, so weiß und [lacht]. [...] Also, die sind net Fisch und Fleisch, also, und des, des hab' ich bei den türkischen Patienten eigentlich net erlebt. Da is' schon immer Verve und Temperament und so, und dann wird dann schon mal laut geredet und auch gestritten [lacht] [...]. Des mag ich gern, ja!« (Frau W., Abs. 65)

TherapeutInnen fühlen sich in ihrer Arbeit mit türkeistämmigen MigrantInnen u. a. in emotionaler Hinsicht stärker angesprochen. Dabei fällt auf, dass durch alle Therapeutengruppen hindurch angenommen wird, KlientInnen seien kulturbedingt »emotionaler«. An anderer Stelle wird KlientInnen teilweise unterstellt, sie seien, z. B. in der Darstellung familiärer Probleme, kontrollierter, was einen Widerspruch darzustellen scheint. In der Interviewsituation waren beide Phänomene gleichermaßen anzutreffen: KlientInnen, die zunächst eher zurückhaltend antworteten und ggf. mit der Zeit »auftauten« bzw. solche, die von Anfang an mit viel Engagement und Temperament eine offene und persönliche Kommunikationsebene suchten. Möglicherweise sind beide Stile und viele Facetten dazwischen nicht häufiger oder seltener als in anderen Kulturen anzutreffen. Nichtsdestotrotz scheint Temperament und hohe Beziehungsdichte einen bleibenden Eindruck zu hinterlassen, sodass TherapeutInnen unabhängig von ihrer Herkunft und interkulturellen Therapieerfahrung diese Stile bei türkeistämmigen Klienten unterscheiden. Andererseits wird diese Unterscheidung nicht von allen TherapeutInnen vorgenommen bzw. zum Ausdruck gebracht, was auf einen möglichen Interaktionseffekt zwischen dem Klienten- und Therapeutenstil hinweisen könnte, d. h. TherapeutInnen erinnern sich besonders an diejenigen Verhaltensstile ihrer Klienten, die bei ihnen selbst starke Emotionen auslösen.

9.2.3 Sorge um Grenzverlust

Zwar wird der persönliche Beziehungsstil türkischer Klienten insbesondere von TherapeutInnen, die häufig mit MigrantInnen arbeiten, oft als bereichernd bewertet. Jedoch kann ein emotional erlebter Beziehungsstil z. T. auch mit Problemen einhergehen:
T: »Also, ich trau' mich nicht von den wenigen, die ich kenne, wirklich Verallgemeinerungen zu machen, aber ich hab' so den Eindruck, dass wenn so das Eis gebrochen ist, dann ist man sozusagen aufgenommen in die Familie, in den Freundeskreis oder sonst was und dann entsteht da eine Bindung,

der man als deutscher Therapeut so ohne Weiteres gar nicht gewachsen ist. Aber man gehört dann mit dazu, wird so wie ein Angehöriger betrachtet, war so mein Eindruck. Und das kann schwierig sein, das kann aber auch ganz gut sein, also ich fühl' mich dann so ein bisschen geehrt, sag' ich ohne Sarkasmus oder so was, wie 'ne Ehre.«

I: »Sie sagen, es kann auch schwierig sein?«

T: »Ja, das bindet mich als Therapeut, was nicht so toll ist. Ich kann dann schlecht Sachen machen, die aus der Rolle fallen. Also, ich bin dann nicht so beweglich, ich kann nicht so konfrontativ sein, wie ich vielleicht gerne wäre. Manche Sachen stehen mir da nicht zur Verfügung, die ich mit deutschen Patienten habe. Es hilft vielleicht ein bisschen, auszuholen, um das zu sagen. Wissen Sie, ich kann ja nur das selber denken, was das Umfeld mir erlaubt, auch als Therapeut. Ich merk' das hier in der psychiatrischen Klinik manchmal, ich bin eigentlich kein besonders psychiatrisch denkender Mensch. Ich glaub' nicht so ganz an psychiatrische Diagnosen, ich glaub' auch nicht, dass das bloß die schlechten Chemikalien oder Nerven sind, die Leute krank machen. Ich habe da ein paar andere Vorstellungen. Aber wenn ich zu 'ner Fallbesprechung auf die Station gehe, wo die Patienten sehr gesehen werden als Krankheitsträger oder Symptomträger, dann fällt mir manchmal nichts anderes mehr ein, als das auch so mitzumachen. Also, wenn mein Umfeld mir nicht gestattet, ganz anders zu denken, dann krieg ich's auch oft nicht hin. Und so ähnlich geht es mit manchen Familien. Also, manche Dinge kann ich da nicht, die ich sonst kann, oder fallen mir nicht ein, die mir sonst einfallen würden. Und so 'ne Art Begrenzung gibt es bei türkischen Familien sicherlich auch. Also, diese Atmosphäre oder diese Erwartung sorgt schon irgendwie dafür, dass ich mich nicht völlig daneben verhalten kann« (Herr R., Abs. 49–51).

Der Therapeut unterscheidet zwischen deutschen und türkischen Patienten. Einerseits empfindet er die Aufnahme ins engere Beziehungsumfeld bei türkischen Klienten, wenn das »Eis gebrochen« sei, als besondere Aufwertung (»Ehre«). Andererseits bemerkt er auch, dass damit auch seine therapeutische Distanz und Autonomie schwindet, sodass er bei deutschen Patienten mehr Freiheitsgrade in seinem Verhalten sieht. Bei größerer Nähe fühlt er sich stärker verpflichtet, auf die Gefühle der Betroffenen Rücksicht zu nehmen, sodass er nicht so »konfrontativ« sein kann. Er nimmt also eine Schonhaltung ein, in der er nicht sein gesamtes Repertoire nutzen kann. Bemerkenswert dabei ist, dass diese Einschränkung beim Therapeuten zum einen über eine Art ungewollte Selbstzensur, zum anderen durch die Betroffenen verursacht zu sein scheint: Bestimmte Dinge würden ihm nicht mehr »einfallen« bzw. abhängig von der geschaffenen »Atmosphäre« bzw. der Erwartung der Betroffenen könne er sich »nicht völlig daneben verhalten«. Der Therapeut befürchtet also, von türkischen Familien indirekt unter Druck gesetzt bzw. in eine unauthentische Rolle gedrängt zu werden, was ihn veranlasst, Dinge unfreiwillig zu tun bzw. zu unterlassen. Uneindeutig bleibt, durch welche konkreten Verhaltensweisen er sich unter Druck gesetzt fühlt.

Die Schlussfolgerung des Therapeuten, dass nahe Therapiebeziehungen therapeutische Möglichkeiten eingrenzen, ist zum einen nachvollziehbar, da die Sorge wächst, Klienten zu enttäuschen. Andererseits ist sie überraschend, da in der Regel eine vertraute, tragfähige Beziehung vorausgesetzt wird, um Kritik zu üben. Die Aussage von Herrn R. klingt zunächst plausibel und verdeutlicht das Dilemma eines Therapeuten, der eine enge emotionale Bindung seines Patienten zulässt. Jedoch impliziert sie bei genauerer Betrachtung auch, dass türkische Familien, die er indirekt mit einem rigiden medizinisch-psychiatrischen System vergleicht, v. a. limitierende Wirkung auf die sonst scheinbar uneingeschränkt freie Denk- und Handlungsweise von Therapeuten haben. Zwar stellt er eingangs fest, dass er zu wenige Beispiele kennt, um zu verallgemeinern und macht später weitere Einschränkungen (»manche Familien«), jedoch bezieht er sich in der Folge explizit auf »türkische Familien«, in denen es »so 'ne Art Begrenzung [...] sicherlich auch« gebe. Daneben werden keine konkreten unterscheidenden Aspekte angeführt. Positiv sei zwar die emotionale Gratifikation (sich geehrt fühlen) in der Arbeit mit türkischen KlientInnen, deren Nutzen sieht der Therapeut für sich und seine deutschen KollegInnen jedoch auch nur eingeschränkt nutzbar (»dann entsteht da eine Bindung, der man als deutscher Therapeut so ohne Weiteres gar nicht gewachsen ist«). Die Sorge, sich falsch zu verhalten, wirkt verständlicherweise hemmend. In der untersuchten Therapiebeziehung scheint der Therapeut entgegen seiner Selbsteinschätzung Kritik in gut annehmbarer Weise für seinen Patienten hervorzubringen:

P: »Also damit, dass ich seine Fragen [zur Religion; Anmerkung B. K.] beantwortet habe, habe ich mich auch erleichtert gefühlt. Er hat zum Glauben Fragen gestellt, ist es so oder so, gibt es im Islam diese oder solche Verbote, was passiert, wenn das passiert, was, wenn was anderes passiert, durch Fragen in dieser Form, hat er gefragt, ob Selbstmord im Islam verboten ist. Ich habe gesagt, dass es verboten ist, dass es über das Verbot hinaus sogar eine Sünde sei. Danach, wie ich bereits berichtet habe, habe ich fünf Selbstmordversuche gemacht, er hat in diesen Situationen gesagt: ›Obwohl es im Islam verboten ist und du ein sehr gläubiger Mensch bist, probierst du es wieder, obwohl es eine Sünde ist, ist das nicht widersprüchlich?‹ Und das hat Fragezeichen bei mir hinterlassen, solche Situationen hat es gegeben« (Herr Ö., Abs. 14; Türkisch im Original).

Der Klient findet weder die Unwissenheit, noch die Fragen seines Therapeuten kritisch oder störend. Die Beantwortung von Fragen zu seiner Religion findet er sogar hilfreich. Diese Fragen gibt er aus der Erinnerung offen formuliert und wertfrei bzw. positiv bewertet wieder. Dass ihn der Therapeut anschließend mit Widersprüchen zwischen seinem Glauben und Handeln konfrontiert, empfindet der Klient ebenfalls nicht als unangenehm. Vielmehr fühlt der Klient durch diese Konfrontation Zweifel in sich aufkommen, die ihn zum Nachdenken anregen und von weiteren Suizidversuchen abhalten. Grundlage dieses Erfolgs ist, dass sich der Klient mit seinem eigenen Wertesystem (und nicht dem des Therapeuten) konfrontiert fühlte. Der Therapeut signalisiert durch diese Schlussfolgerungen, dass er das Wertesystem des Klienten respektiert, sodass es als gemeinsame Diskussionsgrundlage dient. Gleichzeitig fungierte der Therapeut durch seine Offenheit als Modell für den Patienten, sich seinerseits auf neue Gedanken einzulassen und eigene Widersprüche zu erkennen.

Seine oben formulierte Befürchtung, man könne türkische Klienten und Familien nur eingeschränkt konfrontieren, widerlegt der Therapeut also selbst. Vielmehr zeigt diese Dyade (Herr Ö./Herr R.), wie ein sukzessiver Aufbau einer gemeinsamen Verhandlungsbasis die Bearbeitung besonders heikler Themen wie Glaubensfragen und Suizidversuche ermöglicht. Möglicherweise unterstellt der Therapeut in seiner allgemein gehaltenen Aussage über türkische Familien unbewusst gängige Stereotype, wonach Wert- und Normvorstellungen türkischer Familien freie Meinungsäußerung oder Kritik per se verbieten, um rigide Machtgefüge zu erhalten. Dass die Bereitschaft des Klienten zu Kritik bzw. seiner einzelnen Angehörigen im individuellen Fall jeweils überprüft werden muss, zeigt das Beispiel seines Klienten. Bleiben derartige Unterstellungen unreflektiert, limitieren sie nicht nur die therapeutischen Freiheiten, sondern auch die Entwicklungschancen der Klienten. Es wird nicht deutlich, weshalb der Therapeut denkt, dass er »aus der Rolle fallen«, also provokativ arbeiten müsse, um erwünschte Veränderungen herbeizuführen. Eine konfrontativ-provokante Vorhergehensweise kann bei verunsicherten Klienten aus störungs- und kulturbedingten Gründen auf Ablehnung stoßen. Gleichzeitig können offensichtlich schwierige Veränderungen bei Klienten sensibel unterstützt werden, wenn Therapeuten mit gutem Beispiel vorangehen und ihr eigenes Wertesystem kritisch hinterfragen bzw. kritische Fragen dazu zulassen. Festzuhalten bleibt, dass der Therapeut einen gewissen Verlust von Handlungsfreiheit befürchtet, was sich unabhängig davon, wie angebracht diese Erwartung sein mag, auf seine Wahrnehmung und sein Verhalten auswirkt, und ggf. die Arbeitszufriedenheit bzw. -qualität reduziert.

Die Kehrseite einer emotional dichten Beziehungsgestaltung kann also der Verlust therapeutischer Distanz und Handlungsfreiheit sein. Diese Schwierigkeit scheint v. a. am Beginn der Arbeit mit türkeistämmigen Klienten aufzutreten. Entsprechend ist die Sorge vor Autonomieverlust auch bei einer muttersprachlichen Therapeutin zu finden, die zunächst v. a. mit deutschen KlientInnen arbeitete. Trotz ihrer langen Berufserfahrung bekommt sie zu Beginn der Arbeit mit türkischen Klienten Probleme mit deren Fragen über ihre Person, die sie aus der Zusammenarbeit mit deutschen Patienten nicht kennt:

T: »[...] womit ich auch anfangs Schwierigkeiten hatte, einfach auch diese therapeutische Distanz zu halten und ich hab' mir schon oft überlegt, weil mir das sehr wichtig ist, diesen Abstand zu haben, dass die wahrscheinlich, die türkischen Patienten oft denken: ›Oh, ist die arrogant‹, oder: ›Die sagt nichts‹, oder: ›An die kommt man gar nicht ran.‹ Aber das mach' ich ganz bewusst und da steig' ich nicht ein, das ist mir schon wichtig. [...] Bei den persönlichen Fragen grenz' ich mich ganz bewusst ab oder sage sehr wenig, um die nicht zu verletzen, aber ich zieh' da schon meine Grenzen. Nicht so stark wie bei den deutschen Patienten. Da würd' ich sagen: ›Das ist jetzt kein Thema‹, oder: ›Das gehört nicht zur Sache.‹ Das sag' ich bei den türkischen eigentlich weniger oder eigentlich nicht, also, wenn sie wissen wollen, ob ich verheiratet bin oder woher der Name kommt, wie viel Kinder ich habe oder so was, das sag' ich dann gerade noch, meistens. Also, da ist schon eine etwas lockerere Beziehung oder durchlässigere Grenze. [...] Das ist mentalitätsbedingt, also, dieses, bei den türkischen Patienten, mehr dieses Familiäre, dieses Vertraute [...]« (Frau J., Abs. 51–56).

Die Therapeutin befand sich am Anfang in dem Dilemma, die Distanz in der Beziehung zu Klienten halten zu wollen, ohne arrogant auf diese zu wirken. Zum einen fühlte sie sich bedrängt durch Fragen zu ihrer Person, andererseits sah sie sich gezwungen, die therapeutische Distanz ein Stück weit aufzugeben. Sie unterscheidet Fragegewohnheiten von deutschen und türkischen PatientInnen und passt ihr Antwortverhalten entsprechend an. Da sie den persönlichen Fragen der türkischen KlientInnen mentalitätsbedingte Ursachen zuschreibt, nimmt sie an, dass türkische Klienten kein Verständnis hätten und gekränkt wären, wenn sie alle Fragen zurückweisen würde. Ihr Wunsch nach größtmöglicher Distanz stimmt mit ihrem analytischen Bezugsrahmen zwar überein, ist jedoch schwer mit den Bedürfnissen mancher Klienten zu vereinbaren. Durch die kulturelle Attribution von Klientenverhalten, z. B. dass türkische Klienten mentalitätsbedingt mehr Persönliches wissen wollten, gelingt es der Therapeutin, ihren konzeptionell vorgegebenen Handlungsrahmen mit zunehmender Erfahrung in der Arbeit mit türkischen KlientInnen zu erweitern. In der Arbeit mit deutschen Klienten behält sie ihn jedoch bei. Allerdings geschieht hier wieder eine kulturelle Zuschreibung, die sich hinter Konzepten wie »mentalitätsbedingt« verbirgt. Eine andere muttersprachliche Therapeutin hat einen alternativen Erklärungsansatz dafür, weshalb persönliche Fragen für türkische Klienten wichtig sind:

T: »Und ich glaube, das ist, vielleicht ist das auch etwas, was für türkische Klienten wichtig ist. [...] [Dass; Ergänzung B. K.] die Kompetenz nicht nur durch das Lernen oder Studieren kommt, sondern das Erleben. Also, man ist eine bessere Erziehungsberaterin, wenn man selbst Mutter ist in deren Vorstellung, was nicht sein muss, aber in deren Vorstellung. Also, wenn ich keine Kinder habe, dann weiß ich nicht, wie es einer Mutter mit Kindern geht und dann bin ich nicht kompetent genug, sie zu beraten. Und wenn ich Kinder habe, dann weiß ich's ja. Also, Kompetenz wird für die meisten türkischen Klienten, glaube ich, auch mit Erfahrungswerten gleichgesetzt neben dem Studium oder so was« (Frau H., Abs. 49).

Zum einen bestätigt die Therapeutin, dass KlientInnen türkischer Herkunft vermehrt persönliche Fragen stellen. Jedoch sieht sie die Ursache dafür weniger in der Kultur oder Mentalität ihrer Klienten. Ihrer Einschätzung nach sind persönliche Fragen seltener als Versuch familiärer Annäherung von Klienten zu verstehen, sondern vielmehr als pragmatische Exploration des Erfahrungshorizonts von Therapeuten. Über Fragen zum persönlichen Hintergrund bringen KlientInnen am schnellsten in Erfahrung, ob TherapeutInnen über das notwendige Erfahrungswissen verfügen. Da sie in bestimmten Fragen wie Familienleben und Kindererziehung praktisches Wissen stärker gewichten als Lehrbuchwissen, reichen in der Einschätzung dieser KlientInnen akademische Titel allein nicht aus, um der Hilfefähigkeit von TherapeutInnen zu vertrauen. Dies kann zum einen als Beleg für kulturbedingte Unterschiede gewertet werden. Andererseits kann die Ursache auch auf individueller Ebene oder im Migrations- und Minderheitenstatus liegen: Die Lebenssituation, als Migrant und Minderheit in einer z. T. sehr gegensätzlich wahrgenommenen Kultur zu leben, verursacht vermehrt Erfahrungen der Verunsicherung und die Notwendigkeit von Orientierung. Durch entsprechende Fragen an deutsche, aber auch an in Deutschland integrierte muttersprachliche TherapeutInnen können Klienten die Vereinbarkeit beidseitiger Lebensmodelle überprüfen. Die indonesisch-deutsche Psychoanalytikerin Utari-Witt (2005) schlägt in dieser Situation vor, persönliche Fragen von Klienten zu beantworten, da sie sich sonst unauthentisch vorkäme. In der Bearbeitung von Fragen über ihre Person geht sie v. a. darauf ein, welche Bedeutung erwartete bzw. unerwartete Antworten für ihre KlientInnen haben. Im Anschluss sichert sie ihren Klienten mit differierenden Lebenserfahrungen zu, sich besondere Mühe im Verstehen dieser Lebenserfahrungen zu geben. Damit geht sie auf natürliche Zweifel bzw. Sicherheitswünsche von KlientInnen ein, die im Rahmen interkultureller Beziehungen vermehrt bestehen.

9.2.4 Affektive Distanz durch Norm- und Wertunterschiede

Bisher wurde v. a. auf hohe die emotionale Dichte und die daraus resultierende Nähe im Kontakt mit türkeistämmigen KlientInnen eingegangen, die meist positiv, bisweilen jedoch einschränkend von Therapeuten erlebt wird. TherapeutInnen mit wenig interkultureller Therapieerfahrung berichten in den Anfängen der Zusammenarbeit mit ihren türkischen KlientInnen auch darüber, dass die Wahrnehmung von unterschiedlichen Lebenseinstellungen bzw. -praktiken bei ihnen Distanz- und Fremdheitsgefühle auslöst:

T: »Also, sie [die Klientin; Anmerkung B.K] ist sehr gläubig auch geworden. Das erleb' ich fast so als Verpflichtung: ›Ich hab' was vernachlässigt und jetzt muss ich was aufholen.‹ Das ist mir persönlich sehr fremd. Ich denke, das ist auch sehr kulturell und so 'n bisschen auch die, einfach die Art zu sein« (Frau P., Abs. 41).

Aus der Aussage der Therapeutin geht hervor, dass sie nicht Religiosität an sich, sondern die späte Zuwendung und die selbstverpflichtende Weise ihrer Patientin befremden. An anderer Stelle erklärt sie dazu, dass die Klientin nicht seit ihrer Jugend, sondern erst nach mehreren schweren Schicksalsschlägen ein Kopftuch angelegt habe. Sie glaubt, dass die Patientin dadurch einer vernachlässigt geglaubten Pflicht nachkommen möchte. Die nachträgliche Pflichterfüllung verbindet die Therapeutin mit Reue, was ihr eigentliches Befremden auslöst. Sie führt eine Unterscheidung zwischen subjektiven und kulturellen Beweggründen für Religiosität ein, wobei sie kulturelle Beweggründe implizit abwertet: Die Aussage »Ich denke, das ist auch sehr kulturell und so'n bisschen auch die, einfach die Art zu sein« impliziert Leichtfertigkeit bzw. gewohnheitsbedingte Anpassung an die Norm. Sich selbst für einen Glauben zu entscheiden ist eine bewusstere Entscheidung, die sich nicht mit kollektiven Motiven verträgt. Damit werden von der Therapeutin unbeabsichtigt individuelle und kulturelle Beweggründe gegenübergestellt und Letztere abgewertet. Im Gegensatz dazu hebt die Patientin in ihrem Bericht subjektive Beweggründe hervor:

P: »Manchmal wundere ich mich selbst darüber, dass ich so lange überlebt habe, dass ich solange die Kontrolle über mich behalten konnte. Das hatte einmal Frau [...] [Name ihrer früheren türkischen Therapeutin; Anmerkung B. K.] zu mir gesagt. Sie sagte: ›Du bist jemand, der eine sehr starke Selbstbeherrschung hat. Jemand anderer an deiner Stelle hätte schon längst aufgegeben.‹ Gott hat mir eben nur eine starke Beherrschung gegeben, wahrscheinlich. Es ist, wie Sie wissen, auch etwas eine Glaubenssache bei uns. Natürlich, auch wenn ich früher nicht bedeckt war, trug ich manche Dinge in mir, an die ich glaubte. Denn nur Gott kann das Leben, das er gegeben hat, nehmen, deshalb habe ich auch nie etwas anderes versucht« (Frau O., Abs. 30; Türkisch im Original).

Im Gegensatz zu der Annahme der Therapeutin, erklärt die Patientin, dass sie zeitlebens gläubig war, auch wenn sie dies nicht durch das Tragen eines Kopftuches sichtbar machte. Das Anlegen des Kopftuchs ist also kein verlässlicher Anhaltspunkt für den Beginn von religiösem Glauben. Zwar erfahren wir nicht, weshalb die Patientin zuvor kein Kopftuch trug, jedoch erklärt sie, dass gläubige Frauen nicht immer ein Kopftuch anlegen, z. B. weil sie es nicht als zwingendes Gebot im Alltag betrachten oder um sich ihrer Umgebung anzupassen. Wichtiger ist, was man »in sich trägt«: die Klientin deutet an, dass es v. a. ihr Glaube war, der sie zeitlebens davor bewahrt hat, sich trotz einer Reihe belastender Lebensereignisse (siehe Dyadenbeschreibung) das Leben zu nehmen (»Denn nur Gott kann das Leben, das er gegeben hat, nehmen, deshalb habe ich auch nie etwas anderes versucht«). Das bedeutet, dass die Patientin unabhängig von kollektiven Motiven einen großen subjektiven Nutzen aus ihrem Glauben zieht.

Die Annahme der Therapeutin, dass ihre Religiosität ausschließlich kulturell bedingtes Anpassungsverhalten sei, wird durch die Aussage der Patientin widerlegt. Vielmehr scheint die Patientin in ihrem Glauben ein sinnstiftendes Erklärungsmodell für sich gefunden zu haben, das das Ertragen von Leiderfahrungen ermöglicht. Offensichtlich hat die Therapeutin versäumt, die Patientin nach persönlichen Motiven für ihre späte Gläubigkeit zu befragen oder zweifelt diese an. Stattdessen zieht sie ein Erklärungsmodell heran (späte Religiosität durch Reue bzw. Anpassung an kulturelle Verhaltensnormen), das negative Vorbehalte gegenüber sogenannten kollektiven Kulturen beinhaltet und mangelnde Individualität unterstellt. Selbst wenn kollektive Motive bei der Entscheidung der Patientin ins Gewicht gefallen sind, ist es kritisch, sie zu bewerten; es wird nicht deutlich, welchen therapeutischen Nutzen diese Wertung haben könnte. Vielmehr verstellen allgemeine Annahmen den Blick auf subjektive Beweggründe der Klienten und erzeugen Fremdheitsgefühle.

Es werden eine Reihe weiterer kultureller Werteunterschiede überwiegend von deutschsprachigen TherapeutInnen beschrieben wie Familienbezogenheit im Gegensatz zu individueller Autonomie. Therapeuten erkennen darin z. T. sogenannte kollektivistische Lebensziele der KlientInnen. Familienbezogene Ziele können jedoch auch migrationsbedingt gehäuft auftretenden und mit häufig erlebten Trennungssituationen begründet werden, wie eine deutschsprachige Therapeutin mit interkultureller Expertise hervorhebt:

T: »[...,] dass die ganz andere Ziele haben ... einfach mit ihrer Familie zusammen zu sein. Die waren halt oft getrennt von ihrer Familie, was so mit Lebensumständen zu tun hat, daraus entwickeln sich so andere Lebensziele, die so erstrebenswert sind, überhaupt mit der Familie zusammenzuleben, an einem Ort bleiben zu können [...]« (Frau U., Abs. 51).

Wenn Menschen wegen politischer oder wirtschaftlicher Not nicht in ihrer Heimat bleiben können, dauert es angesichts restriktiver Gesetze und komplexer Anpassungsleistungen meist einige Zeit, bis sie an einem neuen Ort eine sichere Existenz aufgebaut und Rechte erworben haben. Nicht selten treibt es im Überlebenskampf einzelne Familienangehörige in weit entfernte Städte, Staaten oder sogar Kontinente. Die Unversehrtheit der Familie, das Recht am selben Ort zu wohnen, sich frei zu bewegen und zu besuchen ist für viele Migrantenfamilien also ebenso wenig gewährleistet, wie es für die meisten deutschen Familien selbstverständlich ist. Vor diesem Hintergrund ist die besondere Sehnsucht nach der Familie bzw. die Trauer um ihren Verlust nachvollziehbar. Aber auch kulturelle Werte beeinflussen die Entwicklung von Lebens- bzw. Beziehungszielen, was v. a. dann als problematisch erlebt wird, wenn dadurch die Übereinkunft in Therapiezielen und Aufgaben betroffen ist:

T: »Was natürlich halt sehr, ja, sehr fremd ist, ist natürlich halt diese, ja, diese kulturelle Aspekt oder halt auch, wie die Frau aufwächst, oder halt auch viele Dinge mit Kindererziehung. Das ist halt, da bin ich dann auch oft sehr, sehr ratlos, weil ich einfach dann Dinge schon auch so analysieren kann, aber überhaupt nicht, nicht [...] damit umgehen kann in der Beratungsarbeit. Zum Beispiel, ob das nun ist, wo die, das Verwöhnende, was türkische Mütter oft haben oder eben in diesem Fall, bei diese Klientin, wo, wir haben gestern noch drüber gesprochen mit einer Kollegin, wo man einfach denkt, ich kann dann anerkennen, dass sie halt gerade zum Thema Sexualität oder so, dass das halt für, aus ihrer Herkunft, dass sie da eine sehr progressive Frau ist. Aber ich find es so verquert, wie das dann halt gelebt wird mit ihren Söhnen, und so von, einerseits so ganz offen, so offenmoderne europäische Frau [...]. Aber da kommt plötzlich wieder so was, weiß nicht, ob da was Türkisches ist, aber, doch überwiegend: ›Aber die Kinder, die Söhne bleiben immer, ich bleib immer die Mutter und die gehören mir!‹ [lacht] So was, ja? Und, und da kann ich, das kann ich ja noch verstehen, aber wie soll ich damit arbeiten?!« (Frau T., Abs. 47)

Die Therapeutin mit eigenem Migrationshintergrund, die an einer Erziehungsberatungsstelle häufig mit türkischen Klienten arbeitet, findet zunächst allgemein »kulturelle Aspekte« befremdend, anschließend bezieht sie sich auf die geschlechterspezifische Erziehung, bevor sie die Kindererziehung bzw. Eltern-Kind-Beziehungen am Beispiel ihrer aktuellen Klientin aufgreift. Zum einen erkennt sie die weitgehende Emanzipation der Klientin vor ihrem kulturellen Hintergrund an. Zum anderen ärgert sie sich über deren widersprüchliche Haltung, wenn diese Elternprivilegien kollektivistischer Kulturen – wie z. B. Bindung der beiden Söhne an die Mutter bis ins Erwachsenenalter – beibehalten möchte. Als Therapeutin fühlt sie sich in einem Werte-Dilemma, das sie kaum lösen kann. Denn die Wünsche der Klientin dienen der Erhaltung enger Familienbeziehungen, dem Schutz und der Versorgung der alleinstehenden Mutter im Alter. Andererseits sieht die Therapeutin dadurch die Autonomieentwicklung der Kinder gefährdet:

T: »Dass sie das so offen mit ihren Söhnen besprechen kann, und ja, da bin ich auch anerkennend. Aber wo ich den anderen Teil ... [sehe], wo ich

… [sehe], wie wichtig es auch ist, dass sie so, auch so als Jungs um ihre Identität … [kämpfen] und auch gerade, das ist schon wichtiges Thema, dass es auch wichtig ist, sich auch abzugrenzen von der Mutter. Das sag' ich, aber das kommt überhaupt nicht an, also, da bin ich schon sehr hilflos [...]. Das einzige, wo ich dann auch noch, wenn Sie sagen, wie machen Sie's, dann denk' ich, das einzige ist vielleicht noch, dass ich ein bisschen meine Hoffnung da setz' auf den Kollegen, um halt diese Jungs noch zu stärken und dass man vielleicht halt da, halt noch mal in so eine Konstellation vielleicht dann es ein bisschen näherbringen kann. Aber da [bei der Klientin selbst; Anmerkungen B. K.], glaub' ich, da erreicht man das nicht, weil das einfach so tief verankert ist, dass man so andere Vorstellungen hat« (Frau T., Abs. 49).

Die Therapeutin schwankt zwischen Anerkennung und Abwertung ihrer Klientin. In ihren Erziehungsvorstellungen ist die Abgrenzung der Kinder gegenüber der Mutter für eine gesunde Identitätsentwicklung notwendig, eine enge Bindung dagegen, wie die Klientin sie favorisiert, ist in ihren Augen schädlich. Allein fühlt sich die Therapeutin hilflos, sodass sie sich Verstärkung in ihrem Team sucht und einen türkischsprachigen Kollegen um die Übernahme eines Sohnes bittet. So kann sie ihr Dilemma indirekt lösen: Während sie mit ihrer Klientin weiterarbeitet, hofft sie, dass ein Kollege mit gleichem kulturellen Hintergrund wie ihre Klientin die Entwicklung der Söhne ohne eine Polarisierung zwischen beiden Kulturen unterstützen kann und als »Brücke« bzw. »Brückenbauer« fungiert.

Deutlich wird, dass die Therapeutin trotz guter Kulturkenntnisse und interkultureller Erfahrung einen Konflikt zwischen dem Verfolgen ihrer eigenen Ziele und der Unterstützung von Klientenzielen erlebt. Sie verfolgt gemäß ihrer eigenen kulturellen Herkunft und psychoanalytischen Ausbildung ein Entwicklungskonzept, das in Widerspruch zu den Zielen der Klientin steht. Die Therapeutin glaubt, dass dies kulturell bedingt ist. Vorhandene Fortschritte der Klientin kann sie vor diesem Hintergrund nur als unzureichend bewerten. Dabei macht sie Überlegenheitsansprüche der westeuropäischen Mehrheitskultur geltend, wenn sie der Klientin gegenüber darauf beharrt, dass die Autonomie heranwachsender Kinder wichtiger als die Familienkohäsion ist. Dennoch versteht sie den Konflikt der Klientin und setzt ihre Vorstellungen nicht unmittelbar durch, sondern hofft, die Familie indirekt durch einen türkischsprachigen Kindertherapeuten zu beeinflussen.

Die Therapeutin ist sehr bemüht, im Sinne der Klientin und ihrer Kinder zu handeln, verfügt über lange Berufserfahrung in der Arbeit mit MigrantInnen und hat selbst einen (westeuropäischen) Migrationshintergrund. Ihre Klientin sucht die Therapeutin seit drei Jahren auf und beschreibt sie als sehr unterstützend, kompetent und wertschätzend. Dennoch fällt auf, dass die Therapeutin nicht umhinkommt, an einem Punkt, an dem sie das Wohl der Kinder gefährdet sieht, heftige Kritik an ihrer Klientin zu üben. Dabei nutzt sie kulturell bedingte Erklärungsmuster, die in Teilen zutreffen können. Jedoch bleibt unerwähnt, dass die Klientin möglicherweise aufgrund ihrer traumatischen Erfahrung so unflexibel in ihrem Verhalten ist, dass sie das Wohl der Kinder gefährdet. In der Erziehungsfrage kann sich die Therapeutin nicht von kulturellen Erklärungsmustern distanzieren und andere mögliche Erklärungsrahmen einbeziehen wie die Störung der Klientin, ihre Sorge vor Vereinsamung im Alter als alleinstehende türkische Frau, die sich weder von der türkischen noch deutschen Gesellschaft hinreichend wertgeschätzt sieht (siehe Dyadendarstellung). So gelingt es nicht, in dieser Frage positive Ziele der Klientin aus beider Sicht zu explorieren. In der Folge erlebt die Therapeutin Frustration und, trotz ihres großen Engagements, Fremdheit gegenüber ihrer Klientin. Sie missachtet das Recht der Klientin, ihre Kinder nach eigenen Wertmaßstäben zu erziehen. Jedoch scheint es ihr in ihrem Verhalten zu gelingen, Wertschätzung und eine enge emotionale Beziehung aufrechtzuerhalten, denn sie entzieht ihrer Klientin nicht die professionelle emotionale Unterstützung, wenn diese ihr nicht folgt, sondern stärkt die betroffenen Kinder durch Zusammenarbeit mit einem muttersprachlichen Kollegen, womit sie ihrer Patientin gegenüber loyal bleibt.

9.2.5 Zusammenfassung

In diesem Abschnitt wurde die emotionale Beziehungsebene bzw. der Rapport zwischen Klient und Therapeut untersucht. Aus Klientenaussagen geht hervor, dass mit einem wahrgenommenen emotionalen Engagement von TherapeutInnen v. a. Hilfsbereitschaft, Offenheit und Wohlwollen verbunden werden. Hinweise für eine zugewandte emotionale Haltung auf Therapeutenseite werden zum einen aus nonverbalem Verhalten (z. B. Lächeln) bezogen, zum anderen aus eindeutig höflichen Umgangsformen der Therapeuten gegenüber ihren Klienten.

Patienten achten insbesondere zu Beginn des Kontakts darauf, ob der Therapeut eine positive emotionale Beziehung herstellt. Dargestellt wurde, dass Herzlichkeit bzw. Höflichkeit im formellen Kontakt z. T. auf der Basis kul-

9.2 Affektive Beziehungsebene

tureller Grundwerte erwartet wird. Zum anderen entkräftet eine erkennbar wertschätzende Haltung potenziell vorhandene negative Ausgrenzungserfahrungen und signalisiert, dass Patienten willkommen sind (siehe auch Skutta 1998). Von Patienten wahrgenommene Sympathie und wohlwollender emotionaler Kontakt wird von diesen häufig als Voraussetzung genannt, um sich zu öffnen bzw. die Therapie fortzusetzen.

Vereinzelt wird statt eines emotionalen ein höflich-distanziertes Beziehungsangebot als besonders günstig erlebt. Eine wertschätzend-distanzierte Haltung, Neutralität und das Benennen der Schweigepflicht erleichtert es, tabuisierte Themen wie sexuelle oder Eheprobleme anzusprechen und ist aus Sicht der Klienten mit hoher Professionalität und Kulturkompetenz assoziiert.

Positive emotionale Erfahrungen in interkulturellen Beziehungen werden auf Therapeutenseite auf den Zugewinn von Wissen und die Erfahrung hoher emotionaler Beziehungsdichte zurückgeführt. TherapeutInnen heben hervor, dass sie in der Therapiebeziehung mit MigrantInnen häufiger und intensiver emotionale Gratifikation als in der Arbeit mit deutschen Patienten erfahren. Positive emotionale Beziehungsaspekte wie Humor, Authentizität etc. werden von TherapeutInnen betont, die häufig mit türkischen KlientInnen arbeiten.

Andererseits werden auch Kehrseiten von engen Therapiebeziehungen zu Patienten genannt. Ein Therapeut geht auf die hemmende Wirkung von emotional nahen Therapiebeziehungen ein, die für ihn mit einschränkenden Verhaltenserwartungen assoziiert sind. Eine weitere Therapeutin beschreibt angesichts Fragen zu ihrer Person Schwierigkeiten, die therapeutische Distanz einzuhalten, was Unbehagen bereitet.

Als negative Emotion in interkulturellen Therapiebeziehungen fällt weiterhin das Gefühl von sogenannter »Fremdheit« auf. Fremdheit bzw. Befremdungsgefühle werden überwiegend von deutschsprachigen TherapeutInnen genannt, wenn Werteunterschiede als unüberbrückbar erlebt werden. Solche Werteunterschiede zwischen Klient und Therapeut treten z. B. in Verbindung mit angenommenen religiösen oder kollektiven Werten, Geschlechterrollen und Erziehungsstilen hervor. Dabei werden Klienten teilweise unhinterfragt bzw. ohne individuelle Exploration stereotype Motive unterstellt, die Fremdheitsgefühle verursachen und aufrechterhalten.

9.3 Kommunikation

Im Abschnitt Kommunikation wird das Sprach- bzw. Ausdrucksverhalten von KlientInnen reflektiert. Patientenvariablen wie Sprachkompetenz und Ausdrucksfähigkeit wurden bisher in wenigen Studien berücksichtigt. Bekannt ist jedoch, dass die Ausdrucksfähigkeit von Patienten mit Therapieerfolg assoziiert ist (Orlinsky et al. 2004). In der vorliegenden Studie wird Sprachfertigkeit in der Therapie besonders berücksichtigt, da die meisten der untersuchten Klienten nicht in ihrer Muttersprache Therapie erhalten haben und z. T. erhebliche Verständnisprobleme angaben. Im Vergleich dazu werden muttersprachliche bzw. bilinguale Therapiebeziehungen dargestellt. Von Bedeutung ist ebenfalls der nonverbale und symbolische Symptomausdruck, der zu zusätzlichen Verständigungsschwierigkeiten führen kann.

9.3.1 Sprache und Verständigungsprobleme

Fünf von sieben PatientInnen, die sich zum Teil seit mehreren Jahren in ausschließlich deutschsprachigen Therapien befinden, geben mehr oder minder gravierende Sprachprobleme in der Verständigung mit ihrer TherapeutIn an. Bei einem weiteren Patienten, der nicht persönlich befragt werden konnte, sind die deutschen Sprachkenntnisse gering, sodass eine ausgebildete Sprachvermittlerin regulär hinzugezogen wird. Bei einem Vergleich von Therapeuten- und Patientenaussagen fällt auf, dass Therapeuten Sprachprobleme ihrer Klienten wahrnehmen, sie jedoch weit weniger einschränkend beurteilen als diese. Klienten sind z. T. sehr frustriert darüber, dass sie sich in ihrer schwierigen Lage kaum mitteilen können:

P: »[...] natürlich habe ich bei manchen Worten Schwierigkeiten, weil ich ständig in der türkischen Gemeinschaft gelebt habe, obwohl ich besser Deutsch sprach, als ich nach Deutschland kam und als ich dann bei Siemens anfing zu arbeiten, wo es viele Türken gibt, habe ich auch mein Deutsch vergessen.«

I: »Hat sich das irgendwie auf die Therapie ausgewirkt, konnten Sie sich ausdrücken?«

P: »Nein, natürlich nicht! Nicht auf Deutsch, nicht ausreichend!« (Frau O., Abs. 46–48; Türkisch im Original)

Die Patientin empfindet ein deutliches Defizit in der Therapie, da sie sich sprachlich nicht ausreichend ausdrücken kann. Dies unterstreicht sie durch mehrmaliges heftiges Wiederholen an anderer Stelle, teilweise unter Weinen, worin sich extreme Wut und Hilflosigkeit widerspiegeln. Sie zieht einen Vergleich zwischen ihren aktuellen und früheren Deutschkenntnissen und stellt überraschenderweise fest, dass sie besser Deutsch sprach, als sie alleine nach Deutschland kam. Durch die Dominanz der türkischen Sprache am Arbeitsplatz habe sie die deutsche Sprache zunehmend verlernt; außerhalb der Arbeit habe sie eher Kontakt mit türkischen Landsleuten gepflegt. Tatsächlich findet sich diese Erklärung auch bei anderen (ehemaligen) Fabrikarbeitern häufig wieder und ist glaubwürdig vor dem Hintergrund, dass in der Fabrikarbeit bildungsbenachteiligte Migrantengruppen aus wenigen Ländern (z. B. Türkei, Griechenland, ehem. Jugoslawien) häufig überrepräsentiert sind. Einfache Arbeitsanweisungen für monotone Montagetätigkeiten genügen meist, sodass keinerlei sprachliche Förderung oder Qualifikation stattfindet; komplexe oder neue Tätigkeiten können den Kollegen von einzelnen bilingualen Mitarbeitern vermittelt werden. Sprachschwierigkeiten in der Therapie wiegen dagegen schwerer und nehmen nicht nur Einfluss auf die Kommunikation von Problemen, sondern auch auf die Therapiebeziehung. Da sowohl der Ausdruck als auch das Verständnis gestört sind, hat die Klientin das Gefühl, die Therapeutin nicht richtig zu kennen und tut sich schwer, die Eingangsfrage danach, wie sie ihre Therapeutin wahrnimmt, zu beantworten:

P: »[...] vielleicht ist es auch wegen der Sprachprobleme. Wenn es jemand wäre, den ich in der eigenen Sprache kennen gelernt hätte, wie Sie zum Beispiel, die für mich verständlich spricht, könnte ich vielleicht etwas sagen über sie [die Therapeutin; Anmerkung B. K.], aber so kann ich nicht viel sagen. [...] In der Hinsicht hat es große kulturelle Unterschiede gegeben, dass ich über mich nicht in meiner eigenen Sprache erzählen kann« (Frau O., Abs. 60–62; Türk. im Orig.).

Nicht dieselbe Primärsprache zu sprechen, bedeutet für die Klientin, eine kulturelle Differenz in der Beziehung zu erleben. Eingebettet in den Kontext der Muttersprache kann die Patientin sich und ihre Biografie vollständiger und authentischer wiedergeben. Aktuell kann sie sich ihrer deutschsprachigen Therapeutin ohne Dolmetscher nicht wirklich begreiflich machen. Die Muttersprache ist ein wichtiger Bestandteil ihrer Identität: Sie transportiert nicht nur verbale Inhalte, sondern auch die Eigenschaften der Person. Ähnlich wie die Patientin nimmt auch die Therapeutin Sprachschwierigkeiten wahr:

T: »Also, ich habe das Gefühl, die Patientin erlebt das als nicht ausreichend, weil sie immer wieder sagt: ›Es fällt so schwer‹, und: ›Ich weiß nicht, wie ich's ausdrücken soll.‹ Und ich, hmm, ich würde sagen, es ist ausreichend, vielleicht für so erste Kontakte, aber ich denke, um wirklich die Patientin zu verstehen, würde ich vielleicht auch fast sagen, nicht ausreichend. Aber vielleicht bin ich da auch ein bisschen davon beeinflusst, dass sie's mir so oft zeigt, dass sie Schwierigkeiten hat, ein Wort zu finden« (Frau P., Abs. 21).

Der Therapeutin fallen Sprachschwierigkeiten v. a. deshalb auf, weil die Patientin wiederholt darauf hinweist, dass sie Probleme hat, sich auszudrücken. Sie kommt zwar auch selbst zu der Einschätzung, dass die gemeinsame Sprachbasis nicht ausreicht, um die Klientin in einem weiterführenden Therapieprozess zu begleiten. Dennoch will sie nicht recht Stellung beziehen und ist unsicher, ob sie sich vielleicht durch die Einschätzung der Patientin beeinflussen lässt. Ihre Zweifel begründet die Therapeutin mit ihrem subjektiven Eindruck, dass die Patientin vieles verstehe – oder auch nicht:

T: »Also, ich hab' das Gefühl, dass sie sehr viel versteht. Wobei da ist dieses, was ich auch so ein bisschen angepasst empfunden habe, dass ich dann manchmal auch nicht weiß, ob sie jetzt ›Ja‹ sagt, weil es sich so gehört, oder weil sie merkt, dass ich auf etwas raus will, oder ob sie wirklich alles versteht. Ich denk' aber, dass sie das meiste schon gut versteht. Es ist eher so, also sprachlich merkt man schon sehr, dass sie über vieles stolpert, mit vielen Verben Schwierigkeiten hat und dass sie sich da schon schwer tut« (Frau P., Abs. 23).

Bei der Bewertung der Sprachfertigkeit ihrer Patientin bleibt die Therapeutin ambivalent und zweifelnd. Zum einen schildert sie konkrete Beobachtungen, wonach die Patientin Wortfindungsstörungen hat und grammatische Fehler macht. Außerdem bleibt die Aussage der Patientin, dass sie große Sprachschwierigkeiten hat. Dennoch hat die Therapeutin den Eindruck, dass sie vieles verstehe, v. a. weil die Patientin häufig zustimmend »Ja« sage. Sie merkt selbst, dass dieses Verhalten der Patientin kein ausreichender Beleg dafür ist, dass sie die Therapeutin wirklich verstehe, sondern eher deren Anpassungswunsch unter Beweis stellt. In der Folge vermutet sie, dass Sprachprobleme wahrscheinlich häufiger existieren, als offensichtlich wird, und verdeckt bleiben. Da die Therapeutin objektiv gesehen kaum die Möglichkeit hat, die sprachliche Diskrepanzen zwischen sich und ihrer Patientin zu beheben, zieht sie es möglicherweise vor, wahrgenommene

Probleme zu verdrängen. Andernfalls könnte sie ihre Arbeit mit der Patientin nicht fortführen, denn sie befindet sich in einem Dilemma, mit dem sie von ihrer Einrichtung alleingelassen wird. Ähnlich hat sich die Patientin eine Strategie zurechtgelegt, um nicht ganz auf die hart erkämpfte Therapie verzichten zu müssen:

P: »Natürlich ist es nicht so, wie ich mit Ihnen jetzt spreche. Ich versuche, zu sprechen, solange ich die richtigen Worte dazu finde und keine Sprachprobleme habe, ich versuche zu antworten, was erforderlich ist« (Frau O., Abs. 18; Türkisch im Original).

Die Patientin bestätigt die Vermutung der Therapeutin, wonach sie sich sprachlich überwiegend anzupassen versucht. Sie nimmt große Unterschiede zwischen einem Gespräch auf Türkisch und auf Deutsch wahr und zieht als Vergleich die Interviewsituation heran, in der sie ausschließlich Türkisch spricht. Während sie sich im Türkischen frei, spontan und eloquent äußern kann, muss sie sich auf Deutsch anstrengen, überhaupt die richtigen Worte zu finden, um zu antworten. Ihre Kommunikationsmöglichkeiten mit der Therapeutin sind also v. a. beschränkt auf passiv-zustimmendes Verhalten.

Dass Diskrepanzen in der Spracheinschätzung zwischen Therapeutin und Patientin nicht allein auf die kurze Behandlungsdauer von drei Sitzungen zurückzuführen sind, kann anhand einer weiteren Dyade gezeigt werden. Therapeut und Klient arbeiten hier seit ca. fünf Jahren zusammen und lernten sich ebenfalls auf einer Station kennen. Die Einschätzung von Sprachproblemen divergiert auch hier:

P: »Ich kann etwa 50 Prozent oder 60 Prozent [auf Deutsch; Anmerkung B. K.] sagen; wenn es Türkisch wäre, wäre es natürlich noch idealer, das habe ich ihm auch schon gesagt; eine Erklärung, die manchmal zehn Minuten dauert, könnte auf Türkisch vielleicht in einer Minute erledigt sein. Aber er sagt mir trotzdem, dass wir uns verstehen. [...] Meine Gefühle kann ich natürlich nicht erklären wie auf Türkisch, also höchstens zu 50 oder 60 Prozent« (Herr Ö., Abs. 34–38; Türkisch im Original).

Der Patient kann sich auf Deutsch nur schwach ausdrücken und glaubt, dass er etwa die Hälfte dessen, was er möchte, sagen kann. Er erwähnt insbesondere Gefühle, die er auf Deutsch nicht so gut wie in der Muttersprache ausdrücken könne. Außerdem ziehen Sprachprobleme Gespräche zeitlich in die Länge – im Empfinden des Patienten immerhin auf das Zehnfache! Der Patient hat sich mit seinem Therapeuten mehrfach über Sprachprobleme unterhalten und festgestellt, dass sein Therapeut Verständigungsschwierigkeiten weitgehend verleugnet, indem er das gegenseitige Verstehen betont. Es wird deutlich, dass der Klient ernsthafte Sprachprobleme v. a. deshalb in Kauf nimmt, da er keine andere Alternative hat. Zwar bleibt er seinem Therapeuten gegenüber loyal, gleichzeitig äußert er deutlich seine Präferenzen:

P: »Ich hätte einen Türken gewählt und das wegen der Sprache. Es wäre mir auf Türkisch viel leichter gefallen, mich auszudrücken. Aber diese Wahl hatte ich nicht. Aber trotz der sprachlichen Seite gab es keine nennenswerten Unterschiede, er hat mich verstanden und ich habe ihn verstanden, aber natürlich, wenn ich so eine Chance bekommen hätte am Anfang, hätte ich natürlich einen türkischen Psychologen vorgezogen. Also wegen der Sprache, dass ich mich besser ausdrücken kann« (Herr Ö., Abs. 50; Türkisch im Original).

Der Patient wurde nach einem Suizidversuch auf eine psychiatrische Station verlegt, wo ihm ein deutschsprachiges Therapieangebot gemacht wurde. Vergleichbar mit den Einschränkungen einer erzwungenen Einweisung hatte er auch in der Wahl des Therapeuten und seiner Sprache keine Wahl. Trotz der Verständigungsschwierigkeiten, die er als sehr einschränkend empfindet, und seiner Kritik, die im Vergleich zu anderen PatientInnen deutlicher ausfällt, ist er gleichzeitig bemüht, gegenseitiges Verstehen mit dem Therapeuten nach fünf Jahren Therapiebeziehung zu betonen. Auch der Therapeut nimmt die Belastung des Patienten durch Sprachprobleme wahr, bewertet sie jedoch als viel weniger ernsthaft:

T: »Er hat schon Probleme manchmal, aber er gibt sich sehr viel Mühe und spricht so lange, bis ich's kapiert habe, er ist nicht perfekt in Deutsch, aber passabel. [...] Also das war kein ernsthaftes Problem, es ist manchmal lästig, aber es ist kein ernsthaftes Problem« (Herr R., Abs. 25–29).

Es fällt auf, dass der Therapeut hervorhebt, wie sich der Patient bemüht, sich verständlich zu machen. Das Sprachdefizit wird aufseiten des Patienten verortet und er muss es durch Wiederholungen ausgleichen. Zwar ist es dem Therapeuten »manchmal lästig«, das der Patient »nicht perfekt in Deutsch« ist, jedoch geht er scheinbar großzügig damit um, indem er Geduld als Zuhörer aufbringt. Dadurch spielt er bestehende Probleme jedoch herunter und entledigt sich der Verantwortung, für den Patienten einen Dolmetscher zur Verfügung zu stellen oder ihn in eine muttersprachliche Therapie zu vermitteln. Beides wäre mit großen Schwierigkeiten verbunden, denn der Patient lebt in einer ländlichen Gegend, wo keine derartigen institutionellen Angebote bestehen. Schließlich entscheidet der Therapeut, dass die Verständigung »passabel« ist, auch wenn der Patient anderer Meinung ist. Bei Verständigungsproblemen liegt die Entscheidungsmacht also bei den Therapeuten, die bestimmen, ob eine Therapie sinnvoll ist. Patienten bleiben wenige Mitbestimmungsmöglichkeiten, sie können die Therapie lediglich abbrechen, was erschwert geschehen kann, wenn keine Alternativen bestehen.

PatientInnen beschreiben Sprachprobleme z. T. als sehr einschränkend, wogegen TherapeutInnen wahrgenommene Probleme trotz kritischer Betrachtung als weniger belastend beurteilen. Zum einen ist diese Haltung dadurch erklärbar, dass TherapeutInnen kaum die Möglichkeit haben, in der Muttersprache vorhandene kommunikative Fertigkeiten als Vergleich heranzuziehen, sodass sie aufseiten des Patienten erlebte Defizite kaum beurteilen können. Eine weitere Erklärung ist, dass keine anderen Möglichkeiten (professionelle Sprachvermittlung, muttersprachliche Therapeuten) zur Verfügung stehen, sodass TherapeutInnen auch geringe Ressourcen besonders herausstellen müssen, um ihre eigene Arbeit zu rechtfertigen. Dabei ist es sinnvoll, sich darauf zu konzentrieren, dass der bisherige Austausch trotz der Sprachprobleme gelungen ist, beide Seiten sich bemühen und zum gegenseitigen Verstehen mehr als Sprache gehört. Andererseits entsteht dadurch die Gefahr, reale Defizite in der Kommunikation, die v. a. auf Kosten der Klienten gehen, zu verharmlosen. Sprachprobleme müssen nicht sofort zu Beginn offensichtlich sein und können auch bei KlientInnen, die gut Deutsch sprechen, bestehen. Sie werden erst bei bestimmten Anforderungen bemerkt:

T: »[...] es ging drum, einen Antrag für 'ne Stiftung zu schreiben und da hab' ich sie, glaub' ich, überfordert, also, den hab' ich letztendlich für sie geschrieben. [...] aber auch so die Notizen, die sie mir dafür gegeben hat, da hab' ich dann auch gemerkt, dass ich sie überschätzt hatte an dem Punkt« (Frau L., Abs. 25–29).

Die Klientin ist in Deutschland geboren und aufgewachsen und kann sich gemäß übereinstimmender Fremd- und Selbsteinschätzung gut auf Deutsch verständigen, sodass der Therapeutin ihre Sprachprobleme erst bei der schriftlichen Formulierung ihres Lebenslaufs bzw. eines Formulars auffallen. Dabei handelt es sich nicht um kleinere Formulierungsprobleme, sondern der Therapeutin

fallen schon bei der Sichtung von Notizen große Probleme auf. Auch bei einer anderen Klientin, die in der mündlichen Kommunikation zunächst kaum Probleme aufweist, fallen der Therapeutin im Nachhinein Missverständnisse auf:
T: »Ich kann Ihnen nicht genau sagen, an welcher Stelle, aber es ging manchmal um diese Vermittlung psychosomatischer Zusammenhänge. Da hatte ich manchmal den Eindruck, ich drücke mich deutlich aus, sie versteht auch die Wörter, also, das war nie ein Problem mit dieser Patientin, und ich dachte auch, sie hätte mich verstanden und zwei Sätze später merke ich aber, sie hat mich nicht verstanden. Und das ist mehrmals passiert, so vielleicht drei-, viermal ist mir das aufgefallen und da hatte ich den Eindruck, sie denkt da anders, also meine Worte lösen bei ihr was anderes aus. Aber ich kann Ihnen nicht mehr genau sagen, was es war« (Frau N., Abs. 39).

Manifest werden mögliche Schwierigkeiten im Sprachverständnis dieser Patientin erst, als sie psychosomatische Erklärungsmodelle nicht versteht. In der Folge fallen der Therapeutin Missverständnisse vermehrt auf, was für eine gewisse Sensibilisierung und dafür spricht, dass die Klientin Verständnisprobleme zuvor unauffällig kompensiert hat. Die Therapeutin vermutet statt eines rein sprachlichen Defizits, dass die Patientin andere als die intendierten Bedeutungen mit den Erklärungen der Therapeutin verbindet. Sie nimmt also an, dass bei der Patientin ein notwendiger Bedeutungskontext zur Einbettung vermittelter Modelle nicht zur Verfügung steht. Dagegen hat die Patientin selbst den Eindruck, dass Sprachprobleme in der Therapie ausreichend adressiert und bewältigt werden, womit sie die einzige PatientIn des Samples ist, die Sprachprobleme eher verharmlost als ihre TherapeutIn:
P: »[...] weil ich selber nicht so alles richtig wahrscheinlich, in die richtige Reihe erzählen kann, missverstanden werde dadurch natürlich auch, aber es ist schon Thema, man redet immer drüber. [...] Kein Problem also, sie hat gegenüber so wie ich das gemacht hab', immer noch mal gefragt, ob ich das so oder so meine, wenn da mal was gefehlt hat« (Frau M., Abs. 33–37).

Die Patientin sieht die Ursachen für die Missverständnisse in der Therapie ausschließlich bei sich, da sie sich nicht immer geordnet ausdrücken könne. Möglicherweise nimmt sie bestimmte Missverständnisse weniger wahr, da sie beispielsweise nicht weiß, worauf die Therapeutin in ihren Erklärungsmodellen hinaus möchte. Eine weitere Erklärung ist, dass sie Störungen in der Kommunikation weniger Aufmerksamkeit beimisst, beispielsweise um Kritik an der

Therapeutin bzw. an der gemeinsamen Arbeit zu vermeiden. Schließlich hat sie im Vorfeld eine Therapie bei einer türkischsprachigen Therapeutin angefangen und fühlte sich nach wenigen Sitzungen in ungerechtfertigter Weise abgeschoben, sodass sie besonders dankbar für eine wertschätzende Erfahrung im Anschluss war. Für ihre Therapeutin scheinen auch psychologische Erklärungsmuster für gelegentliche Missverständnisse naheliegend:

T: »Ich hatte überlegt, ob es was mit ihrer Angst zu tun hat, also einfach, dass angstbesetzte Themen bei ihr Angst auslösen und deshalb auch die kognitive Fähigkeit eingeschränkt ist in dem Moment, alles aufzunehmen oder umzusetzen. Oder dass bei bestimmten Stichworten bei ihr eine ganz andere Geschichte losgeht, also dass sie die nachfolgenden Sätze anders interpretiert. Ich hatte aber auch die Überlegung, ob es mit ihrer Herkunft zu tun hat, also ob es vielleicht in der türkischen Sprache andere Wendungen gibt oder auch ein anderes Denken, ja, vielleicht gerade was Krankheiten anbelangt. Also das sind so meine Überlegungen dazu, also es hat meines Erachtens nicht sehr zu Buche geschlagen, also deshalb bin ich nicht weiter drauf eingegangen, aber ich hab' so was bemerkt« (Frau N., Abs. 43).

Die Therapeutin wägt auch die Möglichkeit ab, dass es sich um individuell, sprachlich oder kulturell vermittelte Missverständnisse handeln kann, die beispielsweise für die Therapie relevante Bereiche wie Krankheitsauffassungen betreffen können. Dennoch verfolgt sie diese Überlegungen nicht weiter, da sie denkt, dass diese Faktoren keine weitere Bedeutung für die gemeinsame Verständigung hatten. Hinzu kommt, dass erst vier Einzelsitzungen stattgefunden haben und von Anfang an eine tragfähige emotionale Beziehung auf der Grundlage starker gegenseitiger Sympathie etabliert werden konnte. Die Bedeutung von Sprachproblemen wird z. T. auch von TherapeutInnen, die häufig mit MigrantInnen arbeiten, als eher gering bewertet, auch wenn Missverständnisse real beobachtet werden:

T: »Ja, es ist, also, mit diesem ›er‹ und ›sie‹ aus dem Türkischen, ist mir damals schon aufgefallen, und ich weiß bis heute nicht, ob es in der Kur ein, eine Therapeutin oder ein Therapeut war, ja? Das ist ja so was. Und ich hab's dann auch nicht wichtig gefunden, das später nachzufragen, und dachte eher, ja, das ist so ein typisches Beispiel. [...] Aber die Sprache ist hier kein Problem gewesen, ich hab' hier viel mit Migranten zu tun, da kann's ganz anders sein, oder unter Umständen mit Deutschen, die sich mit dem

Deutschen, also, die halt sehr eingeschränkte Sprache haben« (Herr Z., Abs. 27).

Obwohl er Anhaltspunkte dafür findet, dass sich die Klientin z. T. schon in einfachen Geschlechterbezeichnungen nicht genau ausdrücken kann, verallgemeinert der Therapeut Sprachschwierigkeiten nicht als hinderlich für die gesamte Therapie. Diese Bewertung basiert v. a. auf dem Vergleich mit PatientInnen mit und ohne Migrationshintergrund. In der übrigen Zusammenarbeit begegnet der Therapeut z. T. sehr viel größeren Sprachbarrieren. Als der Therapeut sich in Sprachprobleme der Klientin aus ihrer Perspektive einfühlt, um herauszufinden, welchen Einfluss Sprachprobleme möglicherweise auf die Therapie hatten, wird er auf Belastungsfaktoren aufmerksam, die er erlebte, als er mit einem sprechbehinderten Klienten arbeitete:

T: »Vielleicht die Anstrengung, die sie hatte, ähnlich wie ich mit diesem behinderten Klienten seinerzeit, dass sie vielleicht sich dadurch sehr anspannte, um es so zu bringen, das könnte sein, wenn sie in ihrer Muttersprache hätte reden können, wär's vielleicht von ihr her fließender gewesen. Aber ich glaube, es war für sie sehr gut, um auf Deutsch reden zu können und gerade vielleicht auch nicht in der, weder in der Muttersprache noch auf Türkisch, könnte ich mir vorstellen, haben wir, glaub' ich, nicht so drüber geredet« (Herr Z., Abs. 29).

Herr Z. würdigt die besondere zusätzliche Leistung bzw. Belastung, die seine Patientin in Kauf nehmen muss, um der Therapie auf Deutsch zu folgen. In einer Fremdsprache, die zwar gut beherrscht wird, stehen weniger Freiheiten, wie z. B. sich spontan zu äußern, zur Verfügung. Andererseits geht der Therapeut darauf ein, dass in diesem speziellen Fall vor dem biografischen Hintergrund der Patientin die Nutzung der deutschen Sprache möglicherweise entlastend gewirkt haben könnte. Denn die Klientin ist kurdischer Volkzugehörigkeit, sodass für sie die Nutzung der türkischen Sprache auch mit Erinnerungen an die Unterdrückung ihrer kurdischen Muttersprache in der Türkei verbunden sein könnte. In diesem Konflikt ist die deutsche Sprache ein wertneutrales Verständigungsmittel. Diese Annahme wird von der Klientin zwar nicht bestätigt. Sie bewertet die Nutzung der deutschen Sprache jedoch auch positiv, allerdings gibt sie eher integrative Gründe an:

P: »Es hilft mir dabei, weiter Deutsch zu sprechen. Ich arbeite nämlich jetzt nicht mehr, zu Hause reden wir wohl oder übel international: Kurdisch,

Türkisch, Deutsch. Auch wenn es nur einmal in der Woche ist, eine Stunde oder alle zwei Wochen, geordnet Deutsch zu sprechen, nicht wie mit Ihnen mal Deutsch, mal Türkisch, die Möglichkeit gibt es dort nicht, das ist auch gut. Wenn wir schon in Deutschland leben, brauchen wir das auch« (Frau Y., Abs. 54; Türkisch im Original).

Die Klientin stellt eigene Anpassungserwartungen an ihre Person in den Vordergrund, die sie von der Therapiesituation auf ihr gesamtes Leben in Deutschland verallgemeinert. Auch sie lokalisiert die Verantwortung für das Sprachdefizit ausschließlich bei sich. Zudem kritisiert sie Sprachwechsel im Interview bzw. unser Gesprächsverhalten, da es ihr freigestellt ist, zu sprechen, wie sie möchte. Obwohl deutlich wird, dass sie sich auf Türkisch besser ausdrücken kann, bewertet sie es als gut, einmal die Woche »geordnet« Deutsch zu sprechen, wenn sie »schon in Deutschland« lebt. Damit reproduziert sie in erster Linie ein Argument des konservativen Integrationsdiskurses. Demgegenüber zieht sie es im Interview nach kurzer Zeit vor, Türkisch zu sprechen. Eine Erklärungsmöglichkeit für diese selbstabwertende Darstellungsweise mag darin liegen, dass sie im Vorfeld der Therapie trotz einer akuten Krise keinen Platz bei türkischsprachigen TherapeutInnen bekam. Herr Z., den sie zuvor bei einer Erziehungsberatung für den Sohn kennen gelernt hatte, nahm sie dagegen spontan auf. Außerdem arbeiten sie nun knapp fünf Jahre und 140 Sitzungen zusammen, was als Indikator für eine sehr gute Zusammenarbeit gewertet werden kann, die Dankbarkeit erzeugt und Zugeständnisse auf der Sprachebene erleichtert. Selbst wenn zu Beginn Sprachpräferenzen bei der Klientin bestanden haben, ist es gut nachvollziehbar, dass diese mittlerweile in den Hintergrund getreten sind.

Bisher wurden v. a. Sprachprobleme der Klienten analysiert. Aber es gibt TherapeutInnen, die selbst Deutsch als Fremdsprache erlernt haben und bei der Frage nach Sprachproblemen auf ihre eigenen eingehen:

T: »Gut, ich denke, das ist sicherlich auch noch mal ein, glaub' ich, dass auch das eine, eine Rolle spielt, dass ich auch keine Deutsche bin, hm? [...] und bei diese Patientin, zum Beispiel, hätt' ich das nicht beurteilen können, die würde, die hat mindestens so gut Deutsch gesprochen wie ich, wenn nicht besser« (Frau T., Abs. 41).

In diesem Fall ist die Situation umgekehrt: Die Therapeutin stammt aus dem europäischen Ausland und hat als Erwachsene Deutsch gelernt, was ihr teilweise im Gespräch Probleme bereitet. Dagegen lebt die Klientin seit ihrer Kindheit in

Deutschland und spricht teilweise fließender als die Therapeutin. Die Umkehr der Sprachkompetenz wird von der Therapeutin, die den Umgang mit dieser Situation schon gewöhnt ist, ähnlich unproblematisch bewertet wie von der Patientin, die ihn gar nicht anspricht. Diese betont wie andere PatientInnen ausschließlich ihr eigenes Sprachdefizit:

P: »Manchmal, bei manchen Themen, man kann nicht so konkret wie mit Muttersprache sagen in Deutsch« (Frau S., Abs. 35).

Unabhängig davon, in welcher Richtung Sprachprobleme bestehen, haben Klienten und Therapeuten einen Weg gefunden, damit umzugehen und z. T. bereits seit vielen Jahren erfolgreich zusammenzuarbeiten. Allerdings geht dies häufig zulasten von Klienten, ohne dass sich Therapeuten immer über das Ausmaß bewusst zu sein scheinen. Es gibt kaum institutionelle Strukturen, die die reguläre Bestellung von professionellen Sprachvermittlern ermöglichen. Stattdessen versuchen TherapeutInnen, vorhandene Ressourcen auszuschöpfen, was sich jedoch nicht als günstig herausstellt:

T: »Ich erinnere mich, das war in der ersten Stunde, wo ich seine Frau mit dazu eingeladen hatte, und ich hatte eine Ärztin aus dem Haus gebeten, zu dolmetschen, die Türkin ist, und das war sehr schwierig trotz guter Dolmetscherei funktionierte das nicht besonders gut« (Herr R., Abs. 35).

In diesem Fall bestehen große Kommunikationsprobleme fort trotz einer Sprachvermittlung durch eine ärztliche Kollegin. Anzunehmen ist, dass improvisierte Dolmetscherlösungen, selbst wenn sie mit hoch qualifiziertem Personal stattfinden, kaum die notwendige Sicherheit bzw. Routine für die Beteiligten bieten, um den Sprachfluss zu garantieren. Zudem handelt es sich um das Erstgespräch, das mit dem Patienten und der Ehepartnerin nach einem Suizidversuch stattfindet, sodass die Ausgangsbedingungen ohnehin erschwert sind. Der Therapeut spürt keine Entlastung durch die »Dolmetscherei« durch eine Kollegin von einer somatischen Station, was möglicherweise erklärt, weshalb er von dieser Möglichkeit nicht mehr Gebrauch macht. Anders fällt die Einschätzung der dolmetscherunterstützten Therapie bei einer Therapeutin aus, die in einer Einrichtung mit institutionell verankerter Sprachvermittlung und geschulten Therapeuten arbeitet:

I: »Wie gut kann sich der Patient in der Therapie auf Deutsch ausdrücken?«
T: »Gar nicht! Der wird gedolmetscht, der kann kaum Deutsch. Das geht gut, das machen wir ja oft!« (Frau U., Abs. 20–21)

Die Therapeutin arbeitet in einer Beratungsstelle, die auf die Arbeit mit traumatisierten Flüchtlingen ausgerichtet ist, sodass das Dolmetschen im Beratungs- und Therapiegespräch bei Sprachproblemen als selbstverständliche Lösungsmöglichkeit betrachtet wird. Die meisten anderen TherapeutInnen erwägen das Hinzuziehen von Dolmetschern kaum bzw. bewerten es als schwierig, obwohl sie kaum Erfahrung damit haben. Dolmetschen von Therapiegesprächen durch Sprachvermittler wird auch in der Literatur sehr ambivalent diskutiert. Zum einen erfordert es hohen organisatorischen und personellen Aufwand und ist v. a. für Therapeuten ungewohnt. Allerdings ist plausibel, dass es auf die gesamte Therapie bzw. den Diagnose- und Behandlungsaufwand bezogen effizienter ist, einen professionellen Dolmetscher einzusetzen (Salman 2001). Scheinbar erschwert wird es dadurch, dass die klassische Therapiedyade um eine dritte Person erweitert wird, die im ungünstigen Fall von der Therapeutin als mit Muttersprachenkenntnissen ausgestattete Konkurrenz bzw. Kontrollinstanz wahrgenommen werden kann (Koray 1991).

Eine erfolgreiche Nutzung von Sprachvermittlung erfordert zusätzlich fachliche Reflexion bzw. Kompetenzen. In jedem Fall wird eine professionelle Sprachvermittlung unkritisch praktizierten Formen des improvisierten Dolmetschens durch begleitende Angehörige, wenig ausgebildetes Hilfspersonal etc. vorgezogen. Abdallah-Steinkopff (1999) entwirft Richtlinien für die Sitzanordnung, Transparenz und den Sprachgebrauch in Therapiegesprächen und hebt als zusätzliche Möglichkeit die Kulturvermittlung durch DolmetscherInnen hervor. Beispielsweise können sprachliche Eigenheiten des Patienten, die in der Regel im Subtext eines Gesprächs zur Verfügung stehen, im Nachgespräch erörtert werden, um den Klienten sozial, bildungs- bzw. schichtspezifisch, politisch etc. zu verorten und so schneller ein vollständigeres Verständnis für ihn zu entwickeln.

Der Umgang mit Sprachbarrieren

Da eine professionelle Sprachvermittlung nach wie vor selten zur Verfügung steht bzw. von Fachleuten kaum genutzt wird, sind die TherapeutIn und KlientIn häufig auf sich allein gestellt, um individuelle Verständigungswege zu finden. Die von beiden Seiten am häufigsten berichtete Strategie besteht aus Nachfragen:
P: »Kein Problem, also, sie hat gegenüber so wie ich das gemacht hab', immer noch mal gefragt, ob ich das so oder so meine, wenn da mal was gefehlt hat. [...] gegenseitig haben wir so nachgefragt, so manche Wörter, wo ich mir nicht sicher war, jetzt, wie das gemeint ist, hab' immer versucht hinter-

her, was der Thema halt war zu verstehen, so oder so gemeint, aber wenn ich mir auch nicht sicher war, hab' ich auch abgebrochen [eigentlich: unterbrochen; Anmerkung B. K.] und gefragt, damit ich auch richtig mitgehen kann, ist mir wichtig« (Frau M., Abs. 37–41).

Die Patientin berichtet zunächst, dass die Therapeutin nachgefragt habe, wenn sie sie nicht ausreichend verstanden habe. Sie fährt fort, dass sie selbst auch nachgefragt hat, wenn sie bestimmte Wörter nicht verstanden hat. Allerdings wird auch deutlich, dass sie Nachfragen zunächst zurückhält und Bedeutungen zu erschließen versucht. Erst wenn sie größere Zusammenhänge (»Thema«) nicht mehr versteht, stellt sie Fragen an die Therapeutin. Nachfragen werden als Unterbrechungen bewertet, sodass sie vermieden und nicht als Bestandteil des Therapiegesprächs erlebt werden. Die Therapeutin hat den Eindruck, dass Missverständnisse z. T. verdeckt bleiben bzw. nicht endgültig ausgeräumt werden können:

T: »Wir haben's gleich korrigiert, also das stand zwei, drei Sätze später dann schon im Raum und ich hab's dann noch mal anders gesagt, bin mir aber immer noch nicht ganz sicher gewesen, ob sie's verstanden hat. Also, ich glaub', zu dem Zeitpunkt hab' ich's dann gelassen, aber wenn Sie mich jetzt fragen, hab' ich so den vagen Verdacht, es gibt auch irgendwo Stellen, wo wir vielleicht ein bisschen aneinander vorbeireden« (Frau N., Abs. 42).

Die Therapeutin ist bemüht, Missverständnisse sofort aufzuklären und erklärt bei Bedarf wiederholt, worauf sie hinaus möchte. Jedoch spürt sie wenig unmittelbare Rückmeldung, ob die Patientin sie tatsächlich verstanden hat, sodass eine gewisse Unsicherheit bestehen bleibt. In ähnlicher Weise beschreiben andere TherapeutInnen das Verhalten ihrer KlientInnen, die zwar betonen, dass sie so häufig wie notwendig nachfragen, bisweilen jedoch mehr um Anpassung bemüht sind. Eine Patientin, die eine muttersprachliche Therapie macht, beschreibt das Dilemma zwischen dem Verstehen- und dem Sich-anpassen-Wollen in einer fiktiven deutschsprachigen Therapiesituation folgendermaßen:

P: »Ich hätte ihr auf Deutsch nur mit ›Ja‹ und ›Nein‹ geantwortet, ob ich's verstanden hätte oder nicht, es hätte mich bedrückt, nur damit es vorbei ist und ich gehen kann, offen gestanden. Aber mit einer Türkin Türkisch zu reden ist natürlich ganz was anderes, aber auf Deutsch, sagen wir mal, wenn ich fünf Dinge verstanden hätte, hätte ich zehn nicht verstanden oder ich hätte es ihr nicht erklären können, ich hätte ihr mich nicht erklären können, das war für mich natürlich sehr wichtig« (Frau A., Abs. 19; Türkisch im Original).

Da Nachfragen immer ein Zugeben von Verständnisproblemen beinhaltet und zum anderen eine Unterbrechung der aktuellen Kommunikation und des Gegenübers, in diesem Fall einer Autorität, bedeutet, verhalten sich PatientInnen eher zurückhaltender als sie zunächst zugeben wollen. Hinzu kommt, dass sich PatientInnen sprachlich häufig in der Bringschuld sehen; so sind ihnen Sprachprobleme häufig sehr unangenehm, sodass sie in der Situation ausharren, bis sie vorüber ist. Umgekehrt haben TherapeutInnen weniger Probleme, nachzufragen, wobei ihnen auch qua Funktion/Status die fragende Rolle zusteht. In einzelnen Fällen gelingt es TherapeutInnen, sprachliche Defizitgefühle von KlientInnen zu verringern, indem sie die Muttersprache der KlientIn nutzen, auch wenn sie sie selbst nicht sprechen:

T: »Heute hab' ich dann auch mal ein Sprichwort gebracht und sie gefragt, ob es das auch gibt auf Türkisch. Und dann meinte sie so: ›Ja‹, kennt sie. Also, ich hab' so versucht, so ein bisschen, also, dass nicht immer sie so quasi immer, ja, ich glaube, das habe ich versucht, dass sie nicht immer das Gefühl hat, dass sie, dass das ein Makel bei ihr ist, dass sie sich auf Deutsch nicht ausdrücken kann, sondern dass ich schon immer wieder vermittelt hab', dass ich das völlig normal finde, dass man sich in seiner Muttersprache einfach anders ausdrücken kann als in 'ner angelernten Sprache, und dass ich das gut verstehen kann, dass für sie manche Sachen halt, dass sie die schwer formulieren kann, dass mir das nicht anders gehen würde, so in die Art« (Frau P., Abs. 27).

Durch die Aufforderung, in der Muttersprache nach ähnlichen Sprichwörtern oder Redewendungen zu suchen, wählt die Therapeutin ein ressourcenorientiertes Vorgehen, das dem Defizitempfinden der Patientin entgegensteht: So können sie und die Patientin nicht nur überprüfen, ob beide dasselbe meinen, sondern die Muttersprache wird aktiv in den Therapieprozess einbezogen, statt ausgeschlossen zu werden, wie es in der monolingualen Therapie häufig geschieht. Zum einen werden die Muttersprache selbst und weitere Aspekte, die für die Klientin subjektiv damit verbunden sind wie Herkunftskultur und Identität aufgewertet. Zum anderen können mit der Muttersprache assoziierte Primärbeziehungen, Gefühle und Kognitionen aktiviert und die emotionale Bearbeitung vertieft werden. Die Therapeutin gewinnt Einblick in die Bedeutungsstrukturen der Patientin und kann eigene Konzepte ausdifferenzieren bzw. besser den Voraussetzungen der Patientin anpassen. Eine ähnliche Vorgehensweise wählt Weiss (1998), wenn sie spanischsprachigen PatientInnen anbietet, in ihrer Muttersprache zu sprechen, auch wenn sie selbst nicht fließend Spanisch spricht. Ihre Absicht ist es, die Wiederholung von Defiziterleben bzw. emotionaler Belastung wie Scham, Ärger, die möglicherweise mit dem Fremdspracherwerb verbundenen waren, zu reduzieren. Sie beobachtet, dass sprachliches Entgegenkommen der Therapeutin zum einen Entlastung verschafft, Selbstöffnung und Identifikationsprozesse fördert, z. T. jedoch auch ambivalent aufgenommen wird, wenn sich KlientInnen den eingeschränkten Möglichkeiten der TherapeutIn in Wortwahl und Tempo automatisch anpassen.

Es besteht nicht immer die Möglichkeit, die Muttersprache des Patienten unmittelbar in den Therapieprozess einzubeziehen, jedoch nutzen Therapeuten z. T. die Möglichkeit, sich auf Sprichwörter, allgemeingültige Beispiele bzw. Erfahrungen beziehen, was von PatientInnen ebenfalls sehr förderlich erlebt wird:

P: »Und eines der nützlichen Dinge ist, wenn ich die Details nicht auf Deutsch erzählen kann, dass er es mir mit einem Beispiel erklärt und ich gebe auch ein Beispiel, indem ich sage; ›So ähnlich wie das etwa‹, wenn er es nicht versteht. So haben wir es geschafft, eine Verständigung aufzubauen. [...] Es reicht sicher nicht 100-prozentig aus, aber letztendlich versteht er mich durch die Beispiele, die können aus einem Film oder dem Leben sein, also Situationen, die jeder kennen muss« (Herr Ö., Abs. 34–36, Türkisch im Original).

Um eine konkrete Problemsituation darzustellen bzw. mögliche Lösungsstrategien zu erörtern, nutzen Klient und Therapeut möglichst »universelle« Beispielerfahrungen. Vergleiche werden im Kontext eines Narrativs angestellt, das beiden bekannt ist, was durch konkrete Nachfragen erschlossen wird. Die Struktur einer bekannten Narration wird stellvertretend genutzt, um ohne viel eigene Worte einen Rahmen für den Ausdruck von Gefühlen und Gedanken zu erzeugen, sodass das Defizit der gemeinsamen Sprache zeitweise aufgehoben wird. Als Beispiel erzählt der Klient eine Geschichte, die ihm der Therapeut als Lösungshilfe anbot:

P: »Herr [...] [Name des Therapeuten; Anmerkung B. K.] erzählte es als Geschichte, von der man nicht genau weiß, ob sie sich so zugetragen hat, also: Ein indischer König hatte einen Elefanten, den er sehr liebte und er wollte unbedingt, dass dieser Elefant redet. Deshalb schickte er Nachricht an die Wissenschaftler in Indien, damit alle kommen und sich versammeln. Die

Wissenschaftler versammelten sich und der König sagte: ›Seht, das ist ein Elefant, den ich sehr liebe. Ich möchte, dass er spricht wie ein Mensch. Wer ihn zum Reden bringt, dem gebe ich zehn Jahre Zeit. Wenn er es schafft, ihn zum reden zu bringen, bekommt er von mir so viel Gold, wie der Elefant wiegt. Aber wenn er nicht spricht, dann köpfe ich ihn oder lasse ihn umbringen. Zehn Jahre lang komme ich für seinen Unterhalt auf, alles ist ihm freigestellt.‹ Dann sagte einer, alle senkten ihr Haupt natürlich zu Boden, denn sie wissen, dass ein Elefant nicht reden kann, aber einer hob den Kopf und sagte: ›Okay, ich nehme an. Ich werde diesen Elefant in zehn Jahren zum Reden bringen.‹ – ›Denk aber gut nach‹, sagte der andere, ›sonst verlierst du deinen Kopf.‹ ›Macht nichts, ich glaube daran, dass ich es schaffen werde.‹ So wurde eine Vereinbarung getroffen. Und seine Freunde fragten später: ›Bist du wahnsinnig geworden, kann denn ein Elefant jemals reden, oder ein anderes Tier? Das ist unmöglich, das gibt es in der Wissenschaft nicht!‹ – ›Macht nichts‹, sagte der Mann, ›ich habe eine Garantie für die nächsten zehn Jahre meines Lebens. Wer weiß, was in zehn Jahren geschieht, zehn Jahre hab' ich eine Garantie für mein Leben. In zehn Jahren stirbt vielleicht der Elefant, vielleicht stirbt der König, vielleicht sterbe ich auch selbst‹, sagt er, ›aber zehn Jahre hab' ich Sicherheit.‹ [...] Die Wirkung, die das bei mir hinterließ: Ich habe, ich bin zum Beispiel bis Anfang 2007 berentet, falls sie danach meine Rente nicht verlängern oder aufheben, wollte Herr [...] [Name des Therapeuten; Anmerkung B. K.] sagen, bis 2007 hast du eine Sicherheit. Du brauchst nicht jetzt schon darüber nachdenken, was nach 2007 geschieht. [...] Durch diese Logik denke ich jetzt nicht mehr darüber nach, was nach 2007 passiert« (Herr Ö., Abs. 20–22; Türkisch im Original).

Laut Bericht des Klienten brachte der Therapeut diese Geschichte in einer Situation ein, in der der Klient von Geldsorgen und Zukunftsängsten geplagt war, weil er trotz mehrerer Erkrankungen, die ihn auf Dauer arbeitsunfähig machen, lediglich eine befristete Zeitrente bekommen hatte. Die Botschaft, die der Patient für sich herausziehen konnte, entlastete und beruhigte ihn. Die Geschichte zeigte ihm, dass der Therapeut seine existenzielle Angst versteht und versucht, ihn zu trösten. Außerdem gelang es beiden kurzzeitig, die Sprachbarrieren durch eine anschauliche Geschichte zu lockern, was Zuversicht und Vertrauen in die Beziehung förderte.

Im Kontext einer Geschichte, wie sie in der Positiven Psychotherapie (Peseschkian 1997) benutzt werden, kann Wissen dichter und unmittelbarer transportiert werden. Die inhaltliche Ebene kann zugunsten der emotionalen Ebene zurückgestellt werden, da es weniger darum geht, alle Einzelbedeutungen zu erfassen als die zentrale Botschaft, die dem Text unterstellt wird. Zudem generiert der Therapeut einen gemeinsamen fiktiven Kontext, der von seiner eigenen Lebenswelt ähnlich weit entfernt ist wie von der des Patienten, womit wieder eine Gemeinsamkeit entsteht. In einer fiktiven Lebenswelt sind alternative Denkmodelle und Problemlösungen leichter denkbar, die in der aktuellen Problemrepräsentation des Klienten nicht möglich sind. Durch bestimmte Schlüsselbegriffe bzw. -situationen wird Kontextwissen aktiviert, auch wenn es nicht verbal expliziert wird (unrealistische Wünsche, Wissenschaft, Zukunftsangst bzw. -sicherung etc.). Gleichzeitig kann im Rahmen einer Erzählung ein gewisser Interpretations- und Umsetzungsfreiraum bewahrt werden, in den der Patient subjektiv bedeutsame Aspekte übertragen kann. Dass diese Geschichte den Patienten besonders angeregt hat, sich mit seinen Ängsten auseinanderzusetzen, wird durch die fortdauernde Beschäftigung deutlich: Er berichtet, dass er die Geschichte wiederholt Bekannten und Freunden erzählt und erörtert hat. Auch im Interview erzählt er sie mit Sorgfalt und Genuss und empfiehlt mir, die Geschichte in meinen eigenen Therapien zu nutzen.

BILINGUALITÄT – DAS SPIEL MIT DER DOPPELTEN SPRACHE

Wie bereits erwähnt, antworteten PatientInnen trotz vorhandener Deutschkenntnisse häufig zusätzlich auf Türkisch, v. a. wenn das Gespräch vertieft wurde oder sie müde wurden. TherapeutInnen, die selbst Deutsch als Zweitsprache haben, äußern meist am deutlichsten Verständnis für die Bevorzugung der Muttersprache:

T: »Ich denke, dass, natürlich schon, es kriegt, es kriegt ja eine andere Bedeutung, wenn sie halt in ihre Muttersprache sprechen kann, hm?« (Frau T., Abs. 43)

Mit der Nutzung der Muttersprache ist meist die Erwartung verbunden, nicht nur schneller, sondern auch vollständiger verstanden zu werden, eigene Gefühle und kulturelle Werte unmittelbarer mitteilen zu können, was emotionale Sicherheit und Wohlbefinden verschafft:

P: »Das tut wirklich gut, kann man so muttersprachlich erklären, kann man Gefühl noch besser ausdrücken, also fühlt man sich, also fühlt man sich viel besser, ich kann es empfehlen« (Herr I., Abs. 67).

PatientInnen betonen häufig Aspekte wie Ungezwungenheit, freien Sprachfluss und z. T. die Wiederbelebung von Heimatgefühlen, die durch die Nutzung der Muttersprache ermöglicht werden. Andererseits erwähnen KlientInnen, die in Deutschland geboren oder aufgewachsen sind, auch Bedenken, ob ihre Kenntnisse für eine Therapie auf Türkisch überhaupt ausreichen:

P: »[…] also, ich kann mich besser, also, wenn sie, meine Therapeutin, jetzt Türkin wäre, könnte ich mich nicht so gut unterhalten, obwohl ich schon gut Türkisch sprech', aber ich weiß nicht, manchmal fehlen mir doch die Wörter« (Frau V., Abs. 21).

P: »Halb Türkisch, halb Deutsch, also das ist auch ganz gut, find ich, weil sie [die Therapeutin; Anmerkung B. K.] auch die deutsche Sprache gut beherrscht und ich kann halt mit ihr so sprechen, also gemütlich sprechen, sag' ich mal, also, wenn mir jetzt paar Sachen auf Türkisch jetzt nicht einfallen, dann red' ich halt auf Deutsch. Und wenn mir auf Deutsch ein paar Sachen nicht einfallen [lacht], dann auf Türkisch. Und sie ist genauso, ihr fällt's auch leichter. Das find ich halt auch gut« (Frau G., Abs. 21).

Während es die erste Klientin bevorzugt, sich in der Therapie auf Deutsch zu verständigen, beschreibt die zweite Klientin die Nutzung beider Sprachen zu möglichst gleichen Teilen als ideale Kommunikationssituation. Da sie die Gewissheit hat, dass die Therapeutin in beiden Sprachen folgen kann, kann sie sich nach Bedarf unkontrolliert mitteilen, was sich in einer als besonders gelöst und getragen empfundenen Beziehungsatmosphäre niederschlägt. Außerdem findet die Klientin in der doppelten Sprachnutzung eine zusätzliche Identifikationsmöglichkeit mit der Therapeutin, die diese bestätigt:

T: »Ja, weil sie mit mir eben diese Sprünge unproblematisch machen kann und, also, da fühlt sie sich nicht so fremd oder also, das ist für sie irgendwie ganz normal, beide Sprachen zu benutzen und dadurch, denk' ich, wird die Nähe etwas größer, hab' ich das Gefühl zumindest. Es erleichtert, es, es erleichtert die Beziehung zwischen uns« (Frau H., Abs. 33).

Hier wird emotionale Nähe nicht nur durch das Angebot der türkischen Muttersprache bzw. den angeschlossenen kulturellen Kontext hergestellt; sie entsteht dadurch, dass die Klientin jederzeit auf beide, die deutsche und türkische Sprache, zurückgreifen und zwischen ihnen springen kann:

T: »Also, es hängt davon ab immer. Meistens fängt sie eine Sitzung auf Deutsch an und geht bei bestimmten Sachen auf Türkisch über. Also, wenn sie zum Beispiel von der familiären Situation berichtet oder von der Beziehung zum Mann berichtet oder so, dann geht sie plötzlich auf Türkisch über und ich mach das auch, ich springe auch mit ihr von Türkisch, von Deutsch auf Türkisch oder umgekehrt. [...] also ich denke, das ist sehr situationsbedingt diese Sprachsprünge. Und manchmal, muss ich ehrlich sagen, merke ich das nicht einmal, weil ich dazu auch neige, von einer Sprache zur anderen zu springen, also ich merk's nicht immer, wenn wir springen, ich merke nur, ach, jetzt reden wir plötzlich Türkisch oder so, aber ich weiß nicht, wann der Sprung dann passiert ist genau« (Frau H., Abs. 29).

Der Sprung von einer Sprache in die andere geschieht unbewusst und spontan bei der Patientin und fällt auch der Therapeutin kaum auf, da sie in ganz ähnlicher Weise ihre Bilingualität zu nutzen scheint. In Bereichen wie Familienbeziehungen rückt die türkische Sprache wahrscheinlicher in den Vordergrund als beim Bericht von anderen Alltagssituationen, die meist am Beginn der Therapiesitzung anklingen. PatientInnen nutzten also beide Sprachen, wo diese Möglichkeit gegeben ist, jedoch weniger aus reiner Bequemlichkeit oder um Defiziten entgegenzuwirken, sondern weil möglicherweise bestimmte Erfahrungen automatisch in bestimmten Sprachen erinnert werden. Auch bei einer Klientin, die beide Sprachen sehr sicher beherrscht, beobachtet die Therapeutin die temporären Sprachwechsel, ohne dass sie eine Regelhaftigkeit ableiten kann:

T: »Absolut zweisprachig, also volle deutsche Sätze 'ne Weile und dann kommt irgendwann 'ne Bemerkung in der anderen Sprache und dann geht's wieder weiter in Türkisch oder Deutsch, also, ich kann sagen, gleichwertig beides, und nicht gemischt, sondern wirklich so vier, fünf, sechs türkische Sätze und dann schlägt's um und dann wieder 'ne Weile Deutsch, dann Türkisch« (Frau C., Abs. 33).

Auch wenn das Sprechen zweier gleichwertig entwickelter Sprachen in der Therapie keine Voraussetzung ist, wird es von bilingual sozialisierten KlientInnen als individuellen Bedürfnissen besonders entgegenkommend erlebt. Meist ist es assoziiert damit, kulturelle Konzepte, aber auch die Vielschichtigkeit der eigenen Person, verstanden zu wissen, ohne von einem Sprachcode in den anderen übersetzen zu müssen. Es fällt auf, dass Sprachwünsche v. a. von KlientInnen bei bilingualen TherapeutInnen hervorgebracht werden, während bei deutschsprachigen TherapeutInnen nur solche Patienten, die sehr große Verständigungsprobleme haben, dies überhaupt thematisieren. Das kann zum einen damit zu tun haben, dass sich PatientInnen ihre TherapeutInnen gemäß ihren Spracherwartungen aussuchen oder damit, dass sie sich so gut wie möglich mit den Gegebenheiten arrangieren und im Nachhinein aus Loyalität oder Scham nicht auf Schwierigkeiten, die v. a. zu Beginn aufgetreten sind, eingehen möchten.

9.3.2 Nonverbal und indirekt: »Türken schweigen beredt«

Nonverbales Verhalten in Form von Mimik, Gestik und Körpersprache findet häufig begleitend bzw. unterstützend zur verbalen Sprache statt. Darüber hinaus kann es als wichtiger Indikator für sprachlich nicht artikulierte Inhalte aufgefasst werden, die indirekt zum Ausdruck kommen. Anhaltspunkte, dass KlientInnen sich in Teilen lieber indirekt ausdrücken, ergaben sich zuvor z. B. aus unkonkret ausgedrückten Erwartungshaltungen.

Nonverbales Verhalten bzw. indirekte Kommunikation der KlientInnen kann von TherapeutInnen v. a. zu Beginn der Interaktion schwer interpretiert werden, wenn die Eigenschaften des Klienten und die Bandbreite kulturell modulierender Verhaltensweisen unbekannt sind. Edward Hall (1973) nahm an, dass in westlichen Kulturen sehr viel mehr direkte Kommunikation notwendig ist, da gemeinsame kulturelle Vorannahmen gering und Freiheitsgrade hoch sind (low context culture). Sind die Freiheitsgrade gering und die Vorgaben des kulturellen Kontexts durch ein festgelegtes Rollenverhalten und moralische Codes hoch (high context culture), reicht indirekter Ausdruck aus und wird sogar bevorzugt, da er als sozial verträglicher gilt. Zwar ist diese Einteilung grob, dennoch bietet sie Orientierungsmöglichkeiten für das Verständnis der Nutzung verschiedener Kommunikationsebenen. Demnach ist indirekte Kommunikation häufiger mit nonverbalem Verhalten assoziiert, jedoch auch auf verbaler Ebene möglich.

In sogenannten westlichen Kulturen wird die direkte verbale Kommunikation wie das unmittelbare Ansprechen von relevanten Inhalten als überlegen betrachtet, da der Sprecher dem Zuhörer wenig Interpretationsspielraum lässt (Hall 1973). Dabei werden mögliche soziale Konsequenzen für das Gegenüber wie Scham oder Gesichtsverlust weniger berücksichtigt. Indirekte verbale Äußerungen reduzieren zwar das Risiko, das Gegenüber zu konfrontieren oder zu kränken, setzen jedoch voraus, dass Kommunikationspartner ihr gegenseitiges Verhalten im Rahmen kulturell festgelegter Codes sensibel verstehen

Kommunikation	verbal	nonverbal
direkt	Unmittelbares Ansprechen, Ich-Du-Botschaften	Gerichtete, leicht verständliche Gestik, Mimik, Körperbewegung
indirekt	Vergleiche, Metaphern, »durch die Blume« sprechen	Blick abwenden, schweigen, lächeln

Tabelle 9.2: Merkmale direkter bzw. indirekter Kommunikation

können, was bei verschiedenen kulturellen Hintergründen erschwert ist. Bei kultureller Distanz kann das Kommunikationsverhalten wie Schweigen, Blick abwenden etc. für TherapeutInnen insbesondere dann unverständlich sein, wenn es unspezifisch und ungerichtet stattfindet:

T: »Bis ich mir irgendwann etwas drunter vorstellen konnte, zum Beispiel, weshalb Leute nichts sagen oder sehr zurückhaltend sind, bis ich das irgendwie begriffen hab', oder, ich weiß nicht, ob ich's heute schon wirklich begriffen habe, aber bis ich so eher mich da einfühlen konnte, das hat einfach 'ne Weile gedauert. Hat mit Sprache auch zu tun« (Herr R., Abs. 35).

Aus dem Interview geht hervor, dass dem Therapeuten zu Beginn der Therapiebeziehung wichtige Hintergrundinformationen fehlen, um das schweigsame Verhalten seines Patienten einzuordnen. Er verspürt Verunsicherung und benötigt Zeit, um diese zu überwinden und ein Gefühl für den Patienten zu entwickeln, das ihm eine gewisse Identifikation erlaubt. Zwar nimmt er an, dass reale Sprachprobleme die Sprachlosigkeit des Patienten bedingt haben können, jedoch vermutet er, dass dieses Kommunikationsmuster v. a. kulturell bedingt ist:

T: »Also, ich habe den Eindruck, sie [PatientInnen türkischer Herkunft; Anmerkung B. K.] lassen auch den Therapeuten manchmal Sachen eher spüren, als dass sie uns Dinge sagen, aber es ist sehr deutlich, das Spürenlassen ist sehr deutlich. Mit gesenktem Blick dazusitzen, sehr schweigsam zu sein ist sehr beredt [lacht], also, funktioniert schon irgendwie, man muss sich nur ein bissel dran gewöhnen, das ist nicht übermäßig schwer, finde ich. Deutsche Patienten sagen da mehr 'zu. Gut, das mag jetzt bei den Türken, mit denen ich gearbeitet habe, daran liegen, dass sie nicht so toll Deutsch konnten. Ich hatte aber mehr den Eindruck, dass sie einen mehr Sachen spüren lassen, als dass sie's einem sagen« (Herr R., Abs. 45).

Zwar hat der Therapeut nur wenige Vergleichsmöglichkeiten, dennoch nimmt er das indirekte »Spürenlassen« statt Sprechen als Eigenart türkischer PatientInnen in Abgrenzung zu deutschen Patienten wahr. Dabei vernachlässigt er bekannte Sprachprobleme des Klienten ebenso wie weitere Informationen, beispielsweise über seine Störungen: Der Patient leidet bei der Einweisung an einer subjektiv sehr schambehafteten Sucht, die zu mehreren Suizidversuchen führte. Dass der Therapeut einer kulturspezifischen Interpretation den Vorzug gibt, scheint daran zu liegen, dass er ähnliches Verhalten bei anderen türkischen PatientInnen beobachtet hat. Allerdings berichtet er auch, dass auch in der Behandlung anderer Patienten mit Migrationshintergrund die gemeinsame Sprachbasis mangelhaft war. Inzwischen ist er geübt darin, Schweigen bzw. unbekannte Verhaltenscodes seines Klienten zu entschlüsseln:

T: »Ich versuch' das zu kapieren, zu spüren, zu kapieren und frag' da: ›Ist das so?‹, und dann: ›Ja‹, da sind sie dann auch ganz ehrlich damit, verstecken sie's nicht. Ich muss dann da erst verbal hinterherkommen, um mir meiner Sache auch sicher zu sein, so richtig sicher bin ich mir da nicht, was ich da spüre, deshalb muss ich fragen« (Herr R., Abs. 47).

Durch das Deuten schweigsamer bzw. zurückhaltender Verhaltensweisen des Klienten als indirektes Kommunikationsangebot und entsprechende Nachfragen, gelingt es dem Therapeuten, der eigenen Verunsicherung entgegenzuwirken und das Verhalten des Klienten in verbale Sprache zu »übersetzen«, die er für sich als verlässlicher empfindet. Dabei bleibt weiterhin unklar, ob der Therapeut durch dieses Verhalten nicht in erster Linie ein Sprachdefizit, nämlich sich selbst spontan äußern zu können, kompensiert. Durch diese zusätzliche Übersetzungsarbeit wird die kommunikative Distanz reduziert bzw. Verständnis und Empathie ermöglicht. Begleitend scheint es hilfreich, Beziehungsaufbau auf einer möglichst nonverbalen Ebene, z. B. mithilfe von Ritualen, zu vertiefen:

T: »Also mit ihm, denke ich, war es so wichtig, dass wir gewisse Rituale hier eingeführt haben. Dass ich, wenn er zur Stunde hier herkommt, damals hab' ich noch geraucht, dass ich ihm 'ne Zigarette angeboten habe, dass ich ihm sofort einen Kaffee hingestellt habe und dass wir nicht sofort in medias res gegangen sind, sondern vorher so ein ganz klein wenig Smalltalk gemacht haben. Ich denke, das war ein guter Einstieg« (Herr R., Abs. 37).

Der Klient beschreibt die gemeinsame Kommunikationssituation ähnlich, jedoch interpretiert er intensive Blicke des Therapeuten vor der Gesprächseröffnung als dessen persönliche Eigenschaft:

P: »Herr [...] [Name des Therapeuten; Anmerkung B. K.] hat eine Eigenschaft, dass er einen zum Beispiel am Anfang immer intensiv anschaut [...] und sehr genau spürt, wie es mir geht, noch bevor ich etwas sage. Dann fängt er an mit: ›Wollen wir gemeinsam einen Kaffee trinken?‹ Natürlich ist der Kaffee nur ein Vorwand, das weiß ich, aber einen Kaffee oder etwas anderes zu trinken in dieser Situation, oder sogar, obwohl rauchen im Krankenhaus verboten ist, zu sagen: ›Bei mir ist alles erlaubt, du kannst auch rauchen‹, und das Fenster aufzumachen, damals hat er ohnehin auch geraucht, später hat er aufgehört, auf diese Weise hat er mir eine angenehme Situation verschafft, damit es nicht bedrückend für mich ist« (Herr Ö., Abs. 12; Türkisch im Original).

Therapeut und Klient schreiben sich indirekte Verhaltensweisen also gegenseitig zu und meinen, sich dem jeweils anderen angepasst zu haben. Bemerkenswert ist, dass trotz der abweichenden Attribution erfolgreich eine Passung erzielt wird. In der Reflexion räumen Therapeut und Patient indirekten Verhaltens- bzw. Kommunikationsweisen, bei denen quasi ritueller Austausch stattfindet, einen herausragenden Stellenwert für ihre intensive Beziehung ein. Die Einführung von für die Therapie z. T. ungewöhnlichen Alltagsritualen durch den Therapeuten wie gemeinsames Kaffeetrinken und Rauchen lässt den Klient sich sorgsam behandelt fühlen, sodass Anspannung und Scham aufgrund von Sprachproblemen und unbekannter Therapiesituation sukzessive abnehmen. Naheliegend ist, dass sich der Klient durch das gemeinsame Überschreiten von Verboten zusätzlich mit dem Therapeuten verbunden fühlt. Er nimmt Signale des Therapeuten wahr, dass dieser ihm helfen möchte, sich wohlzufühlen. Neben indirekten Verhaltensweisen bekräftigt der Therapeut seine Hilfeabsicht auch direkt:

P: »Er sagt es sowieso selbst: ›Alles, was du möchtest, kannst du ruhig erzählen. Und was du nicht willst, kannst du ein andermal oder gar nicht erzählen. Aber wenn du es erzählst, dann können wir das Problem, das dich bedrückt, gemeinsam lösen.‹ Das ist die Taktik oder ich meine das Prinzip oder die Methode, zu sagen: ›Aber wenn Sie es mir sagen, dann können wir mit dem Zutun von uns beiden das Problem lösen.‹ In dieser Art: ›Aber Sie müssen es nicht erzählen. [...] Diese Situation können Sie auch später erzählen oder gar nicht erzählen, das hängt nun von ihrer freien Willensentscheidung ab‹ – natürlich kann der Patient, wenn er diese Freiheit spürt« (Herr Ö., Abs. 28; Türkisch im Original).

Der Patient fühlt sich besonders angesprochen durch das großzügige Hilfsangebot des Therapeuten, er gibt es größtenteils in wörtlicher Rede wieder. Es fällt auf, dass der Patient sich sehr viele Gedanken zur Arbeitsweise des Therapeuten gemacht hat und diese an vielen Stellen durchschaut, wozu er sich eigens Bücher angeschafft hat, wie er später schmunzelnd zugibt. Er bewertet die Therapie als sehr hilfreich, denn er fühlt sich auf mehreren Ebenen angesprochen: Um anfänglichen Kontakt zu Beginn einer Therapiesitzung herzustellen, nutzt der Therapeut Rituale, was ihm zusätzlich Zeit für die sensible Wahrnehmung der Situation und des Patientenbefindens verschafft. Außerdem normalisiert bzw. akzeptiert er dadurch das zurückhaltende Verhalten des Patienten, statt ihn durch Fragen, Schweigen etc. unter Druck zu setzen. Daneben macht er direkte Hilfsangebote, wobei er darauf achtet, den Patienten nicht weiter zu entmündigen: Durch wiederholte Angebote an den Patienten, sich so weit er möchte und zu einem selbstgewählten Zeitpunkt mitzuteilen, erhält der Patient seine durch die unfreiwillige Klinikeinweisung, Sprachlosigkeit und psychische Störung reduzierte Autonomie teilweise zurück. Zusätzlich gibt es Situationen, in denen der Therapeut konkrete Hilfen leistet:

P: »Ich weiß nicht, eigentlich fällt das ja nicht in seinen Bereich, er kümmert sich ja als Psychologe eigentlich nur um meine psychische Gesundheit, aber trotzdem, in Notsituationen hilft er mir, sei es in bürokratischen oder auch verbalen Angelegenheiten. Das ist in dem Moment natürlich eine ganz besondere Hilfestellung eines Psychologen seinem Patienten gegenüber, meiner Meinung nach natürlich. Und das beruhigt mich natürlich deshalb sehr […]« (Herr Ö., Abs. 30; Türkisch im Original).

Patient und Therapeut wissen, dass der Therapeut seine professionelle Rolle an vielen Stellen verlässt, beispielsweise indem er Smalltalk-Rituale einführt, Verbote übergeht oder aktive Hilfestellung bei bürokratischen Problemen leistet. Andererseits gelingt es so, den Kontakt zu einem besonders gefährdeten Patienten zu stabilisieren und nach mehreren wenig erfolgreichen stationären Behandlungsversuchen eine günstigere Arbeit aufzunehmen:

T: »Er hat mehrere Suizidversuche gemacht, nicht wahr, und das war lange Zeit das Strickmuster: Er machte einen Suizidversuch, kam in die Klinik und wir besprachen das einigermaßen und dann ging er nach Hause und dann, wir hielten zwar Kontakt, aber diese Suizidversuche passierten trotzdem, aber ich glaube, ich greife vor dem Verlaufsgespräch. Das war ein großes Thema, ist jetzt immer noch Thema, aber es ist jetzt im Lauf der Zeit soweit gekommen, dass der Patient sich oft meldet im Vorfeld, wenn er suizidal wird. Er hat sehr dramatische Suizidversuche gemacht, also einmal mit dem Messer versucht, sich zu erstechen, hat sich in den Bauch gestochen und ein Stück von der Leber dabei abgeschnitten, es war ziemlich dramatisch. In der Türkei hat er mal einen Suizidversuch gemacht, da hat er grad eben noch Glück gehabt, er hat sich mit Insulin überdosiert gespritzt, er ist dann grad eben noch davon gekommen, wollte sich mal von der Brücke stürzen hier [...]. Und dass er gelernt hat, damit besser umzugehen, dass er da nicht sofort agieren muss, das denke ich, ist ein ganz guter Therapieerfolg« (Herr R., Abs. 7).

Die Therapiebeziehung war durch das impulsive Suizidverhalten des Klienten von vorneherein mit extremen Anforderungen belastet. Vor diesem Hintergrund ist anzunehmen, dass die oben beschriebene mangelhafte Sprachbasis besonders hinderlich für eine günstige Therapiearbeit war. In der Erzählung des Therapeuten fällt auf, dass er Suizidversuche bewertet, als ob sie einfach weiter »passierten«, ohne dass sie beeinflussbar gewesen wären. Die Zusammenarbeit, die seit fünf Jahren andauert, wird vom Therapeuten auf ca. 60 stationäre und ambulante Einzelsitzungen beziffert. Das erscheint angesichts wiederholter schwerer Krisen gering. Der Therapeut erklärt die geringe Frequenz damit, dass im vergangenen Jahr ca. einmal im Monat Hausbesuche stattfanden. Es kann nicht abschließend geklärt werden, inwieweit Sprachprobleme eine vergleichsweise geringe Anzahl von Therapiesitzungen und damit möglicherweise auch die Aufrechterhaltung der Krise begünstigt haben. Festgestellt werden kann jedoch, dass es nach Auskunft von Therapeut und Klient sechs Monate bis ein Jahr dauerte, bis überhaupt ein nennenswerter Kontaktaufbau stattfinden konnte. Währenddessen war es nicht möglich, suizidale Krisen rechtzeitig festzustellen und ihnen entgegenzuwirken.

Ungenügend geklärt bleibt auch, ob der hohe Stellenwert der indirekten Kommunikation im vorliegenden Fall tatsächlich, wie vom Therapeuten angenommen, vornehmlich durch kulturelle Eigenarten oder vielmehr Sprachschwierigkeiten verursacht war. Im Interview, das ausschließlich in türkischer Sprache stattfindet, ist der Patient auf Anhieb sehr mitteilsam und um Sorgfalt bemüht. Außerdem stellt er wiederholt seine kommunikativen und sozialen

Fähigkeiten heraus, die er sich als Schuhverkäufer in der Türkei, durch Lesen psychologischer Bücher etc. angeeignet habe.

In anderen Therapiedyaden wird die Bedeutung indirekter Verhaltensweisen durch Patienten ebenfalls angesprochen. Während in dem oben besprochenen Beispiel v. a. die Schweigsamkeit des Klienten Probleme bereitete, charakterisiert eine Therapeutin die intensiv geäußerte Hilflosigkeit ihrer Klientin als indirektes Verhalten:

T: »[…] sie hat mich so, nicht, hat mich sehr vereinnahmt auch so, man konnte schlecht distanziert bleiben, die Klientin kam rein und legte gleich so all ihre Sachen auf den Tisch, so: ›Bitte schauen Sie meine Unterlagen an, weil ich trau' mich gar nicht mehr‹, und, und das ist halt auch sehr, eher bei Menschen aus einer anderen Kultur, dass man sehr mit einbezogen wird, als dass halt erst mal so, wo das Problem sehr indirekt dargestellt wird, und wo man auch als Therapeut oder als Berater auch sehr in das, ja, vermutet oder überlegt, was will die Patientin oder Klientin dir eigentlich sagen, um was geht es, das hab' ich bei dieser Klientin [erlebt; Ergänzung B. K.] und das kenn' ich auch öfters so von ausländischen Patienten, dass die einen so richtig mit in ihren alltäglichen Leben einbezogen, -beziehen und am liebsten sagen: ›Jetzt nehmen Sie mir, jetzt hab' ich schon den Schritt gemacht und jetzt nehmen Sie mich an der Hand!‹« (Frau T., Abs. 9)

Die Therapeutin fühlt sich durch die Problemdarstellung der Klientin gleich zu Beginn der ersten Sitzung irritiert und manipuliert. Sie wird durch das Verhalten der Klientin unmittelbar mit deren Problemen konfrontiert, statt, wie erwartet, verbale Erklärungen über ihr Anliegen zu erhalten. Zudem zwingen sie die offensichtliche Krise und fehlende Informationen beim Erstgespräch dazu, eigene Hypothesen zu bilden, um rasch reagieren zu können:

T: »Ich muss schon sagen, dass ich mich nicht so verstecke hinter meiner Berufsrolle, aber ich geh' schon, versuch' schon, bei mir innerlich noch so ein Raum zu finden, um abzuschätzen, was hat das für Konsequenzen für mich, wenn ich mitagiere. So, in diesem Fall mach' ich denn, mach' ich, zum Beispiel, ist es tatsächlich, will ich, wo die Klientin so wenig kann, will ich tatsächlich ihre Unterlagen lesen? Was hat das denn auch so, wo kann sie mich mit hineinziehen? […] aber in ein anderen Fall, hätt' ich vielleicht, würd' ich sofort, ›Gehen Sie mit zur Schule?‹ und würd' ich das schon auch so mal machen. In diesem Fall hab' ich die Unterlagen nicht gelesen, aber bin gleich mal so mit diesem Thema eingestiegen, was sie braucht, um ihre

Unterlagen selbst lesen zu können und wofür das alles steht [...]« (Frau T., Abs. 9).

Der dramatische Appell der Klientin (einschließlich konkreter Hilfserwartungen) erzeugt Handlungsdruck, Befürchtungen um therapeutische Neutralität sowie Ambivalenz bei der Therapeutin. Sie hat den Eindruck, dass die Klientin ihre Problemlast an sie übergeben möchte, wobei sie anerkennt, dass der Klientin zum gegenwärtigen Zeitpunkt benötigte Ressourcen fehlen. Einerseits distanziert sie sich, indem sie nicht auf die Bitten der Klientin eingeht, sondern die Bedeutung ihres Verhaltens bzw. eigene Reaktionen darauf reflektiert. Zum anderen gelingt es ihr, die Klientin nicht alternativlos abzuweisen: Indem sie danach fragt, was sie braucht, um selbst ihre Unterlagen lesen zu können, nimmt sie das präsentierte Problem und die Verzweiflung der Klientin ernst und sucht gemeinsam mit ihr nach einer Lösung. Gleichzeitig wird der Problemfokus von den ungelesenen Unterlagen zum potenziellen Bewältigungsverhalten der Klientin geschwenkt, ohne dies direkt einzufordern. Indirektes Verhalten spielt also auch bei den Lösungsansätzen beider Therapeutenbeispiele eine wichtige Rolle.

Einkreisende Problemdarstellung

Auch unter weniger psychischem Druck kann die indirekte Problemdarstellung von PatientInnen als schwierig empfunden werden. Häufig wird sie als zirkulär und ermüdend beschrieben:

T: »Wo ein Unterschied ist, ist dass er schon dieses Themeneinkreisen hat, er kommt nicht so auf den Punkt, das fällt auf. Ich hab' jetzt zwei Dolmetscher bei ihm gehabt und das sagen beide. Das finde ich manchmal ein bisschen anstrengend« (Frau U., Abs. 29).

Eine linear-problemfokussierte Problemdarstellung, die einem direkten Kommunikationsstil entspricht, wird zweckmäßiger erlebt als ein einkreisend-redundanter Stil. Zum einen erfordert ein einkreisender Stil mehr Zeit, andererseits weicht er von gewohnten Kommunikationsmustern ab und liefert Informationen, deren Relevanz z. T. schwer ersichtlich ist:

T: »Es waren also schon ein paar Schleifen. [...] Vielleicht manchmal, dass sie sehr detailliert über Dinge berichtet hat, sehr ausführlich mitteilen wollte, auch über Dinge, die nicht im direkten Zusammenhang standen, wo es nicht unbedingt hilfreich ist, dass wir stundenlang darüber sprechen, was die Nachbarin da und dazu gesagt hat, also, manchmal vielleicht so'n Hang auch zum Kaffeeklatschgespräch oder so was, also, wo's notwendig war, zu strukturieren oder auch zu stoppen« (Frau F., Abs. 25–27).

Aus der Perspektive der Therapeutin wird das Therapiegespräch durch überflüssig empfundene Inhalte seines professionellen Charakters zeitweise enthoben und zu einem ungerichteten Alltagsgespräch, das bei ihr Ungeduld und Steuerungswünsche hervorruft. Nimmt man hypothetisch die Sicht der betroffenen Klienten ein, bietet ein zirkulärer Stil die Möglichkeit, subjektiv relevante Kontextinformationen vorauszuschicken, was unterschiedliche Funktionen haben kann. Beispielsweise können angenommene biografische, kultur- oder situationsspezifische Wissenslücken beim Gegenüber geschlossen werden. Ein sukzessiv annährender Erzählstil kann auch eine als notwendig empfundene emotionale Annäherung bzw. eine tragfähige Vertrauensbasis begünstigen, die z. B. mit größerer Anteilnahme bzw. einem tieferen Verständnis beim Zuhörer verbunden wird. Außerdem bietet es der KlientIn selbst die Möglichkeit, sich einem problembehafteten, angst- oder schambesetzten Thema mit gebührender Vorsicht zu nähern und parallel die Reaktionen des Gegenübers wie Zuhörbereitschaft, emotionale Beteiligung, ggf. Ablehnung und Ächtung zu überprüfen. Wenn dieser Stil Therapeuten Probleme bereitet, können sie die Klientenerzählung als verzögernd auffassen, vermeintliche Präzision und Einengung des Themas einfordern. Umgekehrt können KlientInnen, die die zirkuläre Schilderung ihres Problems als notwendig erachten, Unterbrechungen, Kommentare oder regulierende Vorgaben der TherapeutInnen als Desinteresse, Druck oder unerwünschte Versachlichung empfinden.

Angesichts des Zeitdrucks, der abhängig vom Setting nachhaltig therapeutische Interaktionsmöglichkeiten beschränkt, ist die von TherapeutInnen angestrebte Straffung von Gesprächsverläufen gut nachvollziehbar und häufig im Sinne von Klienten zu bewerten. Zudem wird in psychotherapeutischen Ansätzen meist davon ausgegangen, dass KlientInnen bestimmte Gesprächsinhalte vermeiden, indem sie z. B. durch Nebensächlichkeiten von Kernthemen ablenken, da sie z. B. mit aversiven Gefühlen besetzt sind. Wenn jedoch Zeitdruck durch Rahmenbedingungen gemindert werden kann, bietet sich die Möglichkeit, KlientInnen in ihrem individuellen Tempo zu belassen, was z. T. zu überraschenden Entwicklungen führen kann:

T: »Und das konnte manchmal irgendwas sein, wo ich dachte, was redet sie jetzt und was soll das jetzt, und dann kam's am Ende auf irgendwas, wo das einen bedeutsameren Zusammenhang hatte, oder es kann auch mal, in meiner Sicht, gewesen sein eine Stunde, da wo ich mich so etwas, nicht erschlagen fühlte, aber etwas leer fühlte, weil so, weil sie eher etwas gerattert hat, ja, und es konnte ganz beglückend sein, also weil, ja am schönsten ist immer, wenn aus einem nicht vorbereiteten Zustand, jetzt, wo jemand mit dem und dem Problem kommt, um da die und die Lösung zu finden, sondern eher so offener von der Situation her und wo sich dann so was ergibt [...] und plötzlich kommt etwas, woran ich nicht gedacht hab' und sie nicht gedacht hat, diese Überraschungen, ich glaub', die waren besonders wichtig, um diesen Raum zu entwickeln« (Herr Z., Abs. 19).

Der Therapeut greift trotz seiner Ungeduld bzw. Ermüdung wenig in die Erzählung der Klientin ein, was eine Tiefe der Problembearbeitung ermöglicht, die zuvor nicht erwartet wurde, als die Klientin in scheinbaren Nebensächlichkeiten und Wiederholungen stecken blieb. Insgesamt betrachtet fällt auf, dass KlientInnen und TherapeutInnen beide indirekte bzw. nonverbale Kommunikationsformen in der Therapiesituation häufig mehr oder weniger bewusst nutzen. Teilweise stellen sich TherapeutInnen, die häufig mit KlientInnen aus unterschiedlichen Kulturen arbeiten, bewusst darauf ein, tabuisierte Themen wie Sexualität v. a. bei Gegengeschlechtlichkeit (Therapeutin/Klient) indirekt anzusprechen:

T: »Na ja, okay, gibt's schon, über das Thema mussten wir überhaupt nicht reden, aber zum Beispiel, wenn's um Sexualität ginge, da wär' ich schon vorsichtiger. Ich bin das ja schon generell, aber bei ihm wär' ich wahrscheinlich noch vorsichtiger, das heißt Umgang mit bestimmten Themen würde ich wahrscheinlich vorsichtiger angehen. Also, ich würd' vielleicht nicht so direkt fragen. Ich würde das schon irgendwann, wenn ich das für wichtig hielte, er hat ja niemand da. Ich hab' halt mal überlegt, ob das nicht auch 'ne Rolle spielt, dass er halt seit Jahren keine Sexualität hat. Und das jetzt aber irgendwie, das kommt jetzt erst, dass wir für so Themen Zeit haben, also, ich würde das schon irgendwann ansprechen, dass es halt, ein Mensch wie er gebaut ist und wie er halt von Gott erschaffen ist, dass er auch so Bedürfnisse hat, das könnt ich schon, aber ich würde das halt sehr umschreiben« (Frau U., Abs. 41).

Die Therapeutin beschreibt einen hypothetischen Dialog mit ihrem Klienten, in dem sie auf sexuelle Bedürfnisse verdeckt eingehen würde, ohne Sexualität direkt zu erwähnen. Stattdessen nimmt sie Bezug auf das Glaubenssystem ihres

Klienten, von dem sie weiß, dass er sehr religiös ist bzw. aus religiösen Gründen aus seiner Heimat vertrieben wurde. Dabei nutzt sie ihr Hintergrundwissen über den Koran, in dem Sexualität als legitimes menschliches Bedürfnis verheirateter Männer und Frauen bewertet wird. Sie kreist den eigentlichen Gegenstand vorsichtig ein, indem sie zunächst auf allgemeine menschliche Bedürfnisse eingeht, die gemäß der Weltsicht ihres Klienten von Gott gegeben sind. Das ermöglicht dem Patienten, das Thema aufzunehmen und weiterzuführen oder es zu wechseln, sobald er erschließt, worauf die Therapeutin hinaus möchte. Der Patient erhält also Spielraum durch die einkreisende Annäherung der Therapeutin. Auch in anderen Punkten zeigt die Therapeutin, wie sie auf einer indirekten Verhaltensebene mit ihrem Patienten kommuniziert. Sie berichtet beispielsweise, dass sie sich beim Kleidungsstil eher unbewusst den Wertvorstellungen ihres Klienten angepasst hat. Durch den Verzicht auf kurze Röcke und möglicherweise anstößig empfundene Kleidung signalisiert die Therapeutin ihrem Klienten Respekt und begünstigt, dass er sich ihr gegenüber unbefangen verhalten kann:

T: »Also kulturell ist mehr das Religiöse bei ihm, ich merk' sogar, dass ich überlege an dem Tag, ob ich so'n kurzen Rock anziehen würde. Sogar die Dolmetscherin hat mir gesagt, es ginge ihr auch so, dass man ihn da nicht brüskieren wollte, weil, das ist schon sehr unterschiedlich. [...] Also, ich würde nicht sagen, dass ich mich bei ihm anders verhalte bis auf die Kleidung, dass ich da halt denk', das muss ich nicht unbedingt, da muss ich nicht so provozieren« (Frau U., Abs. 31–33).

Es fällt auf, dass indirekte bzw. nonverbale Verhaltensweisen ihrer Klienten v. a. von TherapeutInnen ohne türkischen Hintergrund thematisiert werden. Während KlientInnen häufig in positiver Weise Bezug auf Rituale, Gesten oder Mimik ihrer TherapeutInnen nehmen, empfinden TherapeutInnen ungerichtetes Verhalten ihrer KlientInnen z. T. als schwer verständlich und frustrierend. Dies mag u. a. daran liegen, dass TherapeutInnen die Einhaltung von Strukturen und zielgerichteten Gesprächen in der Therapie als ihre Aufgabe wahrnehmen, die durch indirekte Kommunikationsanteile teilweise unterwandert wird.

Zum anderen ist es denkbar, dass KlientInnen indirekte Kommunikationsformen eher hilfreich als störend erleben, da sie mit diesen durch ihre türkische Herkunftskultur vertrauter sind. Als indirekte Kommunikationsstile werden z. T. sehr unterschiedliche Verhaltensweisen wie schweigsame Zurückgezogenheit und zirkulärer Erzählstil bewertet. TherapeutInnen, die explizit Bezug auf indirekte Kommunikationsstile nehmen bzw. diese als problematisch einschätzen, bewerten sie als kulturell verursacht. Indirekte bzw. nonverbale Kommunikation wird teilweise auch von TherapeutInnen verwendet, z. B. in Form von Ritualen zum Beziehungsaufbau oder zum Umgang mit tabuisierten Themen.

9.3.3 Symptomausdruck: »Somatisieren statt kommunizieren?«

In der psychotherapeutischen Arbeit mit türkeistämmigen MigrantInnen wird häufig erwähnt, dass diese psychische Beschwerden körpernah ausdrücken und dadurch psychologischen Behandlungsansätzen schwerer zugänglich seien als somatischen. Insbesondere der ganzheitliche Symptomausdruck und Klagen über diffuse, wechselnde Körperschmerzen werden als typische Problembereiche angeführt, die die Kommunikation erheblich erschweren. Ungewohnte Organchiffren (z. B. »mein Nabel ist gefallen«) bzw. Metaphern, die in einem exogenen Krankheitsverständnis gründen (z. B. »der böse Blick hat mich getroffen«), können Probleme bei der Diagnosestellung, Therapieindikation und Behandlung verursachen. Auf große Verunsicherung unter TherapeutInnen deuten empirische Befunde hin, wonach Diagnosen bei PatientInnen mit Migrationshintergrund häufiger als bei Deutschen uneindeutig sind (Schach 1989).

In der Literatur gibt es widersprüchliche Ergebnisse hinsichtlich der Frage, ob somatoforme bzw. psychosomatische Störungen bei MigrantInnen tatsächlich häufiger vorkommen (z. B. Assion 2005; Collatz 2001; David et al. 2004). Denkbar ist, dass zum einen die sprachliche Vielfalt an körpernahen Metaphern als Ausdruck für psychisches Leid (z. B. »meine Leber brennt«, »mein Herz läuft über« für Trauer) und zum anderen reale Kommunikationsschwierigkeiten, aber auch der soziale Bewältigungsstil (Zimmermann 1994) dazu beitragen, dass ein somatisierender Ausdruck verstärkt angetroffen wird.

In der vorliegenden Untersuchung wurden Aussagen der TherapeutInnen hinsichtlich der Fragestellung überprüft, ob Somatisierungstendenzen bei PatientInnen bemerkt und wie sie ggf. bewertet werden. Es fällt auf, dass keinem der untersuchten PatientInnen im Vorfeld eine somatoforme Störung zugeordnet worden war, obwohl sich aus den Settings (Schmerzklinik) und Beschwerdebildern teilweise Hinweise auf chronische körperliche Beschwerden ergaben. Nichtsdestotrotz wurde ein somatisierender Beschwerdeausdruck von der Hälfte der TherapeutInnen unabhängig von der eigenen interkulturellen Expertise als Besonderheit türkischer PatientInnen erwähnt.

Zunächst fällt auf, dass ein körpernaher Ausdruck v. a. Verblüffung und Unverständnis auslöst, wenn wenig Erfahrungen damit vorhanden sind. Eine niedergelassene Therapeutin beschreibt ihre Erfahrungen, die sie während ihrer Tätigkeit in einer Schmerzklinik mit türkischen PatientInnen machte, folgendermaßen:

T: »Also, ich hab' des wirklich auch [erlebt], klassisch wie's in der Literatur beschrieben is', wenn die Frauen sagen: ›Alles brennen, brennen, brennen, brennen‹, und dann fahren sie so über ihren Körper [fährt abwechselnd mit den Händen über die Arme; Ergänzung und Anmerkung B. K.] und dann brennt es dort und ja, also, wo man dann eigentlich so als jemand Anderssprachiger auch erst mal des kapieren muss. Also, des hab' ich auch erst über die Literatur und die Auseinandersetzung damit und über Vorträge eigentlich kapiert, dass des Brennen ja irgendwie Seelenbrennen is', so was« (Frau W., Abs. 61).

Verständnisprobleme bzw. Verwirrung treten v. a. auf, wenn das psychische Leiden von Betroffenen sehr konkret bzw. materialisiert in Form von Körperschmerzen dargestellt wird. Erst die Reflexion alternativer kulturell geformter Bedeutungen in Weiterbildungen ermöglicht es der Therapeutin, wörtliche Aussagen über körperliche Phänomene (Körperbrennen) zugunsten einer übertragenden Bedeutung (Seelenschmerz) umzudeuten. Eine muttersprachliche Therapeutin geht auf schichtunabhängige, kulturspezifische Vehemenz in den Symptomdarstellungen türkischer Patienten im Vergleich zu deutschen ein:

T: »Ich denke, dass deutsche Patienten, auch Unterschichtpatienten, gemessen so zu Türkinnen, so zurückhaltender in ihren Darstellungen sind. Dass türkische Patienten alles ganzheitlicher so darstellen, also, das ist so ein Unterschied für mich, dass ein Schmerz alles beherrscht zum Beispiel, die ganze Seele, den Körper und alles beeinflusst, also das alles viel globaler da dargestellt wird« (Frau H., Abs. 47).

Neben der Generalisierung von Beschwerden auf den ganzen Körper und der wiederholten Präsentation kann die Menge tatsächlicher Erkrankungen und Funktionseinschränkungen bei TherapeutInnen Verunsicherung und Hilflosigkeit auslösen:

T: »Also die Menge der körperlichen Leiden war schon für mich, denk' ich, auch belastend, also, das so in diesem Ausmaß mitzubekommen und damit so 'ne gewisse Hoffnungslosigkeit, das war eher so, es wirkte so endlos, nicht? Was sie hatte, dass sie trotz ärztlicher Bemühungen daran sich nichts änderte oder dass immer noch was Neues auftauchte« (Herr Z., Abs. 21).

Hintergrund ist, dass die Patientin aufgrund von Rückenbeschwerden langfristig arbeitsunfähig ist und frühberentet werden muss. Stationäre Aufenthalte und ambulante Behandlungen waren nicht erfolgreich, sodass sich Funktionseinbußen und Schmerzen hartnäckig hielten, was den Therapeuten in eine ähnlich hilflose Lage versetzte wie die Patientin. Eine Therapeutin auf einer Schmerzstation schildert, wie wiederholt geäußerter Leidensdruck Zweifel und Handlungsdruck bei ihr erzeugen, sodass sie stellvertretend für die Patientin Rat bei der behandelnden Ärztin sucht:

T: »[…] wenn die da vor mir sitzt und Angst hat, dass sie irgendetwas hat, was somatisches, hab' ich natürlich auch die Befürchtung, wir übersehen was, und renne dann zur Ärztin [lacht] und frage nach: ›Sind Sie sicher, das da nichts ist?‹« (Frau N., Abs. 27).

Sie beschreibt die Unruhe und den Handlungsdrang, die der Leidensdruck der Patientin förmlich bei ihr auslöst, sodass sie an ihrer Stelle zur Ärztin »rennt«. Denkbar ist, dass die häufige Wiederholung solcher Aktionen auch Druck und eine Polarisierung im Team erzeugen können, v. a. wenn einzelne Teammitglieder besonders gefordert sind:

T: »[…] wenn sie Schmerzen hatte, hat sie eben diese Schmerzen gehabt und dachte, das ist was Körperliches und da muss man immer wieder diesen Bereich erklären, das geht nicht von heute auf morgen, sondern sie war oft bei der Ärztin und wir wussten nicht, ob wir damit durchkommen bei ihr, mit dieser Erklärung, also es hat 'ne ganze Weile gedauert und war auf der Kippe und sie hat dann hier auch schon etwas für Aufruhr gesorgt, also war selber sehr aufgeregt. Das war zu der Zeit, wo wir noch nicht wussten, ob wir ihr das wirklich vermitteln können, da war's schwierig, weil sie so gedrängt hat. Und das machen Angstpatienten häufig, die können da nicht abwarten, da muss dann irgendwie was passieren, 'ne Spritze oder am besten 'ne Operation, ja! [lacht] Da dann nicht nachzugeben und nicht schon wieder zum 100. Male eine Untersuchung anzuberaumen, sondern das in Ruhe zu erklären, das kostet manchmal Nerven und das war schwierig, weil sie da Druck ausgeübt hat« (Frau N., Abs. 23).

Es sind Redundanz und wiederholte Erklärungen notwendig, um die Klientin zu beruhigen und von der Fixierung auf den eigenen Körper bzw. weiteren Untersuchungswünschen abzubringen. Die Therapeutin führt hier zwar nicht aus, was sie wiederholt erklärt, jedoch legt ihre Darstellung nahe, dass sie der

Klientin psychische Zusammenhänge mit ihren Schmerzen redundant erklärt, bis ihr psychosomatisches Modell dem somatischen Modell der Klientin überlegen ist. Aus der Sicht der Therapeutin gelingt die Behandlung der Patientin v. a. deshalb, weil die Therapeutin und das Team mit Geduld und Standhaftigkeit gegen die Ängste und Zweifel der Patientin halten und sich stets untereinander absprechen:

T: »Also, es ist nicht so, dass sie bei einem Arzt ist, der dann nichts weiß von ihrer psychologischen Thematik und umgekehrt. […] Das war, glaub', ich auch wichtig, dass wir in Kontakt miteinander sind und egal, wo sie hinging, hörte sie so etwa das Gleiche, ja, also, das war eine Beschallung von verschiedenen Therapeuten [lacht], die aber ähnlich ablief und ich glaube einfach, das hat dann einfach nach zwei, drei Wochen gewirkt« (Frau N., Abs. 27).

Ein kontinuierlicher Informationsaustausch zwischen BehandlerInnen und eine gemeinsame Strategie zur Vermittlung von Störungswissen führten aus Sicht der Therapeutin letztlich zum Erfolg. Im Vergleich dazu hebt die Patientin weniger redundante Erklärungen von Modellen als vielmehr die unmittelbare Entlastung und »Seelenstärkung« als hilfreich hervor:

P: »Ah, also ich hab' auch deswegen diese psychiatrische Richtung gewählt, weil ich denke, ich hab' zwar diese Schmerzen, die Ursache kenn' ich leider nicht, aber mit Nerven hat es sehr viel zu tun, irgendwann hat man die Schnauze so voll, dass man nicht mehr speichern kann, nicht mehr runterschlucken kann und da müsste ich auch 'n bisschen, ja, die Seele verstärken, hab' ich das Gefühl gehabt. Deswegen hat sich meine Erwartungen hier, hat sich völlig gefüllt, aber die Ursache der Schmerzen, weiß ich leider nicht« (Frau M., Abs. 53).

Da die Klientin selbst psychogenetische Ursachen für ihre Beschwerden annahm, suchte sie psychotherapeutische Hilfe und in der Folge eine Schmerzklinik auf. Die Auseinandersetzung mit dem psychosomatischen Ansatz bestärkte sie in der Vermutung, dass ihre Schmerzen etwas mit den »Nerven« zu tun haben können. Nichtsdestotrotz war die redundante Schilderung ihrer körperlichen Beschwerden für sie von großer Bedeutung, da nur so letzte Zweifel ausgeräumt werden konnten (siehe auch oben die Aussagen der Therapeutin). Außerdem erhielt sie auf diese Weise Zuwendung, was sie als wichtigstes Kriterium für ihre erfolgreiche Behandlung bewertet.

KLAGEN UND »JAMMERN«

Die redundante Klage über Beschwerden kann für Patienten eine sehr entlastende Funktion haben, während es von TherapeutInnen als frustrierend erlebt wird, wenn Probleme in gleichbleibender Weise berichtet werden:

T: »Es gab zwei türkische Patienten, die haben uns wahnsinnig genervt, also mit ihrem ewigen Gejammer, das war so furchtbar, also das hab' ich noch heute in den Ohren. Das ist so eine bestimmte Tonlage dann gewesen, die so richtig ins Ohr ging, ja [lacht], und die so permanent war und die so gar nichts Positives gesehen haben, das bezieht sich übrigens nicht nur auf türkische Patientinnen, nur wenn Sie sagen, ob das auch mal falsch gelaufen ist, dann erinnere ich mich an die zwei, aber das ist so das Wesentliche bei Schmerzpatienten, dass die einfach wahnsinnig viel jammern und das Positive nicht sehen können, keine Fortschritte. Na ja, das war bei den beiden auch so und hinzu kam bei den zwei Frauen, dass ich mich sehr bemüht habe, die Familie mit einzubeziehen, es ging auch um Hausarbeit und dass ihnen keine Belastung abgenommen wird und da hab' ich mich wirklich ins Zeug gelegt und die Familie eingeladen oder den Ehemann eingeladen und das hat trotzdem nichts genützt und, ich glaube, dass da auch so 'ne gewisse Aversion im Team entstanden ist, so das Gefühl, man buttert rein und macht mehr als wirklich üblich ist und es bleibt einfach dieses Jammerniveau, also, das hat uns genervt und deshalb ist es dann, also, ich glaube nicht, dass es schief gelaufen ist, weil es uns genervt hat, aber es gab kein Zusammenspiel, ja, die Patientin hat nicht irgendwann einmal gesagt: ›Okay, dann machen wir's anders‹, oder: ›Ich versteh jetzt 'was‹, sondern wir sind beide auf diesen Stufen weitergelaufen und sind nicht zusammengekommen« (Frau N., Abs. 31).

Die Therapeutin, die an einer Schmerztagesklinik arbeitet, berichtet über die Behandlung zweier Patientinnen mit türkischem Hintergrund, dass trotz intensiver Bemühungen des ganzen Teams keine positiven Veränderungen erzielt werden konnten, z. B. wurden naheliegende Lösungen wie Aufgabenteilung im Haushalt, um die Belastung zu reduzieren, von den Familien und von den Betroffenen entweder nicht realisiert oder brachten nicht den erwünschten Erfolg. Die Klagen der Patientinnen über Beschwerden blieben bestehen, wobei nicht ersichtlich wird, worüber die Patientinnen klagten – über ihre Schmerzen, ihre Überlastung im Haushalt, die mangelnde Unterstützung der Männer oder andere Dinge. Die Therapeutin geht in ihrem Bericht auch nicht darauf ein, ob die Klagen der beiden Patientinnen teilweise z. B. auf körperliche Ursachen wie Hausarbeit, Verschleißerscheinungen bzw. Krankheiten, Operationen etc. zurückführbar waren. Sie nimmt an, dass die Klienten im Haushalt überlastet sind und Entlastung durch die Familie hilfreich sei. Unklar bleibt, ob die betroffenen Patientinnen dieses Ursachenmodell teilen oder welche Funktion sie ihren Körperschmerzen bzw. den Klagen darüber zuschreiben. Zwar ist plausibel, dass Überlastung eine Ursache ist, möglicherweise sahen die Klientinnen ihre Überlastung jedoch in einem Bereich, den sie ihren Behandlern nicht mitteilen konnten. In jedem Fall sah das Behandlungsteam mehr Handlungsbedarf als bei anderen Patienten, gleichzeitig erfuhr es für diese – in Teilen selbstgewählte – Überlastung nicht die erwartete Gratifikation wie Besserung des Patientenbefindens bzw. Nachlassen des Klagens. Die Umschreibungen der Therapeutin (»ewiges Gejammer«, »wahnsinnig viel jammern«, »dieses Jammerniveau«, »wahnsinnig genervt«, »so furchtbar«, »bestimmte Tonlage«, »hab' ich immer noch in den Ohren«) zeigen ihrerseits eine intensive, ebenfalls redundante und ergebnislose Beschäftigung mit dem Klageverhalten der Patientinnen.

Bedeutsam ist, dass die Verantwortung für diesen Misserfolg allein den betroffenen Patientinnen bzw. ihren Familien zugewiesen wird; eine Beteiligung des Teams, Anliegen oder Ziele der Patientinnen nicht verstanden zu haben, wird abgelehnt, obwohl an anderer Stelle berichtet wird, dass im Team kaum Erfahrung in der Arbeit mit MigrantInnen vorhanden ist. Gleichzeitig wird bei der erfolgreich behandelten Patientin Frau M. der Erfolg beiden Seiten zugeschrieben (Ausdauer des Teams/Engagement der Patientin).

Die erfolglos behandelten PatientInnen sind in Alter und Migrationsstatus z. T. vergleichbar mit Frau M., jedoch zeigten sie nach Einschätzung der Therapeutin keine Veränderungsbereitschaft. Stattdessen hätten sie in ihrer Position verharrt, was offensichtlich auch das Behandlungsteam tat: Beispielsweise wird als einziges Ursachenmodell Überlastung im Haushalt bei beiden Patientinnen angeboten. Hinterfragt werden sollte dies u. a., da dieses Störungsmodell stark mit dem gängigen Stereotyp von der unterdrückten, kopftuchtragenden muslimischen Frau und den verwöhnten Pascha-Männern und -Söhnen korrespondiert, individuelle Differenzierungen jedoch fehlen:

T: »[...] da hatte ich den Eindruck, sie konnten nicht weg von dieser Rolle als Mutter, Hausfrau, Ehefrau, also einerseits haben sie's kritisiert, aber auf der anderen Seite konnten sie nicht unsere Hilfestellung nehmen, um da auszusteigen, ja, immer wenn wir gedacht haben, ja, das muss ihr doch zu vermitteln sein, gab's so'n Rückzug und daran sind wir gescheitert, also das war schwierig. Und ich glaube auch, dass da von unserer Seite auch wenig Verständnis da ist, also nicht, dass wir's nicht intellektuell verstehen können, nur eben das Gefühl, Mensch, wir erklären so viel und wir machen so viel und dass es nicht möglich ist, da anzusetzen [lacht]« (Frau N., Abs. 33).

Zwar räumt die Therapeutin ein, dass das Behandlerteam möglicherweise zu wenig emotionales Verständnis bzw. Akzeptanz für die Patientinnen aufgebracht hat. Gleichzeitig geht sie nicht auf einen tatsächlichen Zusammenhang zwischen möglichem Fehlverhalten des Teams und dem Therapiemisserfolg ein. Bei der Therapeutin und ihrem Team bleibt das Gefühl zurück, die notwendige Hilfestellung bzw. mehr als üblich geleistet zu haben, von der Patientenseite jedoch wiederholt abgelehnt worden zu sein. Über die Patientenseite erfahren wir, dass sie sich immer zu einem Zeitpunkt zurückzog, als die Therapeutin und das Team entscheidende Veränderungen erwarteten – was mit einem entsprechenden Erwartungsdruck an sich und die Patientinnen einhergegangen sein mag.

Die Therapeutin vermutet als Ursache des Rückzugs, dass sich die Patientinnen nicht aus ihren sozialen Rollen als Versorgerinnen der Familie lösen konnten. Da die Patientinnen sich häufig beklagten, nahm sie an, dass die Lösung aus diesen Rollen die erwünschte Entlastung erbringen würde. Im Sinne körperlicher Entlastung erscheint die Reduktion von Aufgaben im Haushalt auch plausibel und erstrebenswert. Jedoch deutet die Therapeutin selbst an, was daran problematisch ist, nämlich dass Patientinnen dies mit einem »Ausstieg« aus der sozialen Geschlechterrolle an sich gleichgesetzt haben mögen. Nachvollziehbarerweise kann eine lebenslang erlernte Geschlechterrolle auf Druck von außen nicht innerhalb weniger Wochen abgelegt werden, schon gar nicht, wenn keine Übereinstimmung über die Störungsursache bzw. erwarteten Gewinn besteht. Noch scheint diese Erwartung an die Patientinnen überhaupt plausibel, da für die Patientinnen mit ihrer weiblichen Geschlechterrolle weit mehr Ressourcen als die genannten Belastungen verbunden sein dürften, die die Therapeutin möglicherweise nicht exploriert hat.

Yilmaz (2001) geht auf die Bedeutung sozialer Rollen in kollektivistischen Kulturen ein. Verbunden mit dem Aufgeben von Rollen wie »Hausfrau-« oder »Muttersein«, wie von muslimischen Frauen oft pauschal gefordert wird, ist der Verlust von tradierten Lebenszielen, was Identitätskrisen bzw. Widerstand der Betroffenen wahrscheinlich macht. Der Weg aus einer psychischen Störung bzw. einer Krise kann für Betroffene kaum über einen weiteren Verlust von

Sicherheit bzw. weitere Krisen gelingen, sodass das Aufgeben von bekannten Aufgaben und Rollen, auch wenn diese real belastend sein mögen, abgelehnt werden muss.

Stattdessen schlägt Yılmaz (2001) vor, rollenkonforme Lösungen zu finden, indem die bestehende Wertehierarchie berücksichtigt wird. So können in der Krise sinnvolle therapeutische Ziele erreicht werden, ohne dass soziale Ordnungen weiter erschüttert und Ängste bzw. Widerstände der Betroffenen provoziert werden. Akzeptable bzw. realisierbare Lösungen können am effektivsten mit KlientInnen selbst ausgehandelt werden, die als ExpertInnen Auskunft über ihre eigene Kultur geben können (Abdallah-Steinkopff 2001). Erforderliche Entlastungen oder Veränderungen können z. B. ohne Rollen- und Identitätsverlust realisiert werden, wenn eine Familienautorität hinzugezogen und um Rat gefragt wird (Baran/Kalaçlar 1993) oder minimale, zeitlich begrenzte Veränderungen im gegenseitigen Einvernehmen vereinbart werden, die die Sicherheit von Patienten nicht beeinträchtigen (Kanfer et al. 2000). Solche Veränderungen sollten sich bei Erfolg ohnehin selbst verstärken und in das reguläre Verhaltensrepertoire Eingang finden.

Klagsames Verhalten kann vielfältige Reaktionen beim Gegenüber auslösen. Während Klagsamkeit im oben genannten Beispiel zunächst als Hilfeappell aufgefasst wird und ein vermehrtes Engagement des Teams hervorruft, erzeugt es in der Folge, als die Therapie erfolglos bleibt, Ärger und Frustration. Außerdem distanzieren sich TherapeutInnen von vorneherein innerlich, wenn sie Klagen als übertrieben wahrnehmen:

T: »Das war grad am Anfang so was, was sehr leidend und jammernd eben auf mich gewirkt hat [schmunzelt]. Sie wurde mir eben vom Arzt überwiesen, da stand auf dem Zettel: ›Patientin bricht in jedem Gespräch emotional zusammen‹ – und sozusagen – ›braucht Therapie, um sich zu stabilisieren‹. Und ich hatte eher das Gefühl, dass es ihre Art ist, sich auszudrücken und dass das nicht so ein Zeichen ist, dass sie so entsetzlich beieinander ist, sondern eher ihre Art auch ist, sich so auszudrücken und das war im ersten Gespräch sehr, sehr stark, also so'n Klagen und Jammern, wie schlecht es ihr geht und so ein bisschen auch: ›Die ganze Welt ist einfach gemein zu mir‹ – und wenig so – ›wo sind da auch meine Anteile?‹ Also, das fiel mir am schwersten, da auch so 'nen Zugang zu kriegen und das anzunehmen und dahinter so das Leid zu sehen. So ein bisschen plakativ wirkte es« (Frau P., Abs. 17).

Die Therapeutin räumt Vorbehalte gegenüber dem dramatischen Klageverhalten der Patientin ein, das sie mit einem exogenen Attributionsstil der Klientin verbindet: Sie sieht die Klagen der Patientin als deren Eigenart, ihr Leid nach außen zu richten und sich ihrem Gegenüber mitzuteilen. Die Therapeutin nimmt an, dass auf diese Weise von der Patientin sichtbar gemachtes Leiden nicht unbedingt äquivalent mit deren realem Leiden ist, dass sie also nicht wirklich »so entsetzlich beieinander ist«. Interessanterweise bewirkt die Patientin durch ihr Klagen bei der Therapeutin also zunächst das Gegenteil dessen, was sie sich vermutlich erhofft: Denn gemäß einem sozialen Bewältigungsmodell kann Hilfe nur der erhalten, der sein Leiden offensichtlich nach außen zeigt, was beim überweisenden Arzt geglückt zu sein scheint. Dennoch kann sie sich damit nicht ganz durchsetzen: Der Arzt überweist sie erst nach vier Wochen stationärem Aufenthalt zur Psychotherapeutin, nachdem sie »in jedem Gespräch zusammenbricht« bzw. auf Therapie insistiert.

Die Überweisung in die Psychotherapie bleibt in dieser Einrichtung einem hohen Anteil der türkischen Patienten vorenthalten, wie die Therapeutin im Vorgespräch zu bedenken gibt. Hätte die Patientin ihr Leiden dem Arzt gegenüber also nicht so »plakativ« zur Schau gestellt, wäre sie vermutlich entlassen worden, ohne Einzelsitzungen zu erhalten. In diesem Sinne handelt die Patientin eigenverantwortlich und logisch, wenn sie derart dramatisch ihr Inneres nach außen kehrt. Dennoch wird sie von ihrer Therapeutin als wenig eigenverantwortlich in der Bewältigung ihrer Probleme wahrgenommen. Diese favorisiert Selbstreflexion als Therapievoraussetzung, wie die meisten der befragten TherapeutInnen (siehe Tabelle 16). Trotz anfänglicher Schwierigkeiten gelingt es ihr jedoch, Vorbehalte gegen das Klageverhalten der Patientin aufzugeben, als sie erfährt, dass diese eine reale Ursache haben:

T: »Ich hab' so das Gefühl, dass die Depressionsmodelle, die einen immer gleich in die positive Richtung pushen, dass das einfach auch noch nicht für sie so dran ist, weil sie noch so in dem anderen Stadium ist, erst mal so sich ein bisschen zu beklagen: Eine Tochter ist gestorben, der Sohn lebt in Kanada, sie ist geschieden, sie hat ihr ganzes Leben gearbeitet, jetzt geht das nicht mehr, sie ist einsam, also, dass das alles erst mal überhaupt gesehen werden möchte, und das kenn' ich gut« (Frau P., Abs. 39.).

Die Therapeutin würdigt die belastenden Lebenserfahrungen der Klientin und räumt Verständnis für ihr aktuelles Klageverhalten ein. Außerdem stellt sie fest,

dass sich ihr Klageverhalten innerhalb einer relativ kurzen Zeitspanne von drei Sitzungen reduziert hat, auch wenn es noch nicht völlig verschwunden ist:
T: »Ja, ja, das hat sich schon verändert. Das ist jetzt heute noch mal aufgetaucht, so gegen Ende, so beim Verabschieden, dass sie noch mal angefangen hat, zu klagen, dass das alles so ungerecht ist, dass sie ihre Rente nicht bekommt und deswegen noch nicht in die Türkei zurück kann [...]. Aber es wurde weniger eigentlich« (Frau P., Abs. 19).

Die Therapeutin geht darauf ein, dass das Klageverhalten der Klientin abgenommen hat. Ersichtlich wird jedoch, dass auch die Haltung der Therapeutin gegenüber der Klientin verständnisvoller und validierender geworden ist. Es liegt nahe, dass die Klientin weniger Anlass zur Klage sieht, da sie die erhoffte Aufmerksamkeit und Unterstützung der Therapeutin inzwischen erhält. Aufschlussreich ist, dass die Klientin in ihrem Klagen kein Problem vermutet, da sie das Reden in der Psychotherapie quasi mit dem Klagen über Probleme gleichsetzt. Inhalt bzw. Ziel von Psychotherapie ist in ihrem Verständnis, sein Leid mitzuteilen und sich so zu entlasten wie unter Freundinnen, was verständlicherweise auf eine klagsame Weise geschieht:
P: »Nun, man wird einfach nur etwas, wie soll ich sagen, beim Reden so leichter. Ich glaube zwar nicht, dass es besonders hilft, aber es ist, wie wenn man sich gegenseitig sein Leid klagt, man wird etwas leichter. Aber manche Dinge, die man sagt oder nicht sagt, die bleiben natürlich in einem; es lässt sich leider nicht alles sagen, leider« (Frau O., Abs. 20; Türkisch im Original).

Obwohl sie die erwünschte Entlastung erfährt, sieht sich die Patientin noch nicht in der Lage, sich vollkommen zu offenbaren. Ihr Therapiemodell sieht zwar eine vorläufige Entlastung, jedoch keine endgültige Lösung vor (»ich glaube zwar nicht, dass es besonders hilft, aber [...] man wird etwas leichter«). Gleichzeitig bedauert sie diese Einschränkung (»es lässt sich leider nicht alles sagen, leider«). Vermutlich befürchtet sie, dass das Reden über negative Erfahrungen lediglich unangenehme Gefühle bzw. nicht das erwartete Verständnis hervorruft, was ein weiterer Grund dafür ist, redundant in bereits bekannten Themen zu verharren. Dennoch scheinen erste konkrete Besserungserfahrungen in der Therapie auszureichen, damit die Patientin ihre Vorbehalte in Zweifel zieht:

P: »Meiner Meinung nach ist sie [die Therapeutin; Anmerkung B. K.] ein guter Mensch, sie ist wie eine Freundin, als ob ich in der Therapie Erleichterung finde, ich weiß auch nicht. Ich überlege auch, ob ich ihr wohl einige Dinge anvertrauen kann, ob sie mir vielleicht bei manchen Gedanken helfen kann, überlege ich also. Sonst, ich weiß nicht, ich glaube, man kann vor allem mental profitieren. Bei manchen Dingen, die man nicht allein entscheiden kann, kann sie mit Empfehlungen vielleicht helfen, dass sie hilft, das erleichtert natürlich« (Frau O., Abs. 40; Türkisch im Original).

Überraschend ist, dass die Bewertung der Therapeutin sich deutlich von den zuvor geschilderten Zweifeln gegenüber psychologischer Therapie im Allgemeinen unterscheidet. Nun äußert die Patientin Hoffnung, dass ihr die Therapeutin in der Rolle einer »Freundin« vielleicht in manchem behilflich sein könnte, während sie zuvor keine »echte Hilfe« erwartete. Die Patientin erhofft sich neben der oben beschriebenen Entlastung nun auch Sortierungs- und Entscheidungshilfen, eine mentale Stärkung bzw. ein allgemeines Gefühl der Unterstützung von der Therapeutin zu erhalten, wozu sie erst einmal klagen muss. Beachtenswert ist, dass diese Hilfserwartung v. a. auf der unmittelbaren Erfahrung der Klientin zu Beginn der Therapie basiert, wonach ihr Klageverhalten entlastend wirkte und von der Therapeutin wertschätzend validiert wurde. Das angeführte Fallbeispiel zeigt auch, dass zur Lösung von Beziehungsstörungen das rechtzeitige Reflektieren therapeutischer Gegenübertragung hilfreicher sein kann als das unhinterfragte Verfolgen theoriegeleiteter Veränderungsmaxime (siehe auch Duncan et al. 1998). Als die Therapeutin eigene Annahmen über den Zweck des Klagens ihrer Patientin etwas vernachlässigt, gelingt es ihr besser, sich auch emotional auf die Klientin einzulassen. Diese benötigt emotionalen Rückhalt, um sich weiter zu öffnen und ihr redundantes Klageverhalten von sich aus aufzugeben.

Klagsames Verhalten kann verschiedene Funktionen in der Therapiebeziehung haben. Neben der unmittelbaren Entlastung können Patienten erfahren, wie weit Therapeuten in der Lage sind, mit der übertragenen Verzweiflung und Hilflosigkeit umzugehen. Entsprechend können sie entscheiden, welche Hilfen sie real erwarten können. TherapeutInnen nehmen z. T. an, dass ein »kulturspezifischer« Ausdruck durch soziales Bewältigungsverständnis verursacht ist, sodass KlientInnen Beschwerden redundant und in dramatischer Weise beklagen, bis sie gehört werden. Die oben angeführten Beispiele zeigen, dass klagsames Verhalten v. a. dann bestehen bleibt, wenn Therapeut und Klient keine Übereinkunft in

Ursachen- und Veränderungsmodellen erreichen bzw. Klienten sich unverstanden fühlen. Dagegen nimmt das Klagen ab, wenn Belastungen – im Empfinden des Patienten – ausreichend validiert wurden. Während das Klagen zu Beginn einer therapeutischen Beziehung also z. T. als kulturspezifischer Symptomausdruck und intensiver Hilfeappell verstanden werden kann, um den Leidensdruck und die Hilfsbedürftigkeit zu unterstreichen, sollte fortbestehendes redundantes Klagen (»Jammern«), z. B. über erlebtes Unrecht, als potenzieller Hinweis auf fortbestehende Beziehungsstörungen gewertet werden, die von PatientInnen – teilweise auch von TherapeutInnen – nicht unmittelbar angesprochen werden können.

9.3.4 Diagnose- bzw. Behandlungsunsicherheit

Ungewohnter Symptomausdruck kann auch bei guter sprachlicher Verständigung zu Fehlern in der Diagnose- bzw. Indikationsstellung führen. Als Hinweis können die hohe Schizophrenie-Prävalenz bzw. eine geringe Prävalenz affektiver Störungen in Migrantenpopulationen verschiedener Länder herangezogen werden (Haasen et al. 2000).

In der obigen Darstellung wurde u. a. erwähnt, dass Körperschmerz betonende Beschreibungen der Betroffenen eine Verunsicherung in der diagnostischen Einschätzung, wiederholte Untersuchungen und eine therapeutische Frustration begünstigen. In der Folge werden zwei Beispiele erläutert, die ausführlicher auf diesen Befund eingehen: Im ersten Fall berichtet die Therapeutin einer Beratungsstelle, in welcher Weise von der Klientin berichtete Angst- und Verfolgungsgedanken die Differenzierung von Aberglauben und Wahngedanken erschwerten. In der zweiten Darstellung geht es um die Diagnoseunsicherheit der Therapeutin bei der im letzten Abschnitt bereits dargestellten Patientin Frau O., die mit der Zugangsdiagnose »Depression« in die stationäre Therapie gelangte.

»ALS OB DER GANZE RAUM WIE VERHEXT IST« – ABERGLAUBE ODER WAHN?

Die Therapeutin Frau T., die langjährige Erfahrung in der Arbeit mit MigrantInnen hat, berichtet ihre Schwierigkeiten zu Therapiebeginn, als ihre Klientin nach der Trennung von ihrem Mann abergläubische bis fraglich wahnhafte Symptome schildert:
T: »[...] halt so am Anfang, dass, dass, dieses bisschen fast dieses Wahnhafte so wo, dass ich natürlich denk', okay, so zu der depressiven Symptomatik

und wenn das ganz stark ist, [...] wo sie auch so viel Druck hat, immer normal zu sein, so dann [...] [kann; Ergänzung B. K.] intrapsychisch ganz viel durcheinander geraten. Aber [...] das kenn' ich natürlich auch von anderen türkischen Klienten, dann haben die irgendwie so, ja, die sehen plötzlich den bösen Blick, [lacht], halt diese Dinge. Und warum dann halt diese dicken Vorhänge sein mussten und, ich weiß nicht mehr genau, aber da waren viele Dinge, da waren zwar heftige Auseinandersetzung mit ihrem Mann, aber dann, also ob diese ganze Raum um sie herum dann so irgendwie, wie sagt man das, verhext wird. Und das find' ich dann immer ganz schwierig halt das, das nach-, mit-, noch mal nachzuvollziehen halt auch und, gut da hab' ich dann auch am Anfang so'n bisschen im Auge behalten, so von ›pass auf‹, auch für mich selber, so von, die kann nach außen so patent wirken, dass da nicht irgendwie so ein Zusammenbruch ist, [...] wo man dann auch denkt, was kann da alles so, so passieren und wenn man da halt versuchte, zu vertiefen, ich auch schwierig da, da rankam. So irgendwie halt, als ob sie da in so, ja, in so ein, ja, so Wahn, das klingt so extrem, aber 'n bisschen so diese, ja, so, so, die kommt dann in so einen, ja, so irreale Welt, und da wird dann alles hineingelegt, da sind Kräfte, sind Blicke, sind Geräusche, sind Gerüche, ja, so halt, das hatte sie auch, so am Anfang, wo's sehr kritisch war. Und, und letztlich, wir haben jetzt vor kurzem noch mal drüber gesprochen, so Aberglaube halt auch, und wo sie dann auch so erzählen konnte, aber da war sie dann auch in andere Stimmung so von, wo sie auch erzählen konnte, wie sie das übernommen hat von ihrer Oma, und [...] da wird mir auch schon bewusst halt auch, wie sie da auch so, so bestimmte Rituale halt auch hat, so abergläubische Rituale, die ihr so ein Halt geben. Und so das letzte Mal, dann denk' ich, da kann ich irgendwie, da kann ich so mit ihr drüber, wir können drüber kommunizieren, dann, dann kann ich damit umgehen, aber das fand ich so halt schwierig« (Frau T., Abs. 29).

Zunächst bewertet die Therapeutin wahnhaft anmutende Symptome der Klientin als mögliche Begleiterscheinung eines depressiven Zustandbilds bzw. als Ausdruck der verloren gegangenen intrapsychischen Ordnung. Sie versteht Aberglaube bis zu einem gewissen Rahmen als normalen Ausdruck für eine Krise und kennt ähnliche Phänomene auch von anderen türkischen Klienten (»die sehen plötzlich den bösen Blick«). Allerdings bemerkt die Therapeutin bei der Klientin weitere paranoide Verhaltenssymptome, die über ein bekanntes Maß hinausgehen und Zweifel bei ihr hervorrufen (»warum dann halt diese dicken Vorhänge sein mussten«). Teilweise schildert sie Symptome ihrer Klientin als deren ganze Lebenswelt dominierend (»als ob diese ganze Raum um sie herum [...] verhext wird«, »irreale Welt«). Die Häufung von ursprünglich als abergläubisch identifizierten Symptomen verstärkt bei der Therapeutin den Verdacht, dass die Patientin möglicherweise fragiler ist, als sie zunächst wirkt. In dieser Phase ist noch keine klärende Kommunikation möglich, die Therapeutin kommt nicht »da ran«, was für sie besonders problematisch ist, da sie dadurch nicht die erforderlichen diagnostischen Anhaltspunkte erhalten kann. Sie begegnet der Krise ihrer Patientin mit hoher Präsenz und Achtsamkeit, in der Gewissheit, dass ein psychischer Zusammenbruch unmittelbar bevorstehen kann. Zu einem späteren Zeitpunkt, als diese Krise überwunden und die Patientin affektstabil ist, gelingt es, abergläubische Ideen und Rituale in der Ursprungsfamilie aufzudecken und neben deren verunsichernden auch ihre teilweise stabilisierenden Eigenschaften zu erkennen.

Es fällt auf, dass die Therapeutin sich bei ihrer diagnostischen Einordnung nicht einfach auf einzelne Kriterien eines Klassifikationssystems bezieht, nach denen die Patientin bereits als wahnhaft oder paranoid eingeordnet werden könnte. Die Therapeutin wählt aufgrund ihrer Erfahrung mit türkischen Klienten bewusst einen kultursensiblen Zugang, sodass sie eine Reihe von Symptomen zunächst noch im Rahmen eines krisenbedingten übersteigerten Aberglaubens bewertet. Dies weist auf die Bedeutung kulturspezifischen Wissens in krisenhaften Anfangssituationen hin, in der wenig individuelle Information zur Verfügung steht bzw. erfragt werden kann. Kulturspezifisches Bewertungs- bzw. kultursensibles Handlungswissen kann situative Informationsdefizite teilweise auffangen. Eine Beurteilung ohne kulturelles Hintergrundwissen hätte im vorliegenden Fall leicht eine fehlerhafte Pathologisierung als paranoide Schizophrenie, die stationäre Aufnahme und neuroleptische Medikation begünstigen können (für Fallbeispiele siehe Haasen et al. 2000). Hilfreich, um kontextuelle und pathologische Anteile der Symptomatik ihrer Klientin sensibel zu differenzieren und ein wirksames Hilfsangebot zu unterbreiten, sind aus Sicht der Therapeutin u. a. Supervision, Transparenz ihrer Sorge um die Klientin und das Angebot unmittelbarer Erreichbarkeit:

T: »Ja, ich denke mal, dass ich's in der Supervision besprochen hab'. Dann noch mal halt, dass ich einfach auch noch mal so meine Sorge ausgesprochen hab' bei ihr, und auch gesagt hab', dass sie mich – halt dann auch so Krisenbereitschaft gezeigt – dass sie halt mich dann auch anrufen kann und ich denke, dass funktioniert natürlich nicht immer schon so, das weiß ich auch von andere türkische Klienten, wo halt oft natürlich so mit Gewalt und auch so ein Aberglaube, aber halt so was Paranoides entsteht, dass es dann halt nicht so stabilisiert. Aber bei ihr hab' ich so das Gefühl gehabt, dass es halt sehr stabilisierend gewirkt hat, dass ich da halt wirklich so eine zuverlässige Punkt in der Realität wurde halt auch. Sie hat dann tatsächlich auch mal angerufen, über die Anmeldung und das ging halt, und ich war sehr überrascht, wie schnell sich diese Situation stabilisierte«(Frau T., Abs. 33).

Der Umstand, dass die Klientin die angebotenen Hilfen nutzt bzw. sich ihr Zustand schneller als erwartet stabilisiert, belegt die Wirksamkeit des beschriebenen Hilfsangebots im vorliegenden Fall. Die Therapeutin räumt ein, dass dies nicht immer gelingt und anfänglicher Aberglauben in einer manifesten paranoiden Störung resultieren kann. Verschiedene Maßnahmen wie kultursensible Reflexion in der Supervision und das Überprüfen eigener Übertragungsgefühle ermöglichten der Therapeutin mit der eigenen Unsicherheit umzugehen. Das Hinzuziehen von Familienangehörigen der Klientin (Söhne, Ex-Mann) sowie eines türkischen Kollegen als zusätzliche Informationsquellen vollständigten ihr Bild:

T: »Die Hilfsmittel ist vor allem halt, ist für mich noch mal halt wichtig, Informationen zu sammeln; und hab', ich hab' die Jungs natürlich dann [gesehen], am Anfang hätt' ich das, glaub' ich, auch nicht so richtig einschätzen können, aber mir wurde dann halt erst noch mal halt [...] in der Beziehung, wo ich sag', die Patientin, da war halt auch so menschlich, mag, mag ich sie, und da war irgendwie auch, ich konnte mitschwingen auch in, in ihre, in wie sie verletzt war in diese Ehe. [...] aber da war dann natürlich, irgendwann konnt' ich nicht mehr mitschwingen, dass ich dachte, so von, das ist ja, jetzt sind wir, genau, jetzt sind wir zehn Jahre weiter, ja? Wo kommt diese, woher kommt die Intensität von dieses, von diese Gefühle [her; Ergänzungen B. K.]?! Da, zum Beispiel, das ist für mich ein wichtiger Indikator, [...] und dann auch noch mal, dass ich die Jungs kennen gelernt hab', dann auch den Vater, um auch mal so auch ein Gefühl dafür zu kriegen, wie gefährlich [lacht] und wie böse ist dieser Mensch?! Und so, so, so, das sind für mich die so die Hilfsmittel« (Frau T., Abs. 37).

An diesem Beispiel wird sichtbar, dass vorhandenes Fachwissen v. a. dann angemessen nutzbar ist, wenn differenziertes kulturspezifisches Wissen bzw.

kultursensible Reflexionskompetenz vorhanden sind. Das nächste Fallbeispiel verdeutlicht, wie das Fehlen kulturspezifischen Wissens bei unerwartetem Symptomausdruck zunächst therapeutische Unsicherheit verursachen kann.

»Also, geht's um Depression oder um was ganz anderes?«

Als die stationäre Therapeutin Frau P. im Erstgespräch nach den Beschwerden ihrer neu zugewiesenen depressiven Patientin mit türkischem Migrationshintergrund fragt, erhält sie eine unerwartete Antwort:

T: »Normalerweise frag' ich immer einfach noch mal so die Symptome auch, und dass ich's mir noch mal so schildern lasse von der Patientin, und da hab' ich gemerkt, dass ich völlig aufgeschmissen war, was sie da so geschildert hat, das hab' ich so nicht mit Depression in Verbindung gebracht. Also, sie schilderte irgendwie Vulkane, die ausbrechen und Hitze, die hochschießt und Gedanken vom Blitz getroffen [lacht], ich hab' einfach so gemerkt, dass mich das so verwirrt hat, dass ich das so ein bisschen beiseite gestellt hab'« (Frau P., Abs. 29).

Energiereiche Naturmetaphern (»Vulkane, Hitze, Blitze«), die die Patientin zur Darstellung ihres offensichtlich spannungsreichen Befindens nutzt, stimmen aus Sicht der Therapeutin nicht mit der Einweisungsdiagnose Depression überein, sodass sie die Symptomexploration verwirrt unterbricht. Depressionen sind im westlichen Verständnis v. a. durch Merkmale wie Vitalitätsverlust, Niedergeschlagenheit und Interesselosigkeit gekennzeichnet. Die geschilderten Beschwerden der Patientin stehen in starkem Widerspruch dazu, sodass die Therapeutin verunsichert ist. In der Folge betrifft ihre Verunsicherung neben der Diagnose v. a. die Hilfen, die sie ihr als Therapeutin anbieten kann:

T: »Also, da weiß ich auch noch, wie ich in der Intervision gesagt hab': ›Ja, was kann ich denn da überhaupt machen? Ich kann ja überhaupt nichts machen, außer einfach da sein und zuhören.‹ Und ich mein', dass ist jetzt manchmal auch bei anderen Patienten so, das ist jetzt nicht so unüblich, aber ich hab' einfach vom ersten Moment, hab' ich sehr stark schon gespürt, diese unterschiedliche Herangehensweise und dass ich mich wie so ein Analphabet gefühlt hab' bei Schilderungen von ihr, oder, also, dass ich's nicht so wie bei anderen Patienten so einordnen kann, ah ja, das ist jetzt die Antriebslosigkeit, wie könnt' ich denn da jetzt behilflich sein, ein paar Ideen, oder dass man so erste Schritte gemeinsam bespricht, die sie dann ausprobieren kann, sondern so ein bisschen, dass ich gar nicht so richtig gespürt habe, was sind jetzt eigentlich ihre Bedürfnisse. Also geht's um Depression oder geht's eigentlich um ganz 'was anderes. Ja, also, da hatt' ich so das Gefühl, ich kann ihr da überhaupt gar nichts anbieten, außer zuzuhören« (Frau P., Abs. 31).

Die Therapeutin ist ratlos angesichts der Psychodynamik ihrer ersten türkischen Patientin. Sie hat den Eindruck, keine Hilfe anbieten zu können, außer »einfach da [zu] sein und zu[zu]hören«. Zwar weiß sie auch von anderen PatientInnen, dass diese z. T. eine gute ZuhörerIn suchen, jedoch gibt es mehrere Unterschiede, die sie im vorliegenden Fall verunsichern: Sie beobachtet eine »andere Herangehensweise« vom »ersten Moment« an. Mit der »anderen Herangehensweise« ist die anfängliche Symptomdarstellung der Patientin gemeint, bei der sich die Therapeutin wie ein »Analphabet« gefühlt hat. Hier benennt die Therapeutin ein Defizit auf ihrer Seite: Ihr fehlt die Fertigkeit, den »Text« ihrer Patientin zu »lesen«. Es handelt sich beim Lesen um eine erlernte intellektuelle Kompetenz und nicht um eine grundlegende Sinnesfunktion wie Sehen oder Hören. Sie versteht also die Worte der Patientin, kann sie aber nicht in einen Kontext »einordnen«, sodass sie unverständliche Chiffren für sie bleiben. Dadurch erlebt sie ihre fachliche Kompetenz als Psychotherapeutin stark eingeschränkt.

Neben dem zeitweisen Verlust ihrer professionellen Fertigkeiten erlebt die Therapeutin auch ein emotionales Defizit in der Beziehung zu ihrer türkischen Patientin, nämlich dass sie deren Bedürfnisse »gar nicht so richtig gespürt« hat. Damit stellt die Therapeutin ihr Einfühlungsvermögen infrage, das sie benötigt, um Affekte und Emotionen der Patientin nachvollziehen zu können. Entsprechend bezweifelt sie, ob es sich überhaupt um eine Depression oder »ganz was anderes« handelt, zumal die Patientin eine Reihe von schwierigen Lebensumständen durchlebt hat, die z. T. noch anhalten:

T: »[...] eine Tochter ist gestorben, der Sohn lebt in Kanada, sie ist geschieden, sie hat ihr ganzes Leben gearbeitet, jetzt geht das nicht mehr, sie ist einsam [...] also, sie ist ja 55 und ich denk' sie hat einfach, sie hat ihren Sohn hier allein großgezogen, das ist schon relativ früh in die Brüche gegangen mit ihrem Mann, so weit ich das in Erinnerung hab'. [...] Und dieses, also, ich hab' das Gefühl, sie fühlt sich sehr eingeschränkt in Deutschland und sehr, sehr beobachtet. Also, vielleicht auch so aus dieser Erfahrung heraus eben, hier als Gastarbeiter herzukommen, nicht ganz dazuzugehören, vielleicht auch, denk' ich jetzt einfach mal, mit Vorurteilen konfrontiert zu sein. Also, so 'ne Vorsicht, wie werd' ich wahrgenommen, wie komm' ich hier zurecht, und sie beschreibt das auch oft, hier sie ist wie im Käfig und sie möchte einfach wieder frei sein und zurückgehen in ihre Heimat, da stellt sie sich das eben anders vor, freier« (Frau P., Abs. 39).

Die detaillierte Aufzählung zeigt, dass die Therapeutin bemüht ist, die Lebensumstände der Patientin genau wahrzunehmen. Dadurch werden deren Symptome zum einen plausibler, zum anderen kann sie sich besser in die Emotionen der Patientin einfühlen. Die genaue Kenntnis des Lebenskontexts der Patientin ermöglicht auch, deren verschiedene soziale Rollen bzw. damit verbundene Lebensaufgaben und Versagensgefühle besser wahrzunehmen: Die Patientin ist eine geschiedene Frau, früher eine alleinerziehende, nun verlassene Mutter, eine erschöpfte Gastarbeiterin und alternde, alleinstehende Frau, außerdem eine isolierte, stigmatisierte Ausländerin, die die Rückkehr in die Heimat ersehnt. Zwar erlebt sich die Therapeutin anfänglich als wenig professionell, wenn sie »einfach« zuhört, vor dem Hintergrund der Lebensumstände der Patientin scheint jedoch gerade das aufmerksame Zuhören und Validieren angebrachter als eine standardisierte Depressionsbehandlung, die ohnehin von der Patientin nicht angenommen wird:

T: »Also auf die wirklichen verhaltenstherapeutischen Ziele bezogen, die so normalerweise dran wären, also, eben Aktivitätenaufbau, Tagesstruktur vermitteln, das hab' ich schon immer versucht. Ich hab' ihr schon versucht, zu erklären, wie wichtig es ist, dass sie auch was Gutes für sich macht und nicht nur, jetzt, wo sie so viel gearbeitet hat, sozusagen. Ja, dass sie eben wirklich drauf achtet, dass sie angenehme Sachen macht, dass sie mal was tut, was ihr Spaß macht. Hab' schon auch versucht, zu erklären, dass das wichtig ist, aber da hab' ich so das Gefühl, dass ist so ziemlich verpufft. Und diese Erklärungsmodelle mit Depression und das VT-mäßige. Vielleicht eher, in der zweiten Stunde, hab' ich sie dann einfach auch so erzählen lassen, weil sie in der Türkei auch ein Haus gebaut hat und gerne zurück möchte, hab' ich da am Ende der Stunde halt mal darauf fokussiert, also, einfach darauf, dass sie was in der Stunde 'was Positives erzählen kann, worauf sie sich da freut und was sie da erwartet und wie lang das noch dauert und wie sie das noch aushalten kann bis dahin. Also, ich hab' eher so das Gefühl, so in Richtung Beziehungsaufbau und so, dass sie vielleicht auch ein bisschen Verständnis gespürt hat. Ankommen oder angenommen werden, da würde ich sagen, so Teilerfolge, und so das andere eher mäßig« (Frau P., Abs. 33).

Obwohl die Therapeutin intuitiv ein angemessenes Vorgehen wählt, das sich darin bestätigt, dass die Patientin sich verstanden fühlt, fühlt sie sich in ihrer therapeutischen Kompetenz sehr verunsichert, sie sucht ständig nach Rechtfertigungen für ihr Vorgehen. So bewertet sie ihre Interventionen nicht als zielführend, sondern lediglich als Zwischenschritt (»so in Richtung Beziehungsaufbau«). Die kritische Bewertung ihres Vorgehens ist verursacht durch die Diskrepanz zwischen ihrem aktuellen Vorgehen und dem Erlernten. Sie wurde in ihrer Ausbildung theoretisch und praktisch sorgfältig in der Behandlung depressiver Patienten angelernt, jedoch wenig darauf vorbereitet, depressive PatientInnen mit Migrationshintergrund zu behandeln. Auch in der Klinik, in der wegen des Einzuggebietes viele türkische Patientinnen untergebracht sind, stehen keine entsprechend angepassten Konzepte bzw. Strukturen zur Verfügung, sodass wenig Patienten mit Migrationshintergrund in eine Psychotherapie überwiesen werden.

Es fällt der Therapeutin schwer, zu erkennen, dass sie bereits erfolgreich eine Beziehung zu ihrer Patientin aufgebaut hat und ressourcenorientiert vorgeht, wenn sie sie auf die Erträge aus ihrer Erwerbsarbeit wie ihr Eigenheim in der Türkei lenkt. Dadurch wird auch eine positive Zukunftsperspektive fokussiert. Die Therapeutin setzt also schon relevante Konzepte um, wofür ihr jedoch kein professioneller Evaluierungsrahmen zur Verfügung steht. Zum einen ist die Patientin im Allgemeinen kritisch gegenüber dem Nutzen einer Psychotherapie, da sie Angst vor einer Verschlimmerung ihres Zustands hat, wenn sie Probleme »herbeiredet«. Anderseits ist sie sehr frustriert darüber, dass sie mit der Therapeutin Deutsch sprechen muss. Beides bringt sie gegenüber der Therapeutin explizit zum Ausdruck, was diese unter Druck setzt. Zum anderen nimmt die Therapeutin Defizite bei sich wahr: Sie ist nicht vorbereitet auf die »andere Herangehensweise« in der Kommunikation mit ihrer Patientin, sodass sie große Schwierigkeiten beim Dechiffrieren ihrer Symptome hat. Frau P. benennt von allen TherapeutInnen am explizitesten eigene Defizite in der Psychotherapie mit MigrantInnen, was u. a. auch dadurch begünstigt sein mag, dass sie die jüngste Therapeutin des Samples ist und leichter Verunsicherungen in ihrer professionellen Rolle erlebt. Anderseits besteht darin ihre besondere Chance: Durch das selbstkritische Reflexionsvermögen übernimmt sie die Verantwortung für Missverständnisse in der Therapiebeziehung und passt sich in ihrem Vorgehen weitgehend den Bedürfnissen ihrer Patientin an. Die Rückmeldung der Patientin belegt, dass dies der Therapeutin besser gelingt, als sie selbst vermutet.

9.3.5 Zusammenfassung

Anstelle einer Zusammenfassung soll noch einmal insbesondere auf die Bedeutung der Sprache in der Kommunikation eingegangen werden. Durch Sprache bedingte Kommunikationsstörungen werden unerwartet häufig, nämlich in sieben von acht deutschsprachigen Therapiebeziehungen, von Therapeuten oder Klienten festgestellt. Der Grad sprachbedingter Einschränkungen variiert dabei erheblich. Die meisten Klienten können der Therapie gut folgen und es genügen Nachfragen. Dagegen klagen zwei ältere PatientInnen über sehr große Verständnisprobleme, unter denen zum Leidwesen beider Seiten der Beziehungsaufbau eingeschränkt bzw. verzögert wird. Bei beiden Patienten wurden die Therapien im stationären Rahmen angebahnt, wobei keine muttersprachlichen Therapeuten bzw. Sprachvermittler zur Verfügung standen. Besonders problematisch ist dabei, dass die beiden Klienten stationär aufgenommen werden, als sie sich in akuten Krisen befinden. Sie erhalten keine angemessenen Hilfen; ein Patient begeht wiederholte Suizidversuche bis eine tragfähige Beziehung zum Therapeuten hergestellt ist; die andere Patientin erhält auf beharrliches Drängen hin kurz vor ihrer Entlassung insgesamt drei Gespräche.

Die Strukturschwäche in der Gesundheitsversorgung von MigrantInnen ist besonders kritisch zu würdigen, da gezeigt werden konnte, dass PatientInnen teilweise seit vielen Jahren bis Jahrzehnten unter psychischen Störungen leiden und wiederholte, teilweise suizidale, Krisen als auch kostspielige Folgeaufnahmen billigend in Kauf genommen werden, solange sie wegen der Sprachbarrieren von einer fairen Gesundheitsversorgung systematisch ausgeschlossen werden. Obwohl MigrantInnen bereits seit vielen Jahren in Deutschland leben und die Alltagssprache häufig gut beherrschen, sind sie in der Psychotherapie z. T. auf eine Sprachvermittlung angewiesen. In den meisten Fällen findet diese jedoch nicht angemessen statt, Sprachvermittler werden z. B. nur ein Mal kurz nach Aufnahme zur Diagnosestellung zu Hilfe genommen. Teilweise müssen minderjährige Kinder und Enkel, mitbetroffene Familienangehörige oder in Kliniken ungeschultes Reinigungs- oder Küchenpersonal einspringen. Bekannt ist, dass in psychischen Krisen auch bilinguale KlientInnen mit sehr guten Sprachfähigkeiten teilweise unter erheblichen Verlusten in der Zweitsprache leiden bzw. emotionale Inhalte überwiegend mit der Muttersprache assoziiert sind (Marcos et al. 1976; Haasen et al. 2000). Dies legt nahe, dass geschulte Sprachvermittler für MigrantInnen regulär zur Verfügung stehen sollten. Dabei sollte beachtet werden, dass aufgrund von Anpassungswünschen tatsächliche Sprachprobleme von den Betroffenen teilweise heruntergespielt werden.

PatientInnen mit besserer Sprachkompetenz geben z. T. ebenfalls Verständnisprobleme an. Sie schreiben sich die Verantwortung für Sprachprobleme meist selbst zu und sind froh, dass TherapeutInnen trotzdem mit ihnen arbeiten, sodass sie Probleme z. T. ebenfalls verharmlosen. PatientInnen unterbrechen bei Verständnisproblemen seltener als notwendig das Gespräch, sodass TherapeutInnen Missverständnisse erst im Nachhinein feststellen können. Hilfreich im Umgang mit Sprachproblemen sind aus Sicht einiger Patienten redundante Erklärungen, die Nutzung von leicht verständlichen handlungsorientierten Anekdoten bzw. Metaphern und die Vermeidung abstrakter Substantive.

Große Sprachprobleme verhindern bzw. verzögern v. a. aus Sicht von PatientInnen den Beziehungsaufbau. Patienten können z. T. die Fähigkeit von TherapeutInnen nicht einschätzen und sich selbst nicht authentisch darstellen. Therapeuten schreiben Verzögerungen im Beziehungsaufbau dagegen häufiger kulturellen Eigenheiten wie indirekte Kommunikation und Angepasstheit zu. Durch Sprachprobleme haben Therapeuten z. T. große Schwierigkeiten, relevante Symptome von neuen Patienten festzustellen bzw. die Intensität von Krisen zu beurteilen. Sowohl Therapeuten als auch Klienten weichen auf indirekte Kommunikationsformen aus (z. B. Rituale zu Sitzungsbeginn, »Drumherumreden«). Es liegt nahe, dass betroffene KlientInnen und TherapeutInnen Verständnisschwierigkeiten verharmlosen, wenn sie keine andere Möglichkeit sehen, diese zu beheben (z. B. Dolmetscher bestellen, an muttersprachliche TherapeutInnen überweisen). Nur an einer Beratungsstelle wurden Sprachvermittler regulär einbezogen und von der Therapeutin z. B. auch über fehlende Subtextinformationen wie Dialekt, soziale Herkunft oder politische Zugehörigkeit befragt. Für KlientInnen von muttersprachlichen TherapeutInnen ist deren Sprachkompetenz ein wichtiges Auswahlkriterium. Auch wenn sie die deutsche Sprache z. T. gut beherrschen, bietet die Nutzung der Muttersprache zusätzliche Sicherheit und Ressourcen für den therapeutischen Beziehungsaufbau.

9.4 Kulturelle Stereotype und Machtasymmetrie

In interkulturellen Therapiebeziehungen treffen z. T. gegensätzliche kulturelle Werte von TherapeutIn und KlientIn aufeinander. Wenn die Kultur des Klienten von TherapeutInnen unbewusst als unterlegen bewertet wird, wird die

Machtdifferenz vergrößert, die in Therapiebeziehungen ohnehin zugunsten von Therapeuten besteht. Machtdifferenz besteht in Hilfebeziehungen z. B. durch die asymmetrische Rollenverteilung, bei der TherapeutInnen die ExpertInnenrolle und Klienten die Rolle von Hilfesuchenden einnehmen (Holm-Hadullah 2005). Dennoch wird das Machtgefälle in Therapiebeziehungen häufig vernachlässigt (Streek 2004). TherapeutInnen sind sich ihrer therapeutischen Machtformen wie Selektions-, Frage-, Diagnose- oder Lösungsmacht häufig wenig bewusst: PatientInnen werden z. B. anhand von Diagnosemanualen als »normal« oder »gestört« klassifiziert, hinzu kommen teilweise diskriminierende »kulturelle« Diagnosen; manche Klienten werden zur Behandlung zugelassen, während andere weitergeschickt werden; auch Behandlungsangebote oder sinnvolle Ziele für den Patienten werden an normativem Verhalten gemessen.

Klassifizierungen von Normalität und Störung beruhen in der Psychiatrie stets auf kulturell festgelegten Symbolen und Werten (Littlewood/Lipsedge 1989; Fernando 2001). Dies ist insbesondere bei der Behandlung von KlientInnen mit Migrationshintergrund kritisch zu betrachten, da diese zumindest partiell andere Symbol- und Wertesysteme haben. In der Therapie mit MigrantInnen erleichtert der Machtvorsprung von Therapeuten die Abwertung der Kultur ihrer Klienten. Zusätzliche Machtgefälle zwischen KlientInnen mit Migrationshintergrund und autochthonen TherapeutInnen entstehen durch den Minderheitenstatus der Klienten, die Sprache, sozioökonomische und Bildungsunterschiede. Außerdem sind MigrantInnen bis zu ihrer Einbürgerung, im Zweifelsfall auch danach, rechtlich benachteiligt.

Wenn Migranten aus stigmatisierten, im gesellschaftlichen Diskurs als rückständig eingeschätzten Kulturen stammen bzw. der islamischen Religion angehören, wie im Falle der hier untersuchten türkischen MigrantInnen, können unbewusste Stereotypisierungen auf Therapeutenseite zu besonders schweren Störungen der Therapiebeziehung führen. Dies kann sich im Abbruchverhalten von KlientInnen ebenso zeigen wie in den unbewussten Selektionskriterien der Therapeuten, wenn sie PatientInnen z. B. wegen »Mentalitätsunterschieden« ablehnen statt anzuerkennen, dass es sich um unterschiedliche Erfahrungswelten handelt, in die man sich professionell hineindenken kann.

9.4.1 Soziale und migrationsbedingte Differenz

Soziale bzw. Ressourcenunterschiede können auch ohne kulturelle Unterschiede eine einschränkende Wirkung in Therapiebeziehungen haben. Bekannt ist

z. B., dass sprachliche Unterlegenheit bzw. soziale Distanz deutsche UnterschichtspatientInnen ausschließt, sodass sie seltener in Psychotherapie gelangen und bleiben (Geyer 2000). Entsprechend lassen sich schicht- und sprachspezifische Probleme in der vorliegenden Untersuchung teilweise auch in Dyaden zwischen muttersprachlich-türkischen TherapeutInnen und ihren KlientInnen finden:

T: »Ich hatte früher ja nur deutsche Patienten. Es ist auch sehr, sehr schwer zu sagen, weil, weil ich denke, es hat nicht nur mit Deutsch, Türkisch, sondern auch sehr viel mit der Schichtzugehörigkeit zu tun. Weil, ich hatte früher so deutsche Mittelschichtpatienten, sehr viele und hatte dann, als ich zwei Unterschichtspatientinnen gekriegt habe, deutsche, da war das also wieder was ganz anderes. Die Art, wie sie gesprochen haben, die Art wie, wie gedacht wurde, die Reaktionen, das war wirklich für mich, plötzlich dacht' ich: ›Was ist jetzt los?!‹ Und so'n ähnliches Gefühl hatte ich eigentlich, als ich plötzlich anfing, zuerst anfing mit türkischen Patienten zu arbeiten. Das war für mich auch so am Anfang ein Gefühl, ich erreiche die nicht. […] das hatte damit zu tun, dass die, sagen wir, 80 % meiner Klienten aus der Unterschicht kam […] und ich am Anfang meiner Laufbahn nicht mal die gleiche Sprache hatte wie sie« (Frau H., Abs. 47).

Die muttersprachliche Therapeutin geht auf die Benachteiligung von KlientInnen mit niedriger Bildungs- und Schichtzugehörigkeit in der Psychotherapie ein. Dabei bezieht sie sich zunächst auf deutsche KlientInnen aus niedrigen Schichten. Sie beschreibt Verständnisprobleme bis zur Orientierungslosigkeit ausgelöst durch den unterschiedlichen Sprachgebrauch, Denk- und Verhaltensweisen von PatientInnen aus der Unterschicht. Als sie beginnt, mit türkischen Klienten zu arbeiten, erlebt sie ähnliche Verständnisprobleme. Die Therapeutin entstammt einer höheren Bildungsschicht in der Türkei und nahm nach ihrem Studium in Deutschland eine Stelle als Psychotherapeutin an, wodurch sie sich sowohl im Herkunftsland als auch im Aufnahmeland von den meisten ihrer türkischen Klienten unterscheidet.

Die Therapeutin erlebt den gemeinsamen Kontakt zunächst als gestört bzw. die Kommunikation als so unzureichend, als ob sie nicht dieselbe (türkische) Sprache sprechen würden. Da sie diese Erfahrungen sowohl mit deutschen als auch mit türkischen PatientInnen aus benachteiligten Schichten macht, sieht sie die Ursache hierfür nicht in der Kultur, sondern im sozio-ökonomischen Gefälle. Sie hebt hervor, dass sie diese Erfahrungen v. a. zu Beginn ihrer Tätigkeit gemacht hat, was darauf schließen lässt, dass sie nun ausbleiben, da sie gelernt hat, sich im Verlauf ihrer Berufstätigkeit an ihre Klienten anzupassen. Stattdessen sieht sie migrationsbedingte Unterschiede zwischen ihren deutschen und türkischen Klienten:

T: »[…] und ich meine gut, was der Unterschied hier ist, dass eben die Türken Migranten sind, dass eben sie in einer bestimmten Lebenssituation sind, die also, ein Teil von denen ist dort und ein Teil ist hier und das ist eine sehr besondere Situation, die sich auch auf ihr Leben auswirkt, auf ihre Träume, auf ihre Wünsche, auf ihre Zukunftsvisionen, auf ihre Ängste und, und Enttäuschungen. Also, ich glaube, das ist so ein großer Unterschied, diese Migrationssituation, also in einem fremden Land zu leben. […] was bei einem Deutschen, bei, beim deutschen Patienten einfach nicht in der Form ist, alles, was die Migration mit sich bringt […]« (Frau H., Abs. 47).

Die Therapeutin sieht Unterschiede zwischen deutschen und türkischen PatientInnen, allerdings schreibt sie diese nicht kulturellen Voraussetzungen, sondern der Lebenssituation als Migrant zu. Dazu gehört das Erleben, an zwei Orten gleichzeitig bzw. an jedem nur teilweise zu sein. Sie berichtet aus der Erfahrung ihrer türkischen Klienten, dass diese im Vergleich zu Deutschen durch die Migrationssituation zusätzlichen Belastungen ausgesetzt sind, wobei sie es bei der Benennung einer »besonderen Situation« belässt. Sie geht auf die Auswirkungen ein, die sie als Psychotherapeutin in ihrer Arbeit am deutlichsten in realen als auch irrealen Erfahrungen ihrer KlientInnen (Ängste, Wünsche) sieht. Weiterhin fällt auf, dass die Therapeutin bei Betonung der aktuellen Lebenssituation von MigrantInnen v. a. auf das psychische Erleben von Geteiltheit eingeht, ohne sich selbst als Migrantin einzuschließen. Sie bemerkt Differenzerfahrungen zwischen sich und ihren KlientInnen auf der sozialen Ebene bzw. migrationsbedingte Unterschiede zwischen deutschen und allochthonen KlientInnen, gleichzeitig beschreibt sie Differenzen und Anpassungsprozesse gleichbleibend wertungsfrei.

Es zeigt sich, dass bei KlientInnen mit Migrationshintergrund bildungs-, schicht-, sprach-, kultur- und migrationsspezifische Unterschiede das Machtgefälle in der Therapiebeziehung potenzieren können. Wie am obigen Beispiel gezeigt, können Erfahrungen der Andersartigkeit zunächst Irritation auslösen, die sich durch die Anpassung der TherapeutIn auflösen. Das bedeutet, dass diese Unterschiede, sofern sie in der Therapiebeziehung rechtzeitig wahrgenommen und gewürdigt werden, nicht automatisch zu bleibenden Beziehungsstörungen führen.

Festzuhalten bleibt, dass sich kulturelle Wertungen in allen der bisher aufgezeigten Ebenen des Modells der interkulturellen Therapiebeziehung (Erwartungen, Affekte, Kommunikation) finden lassen. Aufgrund ihrer herausragenden Bedeutung für die interkulturelle Therapiebeziehung werden zum Schluss implizite, d. h. unwillkürliche, unbewusste kulturelle Bewertungsprozesse herausgearbeitet.

9.4.2 Überbewerten und Ignorieren kultureller Unterschiede

Häufig findet Benachteiligung dort statt, wo kulturelle Unterschiede überbetont werden, z. B. wenn negative Einzelerfahrungen auf alle Mitglieder einer Gruppe verallgemeinert werden. Dabei werden Gruppen aufgrund einzelner Merkmale wie Hautfarbe, Nationalität, Kultur, Religion, Einwanderungsstatus (z. B. Schwarze, Türke, Moslem, Migrant, Flüchtling) als scheinbare Einheiten in Abgrenzung zur eigenen Gruppe konstruiert (Kalpaka/Räthzel 1990). Auf Stereotypen basierende Aussagen lassen sich in allen untersuchten Therapeutengruppen wiederfinden, am deutlichsten bei TherapeutInnen mit wenig interkultureller Erfahrung und ohne eigenen Migrationshintergrund:

T: »Also, die meisten Patienten, alle klagen über ihre Schmerzen, ja, und auch relativ häufig und konstant, aber die türkischen Patientinnen klagen in besonderer Weise und zwar so unverändert, also, sagen immer wieder das gleiche in der gleichen Tonlage, so wie runtergebetet fast [lacht]. Und das wirkt manchmal so, als könnte man da gar nicht, also, es wirkt wie so was Festgefügtes, man kommt da gar nicht dran. [...] Ich versuch' jetzt grad' zu überlegen, wir haben ja auch Patienten aus dem Kosovo und so weiter, und Patienten aus anderen Kulturkreisen, aber da ist es irgendwie anders, also ich würd' schon sagen, dass das sehr speziell ist« (Frau N., Abs. 54).

T: »Ich denke, hier kann man einfach noch den türkischen Kulturakzent sehen, dass es ihn sehr trifft, dass er für seine Familie nicht sorgen kann, weil er krank ist. Und dass seine Familie und wohl auch andere Leute aus der türkischen Gemeinschaft, in der er lebt, ihn nicht so richtig krank ansehen, was er da hat, man sieht ja da nix, nicht? Und dass er psychisch krank ist, dass er Kontrollverlust hat, dass er wenig belastbar ist, das alles, das sieht man ihm nicht an« (Herr R., Abs. 9).

In beiden Aussagen findet sich die Tendenz, einzelne Erfahrungen auf eine angenommene Grundgesamtheit wie »türkische Patienten« bzw. »türkische Männer« zu verallgemeinern. Zwar entsteht durch den Bezug zu Einzelbeispielen (zwei Schmerzpatientinnen, ein arbeitsunfähiger Patient) eine vorläufige Differenzierung, jedoch sind es Eigenschaften dieser einzelnen Patienten wie Klagsamkeit bzw. Betroffenheit die zu Gruppenmerkmalen aller türkischen Patientinnen bzw. Patienten erhoben werden, indem sie als kulturspezifisch bezeichnet werden. Durch allgemein gehaltene Aussagen ist der Eindruck von Objektivität beabsichtigt. Es fällt jedoch auf, dass es sich bei den genannten Merkmalen um gängige Stereotype über TürkInnen handelt (z. B. Somatisierungsneigung; Patriarchat). In beiden Beispielen nehmen TherapeutInnen negative Wertungen vor, z. B. wenn das Klagen über Schmerzen als »speziell« und veränderungsresistent beurteilt wird. Wenn eine Klientin diese Merkmale nicht aufweist wie im Fall der aktuellen Patientin der Therapeutin, sondern sich gerade in diesen Eigenschaften unterscheidet, wird sie als Ausnahme aufgefasst, sodass die Gültigkeit der stereotypen Aussagen nicht infrage gestellt wird:

T: »Die anderen beiden waren älter, wobei die eine, glaub' ich, gar nicht so wesentlich älter war. Aber ich meine, dass die anderen wahrscheinlich mehr im herkömmlichen türkischen traditionellen Sinne erzogen worden sind. Da hatte ich den Eindruck, sie konnten nicht weg von dieser Rolle als Mutter, Hausfrau, Ehefrau. Also einerseits haben sie's kritisiert, aber auf der anderen Seite konnten sie nicht unsere Hilfestellung nehmen, um da auszusteigen [...]« (Frau N., Abs. 33).

Um Unterschiede zwischen der erfolgreich behandelten aktuellen Patientin Frau M. und zwei früheren Patientinnen, die nicht von der Behandlung profitierten, zu erklären, zieht die Therapeutin zunächst das Alter der Patientinnen heran, das sich bei näherem Hinsehen zumindest bei einer Patientin nicht wesentlich unterscheidet. In der Folge vermutet sie in der »traditionellen Erziehung« die Ursache des Problems. Zugespitzt bedeutet das, dass die Therapeutin KlientInnen, die ihre Erziehung bzw. Tradition nicht aufgeben möchten/können, nicht helfen kann. Die angebotene Hilfe konzentriert sich auf den »Ausstieg« aus der sozialen Rolle, es werden keine anderen Lösungsalternativen vorgeschlagen. Probleme der Patientinnen werden nicht störungs-, sondern kulturspezifisch erklärt, sodass konsequenterweise das Ende der Störung mit dem Ende der Kultur assoziiert ist. Die ständige Konnotation der Störung mit der Kultur der Patientinnen macht ihre Behandlung unmöglich und entwertet ihre kulturelle

Herkunft. Naturgemäß können Menschen ihre Kultur nicht einfach ablegen, sodass dieser Lösungsansatz unerfüllbar für die betroffenen Patienten ist. Es kann keine objektiven Lösungen geben und Lösungen, die nicht in Einklang mit den kulturellen oder subjektiven Zielen der Patientinnen stehen, sind beliebig und aufgestülpt, sodass betroffenen PatientInnen keine andere Wahl bleibt, als sie abzulehnen bzw. sich zurückzuziehen. Bemerkenswert ist, dass bei der erfolgreich therapierten Patientin kulturelle Unterschiede z. B. in sozialen Beziehungen auch wahrgenommen, jedoch im Vergleich zu den beiden früheren Patientinnen nicht als problematisch eingeschätzt werden:

T: »Vielleicht [ist] diese Familienzugehörigkeit [anders; Ergänzungen B. K.], das ist schon 'ne engere Bindung als ich sie zum Beispiel habe zu meiner Familie und auch als die meisten, die ich so kenne. Jetzt die meisten deutschen Frauen meines Alters oder jüngere, bei älteren sieht's wieder anders aus, da ist, glaub' ich, 'ne engere Beziehung, aber da hatte ich das Gefühl, da [bei der Klientin Frau M.; Anmerkung B. K.] ist sehr enge Bindung und Bezogenheit, die auch über die Primärfamilie hinausgeht. Also, die Schwägerin, zu ihrer Schwägerin beispielsweise hatte sie auch 'ne sehr enge Beziehung, hat man das Gefühl, es ist schon so ein Clan und das ist schon anders. [...] die Unterschiede, das hat sich meines Erachtens auch nicht ausgewirkt« (Frau N., Abs. 52).

Die beschriebene Patientin ist mit Ausnahme ihrer Grundschulzeit in der Türkei aufgewachsen und erst im Alter von 23 Jahren nach der Eheschließung nach Deutschland gekommen, sie ist also überwiegend in der Türkei sozialisiert, was sich für die Therapeutin v. a. in ihren engen familiären Beziehungen widerspiegelt. Die Patientin selbst betont wiederholt ihre Anpassungsfähigkeit, was die von der Therapeutin erwähnte geringe Auswirkung kultureller Unterschiede möglicherweise z. T. erklärt:

P: »Also kulturelle [Unterschiede gibt's] überhaupt nicht, weil ich pass' mich auch hier sehr gut ein und überhaupt, bin halt eine Person, der sich in jede Sache schnell sich anpasst und ich seh' da selber keine Probleme, auch wenn der andere Probleme hat, sage ich, sie möchte das so denken, verstehen Sie? Da lass' ich so sie selber, ich möchte so was auch nicht akzeptieren. ›Kulturproblem‹? Ich erzähle zwar viel von unserer Kultur, damit die Menschen das auch verstehen können, red' ich oft [darüber; Ergänzungen B. K.], aber ich selber finde wenig Kulturprobleme« (Frau M., Abs. 69).

9.4 Kulturelle Stereotype und Machtasymmetrie

Zunächst berichtet die Klientin, dass sie in der Therapie keine kulturellen Unterschiede zu ihrer Therapeutin wahrnimmt und hebt v. a. ihre eigene Anpassungsfähigkeit hervor. Sie ist von vorneherein bemüht, potenzielle Unterschiede auszugleichen. Dazu erklärt sie ihre Kultur, bis sie verstanden wird. Notfalls weicht sie aus bzw. wendet sich ab. Deutlich wird, dass sich die Klientin eine Reihe von kommunikativen bzw. selbstwertschützenden Strategien zurechtgelegt hat, die darauf schließen lassen, dass sie Diskriminierung aufgrund ihrer kulturellen Zugehörigkeit zumindest einmal erfahren hat und vermeiden möchte. In ihrer Therapie erklärt sie viel. Dabei hebt sie das Verständnis der Therapeutin hervor:

P: »Nein, sie hat immer mit Verständnis reagiert, sag' ich mal, und es gab Sachen, was ich erzählt hab' und sie ›Oh‹ gemacht hat: ›Ah, hast du das auch so?‹ Aber auch dann da versucht, immer zu verstehen und auch Fragen dazu gestellt, damit sie's wirklich versteht, wie und was so was entsteht, sag' ich mal, also gar kein Problem. [...] Sie hat gemeint, nicht gesagt: ›Das ist ja Wahnsinn‹, oder so und die Nase vielleicht auf die Seite, aber sie hat schon gelächelt und bissel nachgefragt auch, ja, wie und was. Ich denke mal, wenn jemand verstehen möchte, macht das auch« (Frau M., Abs. 71–73).

Naheliegend ist, dass neben der wertschätzenden, fragenden Offenheit der Therapeutin, die Klientin stets aktiv darum bemüht ist, sich zu erklären. Sie muss ihr eigenes Problem und gleichzeitig unbekannte kulturelle Kontexte darstellen, damit sie erwünschtes therapeutisches Verständnis erhalten kann. Die Klientin übernimmt viel Verantwortung für die Therapiebeziehung, indem sie vorausplant, gestaltet und lenkt. Auf der Seite der Therapeutin bemerkt sie Offenheit und Wohlwollen, was sie entlastet und ihr Bemühen um Verständigung lohnenswert macht bzw. die wahrgenommene Überraschung bzw. Skepsis der Therapeutin in den Hintergrund rücken lässt. Entsprechend demonstriert die Klientin Zuversicht (»wenn jemand verstehen möchte, macht das auch«). Günstig für die Beziehung ist, dass im Veränderungsmodell der Therapeutin und Klientin eine hohe Übereinstimmung besteht:

P: »Also, bei mir ist ja mehr jetzt, ja, ich sag' mal so, Problem für mich ist auch zu Hause mit meinem Mann in dem Sinne, ich würd' mich ändern, aber er sollte sich auch ändern, dass er mir ein bisschen mehr im Haushalt hilft und entgegenkommt, mich versteht« (Frau M., Abs. 21).

Anders als bei den vorher dargestellten PatientInnen ist es ein selbst formuliertes Ziel der Patientin, dass sie von ihrem Mann im Haushalt entlastet werden möchte, womit sie dasselbe Lösungsprinzip verfolgt wie die Therapeutin. Auf diese Weise kommen in der Therapiebeziehung keine Störungen durch Zielunterschiede auf. Durch diese Übereinstimmung fehlt auch die Notwendigkeit für kulturspezifische Attributionen.

Das dargestellte Beispiel zeigt, dass kulturelle Wissensdefizite nicht hinderlich im Beziehungsaufbau sein müssen, sondern mit der KlientIn in der ExpertInnenrolle ausgeglichen werden können. Therapeutische Offenheit und das Vermeiden von Bewertungen sind Voraussetzung dafür. Überraschend scheint zunächst, dass dies der Therapeutin im aktuellen Fall gelingt, während sie bei den Beschreibungen zweier früherer Patientinnen negative kulturelle Wertungen vornimmt. Im aktuellen Fall sind jedoch zum einen die Anpassungsleistungen der Klientin in der Beziehung hoch, außerdem herrscht Zielübereinstimmung, sodass vorhandene Kulturunterschiede nicht ins Gewicht fallen. Das wirft die Frage auf, wie die Klientin mit Themen umgehen würde, in denen keine Übereinstimmung mit der Therapeutin besteht. Bisher haben nur vier Sitzungen im Rahmen einer hoch strukturierten teilstationären Behandlung stattgefunden, in denen nicht viel Anlass bestand, eingebrachte Probleme der Klientin kulturspezifisch zu attribuieren. Da die Patientin ihre Anpassungsfähigkeit betont, ist die Wahrscheinlichkeit hoch, dass sie – bewusst oder unbewusst – Bereiche ausspart, die Differenzen entstehen lassen und so die Beziehung belasten könnten. Dazu befragt, ob es erleichternde Umstände gäbe, wenn die Behandlung bei einer türkischen Therapeutin stattfinden würde, geht sie nur kurz auf kulturelles Vorwissen ein, das hilfreich sein könnte:

P: »Des ging da wegen Kultursache, sag' ich mal. Aber ich hab' auch da nicht so viel Probleme, wie gesagt, kulturmäßig erzähl' ich das und versuch' auch, Gegenüber das so verstehen zu bringen, warum und wie so was entsteht, weil es würde erst mal so ein ›Ah‹ oder ›Oh‹ [kommen; Ergänzung B. K.], ist aber nicht so, weil man wächst so auf und es ist nicht so schlimm, wie die das aufnehmen, das erzähl ich auch« (Frau M., Abs. 83).

Die Klientin bleibt zurückhaltend, äußert, dass eine türkische Therapeutin die »Kultursache« besser kennen würde, jedoch hat sie sich bereits darauf eingestellt, notwendige Grundlagen für therapeutisches Verstehen selbst zu schaffen, indem sie vieles erklärt. Außerdem möchte sie nicht, dass ihr persönliches Problem »kulturell« bewertet wird oder für Überraschungen bei Therapeuten sorgt (»es würde erst mal so ein ›Ah‹ oder ›Oh‹ [kommen]«). Jedoch schränkt sie ihre Befürchtung sofort ein, da sie in der aktuellen Therapiebeziehung eine korrektive Erfahrung gemacht hat. Deutlich wird dennoch, dass sie Fehlbewertungen im interkulturellen Kontext kennt und diese in der Regel durch Ursachenerklärungen auszuräumen versucht (»weil man wächst so auf und es ist nicht so schlimm, wie die das annehmen, das erzähl ich auch«).

Hinzu kommt, dass die Klientin bei ihrem ersten Therapieversuch eine große Enttäuschung bei einer türkischen Therapeutin erlebt hat, als positiver Beziehungsaufbau ausblieb und sie nach den probatorischen Sitzungen weggeschickt wurde. Daraufhin gelangte sie zu ihrer aktuellen Therapeutin, mit der eine gute Beziehung in kurzer Zeit gelang. Sie hat festgestellt, dass kulturelle Gemeinsamkeit kein Garant für eine positive Beziehung und den damit assoziierten Therapieerfolg ist.

In dieser Dyade fällt die kulturelle Herkunft der Klientin also wenig ins Gewicht bzw. wird vernachlässigt. Bemerkenswert ist, dass Therapeutin und Klientin dies gleichermaßen tun. Es besteht zum einen inhaltliche Übereinstimmung in den Zielen, darüber hinaus scheint die überaus hohe emotionale Passung zwischen Therapeutin und Klientin die Bedeutung bestehender Unterschiede abzuschwächen.

9.4.3 Konstruktion von Gemeinsamkeit als Beziehungsressource

Im vorangegangenen Abschnitt wurde gezeigt, dass die kulturelle Herkunft der Klientin bzw. bestehende kulturelle Unterschiede im Einzelfall vernachlässigt werden können; dies kommt u. a. den Anpassungswünschen der Klientin entgegen. Daneben wird auch eine hohe emotionale Passung zwischen Therapeutin und Klientin beobachtet:

P: »Ja, erstens, auch wenn man überhaupt noch nicht geredet hat, die Schauart, Blicke, da', sag' ich mal, funktioniert schon was. Und wie gesagt, wenn sie die richtige Fragen gibt und interessiert auch fragt, wenn die Frage auch tiefer reinkommt und so, ja, ich hab' das Gefühl, dass sie schon da erfahrener ist. Also, ich hab' nicht viele Psychiaterin gehabt jetzt, zweiten jetzt, hab' ich so diese Kontakt und, aber Anfang an, hab' ich sie ganz sympathisch gefunden in diese Richtung« (Frau M., Abs. 13–15).

Die Klientin hebt den zugewandt-interessierten Kontaktaufbau der Therapeutin hervor, was sie v. a. auf der nonverbalen Verhaltensebene aufmerksam wahrnimmt. Sie nimmt die Auswahl der Fragen als kompetent und hilfreich und die Antworten als gleichbleibend wohlwollend wahr. Einerseits spürt sie Wohlbefinden in sich, andererseits Vertrauen und spontane Sympathie zwischen sich und der Therapeutin. Die Patientin sieht in dieser Eigenschaft der Therapeutin, nämlich rasch positiven zwischenmenschlichen Kontakt herzustellen, außerdem eine Parallele zu sich:

P: »Ja, vielleicht, das [...] wie man das nennt, also zu nächsten Person gleich Kontakt [aufbauen; Ergänzung B. K.] kann man, glaub' ich, sagen so, ja. [...] Ja, also dass man nicht gleich so fremd ist, zum Beispiel in einer Gruppe sich schnell [...], also, ich hab' das Gefühl bei ihr auch, dass es schnell geht, diese Kontakt zwischen zwei Menschen, dass es einfach schnell da ist, so in der Art. Ich hab' das deswegen, wahrscheinlich sie deswegen so schnell akzeptiert, weil ich das Gefühl gegenseitig so gehabt habe« (Frau M., Abs. 63–68).

Die Therapeutin betont bei der Frage nach den Eigenschaften der Klientin ebenfalls Merkmale, die sie an sich erinnern:

T: »Ja, es gibt ja viele Patienten, die mit 'ner Angststörung kommen oder Depressionen haben und bei manchen spürt man eben diese Angst oder diese Depression, aber nicht, was da für eine Kraft dahinter sitzt. Aber bei ihr war das alles von Anfang an mit präsent. Da saß die Kraft sozusagen direkt daneben und obwohl sie wirklich sehr niedergeschlagen war, als sie kam, aber das hab' ich sofort erkannt, das hat mich dann sehr angespornt, genau das auch freizulegen« (Frau N., Abs. 15).

T: »[...] eine gewisse Willensstärke, die kenn ich auch von mir, da sprech' ich auch sehr drauf an, wenn das jemand hat, also, da bin ich immer sehr interessiert, das zu fördern [...]« (Frau N., Abs. 47).

Während die Klientin eine kommunikative Gemeinsamkeit hervorhebt, die den beiderseitigen Kontaktaufbau in der Therapiebeziehung erleichtert hat, bezieht sich die Therapeutin auf eine individuelle, veränderungsorientierte Eigenschaft. Sie hebt die »Kraft« und »Willensstärke« der Klientin hervor und schreibt sich diese Eigenschaften auch selbst zu. Überraschend dabei ist zunächst, dass die gegenseitige Wahrnehmung positiver Gemeinsamkeiten eine gute Passung herstellt, obwohl Therapeutin bzw. Klientin unterschiedliche Gemeinsamkeiten an sich wahrnehmen. Naheliegend ist, dass die gegenseitige Wahrnehmung von

Gemeinsamkeiten die Therapiebeziehung begünstigt – unabhängig davon, ob es sich um tatsächliche Gemeinsamkeiten handelt. Diesen Aspekt spricht eine muttersprachliche Therapeutin an:

T: »Also, ich bin sicher, dass ich mit Mimik und Gestik, wenn sie jetzt erzählt hat, ich hab' da was verändert, [dass, ich; Ergänzung B. K.] verstärkend reagiert habe an den Punkten, auch sofort angedockt, da weitergearbeitet hab', weil das auch vielleicht meinen Überzeugungen entsprach, denke ich. [...] Ich hab' zwar bestimmte therapeutische Überlegungen oder Haltungen und dennoch denke ich, wenn ich persönlich hinter etwas stehe, was auch mir nah ist, dann denke ich schon, dass ich einfach auch durch Haltung oder durch meine Art zu arbeiten, dass das schon einen Einfluss hat« (Frau F., Abs. 41).

Die Ausführungen der muttersprachlichen Therapeutin weisen darauf hin, dass wahrgenommene Gemeinsamkeiten in der Therapiebeziehung überwiegend indirekt und nonverbal verstärkt werden. Umgekehrt ist anzunehmen, dass unerwünschte Eigenschaften und Ziele von KlientInnen – teilweise unbemerkt – ignoriert und abgelehnt werden.

Zum einen begünstigt Identifikation die Beziehungstiefe, andererseits werden durch die Betonung von Gemeinsamkeiten reale Machtgefälle verschleiert. Ein Therapeut weist darauf hin, dass durch eine starke Identifikation eigene Schwächen des Therapeuten beim Patienten toleriert und verstärkt werden können, was wiederum den Therapieerfolg gefährdet und die Beziehungsqualität auf Dauer trübt:

T: »Wenn Leute so ähnlich sind wie ich, dann gibt's eher andere Probleme, dass meine blinden Flecken dann auch bei jemand anderem aktiv werden, wenn Leute unterschiedlich sind, ist das nicht so eine große Gefahr« (Herr R., Abs. 41).

Das bedeutet, dass die Konstruktion von Gemeinsamkeiten zwar positive emotionale Beziehungserfahrungen in der Therapie unterstützen, jedoch gleichzeitig reale Probleme verdecken kann. TherapeutInnen benennen ähnlich wie KlientInnen ausschließlich positive Eigenschaften wie Humor, Selbstständigkeit, Hobbys, Veränderungsbereitschaft, positive Einstellung zu Menschen etc. als Gemeinsamkeiten mit ihren KlientInnen. Selten werden negative Gemeinsamkeiten angeführt. KlientInnen beziehen sich meist auf in der Therapiesituation unmittelbar beobachtbare, kommunikative Eigenschaften der TherapeutInnen, da ihnen in der Regel Hintergrundinformationen fehlen. Außerdem fällt auf, dass sich TherapeutInnen mit Migrationshintergrund häufig auf Gemeinsamkeiten wie Migrantenstatus bzw. Migrationserfahrungen beziehen, und soziale und Bildungsunterschiede gleichermaßen reflektieren (Frau H., Frau C., Frau J.). Bei den KlientInnen muttersprachlicher TherapeutInnen überwiegt die Wahrnehmung der gemeinsamen Sprache und der scheinbar gemeinsamen kulturellen Werte und Rollen.

In Dyaden mit deutschen TherapeutInnen fällt auf, dass KlientInnen die eigene kulturelle Herkunft bzw. potenzielle kulturelle Unterschiede zugunsten von Gemeinsamkeiten mit Therapeuten zurückstellen:

P: »Ich kann auch kaum kulturelle Unterschiede sehen. Dort sitzen und reden wir sowieso nur. Da kommt nicht viel Kulturelles bei rum, finde ich. [...] Im Endeffekt sind alle kulturellen Unterschiede wie die Äste desselben Baumes, der Stamm vereinigt sie alle. Egal worüber wir reden, am Ende vereint es sich immer wieder an derselben Stelle. [...] Wenn von kulturellen Unterschieden die Rede ist, ist das für mich, als würde man von Kleidung sprechen. Jeder Mensch trägt Kleider, aber jeder zieht sich an, wie er möchte, ich sehe da keinen Unterschied. Der Unterschied liegt nur darin, dass er vielleicht blau mag und ich schwarz« (Frau Y., Abs. 42–43; Türkisch im Original).

P: »Also, von außen betrachtet würde man sagen, ja natürlich [gibt es Unterschiede; Ergänzung B. K.], weil sie ja 'ne ganz andere, in 'ner ganz anderen Kultur aufgewachsen ist als ich. Aber so, wie ich jetzt selbst bin, würde ich nicht sagen, also [Kopfschütteln]« (Frau V., Abs. 29).

Beide Klientinnen befinden sich seit mehreren Jahren in Therapie bei zwei deutschsprachigen TherapeutInnen, die erfahren in der Arbeit mit türkischen KlientInnen sind. Aus den Interviews der beiden TherapeutInnen und Klientinnen geht hervor, dass die kulturelle Herkunft und kulturelle Unterschiede zeitweise breiten Raum in der Behandlung einnahmen. Da beide TherapeutInnen von Ihren KlientInnen dabei konstant als wertschätzend und werteneutral erlebt wurden, war das »Kulturthema« in der gemeinsamen Therapiebeziehung nicht mit negativen oder Befremdungsgefühlen assoziiert. Beide Klientinnen sehen darin die Abwesenheit von kultureller Differenz. Demgegenüber vermutet einer der beiden Therapeuten, dass seine Klientin das Sichtbarwerden kultureller Unterschiede zwischen ihnen zugunsten einer harmonischen Beziehung vermied. Auf die Frage, wie die Klientin mit Kulturunterschieden umgegangen sei, antwortet ihr Therapeut:

T: »Ich vermute eher, das zu verleugnen, so zu tun als wären die nicht. Vermute ich, kann ich aber nicht genau sagen, ich kann mich nicht so erinnern, dass sie mich jetzt direkt auf etwas angesprochen hätte. Sie ist ja nun ziemlich direkt und so, dass sie gesagt hätte: ›Wissen Sie, das versteh' ich nicht, wieso Sie so und so reagiert haben, das ist mir fremd!‹, oder so. Das hat vielleicht eher damit was zu tun, dass Unterschiede gar nicht erst groß auftauchen, also, vielleicht hier so auch die Situation auch so zu gestalten, sodass wir nicht zu sehr so über die Unterschiede, was auch immer sie seien, stolpern können, vielleicht 'ne gewisse Anstrengung, dass sie die schon unternommen hat, vielleicht ohne es selber zu merken, ohne dass es für mich bemerkbar geworden ist« (Herr Z., Abs. 41).

Deutlich wird, dass das Erleben kultureller Differenz in der Therapiebeziehung insbesondere seitens der Klienten vermieden wird. Dies kann so erfolgreich gelingen, dass sich TherapeutInnen der damit verbundenen Anstrengung bzw. vermiedener Probleme und Gefühle kaum bewusst werden. Die Vermeidung von kulturellen Unterschieden in der Therapiebeziehung kann aus Identifikationswünschen mit TherapeutInnen resultieren und u. a. entlastend für KlientInnen sein. Häufig ist die Vermeidung kultureller Unterschiede in der Therapiebeziehung mit Anpassungswünschen der KlientInnen an die Aufnahmegesellschaft verbunden, die zeitweise in der interkulturellen Therapiebeziehung realisiert werden können.

9.4.4 Anerkennung als Beziehungsressource

In der Analyse von Wertunterschieden fällt auf, dass muttersprachliche und deutschsprachige TherapeutInnen mit und ohne interkulturelle Erfahrung Unterschiede in der Gestaltung weiblicher und männlicher Geschlechterrollen in der türkischen Gesellschaft häufig thematisieren:

T: »Ich glaube, die Rollen in der Familie sind anders. So wie ich das begriffen habe, ich bin mir nicht ganz sicher, ob das stimmt, aber es hat für mich so ausgeschaut, hat in der türkischen Familie der Mann so 'ne Außenministerrolle. Also, der Mann muss die Familie nach außen vertreten, die Außenangelegenheiten regeln. Aber ich denke, dass im inneren Familienleben die Frau doch viel zu sagen hat, auch wenn man das von außen nicht so sieht« (Herr R., Abs. 43).

T: »Das hat sicher mit 'ner kulturspezifischen Erziehung auch zu tun, was ich öfters auch von Frauen höre, also, dass ich 'ne bestimmte Rolle habe, bestimmte Aufgaben habe als Frau und auch wenn es meine persönlichen Grenzen überschreitet, ich das auch annehmen muss, erdulden muss oder jetzt nicht da Konflikte erzeugen sollte. [...] Und auch so diese Verantwortlichkeit als Ehefrau, als Mutter die Verantwortung zu übernehmen, das findet man auch in anderen Kulturen, aber das sehe ich auch oft bei türkischen Frauen« (Frau F., Abs. 33).

Der Therapeut vergleicht die weibliche und männliche Geschlechterrolle in der türkischen Gesellschaft mit politischen Ämtern einer Regierung (Innen- und Außenminister): Der eine bestimmt innerhalb, der andere außerhalb der Familie, Verantwortungsbereiche sind also klar unterteilt. Für Außenstehende – nicht der türkischen Kultur Zugehörige – sei diese Aufgabenteilung zunächst nicht so deutlich erkennbar, auch der Therapeut hat sie erst »begreifen« müssen. Durch diesen Vergleich verfestigt er zum einen die scheinbare Gegensätzlichkeit der männlichen und weiblichen Geschlechterrolle in der türkischen Gesellschaft; andererseits impliziert der Vergleich mit politischen Ämtern je nach Lesart, dass Geschlechterrollen erlernt sind und verändert werden können.

Im zweiten Zitat geht eine muttersprachliche Therapeutin darauf ein, dass die geschlechtsspezifische Erziehung in der türkischen Kultur begünstige, dass Frauen bestimmte Aufgaben zufallen und sie vermehrt Grenzüberschreitungen tolerieren würden. Hiermit sind indirekt sowohl überfordernde Aufgaben als auch wie im Fall ihrer aktuellen Klientin gewalttätige Übergriffe durch Familienangehörige gemeint. Anschließend relativiert sie ihre Aussage und beurteilt die Übernahme von bestimmten weiblichen Rollen in der türkischen und in anderen Kulturen als ähnlich, aber sie beobachtet diesen Umstand v. a. häufig bei den türkischen Frauen, mit denen sie arbeitet. Damit bleibt sie im gängigen Erklärungsmuster der erduldenden türkischen Frau. Eine andere muttersprachliche Therapeutin dagegen kritisiert, dass Frauen in der türkischen Kultur mehr Probleme mit ihrer Geschlechterrolle unterstellt werden als Frauen in der deutschen Kultur. Sie hebt hervor, dass Frauen in allen Kulturen vergleichbare Ambivalenzen gegenüber ihrer Frauenrolle haben, dass diese in der türkischen Kultur nur deutlicher zum Vorschein kämen:

T: »Ich weiß es nicht, ich tu' mich immer etwas schwer damit, weil ich denke, dass auch viele deutsche Frauen diese Gefühle oder Ambivalenzen haben gegenüber ihrer Frauenrolle. Also, ich denke nicht, dass das unbedingt mit der türkischen Kultur zusammenhängt. Vielleicht ist es dort etwas ausgeprägter oder, sagen wir mal, zur Zeit meiner Generation war's etwas ausgeprägter. Aber ich würd's, ich denke, dass das eher so'n Frauenproblem ist und weniger ein kulturelles. Sagen wir mal, kulturell für die Frauenkultur, aber weniger ethnisch-kulturell bedingt« (Frau H., Abs. 37).

Diese Therapeutin lehnt die Konstruktion kulturspezifischer Geschlechterrollen ab. Sie denkt, dass widersprüchliche Empfindungen gegenüber der eigenen Frauenrolle, wie sie sie bei ihrer aktuellen Klientin vorfindet, nicht kultur-, sondern geschlechterspezifisch seien. Sie nimmt wahr, dass bei ihrer in Deutschland aufgewachsenen, jung verheirateten Klientin neben emanzipierten Forderungen traditionelle Rollenwünsche bestehen. Dennoch gelingt es der Therapeutin, ihre Klientin nicht mit eigenen Autonomievorstellungen zu bedrängen, sondern deren Rollenvorstellungen zu respektieren:

T: »Ich denke, dass, also eins, was ich gemacht hab', war, dass sie das, was sie gebracht hat, einfach anzunehmen, auch innerhalb ihrer, so diesen traditionellen Rollen, weil sie hat ja im Kopf diese traditionellen Rollen. Das ist eine Frau, die sagt: ›Ja, ich würde ja die ganze Hausarbeit machen. Ich würde sie gerne machen, wenn ich nicht arbeiten müsste, wenn mein Mann arbeitet und mir das Geld bringt und zwar so viel Geld bringt, dass wir davon gut leben können. Dann bin ich bereit, Hausfrau zu sein.‹ Sie ist schon so in diesen traditionellen Rollen verhaftet und das scheint ihr auch das Beste zu sein irgendwo, und ich hab' das auch nie versucht, sie davon abzubringen oder so was. Also, ich hab' das einfach angenommen als ihr, ihre Vorstellung, ihr Wunsch. Und auch sie zu stärken in der Vorstellung: ›Okay, jetzt arbeite ich aber und so lange ich arbeite, erwarte ich, dass wir uns das teilen, weil wir arbeiten ja beide.‹ Also, ich hab' nicht versucht so ihre Rollenvorstellungen zu ändern und zu sagen: ›Oh mein Gott, ist doch Schei... [lacht] Ich mein', so willst du doch nicht leben?!‹, oder so, sondern ich hab' einfach angenommen, was sie sagt, und ernst genommen auch. Und bin aber immer wieder auch auf die heutige Situation zurückgekommen, also was ist, was sie heute stört, im Augenblick stört und wie kann man das verändern« (Frau H., Abs. 19).

Die Therapeutin beurteilt die geschilderte traditionelle Geschlechterrollenaufteilung, wonach die Klientin ihren Beruf aufgeben möchte, sobald ihr Mann ausreichend Geld verdient, nicht als überholt und veränderungswürdig, sondern respektiert dies als legitimen Wunsch ihrer Klientin. Dies ist v. a. vor dem Hintergrund bemerkenswert, dass die Therapeutin berichtet, in ihrer eigenen Familie habe sie die finanzielle Versorgung der Familie übernommen, während sich ihr Mann um das gemeinsame Kind gekümmert habe. Dennoch stellt sie die Vorstellungen ihrer Klientin nicht infrage oder konfrontiert diese mit Alternativen, die sie subtil zum Aufgeben ihrer Vorstellungen bewegen könnten. Stattdessen geht sie achtsam auf das gegenwärtige Anliegen der Klientin ein, die ihren Mann zu einer gleichberechtigten Aufgabenteilung im Haushalt bewegen möchte, solange beide berufstätig sind. Denkbar wäre, das paritätische Anliegen der Klientin als unvereinbar mit der angestrebten Hausfrauenrolle zu beurteilen und sie dazu zu bewegen, sich für das eine oder andere zu entscheiden. Die Therapeutin nimmt die Ambivalenz ihrer Klientin sensibel wahr, jedoch ohne sie damit zu konfrontieren oder zu einer Entscheidung zu zwingen. Stattdessen greift sie aktuelle Reibungspunkte in der Kommunikation der Ehepartner auf und arbeitet heraus, wie eine aktuelle Aufgabenteilung aussehen könnte. Sie bringt sich nicht als emanzipierte, besserwissende Therapeutin ein, die versucht, ihre Klientin für eine moderne Frauenrolle zu gewinnen, sondern bleibt eng an den präsentierten Problemen und geht ebenfalls wertneutral auf die Perspektive des Mannes ein:

T: »Und zwar hab' ich auch immer wieder seine Rollenvorstellungen, weil der kommt aus einer sehr traditionellen Familie, wo die Mutter nicht nur arbeitet, sondern auch alles im Haus macht, alles für alle. Und das ist für seine Kenntnis von einer Frau so, so, das ist, wie er eine Frau kennt, sozusagen, und [ich; Ergänzung B. K.] hab' ihr immer wieder versucht, das vor Augen zu halten, auch im Vergleich mit ihr als Frau, mit ihm als Mann und so. Und ich glaube, irgendwann, hat sie angefangen, seine Haltung zu verstehen, also, das nicht so anzuschauen, der tut was gegen mich oder der will mich ausnützen, sondern der hat's ja gar nicht anders gelernt und das wird eine Zeit dauern bis er das lernt, ja? Also, dass es eine Stückarbeit ist und wie man Schritt für Schritt halt dahingehen kann und wie man's einmal macht und wieder zweimal nicht, dass man nicht den Mut verlieren soll, sondern das wieder so auf die Tapete bringt und so weiter und sie hat Erfolg gehabt damit. Also, sie hat das gemacht und sie hat auch Erfolg gehabt damit, weil dieser junge Mann liebt sie, heiß und innig [lacht]. [...]

Also, sie ist da schon hin und her und dann schauen wir, was sie an ihrem Beruf liebt, also wir –, ich nehm' das, was sie mir bringt eigentlich und versuch das so'n bisschen weiterzuentwickeln, also, ich bring nichts, was nicht schon da ist. Also, ich würde ihr nie sagen: ›Mensch, aber denkst du nicht, dass du als Frau auf eigenen Füssen stehen solltest?!‹ oder ›Dadada!‹ So was sag' ich nicht, sondern wenn das von ihr kommt irgend so was, dann versuch' ich, das natürlich zu unterstützen [lacht]« (Frau H., Abs. 19).

Zwar drängt die Therapeutin ihrer Klientin keine emanzipatorischen Bestrebungen auf, jedoch unterstützt sie diese gerne – vorausgesetzt die Klientin bringt selbst Wünsche nach Selbstständigkeit ein. Die Therapeutin ist bemüht, sich an der Agenda der Klientin zu orientieren, indem sie sie z. B. darin unterstützt, ein besseres Verständnis für traditionelle Rollenvorstellungen ihres Mannes zu bekommen. Dazu lässt sie die Klientin die Biografie des Mannes differenziert berichten und geht auf prägende Frauenfiguren seiner Kindheit wie die omnipräsente Mutter ein. Trotz der vorhandenen Empathie mit ihrer Klientin verbündet sie sich also nicht mit dieser in einseitigen Schuldzuweisungen gegenüber dem Mann, sondern motiviert sie, sich in den Mann einzufühlen, indem sie mit gutem Beispiel vorangeht. Daneben übt sie konkrete Kommunikationsformen und ermutigt sie zu kleinen Übungen zwischen den Sitzungen. So leitet die Therapeutin einen gegenseitigen Lernprozess zwischen dem Paar an, obwohl in der gesamten Therapie nur eine gemeinsame Sitzung mit dem Mann stattfindet. In seiner Abwesenheit nimmt sie stellvertretend die Rolle des Mannes ein, bis der Klientin eine ausreichende Perspektivübernahme gelingt:

T: »Am Anfang hat sie ihm die Schuld gegeben: ›Er ist soundso und deswegen! Und er macht das soundso und deswegen! Und!‹ Er war ja nicht dabei in den ersten Gesprächen und dann hab' ich ihm nach den zwei Sitzungen so seine, also, ihn praktisch versucht, rein zu nehmen – als Person. Ich denke, auch teilweise dadurch, dass ich versucht habe, sie an seine Stelle zu tun, also seine Rolle zu übernehmen. Und dann hatten wir ein Paargespräch und ich glaub', das hat den [Erfolg gebracht; Ergänzung B. K.]. Dieses Paargespräch war sehr gut, weil danach hat sich die ganze Ehesituation verändert. Es war nur ein Paargespräch und da war, da waren diese Themen alle, die für sie problematisch waren, also Geld, Vertrauen, Lüge, Vertrauen, Kontrolle und so, das kam alles zur Sprache. Auch so die Rollenverteilung zwischen beiden und wie seine und ihre Vorstellungen sind, und es war eigentlich ein sehr gutes Gespräch. Der junge Mann ist einerseits recht traditionell, aber irgendwo auch sehr offen und dann haben wir da auch so einige Punkte ausgearbeitet, die sie beide vielleicht beachten könnten und danach scheint die Ehesituation sich irgendwie geregelt zu haben. Das war so Ende Juni und danach war sie noch mal viermal da und hat da berichtet, dass die Streitigkeiten immer weniger wurden, dass der Mann immer mehr so auf ihre Wünsche bezüglich Zusammensein, zusammen was unternehmen, auch so im Haushalt was machen und so, eingegangen ist. Und dass sie eben nicht mehr dauernd hinter ihm her kontrolliert hat. Das war, also so der, der Krux war dieses Paargespräch, glaub' ich, dann, am Schluss, aber das wär' nicht vorher gegangen. Also, weil vorher war sie einfach nicht bereit, aus dieser, aus dieser beschuldigenden Rolle rauszukommen« (Frau H., Abs. 17).

Es gelingt der Therapeutin zunehmend, in die Gespräche mit ihrer Klientin die Perspektive des Mannes einzubeziehen, die sie zunächst nur aus den (negativen) Erzählungen der Klientin kennt. Allerdings geht sie erst dazu über, nachdem die Klientin ausreichend Raum erhalten hat, ihren Standpunkt darzustellen und ihre Vorwürfe zu äußern, was viele Sitzungen dauert. Als die Therapeutin den Ehemann kennen lernt, bestätigt sich zwar die Erzählung der Klientin, wonach ihr Mann sehr in den traditionellen Geschlechterrollen seiner Eltern verhaftet ist, gleichzeitig bewertet ihn die Therapeutin als »sehr offen«. Die Therapeutin normalisiert wie bei ihrer Klientin die traditionelle Haltung des Mannes und sieht darin keinen Widerspruch zu Veränderungsbereitschaft. Entsprechend geht sie auf konkrete Problemsituationen ein, die sich in der Folge verändern und Raum für positive Paarzeit entstehen lassen.

Bemerkenswert ist, dass es im Rahmen eines zweistündigen Paargespräches gelingt, alle wesentlichen Problembereiche anzusprechen und gleichzeitig Lösungsstrategien zu entwickeln, die das Paar in der Folge wirksam umsetzen kann. Paargespräche werden von den meisten TherapeutInnen in der Studie, insbesondere wenn sie wenig Erfahrung in der Arbeit mit türkischen KlientInnen haben, als besonders schwierig und selten erfolgreich erlebt. Ein Grund für den Erfolg im vorliegenden Fall scheint darin zu liegen, dass die Therapeutin mit traditionellen Rollenvorstellungen beider Partner konstant wertschätzend umgeht und deren Haltungen sowie Lebensziele nicht infrage stellt. Die muttersprachliche Therapeutin führt ihre konsequent akzeptierende Haltung gegenüber der traditionellen Sichtweise des Paares zum einen auf den gemeinsamen kulturellen Hintergrund und zum anderen auf ihre ausführliche Reflexion von tradierten Geschlechterrollen zurück:

T: »Was vielleicht so das kulturelle ist, [ist] dass ich mich sehr leicht tu', [mich; Ergänzung B. K.] in diese traditionellen Vorstellungen einzufühlen, zum Beispiel auch in die Rolle dieses Mannes, in die Rolle eben, was seine Sozialisation bewirkt, und das auch nicht bewerte. Also, das ist für mich nichts Böses oder Schlechtes [...]. Dass ich mich jetzt damit nicht groß auseinandersetzen muss, sondern damit hab' ich mich mein ganzes Leben auseinandergesetzt [...]« (Frau H., Abs. 37).

Entscheidend dafür, sich in der Therapie unabhängig von eigenen Wertvorstellungen zu verhalten bzw. abweichende Rollenvorstellungen der Klienten nicht negativ zu bewerten, ist nach Ansicht der Therapeutin die intensive Reflexion eigener Wertmaßstäbe, wozu sie in ihrem eigenen Leben häufig angehalten war. Die selbstkritische Auseinandersetzung mit Geschlechterrollen ermöglicht der Therapeutin, eigene Wertmaßstäbe nicht als universell gültig, »modern« oder aus anderen Gründen gleichermaßen ersterbenswert für jede Frau bzw. jeden Mann zu favorisieren. Sie vermengt eigene Lebensziele nicht mit denen ihrer Klienten und kann dadurch diese besser beim Verfolgen zunächst gegenläufig wirkender Ziele unterstützen. Damit setzt sie sorgfältig ihr Therapieprinzip um, Klienten so weit wie möglich innerhalb ihres eigenen Wertesystems bei der Suche nach passenden Lösungen mit therapeutischem Handlungswissen zu unterstützen. Bewertungen, Interpretationen oder Konfrontationen, die automatisch auf eigenen Bewertungen beruhen, werden vermieden. Dies ist von besonderer Bedeutung, da Klienten sehr sensibel die Wertvorstellungen ihrer Therapeuten wahrnehmen, wie die folgende Aussage belegt:

P: »Und ihre Lebensweise ist ja auch anders als meine [...]. Es wird halt nicht rumdiskutiert [...], man akzeptiert das und sagt auch nicht so: ›Ja, nee, das sollte lieber so sein‹, oder so. Sie versucht, mich nicht so zu überzeugen, jetzt von ihrer Meinung« (Frau G., Abs. 41–45).

Obwohl die Klientin wenig über ihre Therapeutin weiß, geht sie davon aus, dass deren Lebensweise sich deutlich von ihren Wertvorstellungen unterscheidet. Dennoch fühlt sie sich von ihrer Therapeutin wertschätzend behandelt und nicht bevormundet oder manipuliert. Wie ihre Therapeutin respektiert sie deren andere Lebensweise, indem sie sie beispielsweise nicht bewertet oder den Kontakt abbricht.

9.4.5 Umkehr von Machtgefällen

Reale Machtgefälle bzw. kulturelle Wertedistanz machen eine (latente) Diskriminierung in Therapiebeziehungen wahrscheinlich. Dennoch sprechen KlientInnen solche Erfahrungen kaum an, ebenso wenig scheinen sich Therapeuten bestehender Machtstrukturen bewusst zu sein. Interessant ist, dass es stattdessen vereinzelt Beispiele gibt, in denen TherapeutInnen das reale Machtverhältnis zwischen sich und ihren Klienten umgekehrt wahrnehmen:

T: »Dann, was ihm, glaube ich, ganz gut getan hat, war, dass ich ihm, er erwähnt ja manchmal seine muslimische Denkweise über manche Sachen, dass ich da nachgefragt habe und ihn auch gebeten habe, mir das genau zu erklären und das hat er ausgesprochen gerne getan. Das hatte fast schon ein bisschen was Missionarisches, überhaupt nicht unangenehm, aber er war sehr bemüht, mir ein Verständnis zu geben für eine muslimische Sicht der Dinge und es hat ihm auch sehr gut gefallen, wenn ich mich später darauf bezogen habe, wenn ich zum Beispiel nach einem Suizidversuch, einem späteren Suizidversuch gesagt habe: ›Ich glaube nicht, dass Gott will, dass sie sterben, Sie leben ja noch.‹ Und dass ich das irgendwie mit hab' einfließen lassen, das hat ihm sehr gut gefallen« (Herr R., Abs. 19).

Der Therapeut befragt den Patienten zu seinem Glauben und erhält so Informationen zum Wertesystem des Klienten, die er später in die Therapie einbinden kann. Er hebt hervor, dass er seinen Klienten die Expertenrolle einnehmen lässt, wodurch sich dieser besonders aufgewertet fühlt. Gleichzeitig bewertet der Therapeut die Ausführungen seines Patienten als »ein bisschen was Missionarisches«. Zwar findet er das nicht unangenehm, dennoch unterstellt er dem Patienten darin eine manipulative Absicht. Damit kehrt der Therapeut in seiner Betrachtungsweise das reale Machtverhältnis zwischen Klient und Therapeut um, das demjenigen, der die Therapeutenrolle einnimmt, automatisch mit mehr Manipulationsmacht ausstattet. Zwar haben Patienten ebenfalls die Möglichkeit, ihre Therapeuten zu beeinflussen, dennoch wird dadurch der Machtvorteil von Therapeuten nicht ausgeglichen oder gar aufgehoben, wie es hier anklingt. Im Nachhinein wird deutlich, wie sinnvoll es war, das Gespräch aktiv auf die Religion des Patienten zu lenken und diesem breiten Raum für seine Selbstöffnung und Selbstdarstellung zu geben. Dadurch gelingt es dem Therapeuten, das Bezugssystem seines Klienten genauer kennenzulernen und dessen Suizidversuche als von Gott ungewollt bzw. als Sünde zu identifizieren. Dies erweist sich als besonders wirksame Umstrukturierung, da die Logik für diese Aussage direkt dem Glauben bzw. dem Denken des Patienten entlehnt ist. Auch der Patient stellt diese Intervention als besonders förderlich für seine Selbstreflexion dar:

P: »Herr [...] [Name des Therapeuten; Anmerkung B. K.] hat sich auch Glaubensfragen angenommen, er hat gefragt, was es für Glaubensgrundsätze im Koran gibt. Zum Teil hat er das wahrscheinlich gewusst und trotzdem gefragt oder nicht gewusst und deshalb gefragt, das weiß ich nicht. Er hat jedenfalls auch in diesen Angelegenheiten Vorarbeiten gemacht. Auch wenn es halb versteckt war, habe ich das erraten können. Aber das ist natürlich nicht verboten, im Gegenteil, ich habe das gerne erzählt, egal ob er es schon wusste oder nicht, und das ist für die Psyche etwas Wichtiges. Also damit, dass ich seine Fragen beantwortet habe, habe ich mich auch erleichtert gefühlt. Er hat zum Glauben Fragen gestellt, ist es so oder so, gibt es im Islam diese oder solche Verbote? Was passiert, wenn das passiert, was, wenn was anderes passiert? Durch Fragen in dieser Form hat er gefragt, ob Selbstmord im Islam verboten ist. Ich habe gesagt, dass es verboten ist, dass es über das Verbot hinaus sogar eine Sünde sei. Danach, wie ich bereits berichtet habe, habe ich fünf Selbstmordversuche gemacht, er hat in diesen Situationen gesagt: ›Obwohl es im Islam verboten ist und du ein sehr gläubiger Mensch bist, probierst du es wieder? Obwohl es eine Sünde ist, ist das nicht widersprüchlich?‹ Und das hat Fragezeichen bei mir hinterlassen, solche Situationen hat es gegeben« (Herr Ö., Abs. 15; Türkisch im Original).

Der Patient nimmt die Fragen seines Therapeuten über den Islam im Nachhinein zwar als zielgerichtet wahr, denn er weiß nun, dass der Therapeut durch genaues Befragen eine Basis für spätere Interventionen geschaffen hat, jedoch ist er mit diesem Vorgehen einverstanden und findet es zudem angenehm und aufwertend. Das Interesse des Therapeuten entlastet ihn und gibt ihm die Möglichkeit, sich von einer ressourcenreichen Seite zu zeigen. Geleitet durch Fragen, kann er berichten, welche Fakten er über den Islam weiß, aber auch, welche Werte ihm wichtig sind und welchen Stellenwert die Religion in seinem Leben hat. Für den Patienten ist die Vermittlung von Information über den Islam nur ein positiver Aspekt seiner Erzählung; die Möglichkeit, sich selbst von einer – in seiner subjektiven Wahrnehmung – besonders positiven Seite darzustellen und einen aufmerksamen Zuhörer zu finden, ist mindestens ebenso wichtig für ihn (»ich habe das gerne erzählt, egal ob er es wusste oder nicht, und das ist für die

Psyche etwas Wichtiges«). Der Patient erhält durch die Fragen des Therapeuten also eine Gelegenheit eigene Ressourcen wahrzunehmen. Außerdem erhält sein identitätsstiftender religiöser Glaube gebührend positive Aufmerksamkeit, die ihm im öffentlichen Diskurs nur negativ zuteil wird.

An diesem Beispiel wird ersichtlich, wie es Patient und Therapeut im Verständigungsprozess gelingt, trotz z. T. sehr gegensätzlich erlebten Voraussetzungen[2] gegenseitige Anliegen aufzugreifen und erfolgreich zwischen den Perspektiven beider Beteiligten hin- und herzuwechseln, bis eine ausreichende Verständigungsbasis entsteht. Allerdings nimmt dies viel Zeit in Anspruch, was in diesem Fall durch Sprachprobleme noch verstärkt wird. Es scheint hilfreich, wenn Therapeuten bei fehlender Kulturkenntnis die Machtasymmetrie teilweise aufgeben und Patienten explizit die Expertenrolle für die Auskunft über ihre kulturellen Werte und Normen überlassen, ohne Berichte auf der Basis eigener Maßstäbe vorschnell anzuzweifeln. Gleichzeitig ist es von Bedeutung, dass Therapeuten ihre Patienten nicht »exotisieren« oder dafür missbrauchen, Wissensdefizite aufzufüllen oder stereotype Vorurteile zu reproduzieren. Sie müssen versuchen, ihre Fragen sorgfältig und vorausschauend im Sinne der Patienten zu wählen, um subjektiv relevante Informationen einzuholen, die später aktiv für die Therapie genutzt werden können.

9.4.6 Therapeuten als Experten oder Autoritäten?

Eine asymmetrische Rollenverteilung in der Therapiebeziehung birgt das Risiko, kulturelle Wertungen vorzunehmen. Interessant ist daher, wie TherapeutInnen und KlientInnen in interkulturellen Beziehungen ihre jeweiligen Rollen ausfüllen. Zum Teil sprechen deutschsprachige TherapeutInnen an, dass sie sich von PatientInnen als formelle Autoritäten behandelt fühlen, denen gegenüber z. B. Kritik zurückgehalten wird:

T: »Also, grad an dem Thema, weil das gestern so war, sie hat da schon so was, glaub' ich, wie, also sieht mich dann doch wie so 'ne Respektsperson, weil also, da merk' ich dann schon, dass sie mir so die Autorität lässt und, ja, überlegt, wie kann man denn das richtig sagen, sich nicht richtig anpasst, aber auf alle Fälle auch nicht aufmüpft. Also, ich denk', sie lässt's irgendwie, so 'n bissle: ›Schwamm drüber, des lass mer jetzt so‹« (Frau W., Abs. 57).

---

[2] Der Therapeut kann z. B. keine Gemeinsamkeit mit seinem Patienten erkennen, außer dem Geschlecht.

9.4 Kulturelle Stereotype und Machtasymmetrie

Zwar wird die Therapiebeziehung von beiden als offen und vertrauensvoll eingeschätzt, dennoch bemerkt die Therapeutin, dass ihre Patientin darum bemüht ist, die richtigen Worte zu wählen, wenn sie anderer Meinung ist. In diesem Fall geht es um einen Film, den die Klientin anstößig findet und kritisiert. Als sie bemerkt, dass die Therapeutin anders darüber denkt, lässt sie die Sache auf sich beruhen. Die Therapeutin nimmt an, dass sie dadurch eine Auseinandersetzung mit der Therapeutin abwendet. Während Frau W. die Nachgiebigkeit ihrer Klientin in diesem Beispiel nicht explizit kulturell attribuiert, nehmen andere TherapeutInnen an, dass KlientInnen kulturbedingt um Anpassung gegenüber Autoritätspersonen bemüht sind. Vereinzelt gehen sie davon aus, dass KlientInnen aufgrund hierarchischer Familienstrukturen eine Ersatzautorität in ihren TherapeutInnen suchen:

T: »Ich hab' manchmal den Eindruck, weiß ich nicht, wie 'ne ›abla‹ [Türkisch für ältere Schwester] [gesehen zu werden; Ergänzungen u. Anmerkungen B. K.] [lacht]. Vor allem die erste Generation, das muss ich sagen. [...] Diese Erwartung ist, glaub' ich, auch 'ne andere, jetzt geh' ich dahin und sie diktiert mir, was ich zu tun hab'. Ich glaub', dass ist auch ein bisschen kulturspezifisch, man ist gewohnt, diktiert zu kriegen, da ist immer jemand, der einen Befehl gibt: der Ehemann, der Papa früher, die Mutter und jetzt kommt diese Autorität, Rolle einer Lehrerin oder ich weiß nicht was, wird es mir auch jetzt sagen« (Frau C., Abs. 47).

Problematisch erlebte, passive Verhaltensweisen der KlientInnen werden von der muttersprachlichen Therapeutin kulturspezifisch attribuiert. Dabei werden reale Machtdifferenzen in der Therapiebeziehung – wie Expertenmacht – ausgeblendet. Auch geht die Therapeutin nicht darauf ein, dass es sich in der Therapiebeziehung um eine explizite Hilfebeziehung handelt. Sie sieht die Ursache für abhängige Verhaltensformen ihrer KlientInnen überwiegend in der türkischen Familienhierarchie begründet. Demgegenüber beziehen sich KlientInnen häufig darauf, ihre Therapeuten als »ExpertInnen« wahrzunehmen:

P: »Ich dachte mir, ja, das habe ich vergessen zu erwähnen, ich komme, um Hilfe zu bekommen, zu einer Gelehrten, zu einer Expertin, sie weiß Bescheid, das ist anders als die Ratschläge von Freunden, sie hat mehr Erfahrung, ist professionell, kann jedem helfen, das war mein Beweggrund, zu kommen« (Frau E., Abs. 29; Türkisch im Original).

9 Aspekte der interkulturellen Therapiebeziehung

P: »Es verbindet [uns] halt irgendein Problem, sie aus ihrem beruflichen [Hintergrund; Ergänzungen B. K.] und ich mit meinen Problemen, die ich halt so hab', je nachdem, das verbindet uns halt auf der beruflichen Seite für sie, eigentlich das« (Frau K., Abs. 29).

Die beiden Klientinnen erwarten von ihren Therapeutinnen, dass sie in der Expertenrolle problemspezifisches Wissen, Objektivität und Hilfestellung in die Therapiebeziehung einbringen, sie erleben die Beziehung also zweckgerichtet und zielorientiert. Gerade die Professionalität der Therapeutin ermöglicht es beiden Patientinnen Tabuthemen wie Sexualität, Gewalt und Missbrauch im Erstkontakt anzusprechen. Das Expertentum der Therapeutinnen wird nicht automatisch als sachlich und kühl wahrgenommen:

P: »Komischerweise durch diese Gespräche, was ich jetzt mit ihr hatte, macht sie mich auf gewisse Dinge aufmerksam, die ich vorher so nicht geschaut hab' oder vorher nicht so betrachtet habe, Wertgefühle zum Beispiel, und ich hab' halt das Gefühl, wenn ich mit ihr im Gespräch bin, ich weiß, von ihr werd' ich verstanden halt. Man merkt das von ihrer Mimik halt, egal wie sie sich halt benimmt, es ist halt nicht so, halt, jetzt halt diese Stunde, das sie die jetzt wahrnehmen muss, sondern, sie ist in diesem Fall drinnen, sag' ich mal so, keine Fremde für mich« (Frau K., Abs. 13).

Die Therapeutin wird als professionelle Kompetenzträgerin erlebt, die unmittelbare und übergreifende Probleme der Klientin wahrnimmt (»Wertgefühle«). Ihr sorgfältiger und teilnahmsvoller Umgang mit der Problematik der Klientin macht sie zu einer emotional nahestehenden Expertin (»keine Fremde für mich«). Es konnten keine Belege dafür gefunden werden, dass KlientInnen, wie z. T. von TherapeutInnen angenommen, autoritäres Verhalten erwarten.

Wenn sich KlientInnen zu Beginn eher zurückhaltend im persönlichen Kontakt verhalten, überprüfen sie u. a., ob TherapeutInnen erwartete bzw. hilfreiche Eigenschaften aufweisen. Zwar ist naheliegend, dass in hierarchisch organisierten, sogenannten kollektivistischen Kulturen autoritäre Beziehungsformen auch in professionellen Beziehungen eher akzeptiert werden, jedoch übertragen Klienten in der vorliegenden Untersuchung familiäre Ordnungsprinzipien nicht kulturbedingt auf professionelle Beziehungen, beispielsweise sprechen sie TherapeutInnen nicht mit dem im Türkischen gebräuchlichen Bruder (»abi«) oder

Schwester (»abla«) an, obwohl diese Verwandtschaftsbezeichnungen in anderen Kontexten häufig genutzt werden (vgl. Baran/Kalaçlar 1993). Stattdessen verwenden sie ohne Ausnahme die formelle Ansprache (»[Vorname] hanım« für Frauen und »[Vorname] bey« für Männer).

9.4.7 Zusammenfassung

Bei Werteverschiedenheit stehen TherapeutInnen teilweise vor dem Dilemma, eigene Überzeugungen zu verfolgen bzw. aufzugeben. Wann ist eine wertneutrale Haltung erstrebenswert und wann sollte eigenen Überzeugungen der Vorzug gegeben werden? Diese Fragen können nicht allgemeingültig und abschließend beantwortet werden, u. a. wurde anhand des Fallbeispiels einer muttersprachlichen Therapeutin aufgezeigt, wie sie eine wertneutrale, anerkennende Haltung gegenüber dem Wunsch ihrer Klientin nach einer traditionellen Frauenrolle einnimmt, obwohl die Therapeutin selbst eine emanzipierte Frauenrolle ausfüllt.

Kulturelle Differenz wird zum potenziellen Problem in Therapiebeziehungen, wenn sie unreflektiert bleibt, denn nicht reflektierte bzw. akzeptierte Differenz schafft unerwünschte Konflikte und negative Bewertungen. In der Arbeit mit MigrantInnen zeigt sich, dass Bewertungsanlässe durch kulturelle Distanz v. a. in der Konstruktion von Geschlechterrollen entstehen. Durch die Anerkennung der Lebensumstände der KlientInnen und der daraus resultierenden Bewertungssysteme gelingt es, Differenzen im Geschlechterrollenverständnis nicht als abweichend oder »überholt« zu bewerten, sondern ausgehend vom Anliegen der KlientInnen konkrete Problemlagen zu verändern. Voraussetzung dafür ist die kontinuierliche Reflexion der eigenen Werthaltungen. Die Reduktion von Machtgefällen in interkulturellen Therapiebeziehungen gelingt zeitweise, wenn KlientInnen als »ExpertInnen« ihrer Kultur und Religion befragt werden, sofern dies bedeutsam für die aktuelle Problemlage des Klienten ist und nicht in erster Linie dazu dient, die therapeutische Neugier zu befriedigen.

Es konnte gezeigt werden, dass die Konstruktion von persönlichen Gemeinsamkeiten zu einer hohen emotionalen Passung führt und die Äußerung kultureller Wertungen reduziert. Das Hervorheben von persönlichen Gemeinsamkeiten rückt bestehende kulturelle Unterschiede zeitweise in den Hintergrund. Gleichzeitig kann die Konstruktion von Kommonalität kulturelle Unterschiede und Machtgefälle in der Therapiebeziehung verharmlosen und eine ungewollte Einflussnahme begünstigen, wenn z. B. Klientinnen gleichzeitig starke Anpassungswünsche haben. Safran und Muran (2000) berichten, dass Störungen in der Therapiebeziehung wie fehlendes Vertrauen und Sorge vor Ablehnung sichtbar werden, wenn sich Klienten zurückziehen (z. B. Verschweigen bestimmter Themen, Verleugnung von Gefühlen, geringe Antwortbereitschaft, häufige Themenwechsel). Übertragen auf interkulturelle Therapiebeziehungen bedeutet dies, dass Klienten sich bzw. kultur- und migrationsspezifische Themen zurückhalten, solange sie Sorge haben, dass ihre Erfahrungen bzw. kulturelle Differenz in der Therapiebeziehung abgewertet werden könnten.

10 Die kultursensible Therapiebeziehung

In der vorliegenden Arbeit wurden KlientInnen türkischer Herkunft und ihre TherapeutInnen zur Qualität und zu Besonderheiten ihrer Therapiebeziehung befragt. Ziel war es, festzustellen, welche spezifischen Störungen in Therapiebeziehungen bei Kulturverschiedenheit auftreten und wie es Beteiligten gelingt, Beziehungsstörungen zu bewältigen. Es wurden zwölf KlientInnen und zwölf TherapeutInnen befragt, die sich auf ein Informationsschreiben meldeten. Davon waren zehn KlientInnen in ambulanter Behandlung, eine Klientin wurde stationär und eine teilstationär behandelt. Die Behandlungsdauer betrug 3 bis 140 Sitzungen bzw. 3 Wochen bis 5 Jahre. Als Therapieanlass gaben KlientInnen in mehreren Fällen Partnerschafts- und Familienkonflikte an sowie vereinzelt Arbeitskonflikte, allgemeine psychische Erschöpfung, chronische Schmerzen, Trennung, Depression, Suizidversuch, Schlafstörung und sexuellen Missbrauch.

Die TherapeutInnen konnten drei Erfahrungshintergründen zugeordnet werden. Es nahmen acht deutschsprachige TherapeutInnen teil, die zur Hälfte selten bzw. zum ersten Mal mit türkischen KlientInnen arbeiteten. Die andere Hälfte bestand aus TherapeutInnen, die interkulturelle Erfahrung, mehrheitlich mit türkischen KlientInnen, hatten. Die dritte Gruppe bestand aus vier muttersprachlichen Therapeutinnen, die seit vielen Jahren überwiegend mit türkischen KlientInnen arbeiteten. Die TherapeutInnen verfügten im Durchschnitt über ca. 19 Jahre Berufserfahrung und hatten psychotherapeutische Zusatzausbildungen mit tiefenpsychologisch-analytischem, systemischem, verhaltenstherapeutischem und traumaspezifischem Schwerpunkt.

Die TeilnehmerInnen wurden einzeln mithilfe eines Leitfadens interviewt. Außerdem wurde mit den ProbandInnen eine Repertory Grid Befragung durchgeführt (Kelly 1955/1983). Aus der fallübergreifenden Analyse der idiographischen Grid-Konstrukte gingen vier vorläufige Kategorien aus Klienten- und fünf Kategorien aus Therapeuten-Aussagen hervor; diese veranschaulichen, dass KlientInnen und TherapeutInnen z. T. sehr unterschiedliche Faktoren als bedeutsam für eine günstige Therapiebeziehung favorisieren.

Vorläufige Kategorien	
KlientInnen	TherapeutInnen
1. Ausstrahlung, Achtsamkeit, Einfühlungsvermögen, Offenheit	Souveränität, Selbstbestimmung
2. Berücksichtigung kultureller und migrationsspezifischer Differenz	Selbstreflexion, Veränderungsbereitschaft
3. Passende Lösungen	Beziehungs- und Kommunikationsfähigkeit
4. Erfahrung, Erfolg	Empathie
5. –	Kulturdifferenz, -kompetenz

Tabelle 10.1: Vorläufige Kategorien für KlientInnen und TherapeutInnen aus den Repertory Grids

Im Leitfadeninterview fällt auf, dass sich PatientInnen und TherapeutInnen meist zufrieden bis sehr zufrieden über ihre Therapiebeziehung äußern. TherapeutInnen in langen Therapiebeziehungen werden tendenziell besser von ihren KlientInnen bewertet. Aus der Prozessforschung ist bekannt, dass die Güte der Beziehung und der Therapieerfolg mit der Therapiedauer zunehmen (Orlinsky et al. 2004). In der vorliegenden Untersuchung sind lange Therapien häufiger bei TherapeutInnen mit viel interkultureller Erfahrung anzutreffen, unabhängig davon, ob sie auf Türkisch oder auf Deutsch arbeiten. Therapeuten ohne interkulturelle Erfahrung brachten mit einer Ausnahme KlientInnen mit kurzer Therapiedauer in die Untersuchung ein. Dieser Umstand ist u. a. damit zu erklären, dass sich nur in dieser Gruppe KlientInnen aus stationären Einrichtungen befanden. Dyaden mit wenig interkulturell erfahrenen TherapeutInnen kamen also häufiger im stationären als im ambulanten Rahmen zustande.

In interkulturellen Therapiebeziehungen treten v. a. zu Beginn Störungen auf, wenn Therapeuten wenig Arbeitserfahrung mit MigrantInnen haben. Erschwerend kommt hinzu, dass in Regeleinrichtungen Strukturen fehlen, die die interkulturelle Arbeit unterstützen. So ergeben sich z. B. schon sehr häufig Störungen in der verbalen Verständigung, die zum Leidwesen aller Beteiligten zu Verzögerungen in der Diagnosestellung und Behandlung führen. Ausgehend von den analysierten Problembereichen wird folgendes Modell der kultursensiblen Therapiebeziehung vorgeschlagen:

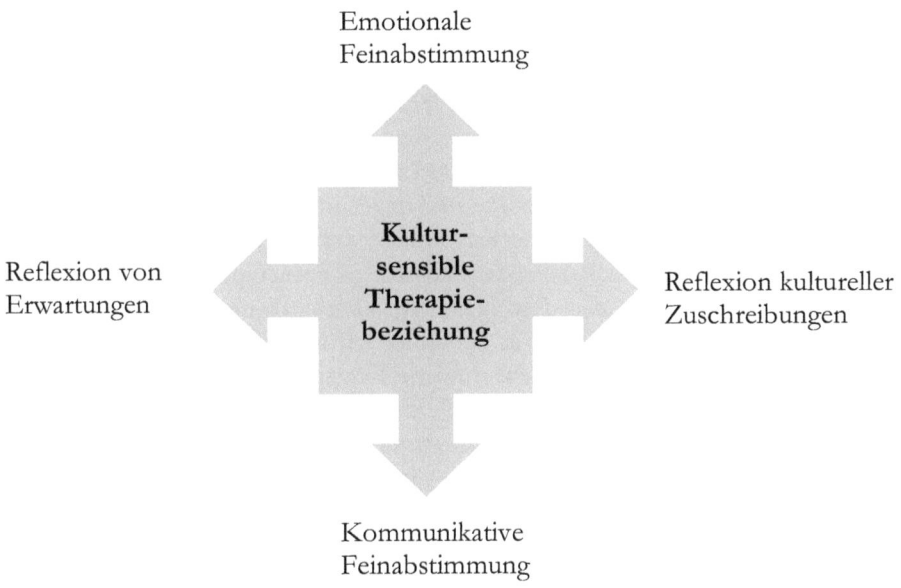

Abbildung 10.1: Modell der kultursensiblen Therapiebeziehung

Das Modell der kultursensiblen Therapiebeziehung weist die vier Ebenen »Reflexion von Erwartungen«, »Emotionale Feinabstimmung«, »Kommunikative Feinabstimmung« und »Reflexion kultureller Zuschreibungen« auf. Diese korrespondieren teilweise mit den vier Faktoren »Rollenbeteiligung, Interaktive Koordination, Kommunikative Abstimmung und Gegenseitige Bestätigung« aus dem Generischen Modell der Psychotherapie (Orlinsky et al. 1994). Jedoch basiert das Generische Modell auf einer Metaanalyse von Studien, in denen die kulturelle Herkunft von Klient und Therapeut nicht differenziert wurde. Deshalb werden durch Kulturverschiedenheit bedingte Beziehungsaspekte im Generischen Modell weitgehend vernachlässigt.

10 Die kultursensible Therapiebeziehung

10.1 Reflexion von Erwartungen

Aus den Aussagen der zwölf türkeistämmigen KlientInnen der vorliegenden Studie geht übereinstimmend hervor, dass sie insbesondere der ersten Begegnung mit der TherapeutIn große Bedeutung beimessen. Klienten entscheiden häufig bei der ersten Begegnung, ob ein weiterer Kontakt sinnvoll ist oder nicht. Dabei stehen deutschsprachige und muttersprachliche TherapeutInnen in ähnlicher Weise auf dem Prüfstand. Zwar wird muttersprachlichen TherapeutInnen viel Vorschussvertrauen entgegengebracht, jedoch ist die Enttäuschung umso größer, wenn Erwartungen nicht erfüllt oder Klienten abwiesen werden.

Die befragten PatientInnen haben zu Beginn der Therapie sehr hohe Erwartungshaltungen gegenüber der TherapeutIn als Person. Gegenstandsbezogene Erwartungen an eine Psychotherapie sind dagegen schwieriger zu formulieren und können in der Regel besser hervorgebracht werden, wenn PatientInnen Vorerfahrungen mit Therapie haben oder andere Psychotherapie-Patienten kennen. Kadushin (1966) zeigte, dass Psychotherapie-PatientInnen häufig informelle persönliche Netzwerke bilden, in denen sie Informationen über psychische Probleme, Therapiemöglichkeiten, einzelne Therapeuten etc. austauschen. Kadushin konnte auch zeigen, dass Entscheidungsprozesse, eine Psychotherapie aufzunehmen, bei Mitgliedern »therapiefreundlicher« Kreise durch mehr persönliche Empfehlungen unter Freunden geprägt sind. Demgegenüber gelangen Patienten, die keine therapieerfahrenen Bekannten haben, oftmals unter dem Druck ihrer Familien oder in Krisen in Therapie.

Ein vergleichbares Phänomen ist bei Klienten mit Migrationshintergrund wiederzufinden. Zum einen nehmen MigrantInnen seltener eine Psychotherapie in Anspruch bzw. sie werden seltener in Therapien überwiesen (Collatz 2001). Sie haben also weniger Gelegenheit, therapierelevante Informationen im Voraus zu bekommen bzw. konkrete Erwartungshaltungen, Rollen- und Zielvorstellungen zu bilden. Zum anderen gibt es wenig kompetente Stellen, an die sich MigrantInnen wenden können, wenn sie eine sprach- oder kultursensible Therapie suchen. Es ist also naheliegend, dass MigrantInnen zunächst unter »ihresgleichen«, also Landsleuten, suchen, da sie vermuten, dort gezielte Informationen zu erhalten. Psychotherapie-erfahrene Migranten wiederum empfehlen ihren betroffenen Bekannten eher muttersprachliche TherapeutInnen, da sie sich häufiger bei diesen als bei deutschen Therapeuten in Behandlung zu befinden scheinen.

Unter Migranten ist die Befürchtung groß, dass deutsche Therapeuten sie nicht verstehen könnten. Fast alle befragten Klienten kennen solche Sorgen, bevor sie in Therapie gelangen; eine Reihe von Klienten nimmt Wartezeiten bis zu einem Jahr oder länger in Kauf, um einen Platz bei muttersprachlichen Therapeuten zu bekommen. Andere bevorzugen interkulturell erfahrene Therapeuten mit kürzeren Wartezeiten, die sie auf persönliche Empfehlung oder Empfehlung von Institutionen aufsuchen. Mit wenigen Ausnahmen äußern alle PatientInnen, dass sie davon ausgehen, von Therapeuten derselben Herkunft besser verstanden zu werden. Dabei beziehen sie sich z. T. auf negative Erfahrungen mit deutschen Fachpersonen, v. a. aber auf »die Deutschen« und »ihre Kultur« im Allgemeinen. Vor dem Hintergrund weit verbreiteter individueller Diskriminierung und negativer gesellschaftlicher Diskurse, z. B. über »zurückgebliebene« Kulturen oder Religionen, ist nachvollziehbar, dass Migranten deutschen Therapeuten zunächst Voreingenommenheit unterstellen und sich schützen wollen. Gleichzeitig können diese Vorbehalte ausgeräumt werden, wenn MigrantInnen gegenteilige, wertschätzende Erfahrungen mit deutschen TherapeutInnen machen, wie am Beispiel einiger Dyaden gezeigt werden konnte (z. B. Frau Y. und Herr Z.).

Der Mangel an konkret benannten Erwartungen wird von einigen TherapeutInnen kulturspezifisch erklärt. Häufig wird angeführt, dass MigrantInnen aus sogenannten kollektivistischen Kulturen stammen, in denen hierarchische Rollenerwartungen an helfende Autoritäten gestellt werden. Demnach wäre es angebracht, abzuwarten, welche konkreten Behandlungsangebote ExpertInnen machen und eigene Erwartungen in den Hintergrund zu rücken bzw. nur beiläufig oder indirekt (z. B. durch den intensiven Ausdruck bestimmter Leiden, am Ende der Stunde etc.) zu vermitteln. Hohe Erwartungen an die Person der TherapeutIn als helfende Instanz unterstützen diese Hypothese teilweise. Dagegen lässt sich einwenden, dass hohe Personenerwartungen gegenüber Therapeuten auch bei deutschen Klienten auftreten (Straus et al. 1988). Deutsche Klienten erwarten von ihren TherapeutInnen, dass sie »personifizierte Experten« sind (ebd., S. 139). TherapeutInnen sollen also über Fachwissen und soziale Kompetenz verfügen, um Wissen verständlich und akzeptabel auf einer zwischenmenschlichen Ebene vermitteln zu können. Fachwissen, das auf der Basis einer tragfähigen Beziehung vermittelt wird, stößt also auf besonders hohe Aufnahmebereitschaft, da dieses Vorgehen Klientenerwartungen erfüllt.

Die rechtzeitige Klärung von Erwartungen der Klienten beinhaltet, zu besprechen, welche Form von Hilfebeziehung bzw. welche »Leistungen« Klienten von ihren Therapeuten erwarten und selbst zu erbringen bereit sind. Dies ist von besonderer Bedeutung, wenn Klienten keinerlei Vorerfahrung mit Psychotherapie haben. Häufig versäumen gerade professionelle Überweiser wie Ärzte, ihre Patienten aufzuklären. Berichte von KlientInnen zeigen, dass sie gerade zu Beginn überfordert sind mit offenen Fragen nach ihren Erwartungen, v. a. wenn sie überwiesen wurden. Gleichzeitig bestätigen KlientInnen, dass sie von Anfang an Erwartungen gegenüber Therapeuten haben. Erwartungen sind Klienten meist erst im Therapieprozess differenziert zugänglich. TherapeutInnen fällt auf, dass Klienten in der Anfangsphase unkonkrete bzw. unrealistische Erwartungen haben (»einfach wieder gesund werden«; »das ganze Leben verändern«). Klienten erwarten zu Beginn v. a. Zuwendung und eine wertschätzende Behandlung von TherapeutInnen, um sich öffnen zu können. Dennoch fällt es ihnen schwer, personenbezogene Erwartungen gleich zu Beginn einer Therapie zu formulieren, sodass sie ggf. auf Globalaussagen ausweichen.

Aus dem Therapieansatz von Kanfer und Kollegen (2000) geht ein weiterer hilfreicher Aspekt hervor. Demnach ist es günstig, wenn Therapeuten die Erwartungen und Ziele der Klienten unterscheiden und zu Beginn die Erwartungen der Klienten erfragen. Therapieziele der Klienten basieren zwar auf ihren Erwartungen, Ziele können aber erst nach einem Beziehungs- und Motivationsaufbau und einer Problemanalyse sinnvoll formuliert werden.

10.2 Emotionale Feinabstimmung

Zwar wurde vorher festgestellt, dass deutsche KlientInnen auch hohe Personenerwartungen an TherapeutInnen haben, jedoch fällt auf, dass MigrantInnen stärker eine emotional zugewandte Haltung einfordern als deutsche Klienten (vgl. Straus et al. 1988). Dabei erwarten die meisten Klienten von Therapeuten, dass diese eine möglichst herzliche Beziehung herstellen. KlientInnen von muttersprachlichen TherapeutInnen bringen am deutlichsten zum Ausdruck, wie sehr sie eine wohlwollende emotionale Zuwendung suchen und schätzen. In der vorliegenden Untersuchung berichteten mehrere muttersprachliche und deutsche TherapeutInnen von »persönlicherem« Kontaktverhalten türkischer Klienten im Vergleich zu deutschen Klienten, das sie in der Mehrheit jedoch nicht als aufdringlich oder negativ erleben. Eine muttersprachliche Therapeutin berichtet, wie sie sich zu Beginn ihrer Tätigkeit mit türkischen Klienten durch deren persönliche Fragen besonders unter Druck gesetzt fühlte. Möglicherweise begünstigt die gemeinsame kulturelle Herkunft vermehrte Kontaktwünsche der Klienten gegenüber ihren muttersprachlichen TherapeutInnen, sodass letztere bei Abgrenzungsversuchen mit vermehrter Anstrengung, Ärger oder Schuldgefühlen bei sich bzw. den Klienten konfrontiert sind.

Erim (2004) schlägt vor, positive Übertragungsbereitschaften der Klienten bei gemeinsamer kultureller Herkunft (Vertrauensvorschuss) zunächst für den Therapieeinstieg zu nutzen, später aber zurückzunehmen. Baran und Kalaçlar (1993) diskutieren ebenfalls die erforderliche Balance zwischen Annäherung und Distanz in der Arbeit mit KlientInnen aus der Türkei. Da soziale Beziehungen in der türkischen Kultur in der Regel mit festen Rollenvorstellungen verknüpft seien, könne wenig förmliches Auftreten und Familiarität zu einer Rollenkonfusion bezüglich der Therapeuten- und Klientenrolle führen. Die Autorinnen nehmen an, dass eine nachträgliche Grenzziehung als Kränkung empfunden wird, sodass sie von Anfang an eine freundlich-distanzierte Therapeutenrolle favorisieren, die den Klienten bei Bedarf erklärt wird. Baran und Kalaçlar berichten aus ihrer Praxis als muttersprachliche Therapeutinnen, dass sie bei Versuchen der Klienten, persönliche Nähe herzustellen, Distanz wahren, indem sie ungeachtet der persönlichen Anrede die förmliche Anrede beibehalten und private Einladungen mit Hinweisen auf ihre professionelle Rolle ablehnen. Dadurch, so die Autorinnen, erhalten Klienten gleichzeitig ein positives Modellverhalten für erforderliche Grenzziehung.

Denkbar ist auch, dass durch die Einhaltung formeller Distanz ein geringer Teil von Klienten von der Therapie abgeschreckt wird. In einer Dyade betonen sowohl Klient als auch Therapeut (Herr Ö. und Herr R.), dass eine sukzessive Selbstöffnung und der Vertrauensaufbau seitens des Klienten erst möglich war, als der Therapeut informelle Kontaktangebote machte (»Smalltalk«, Kaffeetrinken) und später auf die Beziehungswünsche des Klienten nach Freundschaft einging. Allerdings gingen damit z. B. keine Treffen oder Telefonate in der Freizeit einher, vielmehr wurden Sitzungen mit einer persönlichen Begrüßung (Wangenkuss) eröffnet. Da zwischen Therapeut und Klient gleichzeitig erhebliche Kommunikationsstörungen durch eine fehlende gemeinsame Sprachbasis bestanden und dies den Vertrauensaufbau sehr verzögerte, können nun diese Rituale auch dazu gedient haben, zusätzliche Beziehungssicherheit herzustellen. In keiner anderen Dyade wurde trotz vergleichbar hoher Beziehungsqualität eine annähernd ähnliche Beziehungsform von Klienten gewünscht bzw. realisiert. In der Regel behielten Therapeuten ihre professionelle Rolle bei und beantworteten selektiv Fragen zu ihrer Person, sofern sie sie als Prüfung praktischer Lebenserfahrung (Frau H.) bzw. mentalitätsbedingt (Frau J., Frau L.,) auffassten. Eine Klientin (Frau E.) favorisierte freundliche Distanz der Therapeutin gegenüber rascher Parteinahme als professionelleres Verhalten.

Deutlich wird, dass vielfältige negative Emotionen wie Fremdheit, Irritation, Schuld, Angst, Überraschung und Überforderung in interkulturellen Therapiebeziehungen auftreten können. Negative Gefühle werden im Interview jedoch selten thematisiert bzw. rasch mit Gegenbeispielen aufgewogen. In Fachdiskursen werden negative Gefühle von Therapeuten gegenüber Klienten ebenfalls kaum explizit erwähnt. Es wird suggeriert, dass Therapeuten allen Patienten gleich wohlwollend begegnen, negative Gefühle der Therapeuten gegenüber ihren Patienten werden tabuisiert und ggf. unter dem Deckmantel stigmatisierender Diagnosen verborgen. Dabei ist die Wahrscheinlichkeit hoch, dass gerade in der Arbeit mit z. T. schwer beeinträchtigten Menschen hohe emotionale Belastungen auftreten, die mit negativen Gefühlen auf Therapeutenseite einhergehen.

In der vorliegenden Untersuchung gehen Therapeuten zwar häufiger auf ihre positiven Gefühle ein, z. B. dass die Arbeit mit MigrantInnen besonderen Spaß mache (Frau H., Frau W.) und emotional gehaltvoller sei (Frau C., Herr Z.). Gleichzeitig berichten sie jedoch auch von ihren negativen Gefühlen in der Therapie wie Langeweile bei konkretistischen Details (Frau F., Herr Z.), Angst um Grenzverlust bei persönlichen Fragen (Frau J.), Angst vor Diagnose- bzw. Therapiefehlern (Frau P., Frau T.), Ärger über delegierte Verantwortung (Frau C., Frau T.), Entfremdungsgefühle und Selbstzweifel (Frau P.), Enttäuschung bei Misserfolg (Frau C., Frau U., Herr Z.) etc. Die Reflexion negativer Gefühle dient zum einen dazu, die eigene Überlastung bzw. mangelnde Unterstützung und Gratifikation wahrzunehmen und Lösungen, z. B. im Austausch mit (muttersprachlichen) Kollegen bzw. in der Supervision, zu erarbeiten. Andererseits ist die Reflexion von negativen Gegenübertragungen hilfreich, um sich z. B. weiter in den Patienten einzufühlen, schwelende Beziehungskonflikte zu realisieren und die Beziehungsqualität zu vertiefen (siehe auch Safran/Muran 2000).

Die angeführten Belege sprechen dafür, dass Klienten mit Migrationshintergrund eine zugewandte emotionale Haltung von Therapeuten stärker erwarten als autochthone Klienten. Zwar findet sich der Faktor »Gegenseitige Bestätigung« (mutual affirmation) auch im Generischen Modell der Psychotherapie wieder, wonach bessere Therapieerfolge durch gegenseitige positive Rückmeldungen zwischen Klient und Therapeut erzielt werden (Orlinsky/Howard 1988).

Bei Klienten mit Migrationshintergrund scheinen jedoch weitere Faktoren bedeutsam zu sein, die eine betont wohlwollende Haltung erforderlich machen. Klienten mit türkischem Migrationshintergrund gehören in Deutschland einer Minderheit an, die mit überaus negativen Stereotypen assoziiert ist (z. B. Kahraman/Knoblich 2000).

Rommelspacher (2000) gibt zu Bedenken, dass gesellschaftliche Lebensbedingungen von Klienten automatisch in die Therapiebeziehung transportiert werden. Dennoch blenden TherapeutInnen die Benachteiligung von Minderheitenklienten zeitweise aus, da sie sonst eigene Überlegenheit anerkennen müssten, welche Schuldgefühle erzeugt (Erim 2004). Naheliegend ist, dass MigrantInnnen aus stereotypisierten Gruppen häufiger diskriminierende Erfahrungen machen als deutsche Klientinnen. Klienten mit sichtbaren »markern« (dunkle Haut- bzw. Haarfarbe, ausländischer Name, Akzent etc.) haben mit hoher Wahrscheinlichkeit in einem oder mehreren Lebensbereichen (Schule, Ausbildung, Beruf, Arbeitsstelle, Nachbarschaft, öffentliche Plätze, Arzt-Patient-Kontakt etc.) subtile oder offene Diskriminierungserfahrungen durch Deutsche gemacht, bevor sie in die Therapie kommen. Hinzu kommen hohe Zugangsbarrieren in der psychotherapeutischen Versorgung, weswegen sich Klienten gerade in vulnerablen Situationen zusätzlich benachteiligt fühlen. Aus diesem Grund befürchten sie umso mehr, von deutschen Therapeuten benachteiligt oder nicht verstanden zu werden bzw. unvereinbare Wertvorstellungen aufgestülpt zu bekommen. Um Diskriminierungserfahrungen zu korrigieren, die auch im Gesundheitswesen erlebt werden (siehe »Mentalitätsunterschiede« als Abweisungsgrund, Herkunfts-Diagnosen, Überweisungs- und Medikationspraxis bei psychischen Störungen etc.), müssen Klienten mit Migrationshintergrund eindeutige Akzeptanz und Sympathie von (deutschen und muttersprachlichen) TherapeutInnen erfahren.

Erim und Kollegen (2000) führen aus einer kleinen Umfrage unter MitarbeiterInnen ihrer Klinik an, dass befragte Therapeuten türkischen Klienten u. a. Unpünktlichkeit, Männerdominanz und Passivität unterstellen. Naheliegend ist, dass vor dem Hintergrund negativer Stereotype bei aktuellen Belastungen der Therapiebeziehung zusätzlich negative Gefühle bzw. Vorurteile aktiviert werden. Dies scheint ein besonderes Dilemma, da Klienten mit Migrationshintergrund gerade wegen ihrer Ablehnungserfahrungen Expertise darin haben, subtile Vorurteile ihres Gegenübers früher wahrzunehmen, als dieser selbst. Gleichzeitig liegt eine besondere Chance darin, Diskriminierungserfahrungen im Rahmen einer korrektiven Beziehungserfahrung mit einem deutschen Therapeuten aufzulösen.

Eine anspruchvolle Aufgabe für Therapeuten in kultursensiblen Therapiebeziehungen liegt darin, sich mit den eigenen negativen Gefühlen gegenüber Klienten mit Migrationshintergrund zu beschäftigen. Wahrscheinlich ist, dass emotionale Vorbehalte auf Therapeutenseite v. a. dann aktiviert werden, wenn Schwierigkeiten in der Therapiebeziehung auftreten bzw. Therapieerfolg ausbleibt. Naheliegend ist auch, dass (aktuelle) kulturelle Wertkonflikte bzw. negative gesellschaftliche Stereotype emotionale Vorbehalte auf Therapeutenseite aktivieren.

10.3 Kommunikative Feinabstimmung

Kommunikation ist die wichtigste Voraussetzung für die therapeutische Zusammenarbeit und zentraler Bestandteil der Therapiebeziehung (communicative attunement, Orlinsky et al. 2004). In den Berichten von TherapeutInnen und KlientInnen fällt auf, dass Kommunikationsprobleme in der Arbeit mit türkeistämmigen MigrantInnen in vielfältiger Weise auftreten können. Zum einen werden sie von den Beteiligten auf der Sprachebene wahrgenommen, wenn Klient und Therapeut nicht dieselbe Erstsprache haben und keine professionelle Sprachvermittlung zur Verfügung steht. Zum anderen entstehen häufig auf der Ebene der indirekten bzw. nonverbalen Kommunikation Verständigungsprobleme: Deutschsprachige TherapeutInnen berichten v. a. zu Beginn ihrer Arbeit mit Migranten von Problemen, deren nonverbale Verhaltensweisen (schweigen, abwarten) bzw. ihre Metaphern zu verstehen. Während Patienten mehr Probleme auf der verbalen Sprachebene beklagen, beziehen Therapeuten Verständigungsschwierigkeiten häufiger auf einen kulturell bedingten Kommunikationsstil.

Barrierefreie Verständigung in psychosozialen Institutionen ist eine zwingend notwendige Voraussetzung für eine faire Behandlung und wird in einigen europäischen Ländern als Menschenrecht propagiert (z. B. Niederlande). In Deutschland werden Sprachbarrieren dagegen häufig MigrantInnen selbst angelastet; es werden zum einen ideologische Handlungsanweisungen (»Ausländer müssen Deutsch lernen und sich anzupassen«) und zum anderen finanzielle Gründe (kein Geld für Sprachvermittler, zu großer Aufwand) angegeben, deren Bedeutung nicht an dieser Stelle diskutiert werden soll. Aufgrund ihres zentralen Stellenwertes in der Therapiebeziehung wird in diesem Abschnitt v. a. auf die Notwendigkeit eingegangen, eine sprachliche Kommunikationsbasis zwischen Therapeut und Klient herzustellen, die eine notwendige Feinabstimmung erst ermöglicht.

Insbesondere bei Sprachschwierigkeiten fallen Widersprüche zwischen der Einschätzung von Klienten und Therapeuten auf. In sechs von acht Therapien bei deutschsprachigen Therapeuten geben die KlientInnen bzw. die TherapeutInnen geringe bis große Sprachprobleme an, in einem weiteren Fall bemerkt die Beraterin v. a. Probleme in der Schriftsprache. Bei zwei älteren KlientInnen fällt auf, dass sie sehr große Sprachprobleme haben und bei deutschsprachigen Therapeuten ohne Sprachvermittler behandelt werden (Frau O., Herr Ö.). In beiden Fällen wurde die Therapie stationär eingeleitet. Beide KlientInnen nehmen die Sprachsituation als sehr einschränkend wahr, sind z. T. verärgert und enttäuscht bzw. haben resigniert. Sie geben an, nur einen Bruchteil der Therapeutenaussagen auf Anhieb zu verstehen. Da sie besser verstehen als sprechen können, erklären beide Patienten, dass sie in der Therapie häufig schweigen und sich darauf beschränken, dann zu sprechen, wenn sie antworten müssen. Beide Patienten berichten weiterhin, dass sie kaum über ihre Gefühle sprechen können, sodass erhoffte Entlastung ausbleibe bzw. verzögert eintrete. Die Patientin, die sich erst kurz in der stationären psychotherapeutischen Behandlung befindet, möchte im Anschluss an ihre Entlassung dringend in eine türkischsprachige Therapie vermittelt werden. Der andere Patient, der seinen Therapeuten bereits seit fünf Jahren aufsucht, findet ebenfalls eine türkischsprachige Therapie sinnvoll. Er tut sich schwer, Deutsch zu reden und benötigt viel Zeit, um einfache Dinge zu erklären. Allerdings hat er sich inzwischen an seinen Therapeuten gewöhnt und eine enge Vertrauensbeziehung aufgebaut, die er nicht aufgeben möchte. Außerdem sieht er realistischerweise keine Chance, einen Therapieplatz bei einer muttersprachlichen TherapeutIn zu bekommen. Beide PatientInnen nehmen durch große Sprachschwierigkeiten bedingt eine passive bzw. überwiegend rezeptive Haltung in der Therapiebeziehung ein. Beispielhaft schildert die Patientin (Frau O.), wie sie Fragen der Therapeutin abwartet und sich v. a. darauf konzentriert, welche Antwort von ihr erwartet werde. Sie ist im Gespräch v. a. damit beschäftigt, die Worte der Therapeutin zu verstehen und selbst die richtigen Worte für die Antwort zu finden.

Wenn Patienten die deutsche Alltagssprache vordergründig beherrschen bzw. sich um Anpassung an ihre Therapeuten bemühen, kann dies leicht über Verständnislücken in der Therapie hinwegtäuschen. Yılmaz und Weiss (2001) stellen exemplarisch die Behandlung eines türkischen Patienten dar, der eine gute alltagssprachliche Kompetenz aufweist, jedoch psychologische Behandlungsmodelle seiner Therapeuten nicht versteht. Die Autoren berichten, dass der Patient mehrere Jahre regelmäßig die Behandlung bei zwei Therapeuten einer Klinikambulanz aufsucht, diese jedoch nicht bemerken, dass der Patient vieles nicht versteht. Stattdessen dokumentieren die Therapeuten, dass der Patient oberflächlich bleibt und nicht introspektionsfähig ist. Die Autoren stellen fest, dass der Patient eigentlich immer noch auf ein therapeutisches Hilfsangebot wartet und deshalb weiterhin zuverlässig in die Klinik kommt. Er kann nicht sagen, welche Erwartungen die Therapeuten an ihn stellen; gleichzeitig glaubt er, dass er durch seine bewusst passiv-hilflose Haltung angemessen Behandlungsbereitschaft signalisiert. Es ist nachvollziehbar, dass eine Behandlung unter diesen Umständen erfolglos bleibt und auf Therapeuten- sowie Klientenseite zunehmend Frustration und Resignation erzeugt.

In der vorliegenden Untersuchung betonen v. a. die zwei oben beschriebenen PatientInnen mit schlechten Sprachkenntnissen, dass sie keine Wahl hatten und widerstrebend in eine deutschsprachige Therapie einwilligten. Mehrere Patientinnen wogen lange Wartezeiten bei muttersprachlichen Therapeuten gegen Sprachprobleme ab, nur zwei PatientInnen gaben an, keinerlei Sorge vor Sprachschwierigkeiten im Vorfeld gehabt zu haben. Zwar nehmen auch Therapeuten die Sprachprobleme ihrer Klienten wahr, jedoch bewerten Therapeuten diese als weniger bedeutsam für die Qualität der Therapiebeziehung und den Therapieverlauf. Im Interviewverlauf korrigieren einzelne Therapeuten diese Einschätzung. Die Mehrheit der deutschsprachigen Therapeuten führt einen stockenden Beziehungsaufbau, häufiges Schweigen, Ein-Wort-Antworten, häufiges Nicken etc. auf kulturbedingte indirekte Kommunikationsweisen ihrer Klienten zurück. Auch TherapeutInnen, deren Klienten weniger große Sprachprobleme haben, führen Verständigungsschwierigkeiten in erster Linie auf die Kultur der Klienten zurück, ohne ihre Zweisprachigkeit ausreichend zu berücksichtigen.

Gleichzeitig zeigt sich, dass selbst bei einer stark eingeschränkten gemeinsamen Sprachbasis eine tragfähige Beziehung aufgebaut werden kann, die über einen langen Behandlungszeitraum anhält (Dyade Herr Ö. & Herr R.). Allerdings wird dazu viel Zeit benötigt bzw. Therapeut und Klient sehen sich mit Ausnahme von stationären Aufnahmen nur in großen Abständen (monatlich). Beide verständigen sich überwiegend mithilfe von Ritualen, Gesten und Anekdoten. Allerdings reicht dies nicht aus, um Krisen zu erkennen: Patient und Therapeut berichten, dass der Patient in der Anfangsphase der Therapie wiederholt schwere Suizidversuche begeht. Im Vorfeld bestehende Suizidgedanken können auf dem berichteten indirekten Weg nicht bearbeitet werden.

Dies gelingt zu einem späteren Zeitpunkt, nachdem der Therapeut die religiösen Glaubensgrundsätze des Patienten reflektiert und zur Umstrukturierung von Suizidgedanken nutzt.

Es ist zum einen als großer Verdienst einzelner TherapeutInnen zu sehen, wenn sie angesichts großer Verständigungsprobleme Therapien durchführen und Patienten nicht ablehnen. Andererseits dürfen TherapeutInnen dabei nicht vernachlässigen, dass PatientInnen nicht in ihrer Mutter- bzw. Erstsprache kommunizieren und dadurch zusätzliche Belastungen erleben. Patienten sind ungeachtet ihrer Sprachkenntnisse häufig gezwungen, ausschließlich auf Deutsch Hilfen in Anspruch zu nehmen; Sprachdefizite schreiben sie sich häufig selbst zu und fragen aus Scham und sozialer Erwünschtheit seltener als erforderlich nach Wiederholungen oder Übersetzungen. Bekannt ist, dass in Krisen auch gute Zweitsprachenkenntnisse eingeschränkt sind bzw. emotionale Inhalte in der Erstsprache besser vermittelt werden können (Marcos 1977; Haasen et al. 2000). Die aktuellen Befunde zeigen, dass die Verantwortung für die sprachliche Verständigung in der Praxis häufig ausschließlich den betroffenen Patienten bzw. ihren Familien angelastet wird. In einer kultursensiblen Therapiebeziehung wird die Verantwortung für eine ausreichende Kommunikationsbasis auf professioneller Seite festgelegt, um jederzeit notwendige Hilfestellungen für Betroffene sicherzustellen. Dies soll anhand eines Fallbeispiels veranschaulicht werden:

Fallbeispiel 3

Herr B. wendet sich auf Überweisung seines Arztes in einer akuten Krise an unsere Beratungsstelle. Er wirkt zerfahren, abwesend und sehr niedergeschlagen. Der Klient berichtet, dass seine Frau sich vor wenigen Wochen suizidiert habe. Er ist sehr betroffen und gibt an, seither weder gegessen, noch geschlafen zu haben. Den einzigen gemeinsamen Sohn (sechs Jahre) könne er nicht ausreichend versorgen, da er die meiste Zeit nicht »bei sich« sei. Er grüble unablässig darüber nach, warum sich seine Frau umgebracht habe und weshalb es nicht verhindert werden konnte. Zum Zeitpunkt des Suizids sei seine Frau auf der geschlossenen Station einer psychiatrischen Klinik untergebracht gewesen, da sie plötzlich an Halluzinationen gelitten habe. Es habe sich herausgestellt, dass sie an einem größeren Hirntumor leide; seine Frau habe ihm erzählt, dass er bald entfernt werden könne und sie dann wieder gesund werde. Der Zustand seiner Frau sei für ihn schwer verständlich gewesen, da sie plötzlich halluziniert habe und dann wieder »ganz normal« gewesen sei. Er habe mehrmals mit dem Arzt sprechen wollen, jedoch habe seine Frau übersetzt, da er erst seit der Heirat in Deutschland lebe und nicht so gut Deutsch spreche. Im Nachhinein vermutet er, dass seine Frau ihm nicht die ganze Wahrheit übersetzt habe, um ihn nicht zu beunruhigen. Er macht dem Arzt Schuldvorwürfe, dass dieser nicht von sich aus auf ihn zugekommen sei, um ihn aufzuklären.

Besonders erschüttert und aufgebracht ist Herr B. über die Art und Weise, wie er vom Tod seiner Frau erfahren habe. Polizisten hätten die gemeinsame Wohnung nach ihr durchsucht, da man nach ihrem Verschwinden vermutet habe, sie verstecke sich zu Hause. Er habe seinen Schwager informiert und sei in die Klinik gefahren. Niemand habe mit ihm gesprochen. Später habe ein gemeinsames Gespräch mit dem Schwager, Stations- und Oberarzt stattgefunden, indem ihnen mitgeteilt worden sei, dass sich seine Frau umgebracht habe (sie warf sich vor eine U-Bahn in der Nähe der Klinik). Der Arzt habe sich im Gespräch nur an den Schwager gewandt und dieser habe ihm das Gesagte im Schock nur teilweise übersetzt. Er habe viele offene Fragen, bis heute wisse er nicht, wie seine Frau aus der Klinik gelangt sei, warum man bei ihnen zu Hause, statt im U-Bahnhof, nach seiner Frau gesucht habe, wie krank sie wirklich gewesen sei oder ob sie etwas anderes bedrückt habe. Er ist so aufgebracht, dass er den verantwortlichen Arzt zur Rechenschaft ziehen, sogar umbringen wolle, um die Wahrheit zu erfahren.

Dieses drastische Beispiel soll verdeutlichen, wie wichtig es ist, dass professionelle Sprachvermittler in der regulären Versorgung sowohl für Patienten und ihre Angehörigen als auch für Ärzte und Therapeuten jederzeit verfügbar sind. Mithilfe eines Übersetzers hätte der Ehemann rechtzeitig bzw. wahrheitsgemäß über die wahrscheinlich lebensbedrohliche Krankheit seiner Frau und die späteren Umstände ihres Suizids informiert werden können. So fühlt er sich hilflos und von seiner Frau, dem Schwager und v. a. den Ärzten wissentlich betrogen und verraten. Er ist selbst in eine tiefe Krise gestürzt, aus der er zeitweise als einzigen Ausweg die Rache am Stationsarzt sieht. Obwohl mehrere Wochen vergangen sind, hat kein weiteres Gespräch mit dem Arzt stattgefunden, das angesichts des erlebten Traumas angemessen gewesen wäre. Er selbst möchte den Arzt nicht anrufen, da er nicht weiß, wie er sich mit ihm verständigen soll und erwartet, dass dieser auf ihn zukommt. Seinen Schwager kann Herr B. nicht weiter befragen, da dieser selbst geschockt und in Trauer ist bzw. ihm Schuldvorwürfe macht.

In diesem Abschnitt sollte verdeutlicht werden, dass zur Herstellung einer gemeinsamen Kommunikationsbasis in der Arbeit mit MigrantInnen in erster Linie die Sicherstellung der sprachlichen Verständigung gehört. Das gewählte Fallbeispiel soll zeigen, dass der Einsatz von Angehörigen als Dolmetscher stets Risiken birgt und in der Regel Patienten und ihre Angehörigen die Leidtragenden sind. Es soll auch verdeutlichen, dass die Diskussion um sprachliche Integrationsleistungen von MigrantInnen nicht in das Gesundheitswesen, sondern in die Politik gehört. Im Gesundheitswesen und in der psychosozialen Versorgung muss überlegt werden, wie ein fairer Zugang für alle Menschen – mit und ohne Migrationshintergrund – sinnvoll realisierbar ist.

10.4 Reflexion kultureller Zuschreibungen

In der Arbeit mit MigrantInnen gibt es viele Bereiche, in denen Wertegefälle zwischen Klient und Therapeut auftreten können. Beispielsweise sind MigrantInnen stärker von ökonomischer Armut betroffen und verfügen über weniger Ressourcen als autochthone KlientInnen (Keupp 2006). Während benachteiligende Unterschiede in Schicht oder Bildung in der vorliegenden Untersuchung v. a. von muttersprachlichen TherapeutInnen angesprochen werden, wird in allen Gruppen selten über Diskriminierungserfahrungen der Klienten aufgrund ethnischer oder religiöser Zugehörigkeit berichtet. Patienten bringen das Thema v. a. ein, wenn sie über Benachteiligungen im Gesundheitswesen berichten (z. B. geringe Anzahl zugelassener bzw. angestellter muttersprachlicher Therapeuten) oder wenn sie über ihre Sorge sprechen, von deutschen TherapeutInnen nicht vor ihrem kulturellen Hintergrund verstanden zu werden. Zwar haben kulturelle Faktoren und Wertungen auf alle bisher vorgestellten Ebenen des Modells Einfluss, jedoch gehe ich davon aus, dass es sinnvoll ist, Stereotypisierungsprozesse in der interkulturellen Therapiebeziehung gesondert zu reflektieren.

Kulturelle Erklärungsmuster lassen sich auf Therapeutenseite v. a. bei der Bewertung von Geschlechterrollen, religiösem Glauben, Kommunikationsformen und Erziehungsvorstellungen finden. Dabei gelingt es TherapeutInnen nur teilweise, sich von eigenen Werten zu lösen, wenn sie Klientenverhalten beurteilen bzw. Therapieziele vorschlagen. Dadurch kommt es zu Störungen in der Therapiebeziehung, die zeitweise als unauflösbar erlebt werden bzw. zum Abbruch führen (Frau N., Frau T.). Gezeigt wurde, dass TherapeutInnen in ihren Zielformulierungen teilweise nicht bemerken, dass sie die Autonomie bzw. identitätsrelevanten Rollenvorstellungen von KlientInnen angreifen. Dies ist besonders widersprüchlich, da sie KlientInnen mit der Behandlung zu mehr Autonomie verhelfen möchten. Therapeuten missbrauchen ungewollt ihre Expertenmacht, wenn sie den Problemfokus, die Therapieziele und die Erfolgskriterien eigenmächtig festlegen. Voraussetzung für eine wertneutrale Haltung ist die grundsätzliche und dauerhafte Reflexion eigener Bewertungsgrundlagen in einer kultursensiblen Supervision und in Fortbildungen, insbesondere wenn Wertedilemmata auftreten. Die meisten der hier untersuchten TherapeutInnen, die lange und häufig mit MigrantInnen arbeiteten, gaben an, diese Reflexionsmöglichkeiten zu nutzen, während TherapeutInnen mit wenig interkultureller Erfahrung diese Möglichkeiten seltener wahrnahmen. Dies ist insbesondere deshalb kritikwürdig, da TherapeutInnen ohne interkulturelle Expertise die größten Schwierigkeiten in der Zusammenarbeit überwinden müssen.

Neben der Überbewertung von Unterschieden werden kulturelle Zugehörigkeiten der Klienten durch TherapeutInnen im Sinne eines Beta-bias teilweise vernachlässigt (Fişek/Kağıtcıbaşı 1998). Dabei heben Therapeuten einzelne Persönlichkeitsmerkmale von Klienten hervor, während sie kulturelle Prägungen vernachlässigen. TherapeutInnen nehmen teilweise an, dass KlientInnen Kulturunterschiede absichtlich aus der Therapiebeziehung heraushalten, da sie kein Verständnis erwarten (Frau P.) bzw. da sie die Beziehung nicht belasten wollen (Herr Z.). Tatsächlich gehen Klienten bei deutschsprachigen Therapeuten seltener auf kulturelle Unterschiede zwischen sich und ihren TherapeutInnen ein (Ausnahmen sind Frau K., Frau O.), einzelne Klienten betonen ihre Anpassungsfähigkeit und bisher erbrachte Anpassungsleistungen an die deutsche Gesellschaft. Dagegen heben Klienten bei muttersprachlichen Therapeuten kulturelle Wertunterschiede zwischen deutschen Therapeuten und sich mehrheitlich hervor. Sie benutzen dazu negative Erklärungsmuster wie z. B. »Deutsche sind distanziert und unfreundlich«, »Deutschen bedeutet die Familie nichts«.

TherapeutInnen mit und ohne interkulturelle Expertise versuchen, Bildungsunterschiede, Sprachgefälle und Kulturunterschiede durch starkes persönliches Engagement und einen egalitären Beziehungsstil auszugleichen. Sie fragen nach, ob Klienten alles verstehen und erklären ihre Konzepte gegebenenfalls redundant. Teilweise lassen Therapeuten Klienten bewusst über ihre Herkunft berichten und gewinnen auf diese Weise kulturspezifisches Wissen, das sie später für die Therapie nutzen. TherapeutInnen reflektieren dabei Wertunterschiede und versuchen sich an das Bezugssystem von KlientInnen anzunähern. Interkulturell wenig erfahrene TherapeutInnen gehen dabei intuitiv vor (z. B. Frau P.), was bei ihnen Unsicherheit verursacht. Unsicherheit widerspricht positiven Erfolgserwartungen der Therapeuten, die hoch mit Therapieerfolg korrelieren (Grawe 2000). Daher ist es bedeutsam, dass TherapeutInnen in der Lage sind, ihr Vorgehen in interkulturellen Therapien professionell zu steuern und zu attribuieren.

In interkulturellen Beziehungen tauchen z. T. knifflige Wertedilemmata auf, die auch von interkulturell erfahrenen TherapeutInnen erlebt werden. Tatsächlich ist es nicht möglich, für die Lösung von Wertekonflikten allgemeine Regeln festzulegen. Es fällt jedoch auf, dass es Therapeuten bei Dilemmata nur teilweise gelingt, den Wertvorstellungen ihrer Klienten den Vorrang zu gewähren und eigene Wertvorstellungen zurückzustellen. Zugespitzt wird dies erlebt, wenn Handlungsdruck erlebt wird, beispielsweise wenn minderjährige Kinder gefährdet sind (Frau T.). Demgegenüber berichten zwei muttersprachliche Therapeutinnen von abweichenden Wertvorstellungen über weibliche Geschlechterrollen zwischen sich und ihren Klientinnen, wobei sie bei der Erarbeitung von Zielen bewusst den Wertvorstellungen der Klientinnen Vorrang einräumen.

Abschließend ist interessant, festzustellen, dass kulturelles Wissen bzw. eine gemeinsame kulturelle Herkunft und Muttersprache nicht ausreichen, um die Therapiebeziehung kultursensibel zu gestalten. Beispielsweise unterscheiden sich muttersprachliche TherapeutInnen meist durch einen höheren Bildungs- und sozioökonomischen Status im Herkunfts- bzw. im Aufnahmeland; auch erleben sie zu Beginn ihrer Zusammenarbeit mit türkischen KlientInnen ähnliche Probleme (Frau C., Frau H., Frau J.) wie deutsche TherapeutInnen. Außerdem berichten zwei KlientInnen über negative Vorerfahrungen mit einer muttersprachlichen Dozentin und einer Therapeutin. Eine Klientin berichtet über unangemessene Lösungsvorschläge bei Ehe- und Familienkonflikten, während in einem anderen Fall ein positiver Beziehungsaufbau ausbleibt. Vorschussvertrauen, das muttersprachlichen TherapeutInnen auf der kulturellen Ebene häufig entgegengebracht wird, schließt also nicht aus, dass Klienten die Schwächen ihrer TherapeutInnen sensibel wahrnehmen und für sich abwägen, wie sinnvoll deren Lösungsvorschläge sind. Zwar können muttersprachlichen TherapeutInnen eigene Migrationserfahrungen in der Reflexion nutzen. Nichtsdestotrotz müssen sie ähnliche Hürden nehmen wie ihre deutschen KollegInnen, um nicht patronisierend zu sein bzw. um eine kultursensible Arbeitsweise zu erlernen. Alle TherapeutInnen müssen sich also mit kulturellen Stereotypen über ihre Klienten bzw. mit ihrer eigenen Kultur auseinandersetzen. Außerdem ist zu

Bedenken, dass Psychotherapie als spezifische Form der Hilfebeziehung überwiegend in der sogenannten »westlichen« Welt praktiziert wird (Pfeiffer 1994). TherapeutInnen mit Migrationshintergrund haben vergleichbar ihren Kollegen ohne Migrationshintergrund westliche Therapieansätze erlernt und müssen diese durch Wertereflexion und Kulturtransfers für die Arbeit mit MigrantInnen nutzbar machen. Im Einklang damit steht, dass KlientInnen mit Migrationshintergrund deutsche TherapeutInnen mit interkultureller Expertise vorziehen, wenn sie negative Erfahrungen mit türkischen TherapeutInnen gemacht haben oder zu lange auf einen Therapieplatz warten müssen. Umgekehrt wird eine anfänglich kritische Einstellung gegenüber deutschen TherapeutInnen aufgegeben, wenn negative Erwartungen ausgeräumt bzw. positive Behandlungserfolge erzielt werden (siehe auch Straus et al. 1988).

Die Auseinandersetzung mit eigenen kulturellen Wertmaßstäben ist notwendig, damit TherapeutInnen z. B. Fremdheits- oder Überlegenheitsgefühle rechtzeitig bei sich feststellen können. Zwar sind unbewusste Stereotypisierungsprozesse in der Begegnung mit unbekannten Menschen unumgänglich und treten aufgrund der kategorialen Bewertung salienter Merkmale regulär auf. Im günstigen Fall werden anfängliche Stereotype bei individuellem Kennenlernen jedoch überprüft und korrigiert. Wenn kulturelle Stereotype unentdeckt bleiben schaffen sie Barrieren und Fehlwahrnehmungen in der Therapiebeziehung, die fehlerhafte Diagnosen und Behandlungen begünstigen. Ohne die Anerkennung von prinzipieller Gleichwertigkeit aller Kulturen, ist eine faire Therapiebeziehung nicht denkbar.

10.5 Limitationen des Modells

Wie in der vorliegenden Untersuchung gezeigt wurde, wird ein kultursensibler Beziehungsaufbau durch die Klärung von Klientenerwartungen, angemessene Kommunikation, emotionale Zugewandtheit und Macht- bzw. Wertereflexion begünstigt. Dabei geht das vorliegende Modell zur kultursensiblen Therapiebeziehung ausschließlich aus der Befragung von türkeistämmigen KlientInnen und ihren TherapeutInnen hervor. Zwar handelt es sich dabei um eine heterogene Gruppe von KlientInnen, die z. T. in der Türkei und z. T. in Deutschland aufgewachsen sind bzw. der türkischen Mehrheit oder der kurdischen Minderheit in der Türkei entstammen. Außerdem sind beide Geschlechter und verschiedene Lebensalter in die Untersuchung eingegangen, auch der Bildungshintergrund variierte. Dennoch ist denkbar, dass Faktoren unentdeckt geblieben sind, die erst durch den Einbezug von Klienten mit verschiedenen kulturellen Zugehörigkeiten festgestellt werden können. Daher ist es zunächst nur begrenzt auf KlientInnen mit anderen Migrationshintergründen übertragbar.

Es wurde bewusst darauf verzichtet, bestimmte Gesetzmäßigkeiten oder allgemeine Aussagen für die Arbeit mit (türkischen) MigrantInnen abzuleiten. Stattdessen wurden potenzielle Problembereiche in interkulturellen Therapiebeziehungen aufgezeigt, die verschiedenen Ebenen zugeordnet wurden. Kritisch zu bedenken ist dabei, dass TherapeutInnen nicht nach theoretischer Ausbildung unterschieden wurden. Vielmehr wurde darauf geachtet, möglichst Vertreter mehrerer Therapierichtungen einzubeziehen. So nahmen psychoanalytisch ausgebildete Therapeuten ebenso teil wie systemische Familientherapeuten und Verhaltenstherapeuten. Die theoretische Vorbildung wurde u. a. vernachlässigt vor der Annahme, dass allgemeine Bestandteile von Therapiebeziehungen existieren und diese sich u. a. mit zunehmender Berufserfahrung der TherapeutInnen angleichen (die durchschnittliche Berufspraxis der befragten TherapeutInnen betrug 19 Jahre).

10.6 Reflexion des Forschungsprozesses

Diese Arbeit beschäftigte sich mit Problemen der Therapiebeziehung, wenn KlientInnen eine andere kulturelle Herkunft als ihre TherapeutInnen haben. Mein Ausgangspunkt waren Erfahrungen mit TherapeutInnen, die ihre bewährte Arbeitsweise sehr kompetent auf allochthone KlientInnen übertragen konnten. Andere erfahrene TherapeutInnen hatten wiederum große Schwierigkeiten in der Arbeit mit MigrantInnen. Dabei bin ich davon ausgegangen, dass die Ursachen für eine erfolgreiche therapeutische Arbeit am wahrscheinlichsten in der Therapiebeziehung statt in einzelnen Interventionen oder Therapieansätzen zu finden sind. Besonders vielversprechend schien es mir, TherapeutInnen und KlientInnen derselben Dyade zu befragen, um möglichst aus beiden Perspektiven eine Einschätzung desselben Gegenstands (der gemeinsamen Therapiebeziehung) zu erzielen. Da es wenige psychotherapeutische Untersuchungen gibt, in die KlientInnen mit Migrationshintergrund einbezogen werden, schien dieser Ansatz besonders wertvoll. Es gibt selten Untersuchungen, in denen beide Seiten, also TherapeutIn und KlientIn einer Dyade, untersucht werden. Tatsächlich stellte sich bald heraus, dass es kein leichtes Unterfangen ist, ProbandInnen zu finden, sodass mehrere Erhebungswellen erforderlich waren. Überraschend war, dass dies weniger auf die verständliche Skepsis von TherapeutInnen bzw. KlientInnen zurückging, Einblick in ihre therapeutische Arbeit zu gewähren. Vielmehr bestand die Schwierigkeit darin, überhaupt interkulturelle Dyaden – also deutsche TherapeutInnen, die aktuell türkeistämmige KlientInnen behandelten – zu finden.

In der Folge wurden z. T. sehr heterogene Dyaden untersucht, die dennoch einige Gemeinsamkeiten aufwiesen. TherapeutInnen und KlientInnen zeigten große Offenheit für die Fragestellung und hatten sich z. T. schon selbst intensiv mit interkulturellen bzw. migrationsspezifischen Themen in der Therapie oder anderweitig auseinandergesetzt. Das führte dazu, dass einige ProbandInnen ausführlich diese Prozesse darstellten, wogegen andere eher die Ergebnisse dieser Auseinandersetzung wiedergaben. TherapeutInnen und KlientInnen beurteilten sich gegenseitig bzw. die gemeinsame Beziehung in allen Fällen überaus positiv. Dennoch kamen auch Probleme zur Sprache.

Mein Ausgangspunkt war, Aspekte erfolgreicher Therapiebeziehungen zu fokussieren, um daraus nachahmenswerte Beispiele abzuleiten. Später erschien es mir ebenso wichtig, spezifische Problembereiche genau zu erfassen und darzustellen. Dies stellte sich als besonders knifflige Angelegenheit heraus, da unübersehbar war, dass ausnahmslos alle TherapeutInnen mit großer Sorgfalt ihre Arbeit verrichteten und mit viel persönlichem Zeitaufwand und Engagement z. T. institutionelle bzw. strukturelle Defizite, die die Therapie beeinflussten, auszugleichen versuchten.

Eine Fortführung dieser Arbeit ist erwünscht und denkbar. Dyaden über längere Zeit zu begleiten und Klienten und ihre Therapeuten in regelmäßigen Abständen zu befragen oder zu beobachten, kann weitere wertvolle Hinweise erbringen. In der Zukunft ist es auch wünschenswert, mehr Klienten und Therapeuten zu befragen, die sich gegen eine gemeinsame Therapiearbeit entschieden haben. Das Modell zur kultursensiblen Therapiebeziehung, das hier vorgestellt wurde, wurde mit dem Ziel erstellt, eine Grundlage für die Entwicklung von systematischen interkulturellen Fortbildungen für TherapeutInnen zu bilden. Dazu ist es u. a. notwendig, seine Anwendbarkeit auf Therapiebeziehungen mit Klienten aus anderen Migrantengruppen zu überprüfen und einzelne Ebenen weiterhin auszudifferenzieren.

10.7 Ausblick

Kultursensibles Handeln in Therapiebeziehungen manifestiert sich sowohl in impliziten Verhaltensweisen wie einer akzeptierenden, unterstützenden therapeutischen Haltung als auch in der Reflexion realer bzw. angenommener Wert- und Normunterschiede. Obwohl TherapeutInnen in Deutschland auf sehr hohem Niveau ausgebildet werden, zeigt sich zum Teil, dass sie ihre Kompetenz in der Arbeit mit MigrantInnen nur eingeschränkt nutzen können. Dafür ist es erforderlich, sich mit den eigenen kulturellen Werten und ihrem Einfluss auf die Wahrnehmung und Bewertung von KlientInnen mit Migrationshintergrund auseinanderzusetzen. Trotz des kontinuierlich steigenden Bedarfs wird die therapeutische Arbeit mit Patienten aus anderen Kulturen in Zusatzausbildungen kaum berücksichtigt, was die grundsätzliche Vernachlässigung von MigrantInnen in der psychosozialen Versorgung widerspiegelt.

Machleidt und Calliess (2004) berichten von einer Umfrage zur Bedeutung transkultureller Psychiatrie für die psychiatrische bzw. psychotherapeutische Weiterbildung unter Ausbildungsleitern verschiedener Institute. Aus dieser Umfrage geht hervor, dass gerade Leiter eine sehr ambivalente Bewertung vornehmen: Während sie den Weiterbildungsbedarf in der transkulturellen Psychiatrie allgemein als hoch einschätzen, schätzen sie die Relevanz transkultureller Inhalte in ihren Curricula als gering ein. Das bedeutet, dass sie vordergründig Bedarf nach transkultureller Kompetenz anerkennen, jedoch die aktive Umsetzung im eigenen Verantwortungsbereich ablehnen. Fraglich bleibt, weshalb dies geschieht; ob Mehraufwand bzw. die Auseinandersetzung mit einem komplexen Thema gescheut wird oder ob bislang eine ausreichende öffentliche Sensibilität für die Belange von PatientInnen mit Migrationshintergrund fehlt. Ein Ziel der vorliegenden Studie ist es, ein Bewusstsein für Versorgungslücken und ungleiche Behandlungschancen für MigrantInnen in Deutschland zu schaffen, die auf der individuellen Behandlungsebene, nämlich der Therapiebeziehung, beginnen und sich auf institutionellen Ebenen fortsetzen bzw. umgekehrt.

Aus Studien in den USA und Großbritannien, wo interkulturelle Sensibilität von TherapeutInnen vor längerer Zeit in den Fokus gerückt wurde als in Deutschland, geht hervor, dass spezifische interkulturelle Fortbildungen einen hohen Nutzen für TherapeutInnen haben. Beispielsweise berichten Zane und Mitarbeiter (2004) in ihrer Metaanalyse zur Psychotherapie mit kulturellen Minderheiten, dass bereits in sehr kurzen Sensibilisierungstrainings TherapeutInnen bedeutsame interkulturelle Kompetenzen erlernen. So werden weiße TherapeutInnen nach einem Training von ihren schwarzen KlientInnen besser eingeschätzt in den Bereichen »Fachkompetenz, Glaubwürdigkeit, Attraktivität, Empathie und Wertschätzung«. Außerdem verbleiben KlientInnen länger bei weißen TherapeutInnen, die eine interkulturelle Fortbildung gemacht haben. Besonders frappierend dabei ist die Tatsache, dass diese Trainings teilweise nur vier Stunden betrugen, gleichzeitig weist der Vergleich von Weiterbildungsformaten darauf hin, dass mit steigender Anzahl der Stunden mehr Verbesserungen in der interkulturellen Performanz erzielt werden (Pope-Davis et al. 2002). Beispielsweise greifen weiße TherapeutInnen nach kulturreflexiven Weiterbildungen häufiger subjektiv relevante Gesprächsangebote der KlientInnen auf, die Ethnizität oder Diskriminierung betreffen. Ähnliche Erfolge werden auf institutioneller Ebene nach spezifischen Fortbildungen erzielt. Sue und Mitarbeiter (1994) berichten von Studien über Gesundheitseinrichtungen in den USA, die ein verbessertes Hilfsangebot für schwarze Klienten bzw. andere Minderheiten einrichteten, nachdem sie an einem achttägigen Programm zur Qualitätssicherung teilgenommen hatten.

Für Deutschland ist es ebenfalls wünschenswert, dass interkulturelle Angebote, die in sozialen und pädagogischen Arbeitsfeldern der Ballungszentren z. T. bereits gegenwärtig sind, auch im psychotherapeutischen Bereich in Zukunft regulär anzutreffen sein werden. Dies könnte dazu beitragen, dass KlientInnen benötigte Hilfen nicht primär nach Herkunft bzw. Kultur- und Sprachkenntnissen der TherapeutInnen aussuchen müssen, sondern nach deren Erreichbarkeit (wohnortnah) und Behandlungsschwerpunkten wählen können. Anhand der Dyaden mit interkulturell erfahrenen deutschsprachigen TherapeutInnen konnte in der vorliegenden Studie gezeigt werden, dass KlientInnen eine hohe Behandlungsmotivation aufbauen, wenn entsprechende Angebote existieren. Diese Arbeit konnte auch zeigen, dass TherapeutInnen ohne Migrationshintergrund und ohne Muttersprachenkenntnisse durchaus in der Lage sind, PatientInnen aus einem anderen Kulturraum in einer günstigen Therapiebeziehung zu unterstützen, sofern eine ausreichende Kommunikationsbasis geschaffen werden kann. Förderlich dabei sind wertschätzende Offenheit bzw. eine aktiv zugewandte Herangehensweise, Mut zu eigenen Fehlern zu stehen, Selbstreflexion, Geduld mit sich selbst und den PatientInnen sowie die Bereitschaft, stetig Neues zu erlernen, zum einen in der unmittelbaren Arbeit mit PatientInnen, zum anderen in sensibilisierenden Fortbildungen und Supervisionen.

10.7 Ausblick

Interkulturelle Anpassungsprozesse benötigen ausreichend Zeit, persönliches Engagement und nicht zuletzt finanzielle Mittel, die angesichts aufwendiger Zusatzausbildungen für die einzelnen TherapeutInnen nicht einfach aufzubringen sind. Dafür lockt die Aussicht, mühsam erlernte therapeutische Kompetenzen zu erweitern und auf eine breitere Klientel, z. B. auch deutsche Unterschichtspatienten, zu übertragen. Es konnte gezeigt werden, dass PatientInnen mit Migrationshintergrund rasch bereit und in der Lage sind, ihre Vorbehalte gegenüber deutschen Therapeuten bzw. Psychotherapie an sich aufzugeben und sich in der Therapie zu engagieren – vorausgesetzt, es gelingt TherapeutInnen zu Beginn der Beziehung, Klienten von ihrer wohlwollenden Fachlichkeit zu überzeugen.

Literatur

Abdallah-Steinkopff, B. (1999). Psychotherapie bei posttraumatischer Belastungsstörung unter Mitwirkung von Dolmetschern. Verhaltenstherapie 9, 211–220.
Acosta, F. X., Yamamoto, J. & Evans, L. A. (1982). Effective psychotherapy for low-income and minority patients. New York: Plenum.
Akgün, L. (1991). Strukturelle Therapie mit türkischen Familien. Familiendynamik 16(1), 24–36.
Alberstötter, U., Demmer-Gaite, E., Fryszer, A. & Gisbers, S. (2000). Unterschiedliche Sichtweisen im interkulturellen Beratungsprozess. In: Friese, P. & Kluge, I. (Hg.): Migrantinnen und Migranten in der Erziehungsberatung. Fürth: Bundeskonferenz für Erziehungsberatung e.V., S. 68–95.
Arslan, S., Uslucan, H. H. & Flötotto, C. (1998). Sozialpsychiatrische Versorgung von Migranten. In: Koch, E., Özek, M., Pfeiffer, W. M. & Schepker, R. (Hg.): Chancen und Risiken von Migration. Freiburg i. B.: Lambertus-Verlag, S. 52–62.
Assion, H. (Hg.) (2004). Traditionelle Heilpraktiken türkischer Migranten. Berlin: VWB, Verlag für Wissenschaft und Bildung.
Atabay, I. (1994). Ist dies mein Land?: Identitätsentwicklung türkischer Migrantenkinder und -jugendlicher in der Bundesrepublik. Pfaffenweiler: Centaurus-Verlag.
Atabay, I. (1998). Zwischen Tradition und Assimilation: die zweite Generation türkischer Migranten in der Bundesrepublik Deutschland. Freiburg i. B.: Lambertus.
Atkinson, D. R., Poston, W. C., Furlong, M. J. & Mercado, P. (1989). Ethnic group preferences for counsellor characteristics. Journal of Counseling Psychology 36(1), 68–72.
Attia, I., Basque, M., Kornfeld, U., Lwanga, G. M., Rommelspacher, B., Teiimoori, P., Vogelmann, S. & Wachendorfer, U. (Hg.) (1995). Multikulturelle Gesellschaft – monokulturelle Psychologie? Antisemitismus und Rassismus in der psychosozialen Arbeit. Tübingen: dgvt-Verlag.
Auckenthaler, A. & Bischkopf, J. (2004). Empathie und Akzeptanz in der Verhaltenstherapie: eine Annäherung an die Gesprächspsychotherapie? Psychotherapie im Dialog 5(4), 388–392.
Auernheimer, G. (1988). Der sogenannte Kulturkonflikt: Orientierungsprobleme ausländischer Jugendlicher. Frankfurt a. M.: Campus-Verlag.
Balint, M. (1980). Der Arzt, sein Patient und die Krankheit. Stuttgart: Klett-Cotta.
Baran, K. & Kalaçlar, R. (1993). Kulturorientierung in der psychosozialen Beratung von türkischen MigrantInnen. In: Nestmann, F. & Niepel, T. (Hg.): Beratung von Migranten. Berlin: VWB, Verlag für Wissenschaft und Bildung, S. 62–71.
Baran, K. (2002). Unveröffentlichter Jahresbericht Psychologischer Dienst für Migranten München. Auf Anfrage erhältlich bei psych.migration@awo-muenchen.de.
Bartholomew, U. (1990). Selbstbild, Isolation und Objektbeziehungen bei Patienten mit akuter Virushepatitis. Gießen: Verlag der Ferber'schen Universitätsbuchhandlung.
Barwig, K. & Hinz-Rommel, W. (1995). Interkulturelle Öffnung sozialer Dienste. Freiburg i. B.: Lambertus.
Bassler, M., Potratz, B. & Krauthauser, H. (1995). Der »Helping Alliance Questionnaire« (HAQ) von Luborsky. Psychotherapeut 40, 23–32.
Bautz, M. (1985). Zum Einfluss der sozialen Schicht auf Therapieindikation. Gruppenpsychotherapie und Gruppendynamik 20, 338–355.

Bayrisches Staatsminsterium für Arbeit und Sozialordnung Familie Frauen und Gesundheit (1999). Ausländerintegration in Bayern. Bericht der interministeriellen Arbeitsgruppe Ausländerintegration zur Situation der Ausländerinnen und Ausländer in Bayern. Erhältlich unter: http://www.stmas.bayern.de/migration/material/integrat.pdf, letzter Zugriff: 02. 05. 2006.

Beck, A. T., Freeman, A. & Davis, D. D. (2004). Cognitive therapy of personality disorders. New York: Guilford Press.

Bennett, M. (1998). Intercultural communication: a current perspective. In: Bennett, M. (Hg.): Basic concepts of intercultural communication. Boston: Intercultural Press, S. 1–34.

Beutler, L. E., Malik, M., Alimohamed, S., Harwood, T. M., Talebi, H., Noble, S. & Wong, E. (2004). Therapist variables. In: Lambert, M. J. (Hg.): Bergin and Garfield's handbook of psychotherapy and behavior change. 5. Aufl. New York: John Wiley & Sons, S. 227–306.

Bezold, G. (1995). Verhaltenstherapeutische Behandlung eines Türken mit generalisierten Ängsten. In: Koch, E., Özek, M. & Pfeiffer, W. M. (Hg.): Psychologie und Pathologie der Migration. Deutsch-türkische Perspektiven. Freiburg i. B.: Lambertus-Verlag, S. 319–325.

Blanke, J. (1995). Wahnthemen bei in Deutschland lebenden Türken. In: Koch, E., Özek, M. & Pfeiffer, W. M. (Hg.): Psychologie und Pathologie der Migration. Deutsch-türkische Perspektiven. Freiburg i. B.: Lambertus-Verlag, S. 232–237.

Böker, W. & Schwarz, R. (1977). Über Entstehung und Verlauf akuter paranoider Reaktionen im Zusammenhang mit Kulturwandel und Migration. Der Nervenarzt 48, 19–24.

Boos, A. (2005). Kognitive Verhaltenstherapie nach chronischer Traumatisierung. Ein Therapiemanual. Göttingen: Hogrefe.

Boos-Nünning, U. (1998). Migrationsforschung unter geschlechterspezifischer Perspektive. In: Koch, E., Özek, M., Pfeiffer, W. M. & Schepker, R. (Hg.): Chancen und Risiken von Migration. Freiburg i. B.: Lambertus-Verlag, S. 304–316.

Borde, T., David, M. & Kentenich, H. (2002). Erwartungen und Zufriedenheit deutscher und türkischsprachiger Patientinnen im Krankenhaus – eine vergleichende Befragung in einer Berliner Frauenklinik. Gesundheitswesen 64(8–9), 476–85.

Borde, T. (2003). Gut versorgt?: Migrantinnen und Migranten im Gesundheits- und Sozialwesen. Frankfurt a. M.: Mabuse-Verlag.

Bordin, E. (1979). The generalizability of the psychoanalytic concept of the working alliance. Psychotherapy: theory, research, and practice 16, 252–260.

Bortz, J. & Döring, N. (2002). Forschungsmethoden und Evaluation. Berlin: Springer.

Brucks, U., Salisch, E. v. & Wahl, W. (1987). Soziale Lage und ärztliche Sprechstunde: deutsche und ausländische Patienten in der ambulanten Versorgung. Hamburg: EB-Verlag Rissen.

Brucks, U. (2001). Migration in der Bundesrepublik Deutschland. In: Hegemann, T. & Salman, R. (Hg.): Transkulturelle Psychiatrie. Bonn: Psychiatrie-Verlag, S. 41–51.

Bude, H. (2004). Die Kunst der Interpretation. In: Flick, U., Kardorff, E. v. & Steinke, I. (Hg.): Qualitative Forschung. Reinbek: Rowohlt Taschenbuch Verlag, S. 569–577.

Bundesamt für Migration und Flüchtlinge (Hg.) (2007). Migrationsbericht 2006. Erhältlich unter: http://www.bamf.de/cln_101/nn_442522/SharedDocs/Anlagen/DE/Migration/Publikationen/Forschung/Migrationsberichte/migrationsbericht-2006,templateId=raw,property=publicationFile.pdf/migrationsbericht-2006.pdf, letzter Zugriff: 02. 08. 2008.

Caspar, F. (1989). Beziehungen und Probleme verstehen. Bern: Hans Huber Verlag.

Castro Varela, M. d. M. (1998). Die Lage ist normal. Normalisierungsdiskurse in der Aus- und Weiterbildung. In: Castro Varela, M. d. M., Schulze, S., Vogelmann, S. & Weiß, A. (Hg.): Suchbewegungen. Tübingen: dgvt-Verlag, S. 117–126.

Collatz, J. (1992). Was macht Migranten in Deutschland krank?: Zur Problematik von Rassismus und Ausländerfeindlichkeit und von Armutsdiskriminierung in psychosozialer und medizinischer Versorgung. Hamburg: EB-Verlag Rissen.

Collatz, J. (1995). Auf dem Weg in das Jahrhundert der Migration. Auswirkungen der Migrationsbewegungen auf den Bedarf an psychosozialer und sozialpsychiatrischer Versorgung. In: Koch, E., Özek, M. & Pfeiffer, W. M. (Hg.): Psychologie und Pathologie der Migration. Freiburg i. B.: Lambertus-Verlag, S. 31–45.

Collatz, J., Hackhausen, W. & Salman, R. (1999). Begutachtung im interkulturellen Feld: zur Lage der Migranten und zur Qualität ihrer sozialgerichtlichen und sozialmedizinischen Begutachtung in Deutschland. Berlin: VWB, Verlag für Wissenschaft und Bildung.

Collatz, J. (2001). Bedarf und Inanspruchnahme psychiatrischer Versorgung durch Migrantinnen und Migranten. In: Hegemann, T. & Salman, R. (Hg.): Transkulturelle Psychiatrie. Konzepte für die Arbeit mit Menschen aus anderen Kulturen. Bonn: Psychiatrie-Verlag, S. 52–63.

Cranach, M. v. (2005). Kultursensibles Handeln in der Psychiatrie und Psychotherapie. Persönlichkeitsstörungen 9, 184–189.

Dallinger, G. (2004). Datenreport 2004: Zahlen und Fakten über die Bundesrepublik Deutschland. Bonn: Bundeszentrale für politische Bildung.

Dambacher, M. A. (1986). Osteomalazie. In: Jäger, M. & Wirth, C. J. (Hg.): Praxis der Orthopädie. Stuttgart: Thieme, S. 404–408.

David, M., Braun, T. & Borde, T. (2004). Schmerz und Ethnizität – Ergebnisse einer Befragung an drei internistisch/gynäkologischen Rettungsstellen in Berlin. Zentralblatt für Gynäkologie 126(2), 81–86.

de Jong, J. (2001). Klassifizieren oder nuancieren? Psychodiagnostik mit Hilfe von DSM und ICD. In: Hegemann, T. & Salman, R. (Hg.): Transkulturelle Psychiatrie. Bonn: Psychiatrie-Verlag, S. 130–152.

Diefenbach, H. & Weiß, A. (2006): Gutachten »Menschen mit Migrationshintergrund. Datenerfassung für die Integrationsberichterstattung«. Statistisches Amt & Stelle für interkulturelle Arbeit der Landeshauptstadt München/Sozialreferat (Hg.). Erhältlich unter: http://www.muenchen.de/cms/prod1/mde/_de/rubriken/Rathaus/85_soz/04_wohnenmigration/31_interkulti/downloads/gutachtenmigration.pdf, letzter Zugriff: 01. 08. 2008

Domening, D. (2003). Über die Folgen der Kultursicht auf Migrantinnen. Verbandsjournal schweizerischer Assistenz- und Oberärztinnen und -ärzte 22(10), 14.

Duncan, B. L., Hubble, M. A. & Miller, S. D. (1998). Aussichtslose Fälle. Die wirksame Behandlung von Psychotherapie-Veteranen. Stuttgart: Klett-Cotta.

d'Ardenne, P. & Mahtani, A. (1999). Transcultural counselling in action. London: Sage Publications.

Ebner, G. (2001). Grundlagen transkultureller Begutachtung. In: Hegemann, T. & Salman, R. (Hg.): Transkulturelle Psychiatrie. Bonn: Psychiatrie-Verlag, S. 232–254.

Eckert, J., Hautzinger, M., Reimer, C. & Wilke, E. (1996). Grenzen der Psychotherapie. In: Reimer, C., Eckert, J., Hautzinger, M. & Wilke, E.: Psychotherapie. Ein Lehrbuch für Ärzte und Psychologen. Berlin: Springer, S. 525–535.

Ekman, P., Friesen, W. V. & Ellsworth, P. (1974). Gesichtssprache: Wege zur Objektivierung menschlicher Emotionen. Wien: Böhlau.

Elfenbein, H. A. & Ambandy, N. (2003). When familiarity breeds accuracy: cultural exposure and facial emotion recognition. Journal of Personality and Social Psychology 85(2), 276–290.

Erdheim, M. (1994). Psychoanalyse und Unbewußtheit in der Kultur: Aufsätze 1980–1987. Frankfurt a. M.: Suhrkamp.

Erim, Y. (2004). Interkulturelle Aspekte der psychotherapeutischen Beziehung. Psychotherapie im Dialog 5(4), 368–375.

Erim, Y. (2005). Psychotherapie mit Migranten – Aspekte der interkulturellen Psychotherapie. In: Senf, W. & Broda, M. (Hg.): Praxis der Psychotherapie. Stuttgart: Thieme, S. 672–678.

Erim, Y. & Senf, W. (2002). Psychotherapie mit Migranten. Interkulturelle Aspekte in der Psychotherapie. Psychotherapeut 47(2), 336–346.

Erim-Frodermann, Y., Lichtblau, K. & Senf, W. (2000). Veränderungen in einer einheimischen Institution nach Implementierung von muttersprachlicher Psychotherapie. In: Strauß, B. & Geyer, M. (Hg.): Psychotherapie in Zeiten der Veränderung: historische, kulturelle und gesellschaftliche Hintergründe einer Profession. Opladen: Westdeutscher Verlag, S. 172–182.
Fernando, S. (2001). Rassismus als institutioneller Prozess. In: Hegemann, T. & Salman, R. (Hg.): Transkulturelle Psychiatrie. Bonn: Psychiatrie-Verlag, S. 76–88.
Fiedler, P. (2003). Persönlichkeitsstörungen. Weinheim: Beltz PVU.
Finke, J. (1999). Beziehung und Intervention. Stuttgart: Thieme.
Fişek, G. O. (1998). Auswirkungen der Migration auf die Familienstruktur und auf Erfordernisse der Familientherapie. Türkisch-deutsche Erfahrungen. In: Koch, E., Özek, M., Pfeiffer, W. M. & Schepker, R. (Hg.): Chancen und Risiken der Migration. Freiburg i. B.: Lambertus-Verlag, S. 102–115.
Fişek, G. O. & Kağıtcıbaşı, C. (1998). Multiculturalism and psychotherapy: The turkish case. In: Pedersen, P. (Hg.): Multiculturalisim as a forth force. Philadelphia: Brunner/Mazel, S. 75–92.
Flick, U. (Hg.) (2002). Qualitative Sozialforschung. Reinbek: Rowohlt Taschenbuch Verlag.
Flick, U., Kardorff, E. v. & Steinke, I. (Hg.) (2004). Qualitative Forschung: ein Handbuch. Reinbek bei Hamburg: Rowohlt-Taschenbuch-Verlag.
Flick, U. (2004). Triangulation in der qualitativen Forschung. In: Flick, U., Kardorff, E. v. & Steinke, I. (Hg.): Qualitative Forschung. Reinbek: Rowohlt Taschenbuch Verlag, S. 309–318.
Frank, J. D. (1982). Die Heiler: Wirkungsweisen psychotherapeutischer Beeinflussung. Vom Schamanismus bis zu den modernen Therapien. Original: Healing and persuasion, engl. 1961. Stuttgart: Klett-Cotta.
Friese, P. (2000). Migrantinnen und Migranten in die Erziehungsberatung. In: Friese, P. & Kluge, I. (Hg.): Fremdheit in Beratung und Therapie: Erziehungsberatung und Migration. Fürth: Bundeskonferenz für Erziehungsberatung e.V., S. 7–15.
Fromm, M. (1995). Repertory Grid Methodik. Weinheim: Deutscher Studien Verlag.
Froschauer, U. & Lueger, M. (2003). Das qualitative Interview. Wien: WUV-Universitätsverlag.
Gendlin, E. T. (1978). Focusing. New York: Everest House.
Geyer, M. (2000). Psychotherapie und soziale Ungleichheit. In: Strauß, B. & Geyer, M. (Hg.): Psychotherapie in Zeiten der Veränderung: historische, kulturelle und gesellschaftliche Hintergründe einer Profession. Opladen: Westdeutscher Verlag, S. 210–219.
Glaser, B. G. & Strauss, A. L. (1967). The discovery of grounded theory: strategies for qualitative research. New York: Aldine.
Grawe, K. (1992). Komplementäre Beziehungsgestaltung als Mittel zur Herstellung einer guten Therapiebeziehung. In: Margraf, J. & Brengelmann, J. C. (Hg.): Die Therapeut-Patient-Beziehung in der Verhaltenstherapie. München: Gerhard Röttger Verlag, S. 215–244.
Grawe, K., Donati, R. & Bernauer, F. (1994). Psychotherapie im Wandel. Von der Profession zur Konfession. Göttingen: Hogrefe.
Grawe, K. (2000). Psychologische Therapie. Göttingen: Hogrefe.
Güç, F. (1991). Ein familientherapeutisches Konzept in der Arbeit mit Immigrantenfamilien. Familiendynamik 16(1), 3–23.
Gün, A. K. (2003). Therapie und Rehabilitation. In: Beauftragte der Bundesregierung für Migration, Flüchtlinge und Integration (Hg.): Gesunde Integration. Dokumentation der Fachtagung am 20. und 21. Februar 2003 in Berlin, S. 36–42. Erhältlich unter: http://www.integrationsbeauftragte.de/download/gesunde_integration.indd.pdf, letzter Zugriff: 02.05.2006.
Gün, A. K. (2006). Interkulturelle Missverständnisse in der Psychotherapie. Freibung i. B.: Lambertus-Verlag.

Haasen, C. & Yağdıran, O. (2000) (Hg.). Beurteilung psychischer Störungen in einer multikulturellen Gesellschaft. Freiburg i. B.: Lambertus-Verlag.
Haasen, C., Yağdıran, O. & Lambert, M. J. (2000). Psychose. In: Haasen, C. & Yağdıran, O. (Hg.): Beurteilung psychischer Störungen in einer multikulturellen Gesellschaft. Freiburg i. B.: Lambertus-Verlag, S. 89–106.
Haasen, C., Yağdıran, O. & Maß, R. (2001). Differenzen zwischen der psychopathologischen Evaluation in deutscher und türkischer Sprache bei türkischen Migranten. Der Nervenarzt 71(11), 901–905.
Häfner, H. (1977). Psychische Störungen bei türkischen Arbeitnehmern. Der Nervenarzt 48, 268–275.
Häfner, H. (1980). Psychiatrische Morbidität von türkischen Gastarbeitern in Mannheim. Der Nervenarzt 51, 672–683.
Hall, E. T. (1973). The silent language. Westport: Greenwood Press.
Hegemann, T. (2001). Transkulturelle Kommunikation und Beratung. Die Kompetenz, über kulturelle Grenzen hinweg zu kommunizieren. In: Hegemann, T. & Salman, R. (Hg.): Transkulturelle Psychiatrie. Bonn: Psychiatrie-Verlag, S. 116–129.
Heilbronn, K. (1995). Psychosoziale Versorgung von Migranten in Frankfurt am Beispiel der psychosozialen Kontakt- und Beratungsstelle des Internationalen Familienzentrums. In: Koch, E., Özek, M., Pfeiffer, W. M. & Schepker, R. (Hg.): Psychologie und Pathologie der Migration: deutsch-türkische Perspektiven. Freiburg i. B.: Lambertus-Verlag.
Heise, T. (Hg.) (2000). Transkulturelle Beratung, Psychotherapie und Psychiatrie in Deutschland. Berlin: VWB, Verlag für Wissenschaft und Bildung.
Heise, T. (2005). Entwicklungsgeschichte der transkulturellen Psychiatrie. In: Assion, H. (Hg.): Migration und seelische Gesundheit. Berlin: Springer, S. 47–58.
Heise, T. (Hg.) (1998). Transkulturelle Psychotherapie: Hilfen im ärztlichen und therapeutischen Umgang mit ausländischen Mitbürgern. Berlin: VWB, Verlag für Wissenschaft und Bildung.
Heitmeyer, W., Müller, J. & Schröder, H. (Hg.) (1997). Verlockender Fundamentalismus: Türkische Jugendliche in Deutschland. Frankfurt a. M.: Suhrkamp.
Hekele, W. (2004). Dialog zwischen Phantasie und Realität. Psychotherapie im Dialog 5(4), 348–355.
Hellferich, C. (2004). Die Qualität qualitativer Daten. Wiesbaden: VS Verlag für Sozialwissenschaften.
Heuft, G. & Senf, W. (1998). Praktische Qualitätssicherung in der Psychotherapie: Das Handbuch zur PsyBaDo. Stuttgart: Thieme.
Hinz-Rommel, W. (1994). Interkulturelle Kompetenz: ein neues Anforderungsprofil für die soziale Arbeit. Münster: Waxmann.
Hoffmann, S. O. & Hochapfel, G. (1999). Neurosenlehre, psychotherapeutische und psychosomatische Medizin. Stuttgart: Schattauer.
Hoffmann, N. (2000). Therapeutische Beziehung und Gesprächsführung. In: Margraf, J. (Hg.): Lehrbuch der Vehaltenstherapie. Bd. 1. Berlin: Springer, S. 363–371.
Hofstede, G. (1997). Lokales Denken, globales Handeln. München: C. H. Beck.
Hollingshead, A. B. & Redlich, F. C. (1958). Social class and mental illness: Community study. Hoboken, NJ: John Wiley & Sons.
Holm-Hadulla, R. M. (2005). Die therapeutische Beziehung. In: Senf, W. & Broda, M. (Hg.): Praxis der Psychotherapie. Ein integratives Lehrbuch. Stuttgart: Thieme, S. 97–102.
Hopf, C. (2004). Qualitative Interviews – ein Überblick. In: Flick, U. (Hg.): Qualitative Forschung. Reinbek: Rowohlt Taschenbuch Verlag, S. 349–360.
Hügel-Marshall, I. (1998). Schwarze KlientInnen in Therapie und Beratung bei weißen TherapeutInnen. In: Castro Varela, M. d. M., Schulze, S., Vogelmann, S. & Weiß, A. (Hg.): Suchbewegungen. Tübingen: dgvt-Verlag, S. 109–116.

Jaeggi, E., Faas, A. & Mruck, K. (1998). »Denkverbote gibt es nicht!« Vorschlag zur interpretativen Auswertung kommunikativ gewonnener Daten. Erhältlich unter: http://www.gp.tu=berlin. de/psy7/pub/reports.htm, letzter Zugriff: 02.05.2006.

Kadushin, C. (1966). The friends and supporters of psychotherapy: on social circles in urban life. American Sociological Review 31(6), 786–802.

Kahraman, B. & Knoblich, G. (2000). »Stechen statt sprechen«: Valenz und Aktivierbarkeit von Stereotypen über Türken. Zeitschrift für Sozialpsychologie 31(1), 31–43.

Kalaçlar, R. (1993). »Meine Welt sprang aus dem Gleis.« Türkische Frauen in der Bundesrepublik Deutschland. Belastungen – Leiden – Chancen. München: Inaugural-Dissertation an der Ludwig-Maximilians-Universität.

Kalpaka, A. & Räthzel, N. (1990). Die Schwierigkeit, nicht rassistisch zu sein. Leer: Mundo-Verlag.

Kanfer, F. H., Reinecker, H. & Schmelzer, D. (2000). Selbstmanagement-Therapie: ein Lehrbuch für die klinische Praxis. Berlin: Springer.

Kareem, J. (1992). The Nasfiyat Intercultural Therapy Centre: Ideas and experience in intercultural therapy. In: Kareem, J. & Littlewood, R. (Hg.): Intercultural therapy. Themes, interpretations, and practice (pp. 14–37). Oxford: Blackwell Scientific Publications.

Kelle, U. & Erzberger, C. (1999). Integration qualitativer und quantitativer Methoden. Methodologische Modelle und ihre Bedeutung für die Forschungspraxis. Kölner Zeitschrift für Soziologie und Sozialpsychologie 51(3), 509–531.

Kelle, U. (2004). Computergestützte Analyse qualitativer Daten. In: Flick, U., Kardorff, v. E. & Steinke, I. (Hg.): Qualitative Forschung. Reinbek: Rowohlt Taschenbuch Verlag, S. 485–502.

Kelly, G. A. (1955/1983). The psychology of personal constructs. New York: Norton.

Keupp, H. (2002). Jugendgesundheit zwischen den Kulturen. München: BFV.

Keupp, H. (2006). Und die im Dunkeln sieht man nicht: Von der alten und der neuen Armut und ihren psychosozialen Konsequenzen. Vortrag auf dem 16. Kongress für Klinische Psychologie, Psychotherapie und Beratung vom 03.–07.03.2006. Erhältlich unter: http://www. ipp-muenchen.de/texte/keupp_armut.pdf, letzter Zugriff: 01.08.2008.

Kiesel, D., Kriechhammer-Yagmur, S. & v. Lüpke, H. (Hg.) (1994). Kränkung und Krankheit: psychische und psychosomatische Folgen der Migration. Frankfurt a. M.: Haag und Herchen.

Kirsch, H. & Jordan, J. (2000). Die Repertory-Grid-Technik als Instrument der Psychotherapieforschung. Frankfurt a. M.: Verlag für Akademische Schriften.

Klinkhammer, G. (2000a). Transplantation – Deutsch als Herzenssache. Deutsches Ärzteblatt 97(36), A2265.

Klinkhammer, G. (2000b). Herztransplantationen – Sprachkenntnisse als Kontraindikation. Deutsches Ärzteblatt 97(42), A2244–A2245.

Klußmann, R. (1998). Psychosomatische Medizin: ein Kompendium für alle medizinischen Teilbereiche. Berlin: Springer.

Koch, E. (2005). Psychosomatische Rehabilitation von Migranten. In: Assion, H. (Hg.): Migration und seelische Gesundheit. Heidelberg: Springer Medizin, S. 167–186.

Koch, E., Özek, M., Pfeiffer, W. M. & Schepker, R. (Hg.) (1995). Psychologie und Pathologie der Migration: Deutsch-türkische Perspektiven. Freiburg i. B.: Lambertus.

Koch, E., Özek, M., Pfeiffer, W. M. & Schepker, R. (Hg.) (1998). Chancen und Risiken von Migration: Deutsch-türkische Perspektiven. Freiburg i. B.: Lambertus.

Koch, E., Schepker, R. & Taneli, S. (Hg.) (2000). Psychosoziale Versorgung in der Migrationsgesellschaft: deutsch-türkische Perspektiven. Freiburg i. B.: Lambertus.

Koray, S. (1991). Beratung und Therapie von Migrantefamilien unter besonderer Berücksichtigung des Sprachaspekts in der Therapeut-Klient-Interaktion. Familiendynamik 16(1), 57–62.

Köse, B. (1995). Psychotherapie als »Glaubenssystem«. Probleme der psychosozialen Versorgung am Beispiel der Arbeitsmigranten aus der Türkei. In: Attia, I., Basque, M., Kornfeld, U.,

Lwanga, G. M., Rommelspacher, B., Teiimoori, P., Vogelmann, S. & Wachendorfer, U. (Hg.): Multikulturelle Gesellschaft – monokulturelle Psychologie? Antisemitismus und Rassismus in der psychosozialen Arbeit. Tübingen: dgvt-Verlag, S. 112–135.

Kowal, S. & O'Conenell, D. C. (2000). Zur Transkription von Gesprächen. In: Flick, U., Kardorff, E. v. & Steinke, I. (Hg.): Qualitative Forschung. Reinbek: Rowohlt Taschenbuch Verlag, S. 437–447.

Krämer, A. & Prüfer-Krämer, L. (Hg.) (2004). Gesundheit von Migranten: internationale Bestandsaufnahme und Perspektiven. Weinheim: Juventa-Verlag.

Krause, R. (2000). Kultur, Gefühlsregel und Psychotherapie. In: Strauß, B. & Geyer, M. (Hg.): Psychotherapie in Zeiten der Veränderung: historische, kulturelle und gesellschaftliche Hintergründe einer Profession. Opladen: Westdeutscher Verlag, S. 121–130.

Krones, T. (2001). Interkulturelle Depressionsforschung in Deutschland (Depressionen bei älteren Arbeitsmigranten – eine Untersuchung zur interkulturellen Validität der Allgemeinen Depressionsskala). Marburg: Tectum Verlag.

Kryspin-Exner, I. & Zapotoczky, H. G. (1992). Therapiebeginn: Im Vorfeld der Therapie bis zum Erstkontakt. In: Margraf, J. & Brengelmann, J. C. (Hg.): Die Therapeut-Patient-Beziehung in der Verhaltenstherapie. München: Gerhard Röttger Verlag, S. 53–88.

Küchenhoff, J. (2003). Psychotherapie und die Anerkennung des Fremden. Kommentar zu D. Orlinsky. Psychotherapeut 48(6), 410–419.

Kühnlein, I. (2002). Wie Psychotherapie verändert. Weinheim: Juventa.

Lambert, M. J. (Hg.) (2004). Bergin and Garfield's handbook of psychotherapy and behavior change. 5. Aufl. New York: John Wiley & Sons.

Lambert, M. J. & Ogles, B. M. (2004). The efficacy and effectiveness of psychotherapy. In: Lambert, M. J. (Hg.): Bergin and Garfield's handbook of psychotherapy and behavior change. 5. Aufl. New York: John Wiley & Sons, S. 139–193.

Lamnek, S. (2005). Qualitative Sozialforschung: Lehrbuch. Weinheim: Beltz.

Lazaridis, K. (1987). Psychiatrische Erkrankungen bei Ausländern – Hospitalisations- und nationalitätenspezifische Inzidenz. Der Nervenarzt 58, 250–255.

Leyens, J. & Dardenne, B. (1996). Soziale Kognition: Ansätze und Grundbegriffe. In: Stroebe, W., Hewstone, M. & Stephenson, G. M. (Hg.): Sozialpsychologie. Berlin: Springer, S. 115–141.

Leyer, E. M. (1991a). Migration, Kulturkonflikt und Krankheit: zur Praxis der transkulturellen Psychotherapie. Opladen: Westdeutscher Verlag.

Leyer, E. M. (1991b). Zwischen »Morbus Bosporus« und »Zivilisationsmarionette«? Ein Beitrag zur Psychodynamik der Emigration am Beispiel der türkischen Arbeitsemigranten. In: Richter, H. & Wirsching, M. (Hg.): Neues Denken in der Psychosomatik. Frankfurt a. M.: Fischer Taschenbuch Verlag, S. 141–152.

Leyer, E. M. (1994). Familiendynamische Aspekte bei Migrantenfamilien. In: Kiesel, D., Kriechhammer-Yagmur, S. & Lüpke, H. v. (Hg.): Kränkung und Krankheit. Frankfurt a. M.: Haag und Herchen, S. 39–54.

Littlewood, R. & Lipsedge, M. (1989). Aliens and alienists: ethnic minorities and psychiatry. London: Unwin.

Lopez, S. R., Lopez, A. A. & Fong, K. T. (1991). Mexican Americans' initial preference for counselors: The role of ethnic factors. Journal of Counseling Psychology 38(4), 487–496.

Lorion, R. P. & Felner, R. D. (1986). Research on mental health interventions with the disadvantaged. In: Bergin, A. E. & Garfield, S. L. (Hg.): Handbook of psychotherapy and behavior change. 3. Aufl. New York: John Wiley & Sons, S. 739–775.

Luborsky, L. (1988). Einführung in die analytische Psychotherapie: ein Lehrbuch. Berlin: Springer.

Luborsky, L., Barber, J. P., Siqueland, L., Johnson, S., Najavits, L. M., Frank, A. & Daley, D. (1996). The revised Helping Alliance questionnaire (HAq-II): Psychometric properties. Journal of Psychotherapy Practice & Research 5(3), 260–271.

Machleidt, W. & Callies, I. T. (2004). Psychiatrisch-psychotherapeutische Behandlung von Migranten und transkulturelle Psychiatrie. In: Berger, M. (Hg.): Psychiatrie und Psychotherapie. München: Urban & Fischer, S. 1162–1183.

Maetzig, U. (2004). Interkulturelle psychosoziale Beratung aus der Perspektive von MigrantInnen mit Migrationshintergrund. Diplomarbeit an der Freien Universität Berlin.

Marcos, L. R. (1976). Bilinguals in psychotherapy: language as an emotional barrier. American Journal of Psychotherapy 30(4), 552–560.

Margraf, J. & Brengelmann, J. C. (1992). Die Therapeut-Patient-Beziehung in der Verhaltenstherapie: Themen der 22. Verhaltenstherapiewoche 1991. München: Gerhard Röttger Verlag.

Matt, E. (2004). Darstellung qualitativer Forschung. In: Flick, U., Kardorff, E. v. & Steinke, I. (Hg.): Qualitative Foeschung. Reinbek: Rowohlt Taschenbuch Verlag, S. 578–587.

MaxQDa2 (2004). Einführung für Windows 98, 2000 und XP. Erhältlich unter: http://www.maxqda.de, letzter Zugriff: 02. 05. 2006.

Mayring, P. (1996). Einführung in die Qualitative Sozialforschung. München: Beltz Psychologie Verlags Union.

Mayring, P. (2000). Qualitative Inhaltsanalyse. Weinheim: Beltz Deutscher Studien Verlag.

Mecheril, P. (2006). »Fremdheit« als soziale Praxis. Vortrag auf dem 16. Kongress für Klinische Psychologie, Psychotherapie und Beratung vom 03.–07. 03. 2006. Tübingen: dgvt-Verlag.

Mendoza, S. (1985). The exchange grid. In: Beail, N. (Hg.): Repertory grid technique and personal constructs. Applications in clinical and educational settings. London, Sidney: Croom Helm, S. 173–189.

Mertens, W. (2005). Grundlagen psychoanaltischer Psychotherapie. In: Senf, W. & Broda, M. (Hg.): Praxis der Psychotherapie. Stuttgart: Thieme, S. 196–237.

Meuser, M. & Nagel, U. (1991). ExperitInneninterviews – vielfach erprobt, wenig bedacht. In: Garz, D. & Kraimer, K. (Hg.): Qualitativ-empirische Sozialforschung. Opladen: Westdeutscher Verlag, S. 441–471.

Mukherjee, S., Shukla, S., Woodle, J., Rosen, A. M. & Olarte, S. (1983). Misdiagnosis of schizophrenia in bipolar patients: a multiethnic comparison. American Journal of Psychiatry 140, 1571–1574.

Nestmann, F. & Niepel, T. (Hg.) (1993). Beratung von Migranten: neue Wege der psychosozialen Versorgung. Berlin: VWB, Verlag für Wissenschaft und Bildung.

Neuber, H. (2005). Insellösungen vermeiden. Deutsches Ärzteblatt 102(10), A652–A654.

Oesterreich, C. (2001). Interkulturelle Psychotherapie in der Psychiatrie. In: Hegemann, T. & Salman, R. (Hg.): Transkulturelle Psychiatrie. Bonn: Psychiatrie-Verlag, S. 152–168.

Orlinsky, D. E. & Howard, K. I. (1986). Process and outcome in psychotherapy. In: Garfield, S. L. & Bergin, A. E. (Hg.): Handbook of psychotherapy and behaviour change. New York: John Wiley & Sons, S. 311-381.

Orlinsky, D. E. & Howard, K. I. (1988). Ein allgemeines Psychotherapiemodell. Integrative Therapie 14(4), 281–308.

Orlinsky, D. E., Grawe, K. & Parks, B. (1994). Process and outcome in psychotherapy – noch einmal. In: Bergin, A. E. & Garfield, S. L. (Hg.): Handbook of psychotherapy and behaviour change. 4. Aufl. New York: John Wiley & Sons, S. 270–376.

Orlinsky, D. E. (2003). Störungsspezifische, personenspezifische und kulturspezifische Psychotherapie. Erkenntnisse aus Psychotherapieforschung und Sozialwissenschaften. Psychotherapeut 48(6), 403–409.

Orlinsky, D. E., Roennestad, M. H. & Willutzki, U. (2004). Fifty years of psychotherapy process-outcome research: continuity and change. In: Lambert, M. J. (Hg.): Bergin and Garfield's

handbook of psychotherapy and behaviour change. 5. Aufl. New York: John Wiley & Sons, S. 307–389.
Özelsel, M. (1990). Gesundheit und Migration. München: Profil Verlag.
Pavkovic, G. (2001). Interkulturelle Teamarbeit. In: Hegemann, T. & Salman, R. (Hg.): Transkulturelle Psychiatrie. Bonn: Psychiatrie-Verlag, S. 206–220.
Pedersen, P. B. (1997). Culture-centred counseling interventions. Thousand Oaks, London: Sage Publications.
Pedrina, F. (2005). Bedeutung kulturspezifischer Krankheitstheorien und Therapiehandlungen in einer interkulturellen psychoanalytischen Therapie. In: Bründl, P. & Kogan, I. (Hg.): Kindheit jenseits von Trauma und Fremdheit. Frankfurt a. M.: Brandes & Apsel, S. 82–96.
Peseschkian, N. (1997). Der Kaufmann und der Papagei: Orientalische Geschichten in der positiven Psychotherapie. Frankfurt a. M.: Fischer-Taschenbuch-Verlag.
Petersen, A. (1995). Somatisieren türkische Patientinnen oder psychologisieren wir? Gedanken zur angeblichen Neigung der Türken zum Somatisieren. Curare 18(2), 531–540.
Petzold, H. (1980). Die Rolle des Therapeuten und die therapeutische Beziehung. Paderborn: Junfermann-Verlag.
Pfeiffer, W. M. (1994). Transkulturelle Psychiatrie: Ergebnisse und Probleme. New York: Thieme.
Pfeiffer, W. (1995). Kulturpsychiatrische Aspekte der Migration. In: Koch, E., Özek, M. & Pfeiffer, W. M. (Hg.): Psychologie und Pathologie der Migration, S. 17–30.
Pinderhughes, E. (1998). Die Bedeutung von »Rasse«, Ethnizität und Macht für die klinische Arbeit. In: Castro Varela, M. d. M., Schulze, S., Vogelmann, S. & Weiß, A. (Hg.): Suchbewegungen. Tübingen: dgvt-Verlag, S. 129–148.
Pope-Davis, D. B., Toporek, R. L., Ortega-Villalbos, L., Ligiero, D. P., Brittan-Powell, C. S., Liu, W. M., Bashshur, M. R., Codrington, J. N. & Liang, C. T. H. (2002). Client perspectives of multicultural counselling competence: a qualitative examination. The counseling psychologist 30(3), 355–393.
Razum, O. & Zeeb, H. (1998). Epidemiologische Studien unter ausländischen Staatsbürgern in Deutschland: Notwendigkeit und Beschränkungen. Gesundheitswesen 60, 283–286.
Razum, O. (2004). Gesundheitsversorgung von Migranten. Deutsches Ärzteblatt 101(43), A2882–A2887.
Referat für Gesundheit und Umwelt (Hg.) (2005). Gesundheit von Migrantinnen und Migranten in München. Erhältlich unter: http://www.muenchen.de/vip8/prod1/mde/_de/rubriken/Rathaus/70_rgu/13_daten_plaene/gesundheitsberichterstattung/pdf/gesundheitsbericht_migrantinnen2005.pdf, letzter Zugriff: 02.05.2006.
Reichertz, J. (2004). Abduktion, Deduktion und Induktion in der qualitativen Forschung. In: Flick, U., Kardorff, E. v. & Steinke, I. (Hg.): Qualitative Forschung. Reinbek: Rowohlt Taschenbuch Verlag, S. 276–285.
Reimer, C., Eckert, J., Hautzinger, M. & Wilke, E. (1996). Psychotherapie: ein Lehrbuch für Ärzte und Psychologen. Berlin: Springer.
Reimer, C. (2004). Grenzen und Gefahren der therapeutischen Beziehung. Psychotherapie im Dialog 5(4), 381–388.
Riedesser, P. (1975). Psychische Störungen bei Gastarbeitern in der BRD. Ein Beitrag zur Schichtenspezifik von Diagnostik und Therapie. In: Lüth, P. (Hg.): Beiträge zur Sozialmedizin. Stuttgart: Hippokrates, S. 161–171.
Riedesser, P. & Klitzing, K. v. (1986). Konversionsneurotische Symptome bei Ausländerkindern. In: Zauner, J. & Biermann, G. (Hg.): Klinische Psychosomatik von Kindern und Jugendlichen. München: Reinhardt, S. 259–265.
Riemann, R. (1991). Repertory Grid Technik. Göttingen: Hogrefe.

Rodewig, K. (2000). Identität, Integration und psychosoziale Gesundheit: Aspekte transkultureller Psychosomatik und Psychotherapie. Gießen: Psychosozial-Verlag.
Rogers, C. R. & Pfeiffer, W. M. (Hg.) (1994). Therapeut und Klient: Grundlagen der Gesprächspsychotherapie. Frankfurt a. M.: Fischer Taschenbuch Verlag.
Rommelspacher, B. (2000). Interkulturelle Beziehungsdynamik in Beratung und Therapie. In: Strauß, B. & Geyer, M. (Hg.): Psychotherapie in Zeiten der Veränderung: historische, kulturelle und gesellschaftliche Hintergründe einer Profession. Opladen: Westdeutscher Verlag, S. 161–171.
Rosenhan, D. L. (1973). On being sane in insane places. Science 179(4070), 250–258.
Rössler, W. (2005). Die therapeutische Beziehung. Berlin: Springer.
Ryle, A. (1985). The dyad grid and psychotherapy research. In: Beail, N. (Hg.): Repertory grid technique and personal constructs. Applications in clinical and educational settings. London, Sydney: Croom Helm, S. 190–206.
Safran, J. D. & Muran, J. C. (2000). Negotiating the therapeutic alliance: a relational treatment guide. New York: Guilford Press.
Salman, R. (1995). Hintergründe gelungener Migration. In: Koch, E., Özek, M. & Pfeiffer, W. (Hg.): Psychologie und Pathologie der Migration. Deutsch-türkische Perspektiven. Freiburg i. B.: Lambertus-Verlag, S. 90–100.
Salman, R. (2001). Sprach- und Kulturvermittlung. Konzepte und Methoden in der Arbeit mit Dolmetschern in therapeutischen Prozessen. In: Hegemann, T. & Salman, R. (Hg.): Transkulturelle Psychiatrie. Bonn: Psychiatrie-Verlag, S. 169–190.
Schach, E. (1989). Die EVaS-Studie: eine Erhebung über die ambulante medizinische Versorgung in der Bundesrepublik Deutschland (39.1). Köln: Deutscher Ärzte-Verlag.
Scheer, J. W. (Hg.) (2003). Crossing borders – going places. Personal constructions of otherness. Gießen: Psychosozial-Verlag.
Schepker, R., Toker, M. & Eberding, A. (1998). Zum familiären Umgang mit Verhaltensproblemen Jugendlicher in der Migration: Ist die Jugendpsychiatrie eine Lösung? In: Koch, E., Özek, M., Pfeiffer, W. M. & Schepker, R. (Hg.): Chancen und Risiken der Migration. Freiburg i. B.: Lambertus-Verlag, S. 116–123.
Schepker, R., Toker, M. & Eberding, A. (2005). Familiäre Bewältigungsstrategien. Bewältigungsstrategien und Umgang mit Verhaltensauffälligkeiten Jugendlicher in Familien aus der Türkei unter besonderer Berücksichtigung jugendpsychiatrischer Versorgung. Erhältlich unter: http://vts.uni=ulm.de/doc.asp?id=5354, letzter Zugriff: 02.05.2006.
Schindler, L. (1991). Die empirische Analyse der therapeutischen Beziehung: Beiträge zur Prozeßforschung in der Verhaltenstherapie. Berlin: Springer.
Schlippe, A. v., Hachimi, M. E. & Jürgens, G. (2003). Multikulturelle systemische Praxis: Ein Reiseführer für Beratung, Therapie und Supervision. Heidelberg: Carl-Auer-Systeme Verlag.
Schmeling-Kludas, C. (2005). Psychosomatische Rehablilitation von Migranten. In: Assion, H. (Hg.): Migration und seelische Gesundheit. Heidelberg: Springer Medizin, S. 187–194.
Schmidt, C. (2004). Analyse von Leitfadeninterviews. In: Flick, U., Kardorff, E. v. & Stenke, I. (Hg.): Qualitative Forschung: Ein Handbuch. Reinbek: Rowohlt Taschenbuch Verlag, S. 447–456.
Seiderer-Hartig, M. (1980a). Beziehung und Interaktion in der Verhaltenstherapie. München: Pfeiffer Verlag.
Seiderer-Hartig, M. (1980b). Die Rolle des Therapeuten und die therapeutische Beziehung in der Verhaltenstherapie. In: Petzold, H. (Hg.): Die Rolle des Therapeuten und die therapeutische Beziehung. Paderborn: Junfermann-Verlag, S. 83–104.
Şen, F. (1995). Ausländerfeindlichkeit in Deutschland und die Auswirkungen auf die türkische Minderheit. In: Koch, E., Özek, M. & Pfeiffer, W. M. (Hg.): Psychologie und Pathologie der Migration. Deutsch-türkische Perspektiven. Freiburg i. B.: Lambertus-Verlag, S. 144–150.

Senf, W. & Broda, M. (2005). Was ist Psychotherapie. In: Dies. (Hg.): Praxis der Psychotherapie. Stuttgart: Thieme, S. 2–9.

Sermet-Kneile, F. (1995). Kognitive Verhaltenstherapie bei einem türkischen Migranten. In: Koch, E., Özek, M. & Pfeiffer, W. M. (Hg.): Psychologie und Pathologie der Migration. Deutsch-türkische Perspektiven. Freiburg i. B.: Lambertus-Verlag, S. 325–332.

Siems, M. (1990). Dein Körper weiß die Antwort: Focusing als Mothode der Selbsterfahrung: Eine praktische Anleitung. Hamburg: Rowohlt.

Skutta, S. (1998). Systemische Ansätze in der psychotherapeutischen Arbeit mit türkischen Migrantinnen. In: Heise, T. (Hg.): Transkulturelle Psychotherapie: Hilfen im ärztlichen und therapeutischen Umgang mit ausländischen Mitbürgern. Berlin: VWB, Verlag für Wissenschaft und Bildung, S. 159–167.

Sloane, R. B., Staples, F. R., Cristol, A. H., Yorkston, N. J. & Whipple, K. (1975). Short-term analytically-oriented psychotherapy versus behavior therapy. Cambridge, Mass.: Harvard University Press.

Sluzki, C. E. (2001). Psychologische Phasen der Migration und ihre Auswirkungen. In: Hegemann, T. & Salman, R. (Hg.): Transkulturelle Psychiatrie. Bonn: Psychiatrie-Verlag, S. 101–115.

Steele, C. M. & Aronson, J. (1995). Stereotype threat and the intellectual test performance of African Americans. Journal of Personality and Social Psychology 69(5), 797–811.

Steinke, I. (2004). Gütekriterien qualitativer Forschung. In: Flick, U., Kardorff, E. v. & Steinke, I. (Hg.): Qualitative Forschung. Reinbek: Rowohlt Taschenbuch Verlag, S. 319–331.

Stingl, M., Leweke, F., Jurkat, H. & Milch, W. (2005). »Glauben Sie an Flüche?« Religiöse Überzeugungen als Probleme im Kontext von Psychotherapie. Psychotherapeut 50(5), 354–356.

Straus, F., Höfer, R. & Gmür, W. (1988). Familie und Beratung. München: Profil Verlag.

Strauss, A. & Corbin, J. (1996). Grounded Theory: Grundlagen Qualitativer Sozialforschung. München: Beltz Psychologie Verlags Union.

Strauß, B. (2006). Bindungsforschung und therapeutische Beziehung. Psychotherapeut 51(1), 5–14.

Streeck, U. (2004). Zur therapeutischen Beziehung in der Psychotherapie. In: Leichsenring, F. (Hg.): Lehrbuch der Psychotherapie. Bd. 2: Vertiefungsband psychoanalytische und tiefenpsychologisch fundierte Therapie. München: CIP-Medien, S. 33–45.

Strotzka, H. (1975). Psychotherapie: Grundlagen, Verfahren, Indikationen. München: Urban Schwarzenberg.

Strupp, H. H. & Andersson, T. (1997). On the limitation of treatment manuals. Clinical psychology: Science and practice 4, 76–82.

Sue, S. & Zane, N. Y. K. (1994). Research on psychotherapy with culturally diverse populations. In: Bergin, A. & Garfield, S. (Hg.): Handbook of psychotherapy and behavior change. New York: John Wiley & Sons, S. 783–817.

Sue, S. (1998). In search of cultural competence in psychotherapy and counseling. American Psychologist 53(4), 440–448.

Taneli, Y., Scheuerpflug, P., Friese, H. J., Trott, G. & Warnke, A. (1995). Stationäre türkische Patienten der Universitätsklinik für Kinder- und Jugendpsychiatrie Würzburg: Retrospektive MAS-Auswertung einer 10-Jahresspanne (1981–1992). In: Koch, E., Özek, M. & Pfeiffer, W. M. (Hg.): Psychologie und Pathologie der Migration. Deutsch-türkische Perspektiven. Freiburg i. B.: Lambertus-Verlag, S. 222–231.

Terrell, F. & Terrell, S. L. (1984). Race of counselor, client sex, cultural mistrust level, and premature termination from counseling among black clients. Jornal of Counceling Psychology 31, 371–375.

Thomas, A. (1994). Psychologie und multikulturelle Gesellschaft. Göttingen: Verlag für Angewandte Psychologie.

Tien, J. L. & Johnson, H. L. (1994). Black mental health client's preference for therapists: a new look at an old issue. International Journal of Social Psychiatry 31, 258–266.
Toker, M. (1998). Sprachliche und kulturelle Zugänge in der Psychotherapie – Dolmetscher als Kotherapeuten? Chancen und Risiken von Migration: Deutsch-türkische Perspektiven. Freiburg i. B.: Lambertus-Verlag, S. 280–292.
Trübel, K. (2005). Wir sehen die Dinge nicht, wie sie sind. Wir sehen die Dinge, wie wir sind. In: Bründl, P. & Kogan, I. (Hg.): Kindheit jenseits von Trauma und Fremdheit. Frankfurt a. M.: Brandes & Apsel, S. 97–115.
Tseng, W. S. & McDermott, J. F. (1981). Culture, mind and therapy. An introduction to cultural psychiatry. Philadelphia: Brunner/Mazel.
Tuna, S. (1998). Psychotherapie im interkulturellen Kontext. Beziehungsaufbau und Beziehungsstörungen in der Psychotherapie mit Migranten. In: Heise, T. (Hg.): Transkulturelle Psychotherapie: Hilfen im ärztlichen und therapeutischen Umgang mit ausländischen Mitbürgern. Berlin: VWB, Verlag für Wissenschaft und Bildung, S. 49–56.
Utari-Witt, H. (2005). Begegnung im interkulturellen Entwicklungsraum. In: Bründl, P. & Kogan, I. (Hg.): Kindheit jenseits von Trauma und Fremdheit. Frankfurt a. M.: Brandes & Apsel, S. 190–216.
Vahedi, N. (1996). Diskriminierung, gesundheitliche Beschwerden und Arbeitszufriedenheit. Ulm: Universitäts-Verlag.
Van Quekelberghe, R. (1995). Welt im Umbruch und Migration aus psychologischer Sicht. In: Koch, E., Özek, M. & Pfeiffer, W. M. (Hg.): Psychologie und Pathologie der Migration. Freiburg i. B.: Lambertus-Verlag, S. 53–59.
Walter, O. B. (1998). GridLab Version 1.07. (Computer-Programm). Berlin: WalterConcepts.
Weber, I. (1990). Dringliche Gesundheitsprobleme der Bevölkerung in der Bundesrepublik Deutschland: Zahlen, Fakten, Perspektiven. Baden-Baden: Nomos Verlag.
Weber, K. (1995). Perspektive durch Arbeit? In: Koch, E., Özek, M. & Pfeiffer, W. M. (Hg.): Psychologie und Pathologie der Migration. Deutsch-türkische Perspektiven. Freiburg i. B.: Lambertus-Verlag, S. 217–221.
Wegner, D. M. (1994). Ironic processes of mental control. Psychological review 101(1), 34–52.
Weiss, R. (1998). Fremd- und Muttersprache im psychotherapeutischen Prozess. Basel: Kongress für Transkulturelle Psychiatrie – Herausforderungen in Diagnostik und Therapie, 14. 03. 1998.
Weiß, A. (2001). Rassismus wider Willen. Opladen: Westdeutscher Verlag.
Wesselmann, E., Lindemeyer, T. & Lorenz, A. L. (2004). Wenn wir uns nicht verstehen, verstehen wir nichts: Übersetzen im Krankenhaus. Frankfurt a. M.: Mabuse-Verlag.
Westermilies, I. (2004). Ärztliche Handlungsstrategien im Umgang mit ausländischen Patienten: Medizinisch-ethische Aspekte. Münster: Lit-Verlag.
Wittchen, H. & Jacobi, F. (2002). Die Versorgungssituation psychischer Störungen in Deutschland. Eine klinisch-epidemiologische Abschätzung anhand des Bundes-Gesundheitsurveys 1998. Psychotherapeutenjournal 0, 6–15.
Wittchen, H. & Jacobi, F. (2005). »Psychische Störungen in Deutschland und der EU«, Größenordnung und Belastung. Zusammenfassung erhältlich unter: http://www.tu-dresden.de/presse/psyche.pdf, letzter Zugriff: 02. 05. 2006.
Wu, I. H. & Windle, C. (1980). Ethnic specifity in the relationship of minority use and staffing of community mental health centers. Community mental health journal 16, 156–169.
Yıldırım-Fahlbusch, Y. (2003). Kulturelle Missverständnisse. Deutsches Ärzteblatt, Psychotherapeuten 5, 213–215.
Yılmaz, A. T. (2001). Culturally sensitive psychotherapeutic interventions in a crisis. In: Yılmaz, A. T., Weiss, M. G. & Riecher-Rössler, A. (Hg.): Cultural psychiatry: euro-international perspectives. Basel: Karger, S. 166–174.

Yılmaz, A. T. & Weiss, M. G. (2001). Cultural formulation: clinical case study. In: Yılmaz, A. T., Weiss, M. G. & Riecher-Rössler, A. (Hg.): Cultural psychiatry: euro-international perspectives. Basel: Karger, S. 126–140.

Zane, N., Nagayama Hall, G. C., Sue, S. Y. K. & Nunez, J. (2004). Research on psychotherapy with culturally diverse populations. In: Lambert, M. J. (Hg.): Bergin and Garfield's handbook of psychotherapy and behavior change. 5. Aufl. New York: John Wiley & Sons, S. 767–804.

Zarifoğlu, F. & Zeiler, J. (1995). Ethnische Diskriminierung und psychische Erkrankung. Psychologie und Pathologie der Migration. Deutsch-türkische Perspektiven. Freiburg i. B.: Lambertus-Verlag, S. 152–159.

Zeiler, J. (1995). Migrationsschicksale Schizophrener. In: Koch, E., Özek, M. & Pfeiffer, W. M. (Hg.): Psychologie und Pathologie der Migration. Deutsch-türkische Perspektiven. Freiburg i. B.: Lambertus-Verlag, S. 178–185.

Zimmer, D. & Zimmer, F. T. (1992). Die therapeutische Beziehung in der Verhaltenstherapie. Konzepte und Gestaltungsmöglichkeiten. In: Margraf, J. & Brengelmann, J. C. (Hg.): Die Therapeut-Patient-Beziehung in der Verhaltenstherapie. München: Gerhard Röttger Verlag, S. 11–37.

Zimmermann, E. (1994). Ausländische Patienten in der klinischen Praxis. Kränkung und Krankheit: Psychische und psychosomatische Folgen der Migration. Frankfurt a. M.: Haag und Herchen, S. 25–39.

Znoj, H. (2005). Die therapeutische Beziehung aus verhaltenstherapeutischer Sicht. In: Rössler, W. (Hg.): Die therapeutische Beziehung. Berlin: Springer, S. 81–96.

2006 · 274 Seiten · broschiert
ISBN 978-3-89806-256-5

2008 · 509 Seiten · gebunden
ISBN 978-3-89806-473-6

Die erste Liebe in unserem Leben ist unsere Mutter. Es ist für uns überlebenswichtig, ihr Gesicht, ihre Stimme, die Bedeutung ihrer Stimmungen und ihre Mimik zu erkennen. Christine Ann Lawson beschreibt einfühlsam und verständlich, wie Kinder von Borderline-Müttern unter den Stimmungsschwankungen und psychotischen Anfällen leiden und verzweifelt nach Strategien der Bewältigung dieser Erlebnisse suchen. Borderline-Mütter treten dabei ihren Kindern in vier verschiedenen Figuren gegenüber: als verwahrloste Mutter, die Einsiedlerin, die Königin und die Hexe. Lawson zeigt, wie man sich um die Verwahrloste kümmern kann, ohne sie retten zu müssen, und um die Einsiedlerin, ohne ihre Angst zu verstärken; wie man die Königin liebt, ohne ihr Untertan, und wie man mit der Hexe lebt, ohne ihr Opfer zu werden.

Anthony W. Bateman und Peter Fonagy dokumentieren in ihrem ersten gemeinsamen Buch die aktuelle interdisziplinäre Erforschung der sogenannten Borderline-Persönlichkeitsstörung und beschreiben ein therapeutisches Verfahren, das sie in den vergangenen Jahren entwickelt haben. Das Krankheitsbild, das (mit steigender Tendenz) ca. 2% der Bevölkerung aufweist, ist durch Impulsivität, Identitätsstörungen, Suizidalität, Selbstverletzungen, Gefühle innerer Leere sowie durch Beziehungen charakterisiert, die extrem affektintensiv und gleichermaßen instabil sind. Die Autoren haben eine psychoanalytisch orientierte Behandlung entwickelt, die sie als »mentalisierungsgestützte Therapie« bezeichnen, und in randomisierten kontrollierten Studien nachgewiesen, dass diese Methode anderen therapeutischen Verfahren deutlich überlegen ist.

P圖V
Psychosozial-Verlag

Goethestr. 29 · 35390 Gießen · Tel. 0641/9716903 · Fax 77742
bestellung@psychosozial-verlag.de
www.psychosozial-verlag.de

2007 · 292 Seiten · broschiert
ISBN 978-3-89806-586-3

2007 · 310 Seiten · broschiert
ISBN 978-3-89806-579-5

Die kreative, unkonventionelle Arbeitsweise und Beziehungsgestaltung des Psychoanalytikers Michael Lukas Moeller wird durch MitarbeiterInnen, FreundInnen und Kollegen veranschaulicht. Die Erforschung von Arbeitsstress und Prüfungsangst, Selbsthilfe und Paargruppen markierte den Beginn seiner wissenschaftlichen Karriere in Gießen. Die Frankfurter Psychosoziale Ambulanz verband in einem einmaligen Modell Selbsthilfe, Psychoanalyse und Paarmedizin mit Baby- und Erwachsenenambulanz an einer Universitätsklinik. Die Gruppenanalyse stand im Zentrum seines Lebens – so auch im Buch: als Ort der Heilung und Selbstentwicklung von älteren Menschen oder PsychoanalytikerInnen in autonomen Gruppen, als Forschungsgegenstand und als Ort der Liebe und der Bearbeitung des Sterbens.

Nach 10 Jahren endlich wieder erhältlich: Moellers Klassiker über Selbsthilfegruppen im Gesundheitssystem!

Moeller begründet die Notwendigkeit der Zusammenarbeit von Selbsthilfegruppen und Fachleuten in Medizin und Erziehung und stellt die Schwierigkeiten und Chancen dieser Zusammenarbeit dar. Er schreibt dabei aus der Praxis für die Praxis.

P☒V Psychosozial-Verlag

Goethestr. 29 · 35390 Gießen · Tel. 0641/9716903 · Fax 77742
bestellung@psychosozial-verlag.de
www.psychosozial-verlag.de

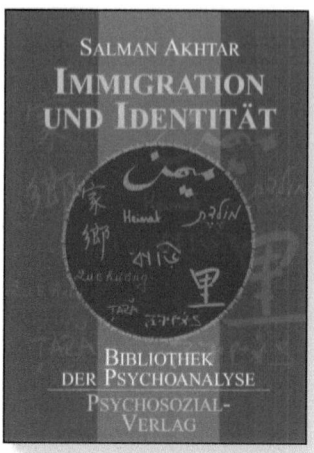

2007 · 323 Seiten · broschiert
ISBN 978-3-89806-590-0

2007 · 489 Seiten · gebunden
ISBN 978-3-89806-834-5

Salman Akhtar untersucht die Auswirkungen, die eine Immigration auf die Identität eines Individuums haben kann. Gleichzeitig gibt er Psychoanalytikern und Therapeuten wertvolle Hilfestellungen für den Umgang mit eingewanderten Patienten und forciert eine größere Anerkennung dieses Teilbereichs der Psychoanalyse.

Führende Psychoanalytiker entwickeln aus klinischer, theoretischer, gesellschaftlich-kultureller und historischer Perspektive eine Standortbestimmung der aktuellen Psychoanalyse. Dabei steht die Reflexion aus deutscher Sicht 60 Jahre nach dem Ende des Nationalsozialismus, der die Psychoanalyse in die Emigration zwang, im Vordergrund. André Green, Anne-Marie Sandler und Rolf Sandell analysieren die Situation zusätzlich aus einem internationalen Blickwinkel.

P☺V
Psychosozial-Verlag

Goethestr. 29 · 35390 Gießen · Tel. 0641/9716903 · Fax 77742
bestellung@psychosozial-verlag.de
www.psychosozial-verlag.de